Rolf Legler

Languedoc – Roussillon

Von der Rhône bis zu den Pyrenäen

DuMont Buchverlag Köln

Auf der Umschlagvorderseite: Béziers

Auf der Innenklappe: Elne

Auf der Umschlagrückseite: Châteaufort-de-Salses

Gegenüber der Titelseite: St-Michel-de-Cuxa. Lithographie aus Taylor-Nodier, 1833–34

© 1981 DuMont Buchverlag, Köln
4., überarbeitete Auflage 1986
Alle Rechte vorbehalten
Druck: Rasch, Bramsche
Buchbinderische Verarbeitung: Bramscher Buchbinder Betriebe

Printed in Germany   ISBN 3-7701-1151-6

Kunst-Reiseführer in der Reihe DuMont Dokumente

Zur schnellen Orientierung – die wichtigsten Orte von Languedoc und Roussillon auf einen Blick:

(Auszug aus dem ausführlichen Ortsregister S. 337)

In der vorderen Umschlagklappe: Übersichtskarte von Languedoc und Roussillon

In der hinteren Umschlagklappe: Geschichtstabelle

Inhalt

Vorwort

Obwohl am Titel nicht ablesbar, wird spätestens nach den ersten Seiten der historischen Einführung der eine oder andere Leser aufmerken bei der Artikelwahl für *die* Languedoc, anstelle der älteren und auch möglichen Formulierung *das* Languedoc. Wie schon im Band ›Südwestfrankreich‹ habe ich mich auch hier konsequent für die neuere Form entschieden; aus zwei Gründen: eine Landschaft als weiblich zu bezeichnen, liegt dem deutschen Sprachgebrauch und -empfinden näher. Die meisten Landschaftsnamen sind ohnehin weiblich: die Normandie, Bretagne, Provence, Picardie, Toscana, Lombardei, Emilia etc. Zum anderen bezeichnet Languedoc auch gleichzeitig die Sprache des Oc *(langue d'oc)*. Wir sagen im Deutschen *das* Englisch etc. Für die Sprache Languedoc (= Okzitanisch) ist also der Artikel vorgegeben. Nennt man Landschaft *und* Sprache '*das* Languedoc', so führt dies, insbesondere bei kulturhistorischen Texten, in denen von beiden gehandelt wird, zu unliebsamen und unvermeidlichen Verwechslungen.

Für die Gebietsabgrenzung dieses Buches ist die Wahl des Artikels aber noch von zusätzlicher Bedeutung, weil die tradierte Form '*das* Languedoc' in mehrfacher Hinsicht unpräzis bzw. mehrdeutig ist, und zwar schon als geographischer Begriff:

a) Mit '*das* Languedoc' kann man sowohl die Gesamtheit der Landschaften meinen, in denen die tolosanische Form des Okzitanischen gesprochen wurde, was sich gleichzeitig mit dem politischen Einflußbereich der ehemaligen Grafen von Toulouse decken würde, als auch

b) die Verwaltungseinheit des Ancien Régime mit Parlament in Toulouse und wechselndem Versammlungsort der Generalstände (Toulouse, Pézenas, Montpellier).

Für beides benutze ich den Begriff der 'Historischen Languedoc', weil jenes Gebiet keine am geologischen Relief ablesbaren Grenzen besitzt und überdies

c) in den heutigen Landkarten eine Landschaft Languedoc eingetragen ist, die nur einen Teil der historischen Großlandschaft darstellt und geographisch exakt begrenzt ist: im Osten durch den Unterlauf der Rhône und die Küste des Mittelmeeres, im Westen durch die südlichen Ausläufer des Zentralmassivs und im Süden durch die Corbières. Im französischen Sprachgebrauch ist sie als Bas Languedoc (= Niedere Languedoc) oder Languedoc méditerranéen differenziert ausgewiesen.

Dieser Band befaßt sich ausschließlich mit der letztgenannten (Teil-)Languedoc. Im Text werden abwechselnd alle drei Begriffe verwendet: Niedere Languedoc, Bas Languedoc oder Languedoc méditerranéen, damit dem Leser alle drei Bezeichnungen präsent sind.

Die Zusammenfassung der beiden Landschaften Languedoc und Roussillon ist in der Reiseliteratur bereits klassisch und rechtfertigt sich geographisch wie historisch. Gemeinsamkeiten von Languedoc méditerranéen und Roussillon sind zum einen das Mittelmeer und zum anderen ihre historische Bestimmung als Straßenlandschaften. Die von der Rhône bis über die Pyrenäen führende römische Via Domitia ist lediglich die historische Fortsetzung der alten Straße des Herakles, der Landverbindung zwischen der iberischen und der italischen Halbinsel, mit kultureller Hinwendung zur iberischen Welt. Im Roussillon ist dies auch heute noch offenkundig. Aber auch der Umstand, daß Montpellier noch bis Mitte des 14. Jahrhunderts zu Aragon gehörte, und daß in Musik und Volksveranstaltungen (z. B. Corridas) das iberische Element eine Rolle spielt, dokumentiert die Wirksamkeit dieses Einflusses auch für die Niedere Languedoc. Daß der Kultur der Niederen Languedoc und des Roussillon trotz ihrer historischen Bestimmung zu Straßenlandschaften nichts Transitorisches anhaftet, sondern daß sie durch Jahrtausende ihren eigenständigen Charakter bewahren konnte, will vorliegender Band dem Leser vor Augen führen.

Languedoc: Völkerstraße und Schmelzstiegel

Béziers: Blick auf die Kathedrale mit Vieux Pont. Stich des 19. Jh.

I Geschichte

Von der Höhle zum Oppidum: Das Beispiel Ensérune

Der Dualismus *Languedoc atlantique* und *Languedoc méditerranéen* spiegelt sich in der Rivalität der Metropolen Toulouse und Montpellier wider. Aber auch geographisch und klimatisch bedingte kulturelle Unterschiede können wir bis weit in die Vorgeschichte der Menschheit in der Languedoc zurückverfolgen. Zwar ist mit den Funden der Höhle von *Rieufourcaud* (Ariège) der Neandertalermensch für die Region nachgewiesen, aber er findet sich östlich des Klimapasses Seuil de Naurouze wesentlich seltener als westlich davon. Nachdem vor mehr als 40 000 Jahren der Neandertaler irgendwohin ins Dunkel der Frühgeschichte verschwunden war, zeigten seine Erben spätestens ab 15 000 eine deutliche Regionalisierung. Während sich die Kunst des Magdalénien vor allem verteilt auf die Gebiete Garonne und Pyrenäen, finden wir den Typ der Kunst des Périgordien in der rhônenahen Languedoc.

Beispiele für die Kunst nördlich des Seuil de Naurouze liefern die Grotten von *La Balauzère* und *Chabot* (beide Gard) und die Ausgrabungen von *Matelles* (nördlich von Montpellier). Aber auch die zahllosen Grotten des Ardèche belegen diese Sonderform einer eigenständigen Kunstregion. Das Ende der letzten Eiszeit und die damit verbundene Klimaverbesserung brachte nicht nur eine Veränderung der gewohnten Flora und Fauna, sondern ebenso eine Umwälzung innerhalb der prähistorischen Bevölkerung. Ein Teil folgte dem Ren nach Norden; dem zurückbleibenden Teil blieb nur die Wahl, entweder die Wildart zu wechseln oder andere Formen der Nahrungsbeschaffung zu finden.

Verbesserungen der Werkzeuge, zunehmende Seßhaftigkeit, erste Versuche der Tierhaltung und des Ackerbaus führten schließlich durch die Dunkelzone des Mesolithikums im 10.–5. Jahrtausend zu der rapiden Aufwärtsentwicklung der sogenannten 'neolithischen Revolution'. Neben den verbesserten Werkzeugen und Arbeitsbedingungen taucht ein neuer Werkstoff auf: Ton. Die ältesten Tonscherben stammen aus den Jahren um 4520 v. Chr. Dieser ersten, noch schmucklosen Keramik vom Typ Cortaillod (5. Jahrtausend) folgt eine zweite Periode (4. Jahrtausend), die gekennzeichnet ist durch willkürliche Ritz-, Kratz- und Schabmuster. Die Einführung der Keramik erfolgte möglicherweise durch verschiedene Wellen neuer Völkerschaften aus dem Mittelmeerraum. Damit ist im 5. Jahrtausend eine wichtige Entwicklung eingeleitet, nämlich die *Hinwendung der Languedoc zum Mittelmeer*.

Ritzzeichnung eines Rhinozeros in der Grotte
d'Aldène

Die sogenannte 'neolithische Revolution' hatte wesentlich zur Verbesserung der Lebensbedingungen beigetragen, deren wichtigste Folgeerscheinung ein rapides Anwachsen der Bevölkerung war. Probleme des Lebensraums tauchten auf. Menschenverbände verschiedener Größenordnung begaben sich auf Wanderschaft. Die geographischen Gegebenheiten fingen an, historische Bedeutung zu erlangen.

Der zerrissene Landblock Europas wird umspült von zwei Meeren: im Westen und Norden vom Atlantik, im Süden vom Mittelmeer. Die beiden Meere selbst sind Verkehrswege im gleichen Maße wie Begrenzungen. Die natürliche Weise der Fortbewegung für Menschen bzw. größere Menschenverbände bleibt die zu Lande. Der Weg vom Westen oder Norden (Atlantik) zum Süden (Mittelmeer) wird versperrt durch drei Gebirgszüge: Alpen, Zentralmassiv und Pyrenäen. Dazwischen öffnen sich zwei breite Täler, die sich zwangsläufig als günstige Verkehrswege anbieten. Wer von England die Zinnstraße über das Pariser Becken und den Paß von Dijon zog, wer vom Baltikum (Pelze, Honig, Bernstein) durch den Graben der rheinischen Tiefebene und die Burgundische Pforte oder wer in Westumgehung der Alpen von der russischen Tiefebene ebenfalls durch die Burgundische Pforte kam, der fand im Lauf von Saône und Rhône den schnellsten und bequemsten Weg zum Mittelmeer. Burgund fiel dabei als nördlichem Brückenkopf eine wichtige strategische Rolle zu. Der kürzeste und schnellste Weg vom Mittelmeer zum Atlantik führte aber über den französischen Isthmus zwischen Narbonne und Bordeaux über den Seuil de Naurouze. Für alle seefahrenden Völker des Mittelmeerraums boten sich die Endpunkte der beiden Nordsüd- und Ostwestverbindungen als natürliche Zentren für den Austausch von Waren oder Informationen an. Gleichzeitig gab es aber noch eine wichtige Straße, die Landverbindung zwischen der iberischen und italischen Halbinsel, seit alters her als 'Straße des Herakles' bekannt. Die Schlüsselpositionen am Schnittpunkt dieser wichtigen Straßen lagen also schon seit grauer Vorzeit fest. Narbonne und Nîmes bewachten sozusagen die Ausfallstraßen einer Weltkreuzung.

Kehren wir von der Geographie zurück zur Geschichte.

Das 5. Jahrtausend brachte also eine Reihe von Umwälzungen. Die wichtigste davon war für die Languedoc deren Hinwendung zum Mittelmeer. Durch das Wirksamwerden der natürlichen Grenzen und Wege schälten sich abermals regionale Besonderheiten zwischen Languedoc atlantique und Languedoc méditerranéen heraus, wobei letztere durch ihre

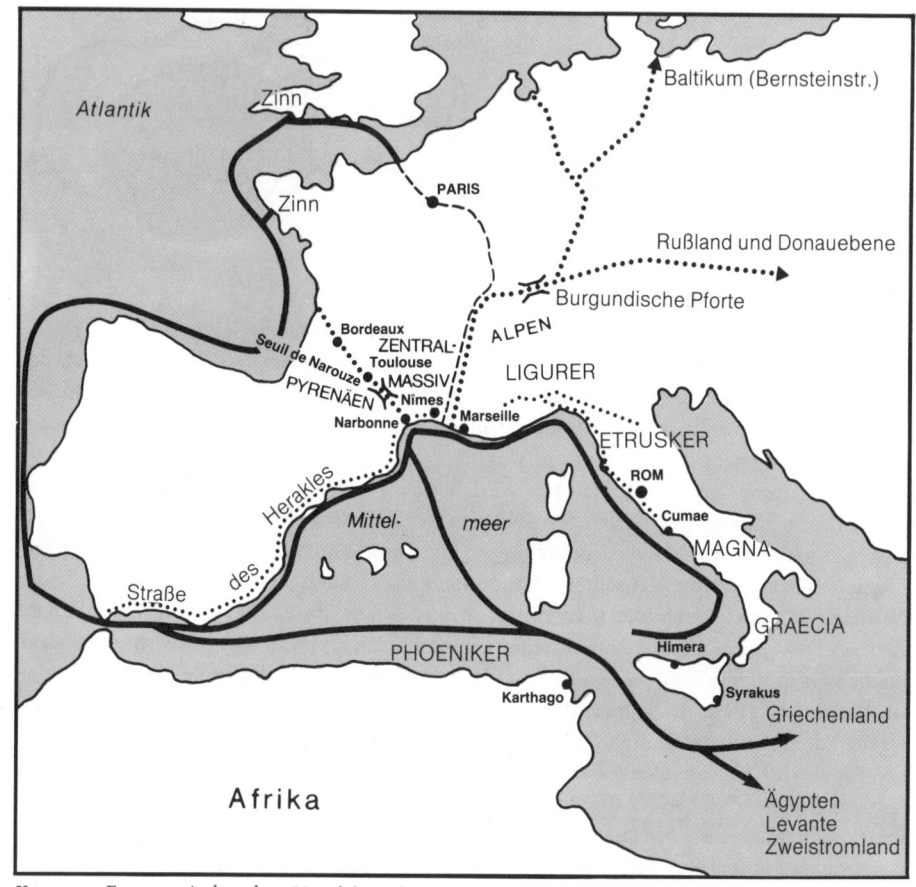

Karte von Europa mit den alten Handelsstraßen

Hinwendung zum kulturell fortgeschritteneren Meer in der Entwicklung der Languedoc für lange Zeit tonangebend bleiben sollte.

Um 2500 v. Chr. kommt eine neue Keramik in Mode, diesmal mit rein geometrischem Dekor (z. B. Grotte de la Madeleine, Hérault). Sie scheint einheimisch zu sein, denn ihre Muster ähneln in verblüffender Weise der nicht figurativen Kunst des Magdalénien. Gegen Ende des 3. Jahrtausends erscheinen die ersten Gegenstände aus Kupfer. Ihre Herkunft ist wahrscheinlich der östliche Mittelmeerraum. Aber auch die anderen Verkehrsadern der Languedoc pulsieren kräftig. So weisen kelchförmige Gefäße ins Mündungsbecken des Guadalquivir, und andere metallene Ziergegenstände, wie rautenförmige Schließen, ähneln Produkten der Aunetitz-Kultur; in letzterem Falle war die Verbindungsachse natürlich die Rhône, im ersteren die Straße des Herakles.

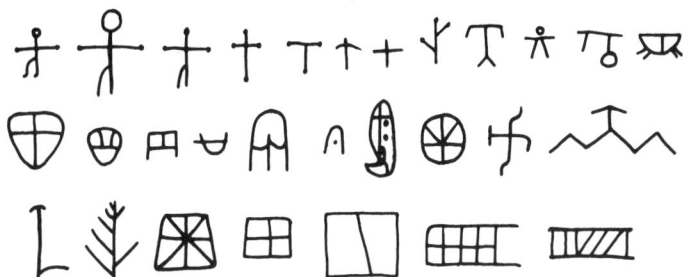

Steinzeichnungen aus der Region von Aubenas. Nach R. Guiraud

Ebenfalls bis ins 3. Jahrtausend zurückzudatieren sind beginnende soziale Differenzierungen. Das Metall (Bronze und später Eisen) hatte zunächst fast keinen alltäglichen Gebrauchswert, dazu war es zu selten und zu teuer. Es diente dem Kult, dem Schmuck und der Repräsentation. Man kann unterscheiden zwischen Metallbesitzern und dem Rest der Bevölkerung. Parallel dazu entwickelten sich ganz spezifische Bestattungsformen, durch die wir innerhalb der Languedoc méditerranéen zwei Völkerschaften unterscheiden können. Die Départements Ardèche, Gard, Lozère und Hérault bilden die Region der Welt, die am reichsten mit Dolmen ausgestattet ist; insgesamt bis heute gezählt: 1008. Nach Aquitanien zu werden die Dolmen rasch weniger. Umgekehrt, nach Osten hin, nimmt eigenartigerweise die Zahl der Menhire ab.

Nach Bestattungsformen unterscheiden wir a) die Völker der Urnenfelder und b) die Völker der Tumuli. Die Urnenbestatter saßen in der fruchtbaren Ebene, weswegen man annimmt, daß sie vor den Tumulusbestattern eingewandert oder vielmehr seßhaft geworden sind. Für die letzteren blieben als Siedlungs- und Lebensraum nur noch die unwirtlichen Gegenden der Causses und Garrigues, wo sie ihrer halbnomadischen Viehzucht nachgehen konnten.

Die beiden Kulturen lebten jahrtausendelang nebeneinander. Da bis in westgotische Zeiten ihre Lebensgewohnheiten konstant geblieben waren, sind genaue Datierungen nahezu unmöglich. Diese Konstanz der Lebens- und Bestattungsgewohnheiten ist einer der markantesten Züge der Languedoc-Zivilisation. Die Werkzeuge und Geräte waren nach wie vor aus Silex oder Horn. Man wohnte in Höhlen, soweit vorhanden, oder unter schützenden Felsüberhängen (Abris). Die Zeugnisse der Urnenfelder-Kultur häufen sich im Raum zwischen Pézenas und Perpignan, um sich zwischen Béziers und Narbonne (also die Gegend von Ensérune) noch einmal besonders auffällig zu verdichten, d. h. genau in dem Raum, wo bald von der Straße des Herakles die Route über den Seuil de Naurouze zum Atlantik hin abzweigt. Die vielfach bemerkten Ähnlichkeiten zwischen dem Volk der Urnenbestatter und zeitgleichen Kulturen in Oberitalien sind wohl weniger als Folge einer direkten Filiation, sondern vielmehr als Relikte eines möglichen gemeinsamen Ursprungs in Zentral- oder Südosteuropa zu sehen. Möglicherweise waren die Urnenbestatter ein weit zurückliegender und absorbierter Vorläufer der Anfang des 1. Jahrtausends einsetzenden keltischen Welle.

Stärker keltisiert waren in jedem Falle die Tumulusbestatter; im Gegensatz zu den in der Ebene siedelnden, eher pazifistisch gesinnten Urnenbestattern zeigten sich die Leute der Tumuli als ausgesprochen kriegerisch.

Mit der frühen Eisenzeit (8. Jh. v. Chr.) beginnt sich das doch weitgehend auf Kombination und Spekulation basierende Wissen über die Geschichte der Languedoc zu festigen. Die oben skizzierten Verbindungswege, vor allem die Straße des Herakles, scheinen nun sehr dicht frequentiert. Jüngste Ausgrabungen in *Mailhac* und *Castelnau-le-Lez* (Substantion?) haben Keramik des 7. Jahrhunderts, die eindeutig aus dem Mittelmeerraum stammt, zutage gefördert. Im mittleren Rhônetal (Le Pègue) sind ebenfalls durch neuere Grabungen griechische Kontakte für das 7. Jahrhundert bewiesen. Schließlich geht auch der heutige Name des Flusses Rhône (Rhodanus) auf die rhodischen Kauffahrer zurück. Einer ebenfalls neuen Theorie zufolge soll überhaupt die südfranzösische Küste nicht direkt vom griechischen Mutterland oder deren Pflanzstädten der Magna Graecia besiedelt worden sein, sondern auf dem Landweg von Spanien her. Dies stimmt mit der Richtung überein, die der griechische Kulturheros auch im Mythos, von den Säulen des Herakles kommend, einschlug. Die Etrusker waren wohl die ersten, die nachweislich seit dem 7. Jahrhundert in größerem Ausmaß mit der languedozischen Küste Handel trieben, übrigens auch auf dem Landwege. Das einschneidendste Ereignis war trotz aller anderen früheren Kontakte die Gründung von *Massalia* durch die kleinasiatischen Phokäer um 600. Die nach ihrer Gründung so benannten Massalioten waren in erster Linie bedacht auf intensiven Handel, weniger auf systematische Unterwerfung und Ausbeutung. Die einzige bis heute eindeutig nachweisbare massaliotische Handelsniederlassung an der Küste der Languedoc war *Agathè* (Agde). Der griechische Handel belebte sichtlich die in Stagnation begriffene autochthone Zivilisation. Eine der wichtigsten kulturhistorischen Auswirkungen der Nähe der Griechen war die Änderung der einheimischen Lebens- und Siedlungsform: es standen die *Oppida*.

Ensérune (Farbt. 13; Museen s. S. 328). Zu Beginn des 6. Jahrhunderts dürfen die ersten Besiedlungen des Hügels von Ensérune anzusetzen sein, d. h. also kurz nach der Niederlas-

Grabbeigaben aus Ensérune

Griechische Schale, gefunden in Ensérune bei den Ausgrabungen von 1945

sung der Phokäer an der provençalischen Küste. Die bedrohlich werdende Dichte der von allen Seiten einströmenden Fremden (Kelten von Westen und Norden, Iberer und Phöniker von Süden, Griechen und Ligurer von Osten) scheint die ursprünglich in kleineren Verbänden zusammenlebenden Ansässigen der Küstenebene veranlaßt zu haben, sich um strategisch oder kultisch wichtige Stellen zu sammeln, um gemeinsam die Region besser kontrollieren zu können. Die zunächst auf einem Hügel sich bildende Agglomeration formierte sich im Laufe des 5. Jahrhunderts neu, d. h. die Häuser werden rechteckiger und geräumiger, die gesamte Ansiedlung erhält eine Steinmauer, so z. B. Ensérune II, das um 425 v. Chr. die ursprüngliche Anlage Ensérune I ersetzte. Während für Nîmes durch sein Quellheiligtum und für Entremont (bei Aix) durch archäologische Funde der Charakter einer zentralen Kultstätte gesichert ist, kann Ensérune für seine Entstehung bislang 'nur', dies aber überzeugend, seine strategisch einmalige Lage geltend machen. Von den Garrigues, der Region der keltischen (?) Tumulus-Völker, fast gleichweit, d. h. in Sichtweite, entfernt wie vom Meer, direkt an der Straße des Herakles gelegen, vor deren Verzweigung zum Atlantik und zu den Pyrenäen, war es der ideale Ort, um jegliche fremde Bewegung zu kontrollieren.

Wer waren die Einwohner von Ensérune? Kelten? Ligurer? Iberer? Kulturgeschichtlich sind sie direkte Nachfahren der Urnenbestatter, wie die reichlichen Funde aus den Nekropolen des Oppidum beweisen. Die täglichen Lebensformen der Bevölkerung scheinen sich trotz Verfeinerung der Werkzeuge und Methoden nicht wesentlich von denen ihrer neolithischen Vorfahren zu unterscheiden. Das Auftauchen von Gefäßen und Geräten, die zwar mit denen anderer Kulturen verglichen werden können, lassen dennoch keine Veränderung großen Stils der ethnischen Hauptgruppe vermuten. Die Bewohner der Oppida in der Languedoc scheinen also im großen und ganzen die friedfertigen Nachfahren der mindestens seit dem Neolithikum eingesessenen Bevölkerung zu sein.

Seit dem 4. Jahrhundert nimmt in Ensérune der iberische Einfluß neben dem griechischen beträchtlich zu. Weder die Ausgrabungsfunde in Ensérune noch diejenigen anderer benachbarter Oppida lassen zu diesem Zeitpunkt Spuren irgendeiner gewaltsamen Zerstörung erkennen. Schon damals scheint sich der rege Handelsaustausch vornehmlich in Richtung der südlichen Nachbarn ausgedehnt zu haben. Nur wenige Namen für die Stämme am südfranzösischen Küstensaum sind von antiken Schriftstellern überliefert. Avienus berichtet von Elisykern mit einer Hauptstadt Naro (möglicherweise das autochthone vorrömische Narbonne?), die überdies wilde Krieger gewesen sein sollen. Vielleicht hat dieser kriegerisch entschlossene Stamm das Eindringen der Griechen an der handelspolitisch so wichtigen Stelle Narbonne verhindert, so daß diese sich letztlich mit ihrer ungünstiger gelegenen Handelsniederlassung Agde zufriedengeben mußten. Zwischen Béziers und Nîmes lag die Einflußgrenze der von Osten her wirkenden Ligurer.

Spätestens seit dem 4. Jahrhundert scheint auch der französische Süden von der Welle der keltischen Gallier erreicht worden zu sein. Das Gebiet zwischen Toulouse und der Rhône stand unter dem Einfluß der gallischen Volsker, deren einer Stamm, die Tectosagen, den westlichen Teil beherrschten, und deren anderer Stamm, die Arekomiken, den Raum von Nîmes kontrollierten. An die Küste stießen sie offensichtlich erst Ende des 3. Jahrhunderts vor. Um 220 zeigt Ensérune II die Spuren gewaltsamer Zerstörung und danach die Folgen einer verstärkten Gallisierung. *Die erste Eroberung und Zerstörung der Languedoc méditerranéen erfolgte also durch ein kriegerisches Volk aus dem Norden, die Gallier.*

Diesen waren aber nur hundert Jahre gegeben, um als herrschende militärische Oberschicht das jahrtausendealte, durch Griechen verfeinerte Leben der eingeborenen Bevölkerung zu beeinflussen. Jedenfalls irrten die Römer gewaltig, als sie kurzerhand die ihnen als Gegner gegenüberstehende militärische Herrenschicht gleichsetzten mit dem Gros der alteingesessenen Bevölkerung.

Narbonne, Roms erste Tochter, und die Via Domitia

Massalia rief, und die verbündeten Römer kamen. Zunächst zur Schlichtung eines regionalen Konflikts. Die Massalioten, durchaus See-, aber keine Landmacht, hatten wieder einmal Schwierigkeiten mit dem Bund der kelto-ligurischen Salyer, die das Hinterland um ihr religiöses und wirtschaftliches Zentrum Entremont militärisch kontrollierten. Entremont wurde programmgemäß von den Römern unter M. Fulvius Flaccus und C. Sextius Calvinus im Jahre 123 dem Erdboden gleichgemacht. Der Konflikt weitete sich aus, und zwei Jahre später mußten die Römer bei Vienne wieder antreten, diesmal gegen die keltischen Allobroger und Averner. Quintus Fabius Maximus und Gn. Domitius Ahenobarbus hießen diesmal die Sieger. Letzterer, ein politisches und verwaltungstechnisches Genie, erkannte sofort die entstandene Situation. Wollte man einen dauerhaften Frieden gewinnen, mußten auch die westlich der Rhône seßhaften, mit den Avernern befreundeten Volsker in die Knie gezwungen werden. Domitius, kurz entschlossen, überschritt die Rhône und wählte die alte Straße des Herakles. Fast genau hundert Jahre nach den Galliern zogen die Römer durch die Languedoc méditerranée. Ihr militärischer Einzug gestaltete sich zum Spazierritt von der Rhône zu den Pyrenäen. Um seine und damit Roms Repräsentanz würdig zu unterstreichen, ließ Domitius sich einen Elefanten aus Afrika kommen, um so nach dem Vorbild von Hannibal (218 v. Chr.) Einzug zu halten. Wer so zu repräsentieren weiß, hätte der nicht auch jeglichen bewaffneten Widerstand, jedes Scharmützel als siegreich abgeschlossene Entscheidungsschlacht dem römischen Senat verkauft? Aber es gab nichts zu verkaufen, Domitius wußte nichts Aufregendes zu berichten. Wie eine reife Frucht war die Languedoc den Römern zugefallen.

Auf dem Boden seiner 'Eroberung' ließ Domitius die erste römische Kolonie, die Colonia Narbo Martius 118 v. Chr. errichten. Zwar kann Aix-en-Provence für sich in Anspruch nehmen, Galliens älteste römische Niederlassung zu sein (121 v. Chr.), aber das von Sextius gegründete Feldlager (castrum) Aquae Sextiae Saliorum genoß noch nicht den Vorzug des Titels einer Colonia. Somit ist Narbonne Roms erste legitime Kolonie auf außeritalischem Boden.

Via Domitia.   Nach seinem Triumphzug durch Rom 117 v. Chr. widmete sich Domitius mit dem ihm eigenen Geschick dem weiteren Ausbau der von ihm gewonnenen Region. Bis zu Augustus' Zeiten trug die Provinz nun den Stempel ihres Gründers. Seine größte Leistung war unbestritten der zielstrebige und systematische Ausbau des Verkehrsnetzes. Zwar hatte Domitius, wie indirekt aus Ciceros Verteidigungsschrift ›Pro Fonteio‹ hervorgeht, auch die Route über den Seuil de Narouze ausbauen lassen, sein Hauptaugenmerk war aber auf die ehemalige Straße des Herakles gerichtet. Die Trasse wurde teilweise neu vermessen, Brücken gebaut und anderes mehr. Von *Beaucaire* (Ugernum) führte die Route nach *Nîmes,* dann weiter über *Uchaud* (= Bernis; Meilensteine!), *Gallargues* (= römische Brücke), *Castelnau-le-Lez* (bei Montpellier; das alte Substantion?), *Montbazin* (Forum Domitii), *St-Thibéry* (Cessero; Steinbrücke, Abb. 136), *Béziers* (s. Umschlagvorderseite), zwischen *Ensérune* (Farbt. 13) und *Capestang* nach *Narbonne,* und von da weiter über *Treille* und *Ruscino* (bei Perpignan) nach Spanien. Montbazin, ebenfalls eine Gründung von Domitius, ist somit einer der vier ältesten römischen Siedlungskerne in Gallien. Alle 12 km fanden sich Umspannstationen (mutationes) und jeweils alle 45 km waren größere Rasthäuser errichtet (mansiones). An der Brücke von *Treille,* ca. 20 km südlich von Narbonne, wurde 1949 der berühmte Meilenstein gefunden, der heute eines der wichtigsten kulturhistorischen Denkmäler Frankreichs darstellt (Abb. 62). Der Prokonsul Domitius wird darauf noch als Imperator betitelt, was bedeutet, daß der Stein also spätestens 117, vor seinem triumphalen Einzug in Rom, gesetzt worden sein muß. Gleichzeitig ist dieser Meilenstein der Via Domitia das einzige aus republikanischer Zeit und damit überhaupt älteste erhaltene Schriftdokument in Latein in Gallien. Ein Meilenstein also in jeder Hinsicht. Der schnelle und zielstrebige Ausbau des Straßennetzes in der Languedoc méditerranéen und der Provence zeigt deutlicher als alles andere die Unterschiede zwischen griechischer und römischer Kontaktaufnahme; letztere war von allem Beginn an auf Kontrolle ausgerichtet – und wie sich zeigte, ließ man sich offensichtlich ganz gern von Rom kontrollieren. Dreh- und Angelpunkt dieser ersten legitimen Tochter Roms, sozusagen ihr mobiles Rückgrat, war die Straße, die eine der wichtigsten des Imperiums blieb und die fortan den Namen ihres Erbauers trug: die Via Domitia.

Römisches Musterländle

Abgesehen vom Durchzug der Kimbern und Teutonen, dem Einfall der Helveter bis nach Agen und dem Putschversuch der Tolosaner Tectosagen blieb die Provinz ruhig. Ja, mehr als dies, Fonteius, der Proprätor der Provinz von 76–74 v. Chr., warf den Aufstand der Tectosagen nieder und ermöglichte dadurch Pompeius die Überwinterung seiner Truppen in Narbonne. Vom gesicherten Standort Narbonne aus konnte Pompeius seinen spanischen Feldzug gegen Sertorius siegreich abschließen und Lugdunum Convenarum (St-Bertrand-de-Comminges) im selben Jahr gründen. Auch Caesar sollte von der unverbrüchlichen Loyalität der Colonia Narbo Martius und deren im Gros nicht keltisierten Bevölkerung profitieren, die im Gallischen Krieg eine Neutralität an den Tag legte, die schon an Kollaboration grenzte. Die languedozische Veteranenkolonie lieferte 58 v. Chr. gegen die Helveter, 56 v. Chr. gegen die Veneter und im entscheidenden Endstadium des gallischen Freiheitskampfes unter Vercingetorix wertvolle Hilfstruppen. Caesar vergaß der Provinz diese Treue nicht. Er verstärkte das römische Kontingent von Narbo Martius um die Veteranen seiner berühmtesten Legion, die der zehnten, und von nun an trug die Provinz den stolzen Namen Colonia Julia Paterna Narbo Martius Decumanorum. An der Stelle des über dem Orb gelegenen keltischen Oppidum ließ er die Colonia Victrix Julia Septimanorum Baetarae (Béziers) anlegen.

Nach dem Fall von Massalia (49 v. Chr.), das sich nicht gegen Pompeius stellen wollte, traten Narbonne und das von Caesar gegründete Arles das handelspolitische Erbe der Phokäer-Metropole an. *Narbonne* blieb aber vorläufig noch die wichtigste Stadt der jungen Provinz. Trotz der Eingriffe bedeutender Römer wie Domitius, Pompeius und Caesar in die Geschichte des Landes blieb der lateinische Beitrag zum täglichen Leben der alteingesessenen Bevölkerung noch sehr gering. Bis zur Gründung von Béziers durch Caesar beschränkte sich der Siedlungsbeitrag der Römer während ihrer ersten siebzig Jahre in Gallien auf die vier bereits genannten Siedlungen Aix, Narbonne, St-Bertrand und Montbazin. Die einheimi-

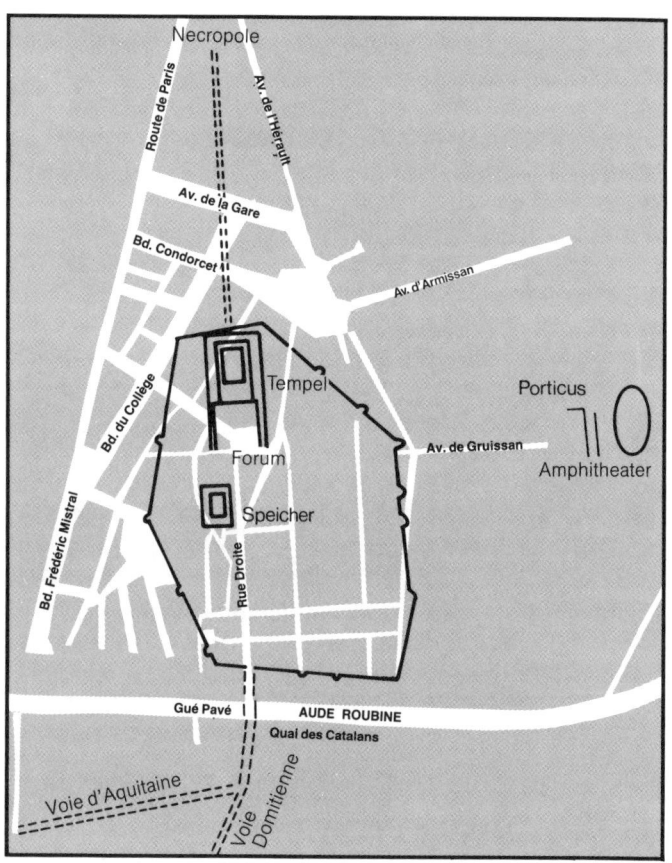

*Plan des römischen
Narbonne*

sche Bevölkerung erlebte durch die neue Herrschaft der Römer keinerlei erkennbaren Bruch in der Gestaltung der Lebensgewohnheiten. Man siedelte weiter in den eigenen Oppida, sprach sein eigenes Idiom (keltiberisch), pflanzte und erntete nach altem Brauch. Die eigentliche Romanisierung großen Stils begann erst unter der Ägide des Augustus und seines Schwiegersohnes Agrippa, und es dauerte bis ins 1. nachchristliche Jahrhundert, bis man von einer Gallia Togata sprechen konnte. Erst um 30 n. Chr. verließen die letzten Einwohner von Ensérune ihre Ansiedlung zugunsten von Béziers.

Aber die Pax Romana war für die Provinz Realität geworden. Überall sprossen neue Siedlungen aus dem Boden. So gründete Augustus vor allem Nîmes (Colonia Augusta Nemausus), Carcassonne (Colonia Julia Carcaso), Lodève (Forum Neronis, Colonia Claudia Luteva). Unter den neuen 'lateinischen' Oppida zitiert Plinius Alba, Cessero (St-Thibéry), Piscenae (Pézenas) und Sextantion (Substantion, Castelnau-le-Lez?). Städte wie

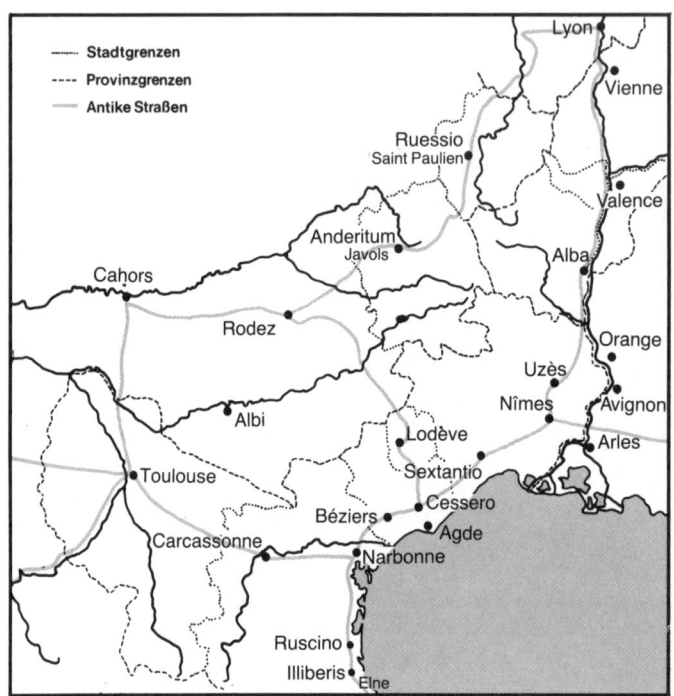

Römische Städte der Languedoc um 400 n. Chr.

Agde hatten nicht vollständig an Bedeutung verloren. Über die Rolle von sicher existenten römischen Anlagen in Lattes und Maguelone werden erst spätere Grabungen genaue Auskunft erteilen können.

Allenthalben wurde gebaut, blühte das Leben. Béziers versah der römische Schriftsteller Pomponius Mela mit dem Superlativ »opulentissima«; und wenn man davon ausgeht, was in Nîmes noch heute sichtbar vor Augen steht, und wenn man die Bedeutung von Narbonne berücksichtigt, dann waren die anderen Römerstädte der Niederen Languedoc nicht minder ʻopulentʼ ausgestattet.

Da bis auf Nîmes leider alle anderen Städte die sichtbaren Zeugnisse ihrer reichen römischen Vergangenheit weitgehend verloren haben, dieses aber wegen seines einzigartigen Denkmälerbestandes gesondert betrachtet wird, wenden wir uns wieder der ersten und wichtigsten Stadt, *Narbonne*, zu (Abb. 57–64). Sie war unbestritten bis ins 3. Jahrhundert die führende Verwaltungs- und Handelsstadt geblieben. Zu ihrer verkehrstechnisch günstigen Lage kam ihre Funktion als Hafenstadt. Wenn auch die heutige Topographie der Vorstellung von Narbonne als Hafenstadt wenig entgegenkommt – vor allem durch den Bettwechsel des Aude im Mittelalter –, so dürfen wir doch den antiken Quellen Glauben schenken, wie dem weitgereisten Diodorus von Sizilien, der Narbonne als den größten

Markt der südlichen Gallia bezeichnet. Zur Zeit des Diodor hatte die Stadt noch lange nicht ihre größte Ausdehnung erreicht. Im 2. Jahrhundert dürfte sie ähnlich wie Nîmes an die 40 000 Einwohner besessen haben. Als Caesar die Stadt um die Legionäre seiner zehnten Legion vergrößerte, war sie in zwei Hälften geteilt, die Atacini (nach Atax = Aude) und Decumani (die hinzugekommenen Coloni der 10. Legion). Zu den Römern gesellten sich aber seit dem 1. nachchristlichen Jahrhundert die eigentlichen incolae, die hier Eingeborenen zuzüglich aller Rassen des Mittelmeerraumes. So gemischt wie die Völker selber war das, was auf den Verkaufstresen der Händler landete: Gegenstände aus Eisen und Edelmetall aus den Corbières und Montagnes Noires, der Rouergue, dem Albigeois und den Cevennen; Kupfer vom Oberlauf des Orb; Blei von den Minen des Hérault; Getreide und Käse (besonders geschätzt schon damals von den Gourmets in Rom) aus der tolosaner Gegend; ebenfalls Käse aus Lodève; Wolle und Leder aus Pézenas und seinem Hinterland; Köstlichkeiten aus den überaus fischreichen Lagunenseen der Küste; Fischkonserven aller Art; das Meer lieferte aber auch Salz (in Aigues-Mortes wird es noch heute auf dieselbe Weise wie zu Zeiten des Pomponius Mela gewonnen); Harze aller Art zur Konservierung des Weins und natürlich Wein in Mengen und in einer Qualität, die schon die protektionistischen Maßnahmen des Kaisers zum Schutz der italischen Weinbauern hervorrief.

Was man nicht selber hatte, wurde importiert: Marmor aus Carrara, farbiger Porphyr aus dem Nahen Orient, Papyrus und Öl aus Afrika, Parfüms und Kräuter aus Arabien und der Levante. Kurz, es gab nichts im damaligen Mittelmeerraum, was man nicht in Narbonne hätte erstehen könne.

Zur Regierungszeit des Augustus hatte man begonnen, der Provinz den Namen 'Narbonensis' zu geben, und ganz Gallien wurde zur Provincia Gallia Narbonensis. Und während nach Augustus die drei gallischen Großprovinzen (Hispania, Britannia und Gallia) direkt dem Kaiser unterstellt waren, blieb der engere Raum der Colonia Narbo Martius exklusiv provincia senatoria, d. h. dem alten republikanischen Organ der Reichsverwaltung unterstellt. Der Gouverneur dieser ausdrücklichen Senatsprovinz hatte den Rang eines Prokonsuls, meist war es ein erfahrener Prätor Roms und war direkt vom Senat in Rom eingesetzt und diesem verantwortlich. Ein Quästor, ein Legat und zahlreiche Verwaltungsbeamte waren ihm beigegeben. Daneben existierte, ebenfalls ein Unikum in der Reichsverwaltung, ein concilium, ein Rat der Provinz, der sich aus gewählten Mitgliedern der Provinz zusammensetzte und sich in Narbonne versammelte. Wenn auch die politische Bedeutung dieses Provinzrates gleichwohl unbedeutend war, ist seine Existenz als zugestandene Form der Verwaltungsmitsprache für die spätere Geschichte des Landes von nicht zu unterschätzender Bedeutung. Als mit dem Auftauchen der Barbaren eine Verlagerung der Reichspolitik nach Norden und Osten einsetzte, war der relative Niedergang der glorreichen Hauptstadt, der 'ersten Tochter Roms', eingeleitet. Die Reichsreform Diokletians (285) bevorzugte Trier und Vienne, und Konstantin wählte nach Trier Arles und Konstantinopel zu den Metropolen seines Reiches. Die Provincia Narbonensis war vorübergehend auf dem Abstellgleis der Geschichte gelandet. Die neue Religion im Reich, das Christentum – seit 312 von Konstantin offiziell anerkannt –, suchte sich ebenfalls ihre Wirkungszentren in Lyon,

Vienne und Arles. Auch wenn Narbonne seit den 1942 begonnenen Ausgrabungen von Abbé Sigal mit den Funden der Nekropole von St-Paul historische Spuren des Christentums aus dem 3. Jahrhundert besitzt, ist das zwar eine Bestätigung a posteriori des Berichtes von Gregor von Tours, aber der Gesamtbefund der Situation ändert sich darum wenig.

Vom Großreich zur Septimania

Der Umstand, daß man nicht mehr Mittelpunkt der gesamten Provinz war, daß man abseits der historisch brisanten Zonen lag, hatte auch seine Vorteile. Später als andernorts mußte man unter den Auswirkungen und Schrecken der sogenannten Völkerwanderungszeit leiden. Die erste große Erschütterung erfolgte erst Anfang des 5. Jahrhunderts mit dem Durchzug der Vandalen; ob sie als solche gehaust haben, ist nicht bekannt. Zu kurz war ihr Bleiben.

Indirekt litt die Languedoc méditerranéen unter ihrer historischen Abseitsstellung freilich doch. Die Via Domitia mit ihren strahlenden Städten wie Narbonne, Béziers, Pézenas und Nîmes hatte ihren Rang als Hauptlebensader an die Rhône abtreten müssen, an der man begrenzt teilhatte. *Narbonne* war nur noch zu 30 ha innerhalb der ehemaligen Stadtmauer bewohnt. Dennoch blieb man kosmopolitisch, man hatte ja noch das Meer. So wissen wir von Sulpicius Severus, daß die Stadt Anfang des 5. Jahrhunderts noch, dank ihrer jüdischen und orientalischen Bevölkerung, mit Afrika und der Levante Handel trieb. Man brauchte ca. 30 Tage bis Alexandria und deren 4 bis 5 bis nach Nordafrika. Zwar hatten Arles und Marseille die alte Metropole überflügelt, aber noch nach dem Eindringen der Westgoten liefert Sidonius Apollonius eine Liste der prächtigen Bauten Narbonnes, und laut Ausonius war Narbonne immer noch die drittgrößte Stadt der südlichen Gallia.

Dies war die Situation, als die Westgoten, gelenkt von Honorius, nach Südgallien eindrangen. Sie kamen halboffiziell als die Vertreter und foederati der wenigstens noch de jure bestehenden Ordnungsmacht Rom. Die Besitznahme des Landes erfolgte natürlich nicht ganz reibungslos. Vor allem die Städte der Küste, allen voran Narbonne, leisteten zunächst Widerstand gegen die neuen ungerufenen Herren. Zwar konnten die Westgoten 413 sich der Stadt bemächtigen, aber nur, um sie bereits ein Jahr später wieder zu verlieren. Theoderich I. griff dann mehrmals die Stadt an, aber der Römer Litorius konnte mit Hilfe hunnischer Söldner die westgotischen Angriffe abweisen. Als aber die Westgoten sich als echte Vertreter Roms und dessen ordo erwiesen und an der Seite von Aëtius die Hunnengefahr von Europa abwehren halfen, waren die Bedenken der 'Römer' von Narbonne beseitigt, und man übergab 451 die Stadt in die Hände der foederati Roms.

Die für die Niedere Languedoc immerhin dreihundert Jahre während westgotische Herrschaft zeitigte vor allem zwei wichtige Konsequenzen: a) Politisch gehörte man wieder für längere Zeit einem Großreich zu, dessen Hauptstadt Toulouse auf eigenem Kultur- und Sprachboden lag. b) Im kulturgeschichtlichen Bereich sind die Folgen vielschichtiger. Die Herrschaft der Westgoten als Vertreter und Epigonen Roms brachte keinerlei Veränderungen der täglichen Lebensgewohnheiten mit sich. Die Languedoc hatte ihre jahrtausendealte, quasi neolithische Lebensweise im Laufe der Zeitenwende aufgegeben und nolens volens die römische Zivilisation voll adaptiert. Die Westgoten waren als Vertreter Roms, als relativ kleine herrschende Oberschicht ins Land gekommen. Eine mit dem Norden vergleichbare Germanisierung hatte ebensowenig wie vorher eine Graecisierung bzw. eine Keltisierung stattgefunden. Latein blieb weiterhin die Verkehrssprache. Römisches Recht regelte nach wie vor die zivilisatorisch notwendige innere Sicherheit. Der unter Eurich 470 n. Chr. verfaßte ›Codex Euricianus‹ ist das älteste germanische Gesetzgebungswerk in lateinischer Sprache. Die römische Glaubensfreiheit war weitgehend Praxis. Sporadisch vorkommende Glaubensverfolgungen hatten keinerlei dogmatischen und systematischen Charakter. Die Westgoten waren zwar wie die Ostgoten und Burgunder zunächst Arianer, aber sie waren es nicht, die dieses Bekenntnis in die Languedoc eingeführt hatten. Das Konzil von Arles (314) befaßte sich noch mit dem Donatistenstreit. Bereits eine Generation später regelte das Konzil von Béziers (356) die Streitfrage zwischen Orthodoxie und Arianismus, welch letzteren der Kaiser Konstantius begünstigte. Die Orthodoxen verloren, und deren Führer Hilarius von Poitiers und Rhodanius von Toulouse mußten ins Exil flüchten. Außer Toulouse hatte die ganze Provinz den Arianismus akzeptiert; also längst vor dem Erscheinen der Westgoten. Daß diese dann führende Oberschicht, die aber die Ausübung des orthodoxen Bekenntnisses zuließ (Beispiel: der Kathedralneubau von Narbonne unter Erzbischof Rusticus, 442–446), ebenfalls arianisch war, hatte allerdings die kulturpolitische Konsequenz, daß die katholischen Bischöfe zunächst nicht in jene machtpolitische Position wie beispielsweise ihre nordfranzösischen Kollegen gelangten.

In der Architektur haben uns die Westgoten leider kein einziges Werk von Rang hinterlassen, aber auf dem Gebiet der Funeralskulptur fällt in ihre Epoche der Wandel der Sarkophagform vom Arleser Typ zur Form des sogenannten 'aquitanischen Sarkophags' (Abb. 105). Ebenfalls, und bis heute in der Fachliteratur immer unterschlagen, wandte sich unter der Ägide der Westgoten die Skulptur einer neuen Aufgabe zu, nämlich jenen für die Entstehung der romanischen Skulptur so wichtigen marmornen Tischaltären, wie das Beispiel des 456/57 in Auftrag gegebenen Altars zeigt, der heute in der Kirche von Minerve steht.

Mit der 507 bei Vouillé erlittenen Niederlage der Westgoten gegen die vereinten Franken und Burgunder unter Chlodwig verlor das westgotische Reich seine Hauptstadt Toulouse und die Gesamtheit seiner aquitanischen Besitzungen. Chlodwig gelang es zwar, auch Narbonne zu nehmen, aber er konnte sich dort, dank der Intervention der Ostgoten (Theoderich der Große), nicht halten. Der gesamte Küstenteil, Niedere Languedoc und Roussillon, also der Erzdiözesanbereich von Narbonne, blieb westgotisch für weitere zwei Jahrhunderte. Für diesen Wurmfortsatz des westgotischen Reiches, dessen Schwerpunkt nun auf der Iberischen Halbinsel lag, bürgerte sich der Name 'Septimania' ein. Toulouse wurde vorübergehend Provinzstadt, und Languedoc atlantique und Languedoc méditerranéen waren erstmals in ihrer Geschichte voneinander getrennt, verteilt auf zwei konkurrierende germanische Großreiche mit Metropolen außerhalb der languedozischen Hemisphäre. Der im Lauf des 6. und 7. Jahrhunderts einsetzende schleichende zivilisatorische Niedergang hat seine Ursache nicht primär in der Herrschaft der Westgoten, sondern er ist das Ergebnis einer weltweiten handelspolitischen Rezession.

587 hatte der westgotische König Reccared offiziell den katholischen Glauben angenommen. Die Aufstände eines Teils der Bevölkerung der Languedoc im 7. Jahrhundert gegen den König Wamba hatten keine religiösen Hintergründe, sondern waren der schlichte Befreiungsversuch von einem Königtum, dessen Zentrum weit jenseits der Pyrenäen lag.

Arabische Besetzung und karolingische 'Befreiung'

Als 711 die Araber beim Djebel al-Tarik aufs europäische Festland übersetzten und die Iberische Halbinsel im Handstreich nahmen, gehörte zum eroberten westgotischen Königreich offiziell die Septimania, und so erschien es den neuen muselmanischen Herren nur logisch und legitim, die ehemals westgotische Besitzung nördlich der Pyrenäen ebenfalls unter ihre Kontrolle zu bekommen. Unter Al Samh wird 719/20 *Narbonne* erobert, das forthin Hauptstützpunkt der Araber bleiben wird. Mit dem Fall der letzten wichtigen westgotischen Bastion *Carcassonne* (725) ist die Besitznahme der Septimania abgeschlossen. Aus der Zeit des vierzigjährigen arabischen Protektorats ist ebenfalls kein einziges Monument erhalten. Man könnte also über diese 'Quarantäne' hinwegsehen. Ein Aspekt, weil er ein charakteristisches Licht auf die kulturelle Situation wirft, scheint mir aber doch hervorhebenswert: Wieder einmal hatte die Languedoc méditerranéen ihren Herrn gewechselt. Und wieder tritt dadurch, zumindest retrospektiv betrachtet, kein eklatanter Bruch im zivilisatorischen Leben der Provinz ein. Das Regime der Araber scheint erträglich gewesen zu sein. Vor allem waren sie keine Fanatiker. Zu den Übergabebedingungen von Carcassonne gehörte, daß die Stadt weiterhin ihren gotischen Grafen behalten konnte. Languedozische Toleranz und mediterrane Zivilisation fanden auf Erobererseite ihre Entsprechung. Wirtschaftlich profitierte man auf jeden Fall durch den höheren Entwicklungsstand der islamischen Völker und durch die Zugehörigkeit zu deren Kulturkreis (vgl. S. 28). Zumindest fühlte man sich vom kulturellen Erbe her den arabischen Herren näher als den vom Norden drohenden Eroberern.

732 schickte Abd Ar-Rahman eine Strafexpedition nördlich der Pyrenäen gegen seinen unbotmäßigen Wali, den Berber Munuza, und dessen Schwager Odo von Aquitanien. Die Expedition scheiterte, weil Odo seinerseits diesmal den fränkischen major domus Karl Martell zu Hilfe gerufen hatte. Nach seinem Sieg bei Tours und Poitiers schickte sich Karl Martell an, seine Macht auch auf die Septimania auszudehnen, aber ebenso wie schon Chlodwig scheiterte er am entschlossenen Widerstand von Narbonne. Dort hatte sich der zuständige und von Córdoba im Stich gelassene Wali Yusuf mit den christlichen Baronen der Provence verbündet, die sich ebensowenig vom fränkischen Joch versprachen. Weil er Narbonne nicht einnehmen konnte, steckte Karl Martell auf seinem Rückzug die Städte Agde, Béziers, Maguelone und Nîmes in Brand. Diese aus blinder Wut begangenen

Greueltaten des rüden Hausmeiers beweisen nur, daß es ihm, dem 'Christen', nicht gelungen war, die Bevölkerung auf seine Seite zu ziehen. Dennoch war die 'Befreiung' der Septimania bereits beschlossene Sache.

Kaum war Pippin vom Papst zum fränkischen König gesalbt, als er sich anschickte, die Schmach seines Vaters und die der Christenheit zu rächen. Vorwand lieferte ihm der aquitanische Herzog Gaifier. Als dieser nämlich ebenfalls Gelüste auf die Septimania verspürte, sandte sich der Sohn Karl Martells selbst als Retter der vom Vater in Brand gesteckten Städte Agde, Béziers, Maguelone und Nîmes aus. Weder war er von der Bevölkerung gerufen worden, noch hatte er irgendein älteres Besitzrecht auf die ehemals westgotische Provinz. Der gotische Graf von Nîmes wurde gemeuchelt und durch einen fränkischen Gefolgsmann ersetzt; die Bevölkerung von Narbonne wurde gegen ihre arabische Besatzung aufgewiegelt *gegen die strikte Zusage, ihre Rechte und Gesetze beibehalten zu dürfen;* Gaifier endete 768 ebenfalls durch Verrat und Mord. Ruhmreiche Methoden waren es nicht gerade, denen Pippin die Rückgewinnung ganz Aquitaniens, diesmal unter Einschluß der Septimania, verdankte.

Eine der ersten Aufgaben Karls des Großen bestand in der Niederwerfung einer Erhebung in Aquitanien. Dann lagen seine politischen Ziele und Schwerpunkte im Norden. Der Süden seines Reiches sah ihn erst wieder, als er sich von einigen nordspanischen, mit Córdoba über Kreuz liegenden Emiren zu seinem spanischen Abenteuer verleiten ließ. Zu verführerisch war der Gedanke, ohne großen Aufwand ganz Spanien von den Moslems zu befreien und dadurch als Retter der Christenheit dazustehen. Der Traum endete mit einem Desaster. Nach der vergeblichen Belagerung von Saragossa verlor er auch noch beim Rückzug seine gesamte Nachhut, darunter das Gros seiner wichtigsten Paladine und Reichsstützen (Roncesvalles; Roland). Die Niederlage des großen Karl hatte für die Languedoc méditerranéen die Konsequenz, daß sie vorübergehend zur Grenzregion, zur Mark Toulouse wurde.

Noch einmal kamen die Araber auf dem Landweg. Aber Narbonne widersteht 793 dem Ansturm Abd al-Maliks. Acht Jahre später geht Wilhelm Kurznase (Guillaume, Guilhem; s. a. S. 118), der Cousin Karls des Großen und Markgraf von Toulouse, gerufen von den gotischen Grafen der Cerdagne und Gerona, zur Gegenoffensive über. Die Offensive hat Erfolg, die Reconquista ist eingeleitet. *Barcelona* wird 801 zurückerobert, erhält einen gotischen Grafen und wird wieder dem Metropolitansprengel von Narbonne zugeordnet. Durch diese Rückgliederung von Barcelona an Narbonne werden die schon über tausend Jahre bestehenden Bande der Regionen nördlich und südlich der Pyrenäen neu gefestigt.

Theodulf, westgotischer Flüchtling, Bischof von Orléans und Berater Karls des Großen, berichtet in einem berühmten Gedicht anläßlich seiner Inspektionsreise durch den Süden (798) noch von der weiträumigen Stadt Nîmes, dem meerumspülten Maguelone, von Substantion in seinem hügeligen Rahmen und vor allem von der eleganten Stadt Narbonne. Welchen historischen Stellenwert hat die Herrschaft der Karolinger für die Niedere Languedoc?

Narbonne, die Schaltstelle der Septimania, war nicht erobert worden. Zu den Bedingungen der Einwohner der Metropole, die sie für einen Übertritt zum fränkischen Reich stellten, gehörte die Zusicherung der Wahrung ihrer eigenen Gesetze und Rechte, und Pippin garantierte diese. Karl der Große hielt sich noch an die Zusicherungen, die sein Vater gezwungenermaßen hatte machen müssen. Das Hauptaugenmerk der Karolinger lag im Norden und Osten ihres Reiches. Das System der persönlichen Bande, das germanische Lehensprinzip, war der Bevölkerung der Languedoc fremd, wie die fränkischen Herren selbst. Die eigentliche Macht lag bei den angestammten oder eingesetzten Gebietsfürsten. Solange diese, wie Guillaume, der Karl dem Großen sowohl durch familiäre Bande als auch echte germanische Vasallentreue verbunden war, loyal zum Kaiser standen, waren dessen Macht und Einfluß gewährleistet. Aber nach dem Tode Karls und Guillaumes waren deren Nachfolger nicht mehr in der Lage, das Reich in seiner ganzen Ausdehnung weder vor äußeren noch vor inneren Feinden effektiv zu schützen. Nach dem Tod Karls des Kahlen bestand die tatsächliche Macht der Karolinger nur noch auf dem Papier. Quasi souverän regierten in ihren Territorien die regionalen Dynastien.

Trotz der karolingischen Intervention war die Rolle der Goten noch lange nicht ausgespielt, denn nach deren Gesetzen lebte man nach wie vor. Maguelone, Carcassonne und Barcelona, um nur die wichtigsten anzuführen, hatten nach wie vor einen gotischen Grafen. Sogar der Hauptverfechter der karolingischen Klosterreform, Benedikt von Aniane, war der Sohn des gotischen Grafen von Maguelone, mit ursprünglichem Namen Witiza. Aus Katalonien (= Gotalonien) kam auch eine neue Häresie, der Adoptianismus, Hinweis auf ein weiteres kulturelles Auseinanderdriften. Theodulf, der aus Nordspanien geflüchtete Bischof von Orléans und Berater Karls des Großen, und andere Goten wie z. B. Witiza, waren auf Karls Seite die wichtigsten Stützen gegen den Adoptianismus, der blutig unterdrückt wurde.

Während parallel zur Entwicklung des wirtschaftlichen Lebens im Mittelmeerraum auch in der Languedoc méditerranéen ein schleichender Niedergang erkennbar war, erfolgte der totale Kollaps des Handels erst in karolingischer Zeit. Nîmes schrumpfte innerhalb seiner längst zu groß gewordenen Mauern zu zwei kleinen allein noch bewohnten Bezirken um die Kathedrale und die leicht zu verteidigende Arena. Die Städte verkamen allgemein zu sogenannten Phantomstädten. Die Herrschaft über die Stadt teilten sich jeweils der (Vize-)Graf und der Bischof. Daß dieses condominium nie ohne Reibereien abging, zeigt sehr anschaulich das 'Beispiel Narbonne', die Stadt, die noch als einzige aus dem ehemals so blühenden Städtekranz der Languedoc méditerranéen hervorstach.

Narbonne trieb noch im 9. und 10. Jahrhundert, wenn auch eingeschränkt, Handel mit den islamischen Ländern, sogar mit dem fernen Orient. Träger dieses Handels war das große Kontingent an jüdischen Bürgern, das die Stadt seit der Spätantike besaß. Aufschlußreich ist der zwischen 960 und 985 erfolgte Briefwechsel der jüdischen Gemeinde mit dem Rabbi von Mainz, einer der damals anerkannten Talmud-Größen. Die heikle Frage, ob man dem Erzbischof Geld leihen oder verkaufen dürfe, zeigt u. a., daß die Güterverwaltung der Diözese in den Händen der Juden lag, der einzigen, die im täglichen Geschäftsleben über die notwendigen Kenntnisse verfügten. So viel Geld erwirtschafteten die jüdischen Partner, daß unter Bischof Ermengaud (890) die alte baufällige Kathedrale durch eine neue ersetzt werden konnte.

Im selben Maße wie das geschriebene, klassische Latein verkam auch die Handhabung des römischen Rechts. Der letzte Rechtsakt, der darauf Bezug nimmt, findet 930 in Narbonne statt. Ein Usus auf Gegenseitigkeit, die sogenannte conviventia, kam auf. Eine andere Sonderform des Rechts von höchster kulturgeschichtlicher Bedeutung wird erkennbar: die juristische Gleichstellung der Frau, die im selben Maße wie der Mann erbberechtigt war und über ihre Güter verfügen konnte: Wenn kein Vorbote, so doch mindestens ein fruchtbarer Boden für die spätere Sonderstellung der Frau in der Dichtung des Landes (Troubadours). Die bisweilen erwähnten Tribunale zeugen davon, daß in dieser Zeit der allgemeinen Rechtsunsicherheit wenigstens rudimentär Reste einer von Römerzeiten her gewohnten kommunalen Verwaltung geblieben waren. Das wirtschaftliche Leben spielte sich auf dem Land ab, wo vor allem neben spanischen Flüchtlingen die Klöster für ein gewisses Wachstum sorgten.

In der Politik Karls des Großen und seiner Nachfolger spielte die Kirche, ganz besonders die Klöster, eine entscheidende Rolle. Trotz Aussicht auf eine glänzende politische Karriere zog sich Benedikt von Aniane (Witiza) 782 in das gleichnamige von ihm gegründete Kloster zurück. Nebridius hatte bereits vier Jahre zuvor in den Corbières *Lagrasse* gegründet (Abb. 67, 68). Attilio folgte dem Beispiel mit dem Kloster *St-Thibéry* an der alten Steinbrücke von Cessero (Abb. 136). Die spektakulärste Klostergründung war aber die des Markgrafen Guillaume, der sich 806 in die Abgeschiedenheit des steinigen Tales von Gellone zurückzog (s. S. 118f.). Andere Klostergründungen in den Corbières und im Roussillon, wie *St-Hilaire, St-Polycarpe, St-Martin-des-Puits* (Abb. 81), *Alet, Cuxa* (Abb. 87–91), etc. vervollständigen das Bild.

Die großen, einflußreichen Familien, z. B. die Grafen von Toulouse, vermehrten dank ihrer Stiftungen die Anzahl der Klosterneugründungen, die bis ins 11. Jahrhundert nicht abreißen. Die Bischöfe bauen neue Kathedralen, so in *Nîmes* (800), *Narbonne* (890) und *Lodève* (975). Im Jahre 787 bestätigt Papst Johannes VIII. die Unterstellung der Abtei des Heiligen Ägidius an den Heiligen Stuhl; der Bischof Ermengaud von Narbonne weiht 982 die neue Klosterkirche von *Quarante*, und wenige Jahre später (990) gründet Frotasius von Nîmes das Frauenkloster *St-Saveur-de-la-Font*.

In einem Punkt allerdings unterscheiden sich die Klöster der Languedoc von den zeitgenössischen karolingischen weiter nördlich: sie sind keine Foyers der sogenannten 'karolingischen Renaissance'. Das klassische Latein erfährt keinerlei systematische Pflege. Latein wird nur mündlich tradiert und verliert so seinen geschliffenen und allgemein verbindlichen Charakter, was die Entstehung einer neuen Volkssprache auf der Basis des Latein begünstigt. In diesem Unterschied des Klosterwesens zwischen Süd- und Nordfrankreich liegt der Keim zur Entstehung zweier verschiedener Idiome, der *langue d'oc* und der *langue d'oui*, mit einem gewaltigen zeitlichen Vorsprung der ersteren, was in der Entstehung der Troubadour-Dichtung manifest wird.

Okzitania: Ein Höhenflug

Auf ihrem letzten Kriegszug nördlich der Pyrenäen erbeuteten die Araber unter Abd al-Malik noch die stolze Summe von 4500 Pfund Gold. Nach der erfolgreich gestarteten Gegenoffensive von 801 bleibt Katalonien das Bollwerk gegen die Araber. Die Septimania, für die sich ab ca. 830 der Name 'Gotia' (Gallia Gotica) einbürgert, fand aber dadurch innerlich noch keinen Frieden. Bis ins 11. Jahrhundert gehen nun die internen Machtkämpfe der einzelnen Grafen und Vizegrafen. Am Ende haben sich zwei Häuser durchgesetzt: Toulouse und Barcelona, die zusammen den gesamten Mittelmeersaum von den Alpen bis zu den Pyrenäen unter sich aufteilen. Mit dem Fortschreiten der Reconquista und dem innerspanischen Handel zwischen Moslems und Christen gelangt auch wieder Gold in die Septimania, z. B. kauft 1019 der Graf von Cerdagne den Erzbischofsitz von Narbonne für seinen Sohn Guifred zum Preis von über 50 kg Gold, und zwischen 1067 und 1070 erwirbt Raimond Beranger I. von Barcelona für ca. 160 kg Gold die Vize-Grafschaften Carcassonne und Razès.

Um 870 ziehen sich die sarazenischen Seeräuber zurück ins Maurenmassiv, von wo aus sie nun bevorzugt die provençalische Küste und das untere Rhônetal mit ihren Überfällen heimsuchen. Von den beiden anderen Geißeln der Zeit, den Einbrüchen der Normannen und den Tod und Verderben bringenden ungarischen Reiterscharen, bleibt die Gotia weitgehend verschont, so daß spätestens im 10. Jahrhundert eine Konsolidierung der ökonomischen Verhältnisse einsetzen kann. Ein leichtes Anwachsen der Bevölkerung in den alten Zentren wie Nîmes, Béziers oder Agde ist zu verzeichnen. Auch in Narbonne ist das neue Leben zu spüren, aber die Stadt wird nie mehr ihre alte Vorrangstellung erreichen. Ebensowenig wie die römische Metropole erlangt auch die alte Lebensader der Region, die Via Domitia, jemals wieder ihre alte Bedeutung zurück.

Nicht mehr wirtschaftliche, verwaltungstechnische oder strategische Überlegungen allein sind fürderhin ausschlaggebend für die Entstehung von Ansiedlungen. Neben diesen profanen Interessen sind irrationale Mächte ins Kraftfeld historischer Prozesse gelangt. Mit der wachsenden Bedeutung der Heiligenverehrung, bzw. der Reliquienverehrung, und der damit stetig größer werdenden Zahl der Pilger wird die Verbindung zwischen diesen neuen Zentren der Frömmigkeit zur Grundlage von neuen Straßen, den *Pilgerstraßen*. Deren wichtigste für die Languedoc méditerranéen wird die Südroute von Arles nach Santiago. Wo nötig werden neue Brücken gebaut, so zwischen Aniane und St-Guilhem-le-Désert *(Pont du Diable*, 1029; Abb. 52). Es entsteht südlich von dem an der Via Domitia gelegenen Substantion an der Stelle eines heidnischen Tempels die Wallfahrtskirche *Notre-Dame-des-Vœux*, um die herum Montpellier wächst. Neben Montpellier ist es aber vor allem die Abtei des Hl. Ägidius, *St-Gilles*, die zum neuen Zentrum aller zivilisatorischen Kräfte wird.

Nachdem Ende des 10. Jahrhunderts die Sarazenen von der Südküste Frankreichs endgültig vertrieben und wenig später Süditalien und Sizilien von den inzwischen christlichen Normannen zurückerobert worden waren und im Südwesten der Reconquista bis Toledo vorgestoßen war, ist das Mittelmeer auch wieder zum Teil ein christliches Meer geworden. Von dem nun verstärkt einsetzenden Mittelmeerhandel profitierten zunächst die italienischen Städte wie Gaeta, Amalfi, Neapel, Venedig, Bari, Brindisi und Palermo und, ganz besonders wichtig für das westliche Mittelmeer, Genua und Pisa. Der Vorsprung der italienischen Städte wurde aber teilweise wieder wettgemacht durch die geographische Nähe der Languedoc zur Iberischen Halbinsel und der gemeinsamen okzitano-katalanischen Zivilisation. Italienische und katalanische Einflüsse prägen entscheidend das Bild der im 11. Jahrhundert zu voller Pracht sich entfaltenden okzitano-katalanischen Kultur, einer vielschichtigen, offenen, höchst verfeinerten, aber doch ausdrucksstarken Kultur, der Nordeuropa noch nicht viel gleichzusetzen hatte. In dieser wesentlich von den Städten geprägten Zivilisation führten altes antikes Erbe, neue technische Errungenschaften und vielgestaltige Auslandskontakte zu einer Lebensweise, die wiederum vom alten Prinzip der conviventia getragen wurde. Okzitanien ist kein Staat mit politischen Grenzen, hierarchisch gegliedert und bestimmt von einer mächtigen Person; Okzitanien ist eine zivilisatorisch-kulturelle Einheit. Wichtigste Bindungsglieder sind gemeinsame Sprache und Lebensweise.

Das *Langue d'oc* hat sich durch mündliche Verwilderung des klassischen Latein im Lauf des 10. Jahrhunderts herauskristallisiert; bereits im 11. Jahrhundert war es befähigt, die erste europäische Literatursprache zu sein. Um 1060 entsteht das ›Rolandslied‹, es folgen kurz darauf ›Kaiser Karls Pilgerfahrt‹ und vor allem die ›Wilhelmsepen‹. Die älteste erhaltene Troubadour-Dichtung stammt von Wilhelm IX., Herzog von Aquitanien, Anfang des 12. Jahrhunderts. Das Langue d'oc (= Provençalisch bzw. Okzitanisch) wird zur Koinè der Troubadours.

Die *gemeinsame Lebensweise* auf der Basis gegenseitiger Verständigung und Achtung erfährt ihre Institutionalisierung im Organ der kommunalen Selbstverwaltung, dem sogenannten Konsulat. Wir erinnern uns: Bereits in römischer Zeit hatte die Senatsprovinz Narbonne eine ähnliche außergewöhnliche Einrichtung; Pipin mußte den Bürgern von Narbonne ihre Rechte und Gesetze belassen, bevor sich die Stadt ergab und 'fränkisch' wurde. Die großen okzitanischen Feudalherren wie der Herzog von Aquitanien, der Graf von Toulouse oder der Graf von Barcelona, waren selber Städter, d. h., sie wohnten nicht irgendwo auf einer unzugänglichen, feindselig abweisenden Trutzburg auf dem Land, sondern hatten ihre Residenzen in der Stadt. 1185 verzichtete z. B. der Graf von Toulouse endgültig darauf, sich in die Belange der Konsuln einzumischen. Viel älter sind die usatges von Barcelona. Unabhängig von der Kirche entsteht also auf dem Boden der Toleranz und der convivencia eine profane Ethik und Verfeinerung der Sitten, deren Höhepunkt in der Dichtung der Troubadours und dem darin gezeichneten Bild von Liebe und Frau erkennbar wird. Ein anderes beredtes Beispiel der tatsächlich gelebten Toleranz der okzitanischen Zivilisation bietet der relativ hohe Bevölkerungsanteil an Juden in Städten wie Nîmes, Pézenas, Montpellier oder Narbonne – und ihr Beitrag kann nicht hoch genug eingeschätzt werden. Gleichzeitig fanden in der Languedoc méditerranéen schon recht früh das wiederentdeckte römische Recht und die Medizin (Juden!) Eingang. Während Konsulate, römisches Recht und Medizin zweifelsohne von Italien her Eingang gefunden hatten, ist der italienische Beitrag auf dem Gebiet der Dichtung ganz und im Bereich der bildenden Kunst, abgesehen von der Phase der sogenannten ersten romanischen Kunst (premier art roman), weitgehend auszuschließen.

Die von der Lombardei ausgehende Art des neuen Bauens, weitergetragen von wandernden comaciner Maurern, findet sich nicht in der Provence, was bedeutet, daß diese in der Languedoc méditerranéen so reichlich vertretene Architektur des 'premier art roman' nicht über den direkten Weg von der Lombardei, sondern über Katalonien, wo diese Art des Bauens schon sehr früh aufgegriffen worden ist, und über die Schweiz kam. Mit den Kirchen von *St-Guilhem* (Farbt. 14; Abb. 53), *Quarante* (Abb. 143), *St-Martin-des-Londres* (Abb. 133) und *St-Pierre-de-Rhèdes* (Abb. 144) haben wir eine sehr eindrucksvolle Gruppe von Bauwerken des premier art roman. Aber auch der südliche Querarm von *Lagrasse* (Abb. 67), der eindrucksvolle Turm von *Puissalicon* (Fig. S. 316), die dreiportalige Westfassade von *Brissac* (Abb. 134), die Kapelle von *Salinelles* mit ihren archaischen Ansätzen von Kapitellskulptur gehören ebenso in diese Gruppe wie die beiden großartigen Kirchen auf der rechten Rhôneseite: *Cruas* und *Bourg-St-Andéol* (Abb. 1). Erkennungszeichen dieser Kunst ist vor allem die Gliederung der Mauer durch flache Lisenen mit oben abschließenden Blendbogenarkaden. Weder einheitlicher Grundriß noch eine geschlossene tektonische Ordnung werden entwickelt. Gemeinsam bleibt aber, von wenigen Ausnahmen (z. B. St-Guilhem) abgesehen, das Festhalten am Einheitsraum. Das basilikale Prinzip kann sich nicht durchsetzen. Insgesamt bleibt auf architektonischem Bereich die Kunst der mittelalterlichen Languedoc méditerranéen doch recht konservativ. Eine Sonderform der Sakralarchitektur, bedingt durch die besondere Gefährdung an der Küste, entwickelte sich in den Wehrkirchen, zu denen die Kirchen von *Castelnau-le-Lez, St.-Bonnet, St-Laurent-des-Arbres, Vic-la-Gardiole* (Abb. 130), *Villeneuve-lès-Maguelone, St-Pons* und die Kathedralen von *Maguelone* und *Agde* gehörten.

Neuerliche Größe gewinnt der Landstrich der Niederen Languedoc erst im 12. Jahrhundert im Bereich der romanischen Monumentalskulptur durch das religiöse Zentrum *St-Gilles*, das gleichzeitig zum Foyer einer eigenen Schule wird, die der Toulouse-Moissac-Schule gleichwertig gegenübersteht. Als Hauptwerk hat uns diese Schule eine Portalanlage hinterlassen, die wohl das großartigste Figurenensemble der gesamten romanischen Skulptur darstellt (Abb. 17).

St-Gilles: Foyer der Orthodoxie und der Kunst

1 Geographische und historische Voraussetzungen

Von den sicher im Mittelalter nicht unbedeutenden Städten der Languedoc méditerranéen ist es immer wieder dieser heute so unscheinbare Ort, der im Mittelpunkt von landes- und kunstgeschichtlichen Debatten steht. Béziers war eine wiederholt vom Schicksal aufs schwerste heimgesuchte Stadt; Narbonne war die strahlendste Stadt der Languedoc méditerranéen bis zum Mittelalter; Nîmes mit seiner verkehrsgünstigen Lage, seinem

2   Aubenas   Renaissance-Portal des Schlosses

◁ 1   Bourg St-Andéol

3   Thinés   Apostelfiguren vom linken Portalgewände

4, 5   Kartause von Valbonne   Kirchenfassade. Kleiner Kreuzgang

6   Pont St-Esprit

8   VILLENEUVE-LÈS-AVIGNON   Zwillingstürme der Festung St-André ▷

7   VILLENEUVE-LÈS-AVIGNON   Blick auf die Kartause

9, 10   VILLENEUVE-LÈS-AVIGNON   Grabmal Innozenz' VI. in der Kartause. Inneres der Kollegiatskirche

11, 12   BEAUCAIRE   Die Grafenburg über dem Ort. Notre-Dame-des-Pommiers

13 BEAUCAIRE Notre-Dame-des-Pommiers: Detail der Fassade

14 BEAUCAIRE Notre-Dame-des-Pommiers: romanischer Figurenfries an der Ostseite

15 BEAUCAIRE Notre-Dame-des-Pommiers: Langhausgewölbe

16 BEAUCAIRE Hôtel de Ville

17 St-Gilles-du-Gard   Westfassade, Portalanlage

19 St-Gilles-du-Gard   Hauptportal, linkes Gewände ▷

18 St-Gilles-du-Gard   Süd-Tympanon

20 ST-GILLES-DU-GARD
Hl. Michael mit dem Drachen

21 St-Gilles-du-Gard Fußwaschung

22 St-Gilles-du-Gard Krypta

23   St-Gilles-du-Gard   Maison Romane

24   Aigues Mortes
     Eingang zur Tour de Constance

25   Aigues Mortes   Südliche Mauer

26　La Grande Motte　Jachthafen
27　Uzès　La Duché

29 Uzès   Place aux Herbes
◁ 28 Uzès   La Duché: Renaissance-Fassade
30 Nîmes   Porte d'Auguste

31 NÎMES Römisches Amphitheater
32 NÎMES Amphitheater, oberer Umgang

uralten Quellheiligtum und der besonderen Begünstigung durch die römischen Kaiser der frühen Kaiserzeit blieb später dennoch nur eine unter vielen gleichbedeutenden Städten; Pézenas konnte überhaupt nur im 16. und 17. Jahrhundert durch die Anwesenheit des Parlaments für kurze Zeit in den Blickpunkt der Landesgeschichte rücken, und Montpellier entstand erst im 11. Jahrhundert, um dann die Stadt der Zukunft zu werden.

St-Gilles hat keine nennenswerte antike Vergangenheit wie Nîmes oder gar Narbonne. St-Gilles hat aber auch keine Neuzeit wie Pézenas, Béziers oder Montpellier. St-Gilles ist nur Mittelalter, ist von allen die mittelalterlichste Stadt. Vielleicht liegt darin das Geheimnis der Größe seiner einzigartigen Skulptur. Manche wollen gar in ihm den »Eckstein der abendländischen Zivilisation im Mittelalter« sehen. Wer heute – von welcher Seite auch immer – die ca. 9000 Einwohner zählende Gemeinde betritt, fragt sich automatisch, wie kommt diese grandiose Portalanlage in diesen so bescheidenen Ort?

Am Anfang war so gut wie nichts. Doch. Eine bewaldete Anhöhe über der Rhône und – ein Heiliger. Im Laufe des 8. Jahrhunderts hatte sich hier, von Athen über Rom, Marseille und Arles kommend, ein gottesfürchtiger Anachoret, Aegidius, niedergelassen; hier, wo er Ruhe, eine frische Quelle, Beeren und Wurzeln und vor allem eine Hindin fand, die ihn nährte. Aber Verbrechen und Frömmigkeit können sich auf die Dauer nicht verstecken. Die Legende will, daß es Jäger aus dem Umkreis des westgotischen Königs Wamba waren, die seiner Hindin nachstellten und ihn auf diese Weise fanden.

Frömmigkeit und vor allem Wundertätigkeit des Eremiten sprachen sich schließlich auch bis zum König herum, der ihm, so heißt es, das Stück Land, auf das er sich zurückgezogen hatte, zum Bau eines Klosters schenkte, dessen Abt er werden sollte. Nach dem Tode des frommen Mannes wurde dessen Grab rasch zum Zentrum einer lokalen Wallfahrt. 878, im Jahre der Heiligsprechung durch das Konzil von Troyes, wurde, also lange vor Cluny, die Abtei dem Heiligen Stuhl direkt unterstellt und Papst Johannes VIII. bestätigte den Akt. Ab 1066, durch Schenkung der Gräfin von Narbonne und Nîmes, Almodis, der Mutter von Raimund IV., gelangte die Abtei unter die Obhut von Cluny. Der kurz darauf begonnene Neubau einer Klosterkirche wurde sukzessive mit Unterbrechungen bis Anfang des 13. Jahrhunderts fortgeführt.

Die geographische Lage der Abtei war einzigartig. Sie lag an einem damals schiffbaren Nebenarm der kleinen Rhône, dort, wo heute direkt am Ortsende der Canal du Rhône vorbeiführt. Zum anderen lag sie, selbst wichtiger Pilgerort, am Schnittpunkt anderer wichtiger Pilgerstraßen: Wer von Italien oder Deutschland über die für alle Pilger obligaten Alyscamps von Arles kam, wählte automatisch den Weiterweg nach Toulouse über die zwei wichtigen Pilgerorte St-Gilles und St-Guilhem. Das neu entstehende wirtschaftliche und wissenschaftliche Zentrum Montpellier lag ebenfalls an dieser neuen und kürzeren Route. Wer auch immer, ob Kriegs-, Handels- oder Pilgersmann, den Landweg von Paris über das Zentralmassiv, die Via Regordana, nach Süden zog, um sich dann hier nach Rom oder Jerusalem einzuschiffen, tat dies in St-Gilles. Man sammelte sich in Paris vor der Kirche St-Lieu-St-Gilles (heute 59, bd. Sewastopol), und die Via Regordana nahm zeitweise im Volksmund den Namen 'Chemin de St-Gilles' an. Am Schnittpunkt also der wichtigsten

Pilgerstraßen der Christenheit, selbst Pilgerzentrum ersten Ranges, wird St-Gilles in dem von Calixtus II. in Auftrag gegebenen Pilgerführer gleichwertig neben Arles als Ausgangspunkt und Sammelpunkt einer der vier Hauptrouten nach Santiago empfohlen.

Im Laufe des 10. Jahrhunderts müssen Ort und Kloster in den Besitz der Grafen von Toulouse gelangt sein, denn 1037 gehört St-Gilles dem Grafen Pons, dessen Sohn Raimund wahrscheinlich hier geboren wurde. Dieser Sohn sollte als Raimund IV. der bedeutendste aller Raimunde werden; stolz nannte er sich Raimund von St-Gilles und nicht Raimund von Toulouse. Von Rang, Ansehen und Vermögen war er nicht nur einer der führenden Köpfe des Ersten Kreuzzugs, sondern auch weitgehend dessen Finanzier. Die Auffindung der Heiligen Lanze in der kritischen Situation von Antiochia und die Eroberung von Jerusalem waren der Beitrag dieses (wahrscheinlichen) Sohnes der Stadt St-Gilles. Auch später blieb der Ort einer der bevorzugten Stammsitze der Grafen von Toulouse, die hier ihre eigene Stadtresidenz, sprich Burg, hatten. Wie das Beispiel Raimunds V. und des Abts Bertrand zeigt, waren die Beziehungen zwischen Kloster und weltlicher Herrschaft nicht ständig feindseliger Natur. So stiftete Raimund V., der Erzkatholik, 1160 den Anger von Bioux dem Kloster.

Zur Einnahme von Tripolis hatte Raimund IV. die Hilfe der Genuesen und Pisaner gebraucht, die er sich durch die Vergabe von Handelsprivilegien in seiner Heimatstadt erkaufte. So zogen die größten wirtschaftlichen Mächte des westlichen Mittelmeers in St-Gilles ein, wo sie sich, nicht nur auf den Handel beschränkt, heftige Konkurrenz machten, sondern, wie im Jahre 1165, als die Pisaner den in St-Gilles weilenden Papst Alexander III. entführen wollten, blutige Kämpfe lieferten.

In summa: St-Gilles, bevorzugter Platz der Grafen von Toulouse (also der politischen Macht der Region), gelegen am Schnittpunkt wichtiger Handels- und Pilgerstraßen und selbst Pilgerort ersten Ranges (Sitz der Vertretung Roms), ausgestattet mit einem (zwei?) seetüchtigen Hafen (privilegierter Sitz der Seehandelsmächte Genua und Pisa), war praktisch prädestiniert, nun auch zum Spekulations- und Handelszentrum zu werden.

Wo Menschen aus aller Herren Länder sich sammeln, auch etwas kaufen wollen oder müssen, werden Wechsler gebraucht. Die italienischen Geldwechsler, die sich offensichtlich sehr schnell das Monopol verschafft hatten, waren eine der mächtigsten Branchen der Stadt. Ihre Zahl war so enorm angestiegen, daß die Stadt sich gezwungen sah, deren Zahl auf die im Jahre 1178 gezählten 109 hauptberuflichen und 25 assistierenden Geldwechsler festzulegen. Die Menge nicht nur der Gläubigen, sondern auch der Händler wuchs jeweils am 1. September, also am Namenstag des Stadtpatrons, so an, daß St-Gilles, lange vor Beaucaire, eine der frequentiertesten Handelsmessen Frankreichs wurde. Zu den Niederlassungen der Händler kamen diejenigen der neuen weltlichen Orden, wie der Templer und Johanniter (Hauptquartier), so daß der Ort schließlich auf mindestens 40000 Einwohner im 12./13. Jahrhundert geschätzt und von einigen Historikern als der zweitgrößte Mittelmeerhafen seiner Zeit bezeichnet wird. Natürlich hatte die Stadt ebenfalls wie ihre Schwestern in der Languedoc ihre kommunale Selbstverwaltung in Gestalt der Konsuln. Neben drei

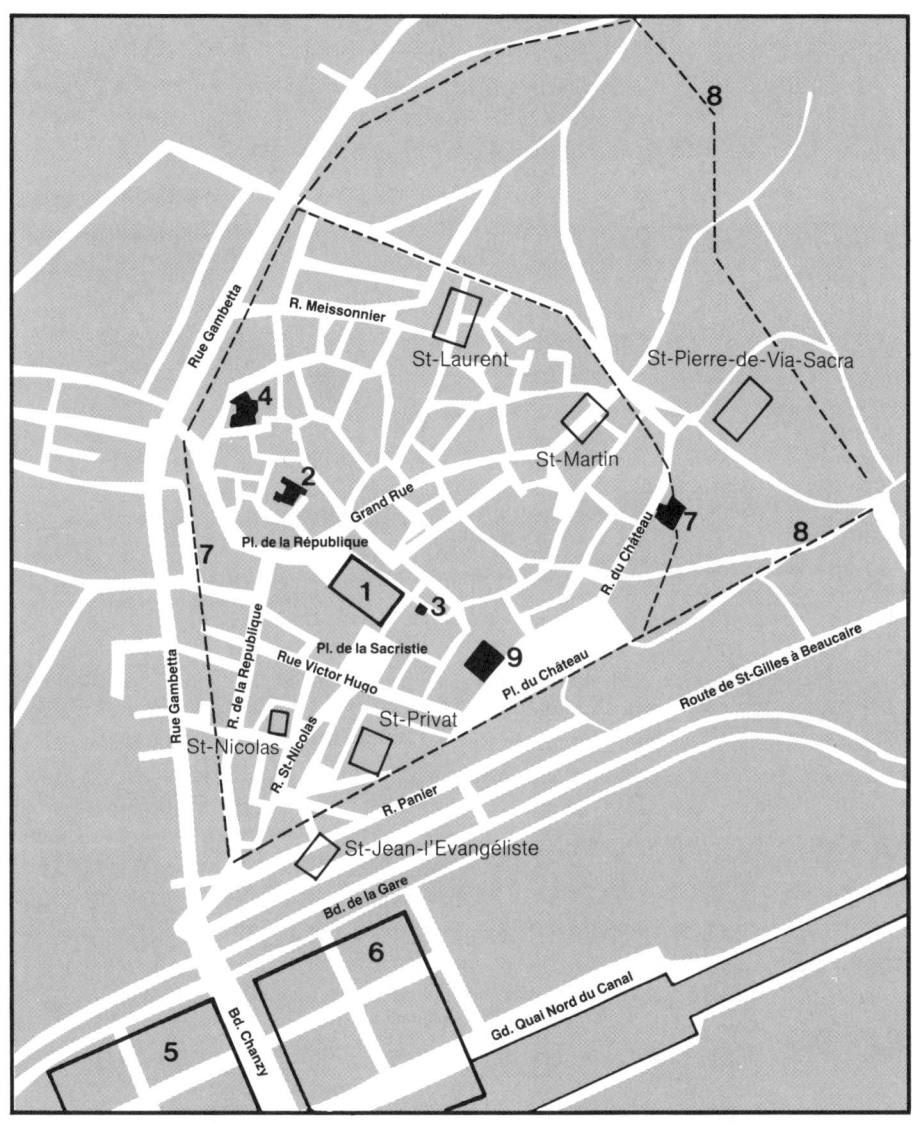

Plan des mittlalterlichen St-Gilles. Nach W. S. Stoddard
1 Abtei des hl. Aegidius 2 Maison Romane 3 Vis de St-Gilles 4 Haus der Malteserritter
5 Stelle der Großen Priorei und der Kirche St-Jean-Baptiste 6 Stelle des Hauses der Templer und der
Kirche Notre-Dame-du-Temple 7 Fundamente der alten Stadtmauer 8 Jüngere Mauer
9 Hôtel-de-Ville

wehrfähigen Anlagen (Sitz der Grafen, Schloß der Templer, Abteibereich) zählte die Stadt neun Kirchen, nicht eingerechnet die kleineren Kapellen der Templer, Johanniter etc. Alle anderen Gotteshäuser an Pracht und Bedeutung überstrahlte die *Abteikirche des Hl. Aegidius* (Abb. 17–22). Vor ihren prächtigen Portalen spielte sich vor allem ein Drama ab, das zum Totengeläut der reichen okzitanischen Kultur werden sollte.

Rolle der Kirche

Der Beitrag der Kirche zu der blühenden Kultur Okzitaniens war nicht gering. Zu nennen wäre die ökonomische Bedeutung der zahlreichen Klosterneugründungen, die der in Zeiten des wirtschaftlichen Niedergangs drohenden Verkarstung des Bodens entgegenwirkten. Zahlreiche Klöster wurden später zum Kern neuer Siedlungen. Die Neubauten von Kirchen und Kathedralen schufen neben Arbeitsplätzen Zentren des technischen Fortschritts.

Nach der Unterdrückung des Adoptionismus durch Karl den Großen war der Süden des Frankenreichs vorübergehend zum Hort des Katholizismus geworden. Auf dem Boden des heutigen französischen Südens war die Idee des Gottesfriedens und der Waffenruhe Gottes entstanden und wurde unter der Führung des Bischofs von Rom systematisch fortentwikkelt. Die Pilgerströme fanden nicht nur Attraktionen in Form von kostbar gefaßten Reliquien, prangenden Umzügen, feierlichen Hochämtern und verschwenderischen Bauten mit schwelgendem Dekor, sie fanden auch von der Kirche organisierte Unterkünfte und, wenn nötig, Verpflegung und ärztliche Behandlung. Neben dem neuen Orden der Zisterzienser fanden sich zahlreiche Niederlassungen der halbgeistlichen Ritterorden wie der Templer oder Johanniter. Die religiöse Inbrunst und, als deren historischer Zeuge, die romanische Kunst, erreichten gegen Ende des 11. Jahrhunderts ihre ersten Höhepunkte.

Dennoch war nicht alles im Inneren in Ordnung. Bischöfe, Äbte und Priester, also die offiziellen Vertreter der christlichen Kirche, waren nur zu oft recht enge Verwandte der weltlichen Herrenschicht und sahen ihre Amtstitel und Pfründe mehr als Möglichkeit, ihrer materiellen Profitgier nachzugeben als zu hingebungsvoller Seelsorge und zum Liebesdienst am Nächsten. Gegen die Verweltlichung der Kirche und den zu großen Einfluß von Laien war die neue päpstliche Politik des 11. Jahrhunderts gerichtet. Aber die gregorianische Reform sperrte nicht nur unwürdige Vertreter aus ihren Reihen, sie baute auch eine Barriere zwischen sich und der großen Masse der niedrigen Laien, den Gläubigen. Parallel dazu stellte sie die neue Forderung auf (Dictatus Papae), daß die Kirche, d. h. ihr höchster Vertreter, der Bischof in Rom, über den weltlichen Würdenträgern der menschlichen Gesellschaft stünde. Auf diese Weise schuf sich das römische Papsttum zwei unnötige Gegner. Zeichen dieser recht verbreiteten Unzufriedenheit mit der römischen Kirche, deren Vertretern und der päpstlichen Politik auf Weltherrschaft war das Aufflammen sogenannter Häresien, die zunächst fromm gedachte Abweichungen von der römischen Lehrmeinung waren. Die Katharer waren weder die ersten Ketzer, wenn auch der Name sich von diesen ableitet, auch nicht die einzigen im Mittelalter, noch waren sie auf das Gebiet der Languedoc beschränkt. Man kann sogar mit Sicherheit davon ausgehen, daß ihre Verbreitung in der

Languedoc méditerranéen nicht größer war als vergleichsweise im Rheinland oder in Oberitalien. Als Innozenz III. 1208 zum Kreuzzug gegen die Albigenser aufrief, hatte er nicht nur religiöse Gründe. Der Verlauf dieses Kreuzzugs gegen Christen zeigte dies sehr deutlich. Innozenz III. hatte eine solche Aktion schon von Beginn seines Pontifikats an vor Augen. Die Tätigkeit der Prediger, unter ihnen der Hl. Dominikus, hatte den gewünschten Erfolg ebensowenig gebracht wie die Arbeit der päpstlichen Legaten (Pierre de Castelnau, ehemaliger Erzdiakon der Kathedrale von Maguelone und der Zisterzienser Raoul, Mönch von Fontfroide). Der Graf von Toulouse, Raimund VI., und die wichtigsten Städte der Languedoc mit ihren Konsuln an der Spitze waren dem sogenannten Legatenfrieden, wegen des damit verbundenen Vasalleneides an den Hl. Stuhl, nicht beigetreten. So lieferte die Ermordung des allzu forsch vorgehenden päpstlichen Legaten Pierre de Castelnau den lange gesuchten Vorwand, um drastischere Mittel anwenden zu können. Wiederum spielte sich vor den Portalen von St-Gilles ein Drama ab, diesmal von weit größerer Tragweite. Doch eilen wir noch einmal zurück ins erste Drittel des 12. Jahrhunderts.

Der erste Scheiterhaufen

Wenige Jahre nach dem Wiederaufgreifen der Bauarbeiten an der Baustelle von St-Gilles zog ein Prediger namens Petrus Brusius durch die Lande, der unter anderem die Gottheit Christi und die Existenzberechtigung des Papstes bestritt. Als er aber eines Tages in der Bastion der Orthodoxie, in St-Gilles, die dortigen Zuhörer (am Karfreitag) aufforderte, alle Kreuze, als Zeichen ihres falschen Glaubens, zu verbrennen, war er zu weit gegangen. Er war es, der nun verbrannt wurde. Vor der Kirche von St-Gilles brannte der erste Scheiterhaufen in der so friedlichen wie toleranten Geschichte des Midi. Dies trug sich zu anno 1136.

Petrus Brusius war kein Katharer gewesen, auch wenn sich seine Ansichten mit denen der Katharer teilweise deckten. Diese hatten sich ebenfalls bereits bemerkbar gemacht. Das Konzil von Toulouse im Jahre 1119 befaßte sich bereits mit dieser Häresie. Daß die Katharer sich so schnell hatten ausbreiten können, hatte, in der Languedoc, vor allem drei Gründe: einmal die grundsätzliche Bereitschaft der Bevölkerung, Andersdenkenden zuzuhören und diese zu dulden bzw. gewähren zu lassen; zweitens die in vielen Fällen offen zutage liegende Unfähigkeit oder gar Unwürdigkeit eines beachtlichen Teils der katholischen Geistlichkeit; und drittens steckte im Kern aller bislang von Rom abweichenden Bekenntnisse in der Languedoc immer ein doketischer Zug. Dies trifft für den 356 freiwillig angenommenen Arianismus, für den Adoptionismus und für den Einzelfall Petrus Brusius genauso wie für die Katharer zu. Die rational nicht einsichtige Gott-Mensch-Natur Christi ist aber eines der zentralen Dogmen der römisch-katholischen Kirche.

Ein Canossa ohne happy end

Nach dem Mord an Pierre de Castelnau am 14. Januar 1208 wurde sofort, ohne greifbare Beweise, von den Vertretern der Kirche der Graf von Toulouse, Raimund VI., der Mitwisser-, ja der Mittäterschaft angeklagt. Der Graf wurde exkommuniziert, gegen die

Ketzer und deren Helfershelfer wurde der Kreuzzug gepredigt, und die eroberten Länder wurden zur Beute ausgesetzt. Obwohl vom Papst mehrfach zugesagt, verweigerten dessen Vertreter (die Legaten) Raimund die angebotene Rechtfertigung. Die kirchliche Seite legte niemals Beweise für die Anklage der Mitschuld am Tode des Legaten vor, und sie gab nie, auch nicht auf dem 4. Laterankonzil, dem Grafen die Möglichkeit zur Verteidigung vor einem kirchlichen oder weltlichen Gericht. Der Grund dafür liegt auf der Hand. Um dem gepredigten Kreuzzug seinen offiziellen Anlaß zu nehmen, entschloß sich der exkommunizierte Graf, ein gewiegter Taktiker, zu einer letzten Maßnahme, der bedingungslosen Unterwerfung unter die Kirche. Diese mußte der Papst annehmen. So kam es am 12. Juni 1209 vor den Portalen von St-Gilles zu jener ebenso berühmten wie entwürdigenden Unterwerfung. Trotz dieses Canossaganges wurde der bereits in die Wege geleitete Kreuzzug nicht zurückgeblasen. Raimund hatte, trotz seiner öffentlichen Demütigung, das vom Papst geplante Unheil nicht mehr von seinem Volk abwenden können.

Das Massaker von Béziers

Der rechtlich gegenstandslos gewordene Kreuzzug rollte an und begann stilgerecht gleich mit einem weiteren Rechtsbruch und einem Massaker von unglaublichen Ausmaßen: Béziers war die erste Stadt, von der die Kreuzfahrer die Auslieferung der katharischen Mitbürger verlangten. Béziers, unter dem jungen Vizegrafen Raimund-Roger Trencavel, gehörte aber gar nicht zu den Hoheitsgebieten des französischen Königs, von dem allein der Papst, erst nach vielen vergeblichen Anläufen, die Genehmigung erhalten hatte, diesen Kreuzzug durchzuführen. Béziers gehörte zu Barcelona, genauer Peter II. von Aragon. Noch während der Verhandlungen wurde die Stadt gestürmt, und zwei Tage lang wurde alles niedergemetzelt, was dem aufgeputschten Haufen der Kreuzfahrer als ermordbar unter die Finger kam: Alte, Kranke, Frauen und Kinder. Die Zahl der Toten wird mit 20000 angegeben. Da die Niedere Languedoc aber gar kein ausgesprochenes Ketzerland in den Augen der Kirche war, blieb sie sonst relativ verschont von dem nun folgenden systematischen Eroberungszug des französischen Südens, zunächst durch den Papst und anschließend, als dieser die Hände dazu frei hatte, durch den französischen König. Narbonne und Montpellier verstanden es geschickt, sich aus dem zwanzig Jahre währenden Ringen um das Land herauszuhalten. Vielleicht hätte es den beiden großen Städten der Languedoc méditerranéen nicht schlecht angestanden, sich für die Freiheit der okzitanischen Zivilisation zu schlagen, denn das Ergebnis dieser Albigenserkriege bedeutete für sie wie für die Streiter für die Unabhängigkeit das gleiche: Beaucaire, Carcassonne und Toulouse wurden Sitz eines königlichen Seneschalls. Der König von Frankreich diktierte ab 1229 die Geschicke nun auch des Midi. Bettelorden, Inquisition und Gotik bestimmten zukünftig das Gesicht des Landes, das sein eigenes verloren hatte.

2 Die Abtei des Hl. Aegidius

Von der historischen Bedeutung von Stadt und Kloster St-Gilles hörten wir bereits. Ein Bild der einstigen Größe können eigentlich – obwohl die Stadt übersät ist mit versteckten Zeugen ihrer Vergangenheit – nur noch die 'Maison Romane' und die Ruinen der ehemaligen Abteikirche geben.

Maison Romane

Die im 19. Jh. stark restaurierte *Maison Romane* (Gasse gegenüber der Kirchenfassade) bietet wenigstens von außen noch den Anblick ihrer Entstehungszeit um 1200 (Abb. 23). Das Untergeschoß öffnete sich ursprünglich nach vorn in drei hohen architravgedeckten Türen, hinter denen wahrscheinlich Werkstätten oder Ladenräume lagen. Darüber ein prächtiges piano nobile mit vier durch ein schlankes Säulchen geteilten, rechteckigen Fenstern zwischen zwei überaus reichen Zierfriesen, deren oberer jeweils über dem Fenster durchbrochen ist mit verschiedenen Dekorelementen. Im Schema des ersten Obergeschosses folgt eine dritte Etage mit etwas zurückhaltendem Schmuck. Im romanischen Haus befindet sich heute das kleine *Museum*, das neben einem prächtigen Sarkophag der Arleser Schule (4. Jh.) eine Reihe von Skulpturfragmenten von der Abteikirche bewahrt.

St-Gilles: Romanisches Haus

Baugeschichte der Abteikirche

Doch wenden wir uns zurück zu dem wenigen, was uns von der Abteikirche des Hl. Aegidius geblieben ist: die gut erkennbaren Fundamente eines Umgangchores mit fünf Radialkapellen; Reste des 1562 eingestürzten Langhauses; ein Teil der westlichen Querhauswand und an diese angeschlossen eine erhaltene Wendeltreppe, jene schon im Mittelalter berühmte 'Vis de St-Gilles'; eine Krypta mit dem Grab des hier verehrten Heiligen und der untere Teil der Westfassade mit seiner einzigartigen Portalanlage, die ihrerseits einen Höhepunkt der romanischen Kunst überhaupt darstellt.

Bevor wir uns diesem Wunderwerk aus Stein, der Fassade, zuwenden, wollen wir uns die Daten der Baugeschichte vor Augen führen, soweit diese als gesichert gelten können.

Trotz der Wallfahrt zum Grab des Hl. Aegidius, der engen Bindung des Klosters an den Hl. Stuhl und reichlicher Unterstützung durch die Grafen von Toulouse gewann die Abtei ihre große Bedeutung erst nach 1066, als die Gräfin Almodis das Kloster der Aufsicht von Cluny unterstellte. Durch Verfügung Gregors VII. (1077) mußten die Mönche von St-Gilles endgültig ihren Widerstand aufgeben und die Oboedienz des allmächtigen Cluny anerkennen. Diese Neuorganisation des Klosters durch Cluny bildete den Grundstein für den folgenden raschen Aufstieg. Ein Neubau nach dem Vorbild anderer Pilgerkirchen mit begehbarer Confessio und Chorumgang dürfte nach 1080 in Angriff genommen worden sein; allerdings ist von dieser Phase so gut wie nichts erhalten. Die zukünftige Schlüsselstellung von St-Gilles zeichnet sich gegen Ende des 11. Jahrhunderts ab, als Urban II. auf seiner Frankreichreise zweimal hier haltmachte. Beim ersten Besuch, November 1095, hat er wahrscheinlich schon Raimund von St-Gilles getroffen und diesem sein Kreuzzugsvorhaben angedeutet. Auf dem Rückweg von Clermont-Ferrand, Juli 1096, hat er bereits eine Altarweihe in der 'neuen Basilika' vornehmen können. Der Bau dieser Basilika nova wurde möglicherweise durch den Konflikt des Klosters mit dem Grafen von Toulouse (1107) unterbrochen. Am ersten Strebepfeiler der südlichen Kryptenwand finden wir eine Inschrift für einen Baubeginn um 1116, der aber mit Sicherheit nur ein Wiederbeginn mit veränderten Vorstellungen war. Dem Pilgerchor mit Kapellenkranz wurde im Westen eine Wehrkirche mit einer zur kompletten dreischiffigen Unterkirche ausgeweiteten Krypta angefügt.

Diese erste Phase des neuen veränderten Baus währte aber nur ca. vier Jahre, da 1120 sowohl mit dem Grafen Alphonse-Jourdain erneut ein Konflikt ausbrach, als auch die Mönche sich noch einmal der Aufsicht Clunys widersetzten. Nach der endgültigen Rückkehr unter die Oboedienz Clunys konnte der Abt Pierre d'Anduze im Jahre 1132 die unterbrochenen Arbeiten wieder aufnehmen lassen. Bis 1179 trat nun eine Phase der Ruhe und der wachsenden Prosperität ein, die eine konsequente Weiterführung der Bauarbeiten erlaubte. Der 1154 von Papst Hadrian III. gewährte vierzigtägige Ablaß für St-Gilles-Pilger erhöhte nicht nur beträchtlich deren Anzahl, sondern gleichzeitig auch die Einkünfte des Klosters. Von 1179 bis 1185 wurde die Abtei hineingezogen in den bisweilen sogar kriegerischen Konflikt zwischen Toulouse und Barcelona-Aragon, was vermutlich einen erneuten Baustopp erzwang, ähnlich wie jener nach 1209 (Beginn des Albigenser Kreuzzugs).

In dem Zeitraum zwischen 1132 und 1179 dürfte der wesentliche Teil der Kirche von St-Gilles entstanden sein. Zwar wurden nach 1226 noch weitere Arbeiten ausgeführt, aber diese führten zu keiner Vollendung der Kirche. Im 13. Jahrhundert setzte der Rückgang der Pilgermassen und damit der Niedergang des Klosters ein. Im 16. Jahrhundert wurde das Kloster in fataler Weise in die Religionskriege hineingezogen, bei welcher Gelegenheit (1562) die ikonoklastischen Reformierten die Skulpturen der Fassade teilweise zerstörten und das Kirchengebäude in Brand steckten. Der Klosterbezirk wurde zu einer Festung der Protestanten, die 1622 durch gerade noch rechtzeitiges Anrücken des königlichen Heeres daran gehindert werden konnten, den bereits von Rohan befohlenen Abriß der Westfassade auszuführen. Erste Restaurierungsarbeiten des 17. Jahrhunderts fanden ihre Fortsetzung im 19. Jahrhundert, wobei die heute die gesamte Fassadenbreite einnehmende Treppe der Kirche vorgelegt wurde. Besichtigenswert sind heute vor allem: Chor (nicht zugänglich), Krypta, 'Vis' und Westfassade.

Krypta

Die Krypta (Abb. 22) bietet den höchst ungewöhnlichen Anblick einer kompletten Unterkirche mit Ausmaßen, die identisch sind mit jenen der Oberkirche. Um das Grab des Heiligen beim Neubau von 1116 nicht verlegen zu müssen, hatte man sich wahrscheinlich für die ungewöhnliche Lage der Krypta unter dem Langhaus entschlossen. So entstand eine regelrechte Hallenkirche mit zwei schmalen Seitenschiffen, einem sehr breiten Mittelschiff, der Confessio des Heiligen und zwei Zugängen. Die Pilger betraten die Krypta über das südliche Portal und gelangten anschließend, nach Besuch des Aegidius-Grabes, über die lange und flache Prozessionstreppe des nördlichen Seitenschiffes in die Oberkirche.

Im Mauerwerk und in der Steinbehandlung sind deutlich zwei Bauphasen voneinander zu unterscheiden:
a) Schmuckloses Steinquaderwerk an der Außenmauer und in den Seitenschiffen, die noch mit schwerfälligen Kreuzgratgewölben gedeckt sind. Dieser erste Bauabschnitt, die soge-

St-Gilles: Krypta, Querschnitt

nannte Krypta I, dürfte aus dem Zeitraum unmittelbar nach 1116 stammen. Die Inschrift am ersten südlichen Strebepfeiler der Außenmauer wird damit in Bezug gebracht. Sie lautet: ANNO DOMINI MCXVI HOC TEMPLUM SANCTI AEGIDII AEDIFICARE CEPIT MENSE APRILI FERIA II IN OCTAVA PASCHE!

b) Dekorativ behandelte Steinquadern in Mittelschiff, Trennpfeilern und Gewölbe. Wegen der gleichen Scheitelhöhe der Kryptaschiffe unter der Oberkirche ergab sich zwangsweise für das viel breitere Mittelschiff eine extrem flache Einwölbung. Möglicherweise aus statischen Überlegungen hat man sich hier zu einer anderen, für damalige Zeiten höchst 'modernen' Wölbart entschlossen: zum Kreuzrippengewölbe, wobei die Diagonalrippen noch aus mächtigen, wenngleich profilierten Gurtbändern bestehen. Die Profile der Kanten, die Kanneluren an den Pfeilern und das großartige Christus-Imago im Schlußstein des dritten westlichen Joches zeigen sich stilistisch in engster Abhängigkeit von der Fassadenskulptur. Wenn die für die späten vierziger Jahre angenommene Datierung stimmt, würde es sich bei der Kreuzrippeneinwölbung der Krypta zweifellos um die älteste bekannte, wahrhaft monumentale Anwendung dieser Wölbart im französischen Süden handeln.

Lediglich das Confessio-Joch selbst zeigt eine Steintechnik, die an den Bau jener 'basilica nova' denken läßt, in der Urban II. 1096 eine Altarweihe vornahm.

Vis de St-Gilles

(Vis = Schraube, Wendeltreppe). Das Besondere dieser Treppe liegt darin, daß sie nicht nur aus einzelnen, fächerartig übereinandergelegten Steinplatten besteht, sondern an ihrer Unterseite (für den Benutzer deren oberer Abschluß) von einer massiv mit der Treppe verbundenen, exakten Halbkreistonne, die sich elegant nach oben windet, eingewölbt ist. Durch die massive Verbindung von Wendeltreppe und gewundenem Tonnengewölbe entstanden für den Steinmetz schwierigste Probleme der Stereometrie. Wie verwirrend kompliziert die Stereometrie sich darstellt, sieht man erst, wenn man bis zum obersten Absatz der nur zum Teil erhaltenen Treppe geht, wo man in die Steinlagen hineinsehen kann. Die Steinmetze aller Zeiten haben die außerordentliche Leistung dieser 'Vis de St-Gilles' erkannt, und ein Besuch dieser Treppe gehörte zum Pflichtprogramm jedes wandernden Steinmetzgesellen.

Portalanlage

Die Portalarchitektur (Abb. 17–21). Die Anlage besteht aus drei rundbogigen Portalen, deren mittleres die beiden anderen an Größe überragt. Der dreiachsigen Anordnung entspricht eine im wesentlichen ebenfalls dreifache horizontale Gliederung der Wand, in eine Sockel-, eine Pilaster- und Nischen- und eine Architravzone. Der Wand ist aber, diese ädikulenhaft rahmend, eine Säulenordnung vorgelegt, die ebenfalls ihren eigenen Architravabschluß (kein echter Architrav!) in Form eines Figurenfrieses besitzt. Zusammen mit dem unromanisch, senkrecht zur Wand gesetzten Portalgewände (+ Archivolten der Tympana) und den beiden Doppelsäulen, die beiderseitig vom Hauptportal weit in den Raum vor der Fassade hineinragen (ohne jegliche tragende Funktion!), ergibt sich eine auch in der Tiefe

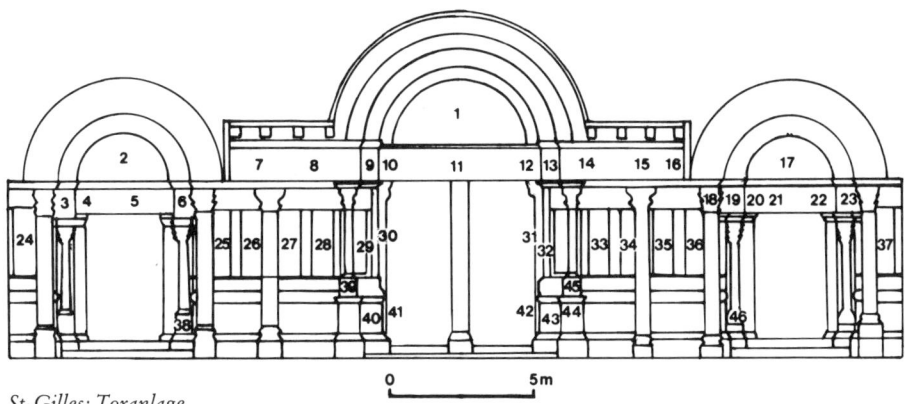

St-Gilles: Toranlage

1 Maiestas Domini   2 Anbetung der Hl. Drei Könige   3 Vorbereitungen zum Einzug in Jerusalem
4 Die Jünger   5 Einzug in Jerusalem   6 Die Einwohner Jerusalems jubeln Jesus zu   7 Judas empfängt den Silberlingslohn   8 Jesus treibt die Wechsler aus dem Tempel   9 Auferweckung des Lazarus
10 Ankündigung der Verleugnung Petri und Fußwaschung   11 Abendmahl   12 Judaskuß und
Gefangennahme Jesu   13 Soldaten der Gefangennahme   14 Jesus erscheint vor Pilatus   15 Die
Geißelung   16 Die Kreuztragung   17 Kreuzigung   18 Die Jünger in Emmaus   19 Noli me tangere
20 Christus in Bethanien   21 Die hl. Frauen und Salbölhändler   22 Besuch der hl. Frauen am Grab
23 Besuch der hl. Frauen bei den Jüngern. Christus erscheint den Jüngern   24 Erzengel Michael
25 Matthäus   26 Bartholomäus   27 Thomas   28 Jakob d. J.   29 Johannes der Evangelist
30 Jakob d. Ä.   31 Paulus   32–36 Apostel   37 Erzengel im Kampf mit Satan   38 Bock von Löwen
angegriffen   39 Affen, Kamel, Löwenjagd   40 Abels Ermordung   41 Abel und Kain beim Opfer
42 Kentaur einen Hirsch jagend   43 Bileam   44 Samson und säugende Löwin   45 Geschichte
Davids: Anruf des Engels, Tod des Goliath   46 Bär und Personen

vielfach gestaffelte Architektur. Vorbild für diese in der romanischen Kunst absolut
einmalige Portalgestaltung waren nicht, wie immer wieder zu lesen ist, die römischen
Stadttore oder Triumphbögen, sondern ganz explizit, wie C. Fergusson-O'Meara neuerdings schlüssig aufzeigen konnte, die von Vitruv beschriebene scaenae frons, die prächtige
Schauwand der römischen Theater. Die scaenae frons war aber in römischer Sicht und
Interpretation (Mittelportal als Königsportal deklariert; darüber in einer Nische die Präsenz
des omnipotenten Imperators in Form einer Monumentalstatue) nichts anderes als das
symbolische Abbild der aula regia des kaiserlichen Palastes auf dem Palatin, des Urbildes des
römischen Herrschersitzes schlechthin. Im frühen und hohen Mittelalter war das Motiv der
palatinischen Anlage zum beliebten Vorbild des allerchristlichsten Herrschersitzes, des
Himmlischen Jerusalem, in Mosaik, Malerei und Kleinkunst geworden. In der Logik dieses
Gedankens erweist sich die Wahl der antiken scaenae frons zum Vorbild für die Westfassade
einer christlichen Kirche nicht nur als regionale Vorliebe für die antike Kunst, sondern
darüber hinaus als überaus folgerichtig. Eine weitere Konsequenz ergibt sich aus dem
Umstand, daß die mittelalterlichen religiösen Schauspiele sich vor der Kirche abspielten und
für diese kein eindrucksvollerer Hintergrund als die römische scaenae frons denkbar war.

59

St-Gilles:
Hauptportal,
rechtes
Gewände.
Nach Revoil

Skulpturen der Fassade

Die einmal getroffene Entscheidung für diese Art der Portalarchitektur legte wohl den Gedanken nahe, eine dafür geeignete Skulptur zu finden. Hier bot sich von selbst die noch reichlich in Vorbildern vorhandene antike Monumental- und Friesskulptur geradezu an. Nie vorher und nie später hat die mittelalterliche Skulptur noch einmal eine solche Antikennähe erreicht, wie beispielsweise auf dem linken Türsturz mit dem Einzug in Jerusalem – man denkt dabei unwillkürlich an spätantike Sarkophage der Arleser Schule – oder in der großartigen Figur des Apostels Jakobus d. Ä. im rechten Gewände des Hauptportals. Das reichhaltige Programm umfaßt praktisch alle Möglichkeiten der Skulptur: Architekturdekor (Zahnschnittfries, Eierstab, Astragal, Kannelur, florale Motive etc.), Säule (Basen und Kapitelle), Flachrelief (Figurenfries, Türsturz), Hochrelief (Tympana, Nischenfiguren) bis hin zur fast freistehenden Monumentalskulptur (Jakobus d. Ä.). Natürlich war diese gewaltige Aufgabe nicht lösbar für einen einzigen Meister, noch dazu in der möglicherweise sehr knappen Zeit von vielleicht nur ca. zehn Jahren.

Ikonographie der Portalanlage (s. Fig. S. 59). Die exzellente Studie von Fergusson-O'Meara (1973) hat schlaglichtartig unsere Kenntnisse über Entstehungszusammenhang und theologische Inhalte dieses gewaltigen Skulpturenprogramms aufgehellt. Das Grundanliegen der Fassade von St-Gilles steckt in der programmatischen Klarstellung der wichtigsten Grundlehren des Christentums, die im 12. Jahrhundert von allen Seiten her (Petrus Brusius, Katharer, Islam) angegriffen wurden: Menschwerdung, Opfertod, Auferstehung, Wiederkunft (Parusie) Christi und die Rolle von Maria als Dei Genetrix. Illustriert wird dieses Programm am Beispiel der Passion, die mit einem bis dahin nicht gekannten künstlerischen Aufwand vor Augen geführt wird.

Die detaillierte Betrachtung zeigt aber, daß das ganze Programm noch unendlich vielschichtiger ist. Folgende Faktoren gehen in die Gestaltung der Fassade mit ein:
a) Die nach Anstoß durch die Zisterzienser und die halb geistlichen Ritterorden erfolgte Cluny-Reform unter Petrus Venerabilis. Darauf spielen an (nach Fergusson): das *Abendmahl* am mittleren Türsturz, die beiden *Fußwaschungen* (Christus-Petrus und Christus-Maria Magdalena; Abb. 21);
b) Erinnerungen an den Ersten Kreuzzug mit Einnahme von Jerusalem unter Raimund von St-Gilles: *Sturz der Synagoge* (mit einer Krone, die den Felsendom, Symbol für das islamische Jerusalem!, abbildet) im rechten Tympanon (Abb. 18);
c) Vorbereitung des Zweiten Kreuzzuges durch den Sohn Raimunds von St-Gilles, Bernard Jourdain, und die mit ihren westlichen Hauptquartieren in St-Gilles ansässigen Ritterorden der Johanniter und Templer: die beiden *Ritter* links von Ecclesia im rechten Tympanon;
d) die Auseinandersetzung der Kirche mit den zeitgenössischen Häresien, dem Islam im besonderen, und die Rolle der Kirche im Kampf gegen diese Irrlehren. Die Anspielungen auf diese Bedeutung der Fassadenskulptur sind besonders häufig: *Abfall der bösen Engel und ihre Vertreibung aus dem Himmel durch die Erzengel; Jesus treibt die Händler aus dem Tempel seines Vaters; Judas empfängt das Geld für seinen Verrat; Das Abendmahl im*

Moment der Prophezeiung des bevorstehenden Verrates (Johannes schläft und hört nicht zu); *Ankündigung der Verleugnung durch Petrus; Judaskuß.*

Für die Ikonographie erweist sich, nach Fergusson, das *Süd-Tympanon* (Abb. 18) als Schlüssel zum Verständnis des komplexen Programms. Hier wurde in sehr bedeutungsvoller Weise die übliche Darstellung der Kreuzigung verändert, indem zwei in diesem Zusammenhang zwar seit karolingischer Zeit bekannte Figuren, Ecclesia und Synagoga, in neuer Weise interpretiert und vorgestellt werden. Synagoga wird von einem Engel mit drastischem Schwung zu Fall gebracht und verliert dabei ihre Krone, die eine Wiedergabe des Felsendomes ist: Hinweis auf die Eroberung Jerusalems durch die christlichen Ritter unter der Führung von Raimund von St-Gilles? Auf der gegenüberliegenden Seite Ecclesia als ecclesia orientalis in reichem byzantinischen Kleid. Aus den beiden sonst symmetrisch das Kreuz flankierenden römischen Soldaten Longinus und Stephaton sind zwei christliche Ritter geworden, die, an den Rand gerückt, der Ecclesia zu- und untergeordnet sind. Diese Dreiergruppe formuliert die von Bernhard von Clairvaux neu überdachte Zweischwerter-theorie des Mittelalters.

Signifikant im Programmzusammenhang ist auf dem *nördlichen Tympanon* die Darstellung der Anbetung der drei Weisen, die vielleicht zu Königen geworden sind. Maria thront hier frontal zum Betrachter, durch Säulen abgetrennt von den Randzonen: unnahbar. Ihre herausgehobene Stellung als Himmelskönigin und als sedes sapientiae wird noch unterstrichen durch den Baldachin, Symbol der Hoheit (neu in der mittelalterlichen Monumental-skulptur!), unter dem sie sitzt.

Die Konsequenz des Programms ließe für das *Haupttympanon* eine Darstellung der Wiederkunft Christi vermuten. Um eine solche könnte es sich bei dem Tympanonfragment in der 'Maison Romane' handeln. Dieses ist aber zu klein für das Mitteltympanon. Ob die im 17. Jahrhundert an der heutigen Stelle des Mitteltympanons eingesetzte Majestas Domini dem verlorenen Original entspricht oder eine freie Erfindung dieser Zeit darstellt, wissen wir nicht.

Dank ihrer Einzigartigkeit und ihres europaweiten Einflusses auf die nachfolgende Skulptur stand die Portalanlage von St-Gilles von jeher im Mittelpunkt kunsthistorischen Interesses. Wegen des fast vollständigen Mangels an Dokumenten über ihre Entstehungszeit und einiger immer wieder von Archäologen festgestellter 'Unstimmigkeiten' in der Anlage wurde für ein halbes Jahrhundert St-Gilles »zum Zankapfel im Paradiesgarten der mittel-alterlichen Archäologie«. Anstelle einer arg auseinanderdriftenden Spät- oder Frühdatie-rung (1120–1170/80) scheint man sich heute auf eine vorsichtige Datierung um die Jahrhundertmitte zu einigen.

Jacques Cœur, ein französischer Fugger

Das Endergebnis der sogenannten Albigenserkriege war die Eroberung der gesamten Languedoc durch die französische Krone. In zwei Etappen vollzog sich die Enteignung des Landes. Der zwanzig Jahre während Krieg (1209–1229) hatte das Land verarmen lassen. Zwar konnte die rasch ansteigende Bevölkerungsquote einen sofortigen und abrupten Niedergang verzögern, aber man war inzwischen Provinz geworden. Die königliche Kunst, die Gotik, blieb der mediterran gewachsenen Bevölkerung im Grunde immer fremd, und verhaßt war diesen freiheitsgewohnten Menschen das kirchliche Mittel zur 'Befriedung' des Landes, die Inquisition. Der Rückgang der Pilgerscharen im 13. Jahrhundert tat sein übriges zum Absinken in die Mittelmäßigkeit. *St-Gilles* und *Narbonne* degenerierten zu unbedeutenden Orten, und *Aigues-Mortes* war ein totgeborenes Wunschkind der französischen Könige. Nur eine Stadt der Niederen Languedoc hörte nicht auf, sich stetig fortzuentwickeln, sie gehörte bis 1359 als einzige nicht zum Königreich Frankreich: diese Stadt der zweiten Stunde war *Montpellier,* das neue geistige und wirtschaftliche Zentrum der Languedoc méditerranée. In der Endphase des tödlichen Ringens zwischen Frankreich und England, im Hundertjährigen Krieg, wählte der wichtigste 'Macher' der französischen Krone, der Selfmademan Jacques Cœur, die Handelsstadt Montpellier für acht Jahre zum Mittelpunkt seiner weltweiten Unternehmungen, mit denen er letztlich den Widerstand des restlos verarmten französischen Königshauses organisierte und finanzierte. Dieser Kaufmannssohn aus Bourges, selber ein kaufmännisches Genie, war sicher eine der interessantesten Figuren der europäischen Geschichte im 15. Jahrhundert.

Als am 10. November 1449 der königliche Hof prunkvollen Einzug im wiedereroberten Rouen hielt, konnte man in unmittelbarer Nähe des Königs einen Mann entdecken, der dort aufgrund seiner Abstammung weiß Gott nichts zu suchen hatte; er war angetan mit kostbaren violetten Velours und Marderfellen. Etwa zweieinhalb Jahre später wurde ebenderselbe Mann auf persönlichen Befehl des Königs verhaftet und auf Schloß Taillebourg festgesetzt. Gegenstand der Anklage: Majestätsbeleidigung und Hochverrat (= Mitschuld an der Ermordung von Agnes Sorel). Dieser Mann war Jacques Cœur, des Königs persönlicher Berater und Schatzmeister.

Der Pelzhändlersohn aus Bourges hatte schon bei seinen ersten Geschäften Kühnheit und hohes Geschick bewiesen. Die Entdeckung, daß er als oberster Verwalter der königlichen Münze in Bourges Geld unterschlagen hatte, verhinderte nicht, daß ihm wenige Jahre später in Paris dasselbe Amt übertragen wurde. Bereits während seiner Tätigkeit in Bourges hatte er die besonderen Vorteile erkannt, die der direkte Handel mit Afrika und der Levante bringen würde. Und da er ein Mann der Tat war, baute er innerhalb kürzester Zeit ein Handelsimperium mit eigenem Fuhrpark, eigener Flotte und eigenen Niederlassungen in Lyon, Genf, Tours, Brüssel und Montpellier auf. Binnen kurzem hatte er es geschafft, zum unentbehrlichen Hauptlieferanten für den königlichen Hof zu werden. Bereits 1441 war sein Einfluß beim König so sehr gewachsen, daß er es zum Schatzmeister von Frankreich und zum königlichen Kommissär bei den Generalständen der Languedoc gebracht hatte. Da das Land

Signatur von Jacques Cœur

wie auch der König selbst völlig verarmt waren infolge mangelnden Geldumlaufs, bewegte sich Jacques Cœur notgedrungen bei seinen ambitiösen Geschäften immer am Rande der Legalität. Solange er Waren und Geld herbeischaffte, kümmerte sich niemand darum. Selbst für diffizile und dringliche diplomatische Geschäfte erwies er sich als unersetzlich.

Hauptstützpunkt seiner mittelmeerischen Unternehmungen war die blühende Handelsstadt Montpellier. Die Bürger dieser Stadt hatten schon jahrelang vom königlichen Seneschall den Bau einer Handelskammer gefordert. Mit dem Einzug von Jacques Cœur erhielten die Montpellienser alles, was sie so lange schon gewünscht oder gefordert hatten. Er selber baute sich, ähnlich wie in Bourges, ein prunkvolles Stadthaus. Acht Jahre lang benutzte er Montpellier als Schaltzentrale seines Imperiums. Schließlich ließen ihn aber seine weitergespannten Pläne Marseille als günstigere Ausgangsbasis erkennen, und er verließ Montpellier.

Am königlichen Hof gab es wohl niemanden, eingeschlossen den König, der nicht bei Jacques Cœur Schulden gehabt hätte und somit abhängig von ihm war. Durch seine Position als königlicher Kommissär bei den Generalständen der Languedoc hatte er viele Aufträge vergeben, Geschäfte getätigt oder Beziehungen eingesetzt, die nicht immer sauber waren. Die Zahl der persönlichen Neider und Feinde, denen Karl VII. nur zu gerne sein Ohr lieh, war zu groß geworden. Die mysteriösen Umstände bei der Vergiftung der königlichen Mätresse Agnes Sorel und der Umstand, daß er ein königliches Siegel – vom König offiziell für eine diplomatische Mission erhalten – nicht sofort zurückgegeben hatte, boten bequem die Möglichkeit zu schwersten Anklagen: Majestätsbeleidigung und Hochverrat. Beide Anschuldigungen konnten nicht bewiesen werden. Zum Fallstrick wurden ihm aber seine Geschäfte als königlicher Kommissär der Languedoc, wo es vor allem Geschäftsleute und Lokalpolitiker von Montpellier waren, die reichlich Material gegen Jacques Cœur lieferten. Der Fall war einer der interessantesten für die französische Rechtsprechung in der Geschichte der Hochverratsprozesse und hat alle folgenden beeinflußt. Die Söhne von Jacques Cœur erwirkten eine Neuaufnahme des Prozesses und Rehabilitierung ihres Vaters. Dieser selber, bezeichnend für sein kühnes Unternehmertum, floh aus seinem Gefängnis in Beaucaire, eilte nach Rom und erlangte vom Pontifex Maximus den Oberbefehl über die päpstliche Flotte zum Neunten Kreuzzug, wo er, für die Christenheit kämpfend, 1456 durch Krankheit starb.

Nach dem Weggang Jacques Cœurs aus Montpellier war zwar ein gewisser Höhepunkt des Wohlstands überschritten, aber man lebte weiter auf der Basis landwirtschaftlicher Erzeugnisse: Leder-, Woll- und Textilindustrie und Pastellhandel. Als aber in der Mitte des 16. Jahrhunderts Textil- und Pastellhandel zusammenbrachen und überdies die unglückseligen Religionskriege aufflammten, war der Süden Frankreichs, wo die Auseinandersetzungen zwischen Katholiken und Protestanten (= Ketzer, wieder einmal!) am grausamsten waren, endgültig ruiniert. Nîmes und Montpellier, aber auch Uzès und Alès, waren Hauptstützpunkte der Reformierten. Erst nach der blutigen 'Befriedung' des Landes (Aufhebung des Edikts von Nantes, Camisardenaufstände in den Cevennen etc.) war ein konstanter Neuaufbau der vielfach zerstörten Städte möglich. Man versteht vor diesem Hintergrund, warum so wenig aus der Renaissance erhalten ist und die Städte der Niederen Languedoc sich vornehmlich im strengen Kleid des französischen Klassizismus zeigen.

Diese Kunstauffassung ist aber nichts anderes als die von Nordfrankreich – gegen Aufgabe des Germanisch-Gotischen – adaptierte Formenwelt des Mittelmeers (römische Antike, provençalische Protorenaissance, italienische Renaissance und Manierismus); diese Sprache beherrschte man, sie war alles andere als fremd, in ihr fühlte man sich wohl im französischen Midi. Perspektivische Stadtanlagen entstanden, glanzvolle Fassaden, prächtige Treppenhäuser und Höfe in den stattlichen Stadtpalästen und weiträumige Gärten. Ihren typischsten und überzeugendsten Ausdruck fand dieses mediterrane klassische Formempfinden und Lebensgefühl in der Errichtung großzügiger Flanieranlagen: theatralischer Gestus von Wohlbefinden in Gesellschaft und unter freiem Himmel.

Zwei Beispiele mediterraner Lebens- und Baukunst: Le Peyrou in Montpellier und Jardin de la Fontaine in Nîmes

Nach Zerstörung und Ruin der Stadt in den Religionskriegen (Friede von Montpellier 1622) hatte der junge Ludwig XIV. ein Einsehen mit der einst mächtigen und prächtigen Stadt des Geistes und des Handels und machte *Montpellier* zum Verwaltungszentrum der Niederen Languedoc. Ein neues goldenes Zeitalter brach an. Am 27. Oktober 1688 faßte der Rat der Stadt den Beschluß, auf dem höchsten Punkt von Montpellier, also auf dem westlichen der drei Hügel der Stadt, eine Promenade für die Bürger zu errichten. Verbunden damit war der Gedanke, einen passenden Platz für die Aufstellung der bereits 1686 in Auftrag gegebenen Reiterstatue Ludwigs XIV. zu schaffen (Abb. 42). Mit den Arbeiten begonnen wurde noch im letzten Jahr des 17. Jahrhunderts. Mit der Beauftragung von d'Aviler als verantwortlichem Architekten hatte man einen guten Griff getan. Dieser war Schüler von Mansart und zuvor zu Studien in Rom gewesen. An der Stelle des ehemaligen Stadttores, also zwischen Stadt und Promenade, beide gleichwohl verschließend und verbindend, wurde ein Triumphbogen errichtet (Abb. 40). Dieser eintorige Bogen mit strengem dorischen Gebälk (Metopen und Triglyphen) und Attika täuscht mit seinen beiderseitigen Blendarkaden eine dreiachsige

Anlage vor. Auf jeder Seite zeigen zwei Medaillons in den Blendbögen Höhepunkte aus der Regierungszeit Ludwigs XIV. Die gebänderte Rustika suggeriert mächtige Steinquadern. In Verlängerung der durch die rue Foch vorgegebenen Achse steht genau in der Mitte zwischen Arc de Triomphe und Château d'Eau die von den Stadtvätern beabsichtigte Hommage an Ludwig XIV., eine ursprünglich 1718 aufgestellte, 1792 zerstörte und im 19. Jahrhundert nachgebildete Reiterstatue des Sonnenkönigs von durchaus imperialem Gepräge.

Im Laufe des weiteren 18. Jahrhunderts erlebte die ursprünglich von d'Aviler konzipierte Anlage zwei wesentliche Veränderungen. Um den notorischen Wassermangel der Stadt zu beheben, entschloß man sich, die Wasser der neun Kilometer entfernten Quelle des Lez über den Peyrou in die Stadt zu leiten. Die Hauptschwierigkeit, die Überbrückung des 880 m langen Tales zwischen LeMont (Le Peyrou) und Celleneuve, löste der begabte Architekt H. Pilot von 1753 bis 1766 nach dem Vorbild des Pont du Gard.

Die entstandene Leerfläche zwischen Triumphbogen und Wasserauffangbecken bedurfte eines neuen Akzentes, der durch das sogenannte Château d'Eau (Wasserschloß) von Giral und Donnat gegeben wurde (Farbt. 11). Mit dem sechseckigen Zentralbau als Abschluß des obersten Punktes des Peyrou ist ein Juwel zweckfreier Idealarchitektur gelungen, das an Leichtigkeit, ausgewogenen Proportionen und Eleganz das Dishuitième wie kein anderes zeitgenössisches Bauwerk repräsentiert. Nach und nach bis ins 19. Jahrhundert erfolgte die Bepflanzung (1772 mit Ulmen), die Anlage der flankierenden Terrassen und die beiden monumentalen Löwen mit Putti (19. Jh.). Obwohl also fast zwei Jahrhunderte sich in dieser 'guten Stube' von Montpellier verwirklichten, fügt sich jede spätere Zutat in Harmonie zum jeweils Vorhandenen, ja mehr, bringt immer wieder eine neue Bereicherung. *Le Peyrou* erweist sich als organisch gewachsenes Abbild der unter freiem Himmel (auf-)lebenden Bevölkerung des französischen Midi, ist gestaltetes 'savoir vivre' und als solches die bedeutendste architektonische Leistung der Stadt (Abb. 41). Wer das Glück hat, bei extrem guter Sicht (Mistral) auf der höchsten Plattform des Peyrou, d. h. hinter dem Château d'Eau, einige Zeit zu verweilen, dem erschließt sich mit Blick zu den Pyrenäen, zum Mittelmeer, zum Zentralmassiv und zur Stadt das ganze Universum der Niederen Languedoc, in dessen Herzen Montpellier nicht nur als Verwaltungsstadt eine Schlüsselstellung einnimmt.

Auch die zweitgrößte Stadt der Niederen Languedoc hat sich in ähnlicher Weise eine Visitenkarte ausgestellt.

Die Anfänge von *Nîmes* reichen weit ins Dunkle der Frühgeschichte zurück. Sie konzentrieren sich um das natürliche Ensemble Mont Cavalier mit keltiberischem Oppidum und die Quelle des Nemausus. Schon Augustus hatte dieses großartige Ambiente und religiöse Zentrum mit in seine Stadtmauer einbezogen, und seine Nachfolger statteten die Nemausus-Quelle und deren direkte Umgebung mit einer Reihe prächtiger Bauten aus.

Auf dem Mont Cavalier erhebt sich beherrschend, diesen von weitem sichtbar bekrönend, die sogenannte *Tour Magne* (turris magna), ein achteckiger Bau auf einem mächtigen Sockel von 22 m Durchmesser. Der mit einer Pilasterordnung dekorierte Turm war Teil der römischen Verteidigungsanlagen. Im Inneren aber umschließt die 'Tour Magne', wie durch die Grabungen eines verschrobenen Schatzsuchers zu Anfang des 17. Jahrhunderts erkennbar geworden war, einen Kern, der aus vorrömischer Zeit stammt. Die ursprüngliche Bestimmung dieses autochthonen Bauwerks ist unbekannt. Jedem Nîmes-Besucher sei die Besteigung der 'Tour Magne' wärmstens empfohlen, denn von der Spitze des Turms erschließt sich ein großartiges Panorama über Nîmes und Umgebung.

Am Fuße des Mont Cavalier, direkt neben der Quelle des Nemausus gelegen, erhebt sich der sogenannte *Tempel der Diana* (Abb. 36), das einzige römische Bauwerk des Quellbezirks, das die Stürme der Jahrhunderte relativ unbeschadet überdauert hat. Ende des 10. Jahrhunderts wurde darin vom Bischof der Stadt das Frauenkloster Notre-Dame-de-la-Font eingerichtet. Der antike Bau (2. Jh. n. Chr.?) von ebenfalls unbekannter Funktion besteht aus drei parallel geführten, tonnengewölbten Räumen, die miteinander in keiner direkten Verbindung stehen. Von den Seitenräumen führte eine Treppe zu einem Obergeschoß (Terrasse?). Der sehr gut erhaltene Mittelteil besteht aus einem länglichen Raum, der von einer Steintonne mit extrem breiten Gurten gedeckt ist und dessen eingeschossige Wandgliederung skandiert wird von einer Reihe von vorgelegten Halbsäulen, zwischen denen sich Blendnischen mit abwechselnd Segment- bzw. eckigen Flachgiebeln einfügen. Ein niedriges Gebälk trennt Tonne und Wand. Der Tempel der Diana erweist sich von höchster kunsthistorischer Bedeutung, finden wir doch in seinem Hauptraum bereits den Prototyp der romanischen Saalkirchen der Provence vollständig vorgebildet.

Im 18. Jahrhundert wuchs die Stadt Nîmes ungeheuer rasch, z. B. von 18 000 Einwohnern im Jahre 1722 auf 27 000 im Jahre 1758. Neben dem Problem des seit dem Mittelalter stark geschrumpften Stadtkerns ergab sich das Problem der Wasserversorgung. Der sehr unregelmäßige Wasserausstoß der Nemausus-Quelle (zwischen 22 m³/sec und 13 l/sec) ließ eine Neufassung der Quelle geraten erscheinen. Bei den Grabungsarbeiten stieß man auf die großartigen Reste der römischen Quellanlagen, welche die Stadtväter zu der neuen heutigen monumentalen Konzeption einer städtebaulichen Verbindung mit dem erweiterten Straßennetz führte. Die römischen Anlagen wurden dabei relativ getreu übernommen, nach dem damaligen Geschmack restauriert und in Achse gesetzt mit der zur alten Stadt tangential liegenden Prachtstraße (Av. de Jean Jaurès). Gleichzeitig wurde über den Wasserverlauf des Quellwassers in west-östlicher Richtung eine direkte Flanierverbindung zur Square Antonin (Stelle des Forums) hergestellt. Für den optischen Höhepunkt der Av. Jean Jaurès war geplant, den Mont Cavalier horizontal in Terrassen mit klassizistischen Pavillons zu gliedern, wovon man aber wegen Geldmangels wieder abkam. Durch Aufstellen von Skulpturen, Anbringen von schmiedeeisernen Gittern und Neubepflanzung wuchs auch hier in Nîmes eine Parkanlage von ganz eigenem Reiz, die ebenfalls ihresgleichen sucht (Farbt. 6).

Als ständiger Treffpunkt der Petanque-Spieler, von Müttern mit ihren Kindern oder anderen Muße und Erholung Suchenden ist der *Jardin de la Fontaine* ein fester Bestandteil im täglichen Leben eines echten Nîmois geworden, der besonders im Frühjahr zum Paradiesgarten des savoir vivre erblüht.

Aigues-Mortes und La Grande Motte:
Sieben Jahrhunderte Pariser Kolonialpolitik

Cent milles hectares de néon
Et du bourgeois à trois étoiles
Des pyramides de beton
Floride Occitane
C'est l'hexagone électronique
Le fric muliplie ses petits
Tous les bouseux et leur famille
Le long des plages
C'est fini

C'est l'hexagone missionaire
Peaux-rouges, bougnouls du Midi
Anachronique minoritaires,
Planete morte: Vive St-Louis!

(Marti)

Aigues-Mortes. Bis zu Beginn des 13. Jahrhunderts gab es keine Mittelmeerpolitik der Kapetinger. Dies war schon früher so. Auch die für den Süden sehr kurze karolingische Epoche bildete da nur eine ca. 100 Jahre befristete Ausnahme. Aber nach dem Sieg von Bouvines (1214) hatte der nordfranzösische König Philipp II. August die Hände frei, um sich verstärkt seinen Lehen südlich der Loire, vor allem den Gebieten der Grafen von Toulouse, zuzuwenden. Nach dem Frieden von Paris (1229) hatte Ludwig der Heilige die Macht der Kapetinger auch auf die Languedoc ausgedehnt. Allerdings besaß er selbst noch keinerlei eigenes Land an seiner Südküste, d. h. für alle seine mittelmeerischen Unternehmungen war er angewiesen auf die Hilfe seiner dortigen Vasallen oder noch mehr, die teuer zu bezahlenden italienischen Seemächte Pisa oder Genua. So galt eine der vordringlichsten Sorgen des französischen Königs einem Stück Land am Mittelmeer, das zum systematischen Ausbau des Levantehandels oder der Kreuzzugvorhaben geeignet wäre. Um 1240 gelang es Ludwig dem Heiligen, von der Abtei Psalmodi ein Stück unwirtliches Marschland mit Zugang zum Meer zu erwerben. Hier sollte die erste Stadt eines französischen Königs am Mittelmeer entstehen. Ein schiffbarer Kanal wurde angelegt, die Grundrisse einer auf dem Reißbrett entstandenen Idealstadt nach damaligen Vorstellungen wurden festgelegt, und ein mächtiger Wehrturm in der Tradition des runden Donjon, die Tour de Constance, wurde errichtet (Abb. 24).

Als sich 1248 in dem noch im Bau befindlichen Hafen von Aigues-Mortes 38 Genueser Schiffe versammelt hatten, um die Streitkräfte Ludwig des Heiligen zum Kreuzzug ins Heilige Land zu bringen, war vermutlich von der Stadt noch nicht allzuviel zu sehen. Trotz zahlreicher Privilegien, Steuervorteile und Garantiecharten wuchs die Stadt zunächst nur langsam. Die Anwesenheit der Genueser Schiffe zeigt, daß sich in der Abhängigkeit des französischen Königs von den italienischen Seemächten noch nichts geändert hatte. Der etwas eilig betriebene Kreuzzug verfolgte u. a. auch innenpolitische Ziele. Bei der Ausfahrt zum Kreuzzug von 1270 nach Tunis mußte sich Ludwig der Heilige wiederum auf die Schiffe einer nicht in seinem Hoheitsgebiet liegenden Macht, diesmal Marseille, stützen.

Diese Transportschiffe besaßen bereits beträchtliche Ausmaße; sie konnten jeweils zwischen 500 und 800 Personen oder ca. 100 Pferde transportieren. Selbstverständlich gab es auch damals schon drei verschiedene Klassen. Jeder Pilger bzw. Kreuzfahrer mußte überdies folgende Ausrüstung mit sich führen: eine große längliche Holzkiste – sie diente als Koffer für Habseligkeiten tags, als Bett nachts und im gegebenen Fall als Sarg auf hoher See –, ein Fäßchen mit Süßwasser, ein Nachtgeschirr und eine Laterne. Die Überfahrt nach Zypern dauerte ca. 23 Tage.

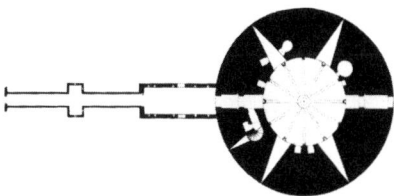

Aigues-Mortes: Tour de Constance, Grundriß

Der Platz, den Ludwig IX. für seine Stadt gekauft hatte, war schlecht gewählt. Trotz weiterer kräftiger Unterstützung und konsequenten Ausbaus war der Höhepunkt der Stadt der toten Wasser bereits in der Mitte des nachfolgenden Jahrhunderts mit geschätzten 15000 Einwohnern überschritten. Gegen die ungesunde Umgebung und vor allem gegen die Versandung der Hafenanlage war nichts auszurichten. Die Stadt der toten Wasser war selber schnell vom Tode gezeichnet. Weder Tour de Constance noch Stadtmauern (Abb. 25) hatten jemals größere Belastungen auszuhalten; die gern zitierte Geschichte aus dem Hundertjährigen Krieg, der die Tour des Bourguignons ihren Namen verdankt, war nur eine unbedeutende Episode. Die Stadt wurde schnell wieder verlassen. Die Tour de Constance diente vornehmlich als politisches Gefängnis, so im 18. Jahrhundert für die lebenslänglich festgesetzten Protestanten, unter denen sich die standhafte Bekennerin Marie Durand befand (1768 vom Gouverneur der Languedoc nach achtunddreißigjähriger Gefangenschaft freigelassen).

Da die Stadt zur Zeit ihrer Blüte keinerlei militärische Aktionen auszuhalten hatte, dann aber sehr schnell verlassen und dadurch unbedeutend geworden war, ist uns ihre Befestigungsanlage fast unversehrt erhalten geblieben. Aigues-Mortes ist heute wahrscheinlich die besterhaltene befestigte Stadtanlage des späten 13. Jahrhunderts, somit eine Art Freilichtmuseum spätmittelalterlicher Stadtbaukunst.

Die etwas vor die Stadtmauer gesetzte ca. 40 m hohe *Tour de Constance* (6 m Mauerstärke, 22 m Ø), das einzige noch unter dem Stadtgründer errichtete Bauwerk (Abb. 24), besteht aus zwei Geschossen, die von herrlichen Kreuzrippengewölben abgeschlossen sind. Das untere Geschoß mit Salle des Gardes diente dem Aufenthalt der Turmbesatzung. Über eine enge Wendeltreppe erreicht man das erste Obergeschoß mit seinem Oratoire-de-St-Louis und dem sogenannten Salle-des-Chevaliers, wo die Protestanten gefangen gehalten wurden. Das wieder über eine Wendeltreppe erreichbare, im 14. Jahrhundert aufgesetzte Türmchen diente sowohl aus Auslug wie auch als Leuchtturm für den Hafen. Von diesem luftigen Auslug hat man einen herrlichen Blick auf die Anlage der Stadt (Farbt. 4). Von ihrer Gründungssituation und Anlage her handelt es sich bei Aigues-Mortes um eine der über 400 künstlichen Stadtgründungen des 13. und 14. Jahrhunderts, jene sogenannten 'bastides' (vgl. Legler, Vom Zentralmassiv zu den Pyrenäen, S. 219ff.). Die Straßen sind fast im rechten Winkel

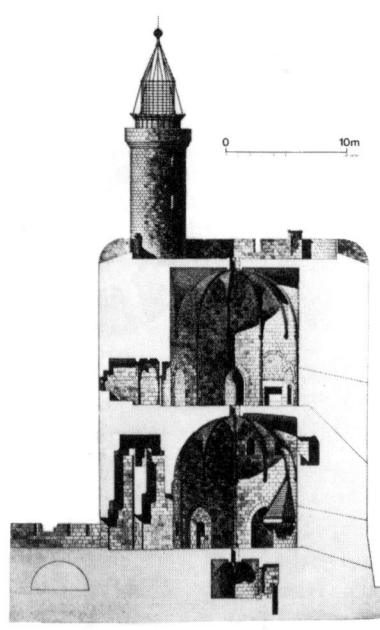

Aigues-Mortes: Tour de Constance, Aufriß

zueinander angelegt und laufen jeweils auf eines der zehn Stadttore zu, von denen die fünf
größeren von zwei halbkreisförmigen Zwillingstürmen (vgl. Fort St-André; S. 74 f.) bewehrt
und die restlichen kleinen in jeweils einen rechteckigen vorspringenden Turm eingelassen
sind. Der Mauerverlauf bildet ein lediglich in der Nordecke gestörtes unregelmäßiges
Viereck von ca. 1,5 km Umfang. In der Mitte dieser königlichen bastide, direkt vom
nördlichen Haupteingang Porte de la Gardette erreichbar, liegt die ebenfalls rechteckige
Place St-Louis mit der Statue des Stadtgründers (1849, von Pradier).

Verläßt man die mittelalterliche Stadt und geht auf der neuen Straße in Richtung Süden,
vorbei an den gigantischen Salzbergen, zum Grau du Roi, so findet man dort und vor allem
wenige Kilometer weiter westwärts das Gegenstück des 20. Jahrhunderts zu Aigues-Mortes,
die 'moderne bastide' *La Grande Motte* (Die große Scholle; Farbt. 5, Abb. 26).

»Angesichts der Côte d'Azur, die kurz vor dem Ersticken, und der spanischen Costa
Brava, die noch in vollem Aufschwung ist, erschien die Küste der Languedoc im kapitalisti-
schen Sinne wie eine Beleidigung: 200 km Strand, davon 135 km feiner, nicht genutzter
Sand! Auf einmal rückte dieser Teil Okzitaniens in den Mittelpunkt des Interesses. Hatte
man es bisher Stück für Stück im Rhythmus der Fabrikschließungen sterben lassen, beugte
man sich jetzt plötzlich voller Rührung über sein Schicksal, man entdeckte ausbeutbare
Rohstoffe im Überfluß: seinen Boden, seine Kultur, seine Geschichte. Okzitanien war in

70

der Sprache der Technokraten eine Zone mit touristischer Berufung geworden ... In Paris hatte man um 58/59 begonnen, Vorstellungen von einem 'neuen Florida' zu entwickeln und in die Tat umzusetzen, ein Gebiet zu erschließen und für den Tourismus attraktiv zu machen, das sich über fast 200 km in der Länge und 20 km in der Breite erstreckt, sechs neue Badeorte zu schaffen, wovon jeder inzwischen 100000 oder 120000 Personen aufnehmen kann, 400000 Betten neu einzurichten, in Hotels, Villen und Ferienwohnungen, 20 Jachthäfen anzulegen, über 6000 ha Hügelland aufzuforsten, Lagunen trockenzulegen, damit die Mücken verschwinden ... Das wirkte damals wie ein Donnerschlag: das größte Erschließungsprojekt, das es jemals für ein Küstengebiet gegeben hatte: 'das neue Florida'.«

Zunächst durch geheimen Aufkauf des ungenutzten bzw. unbenutzbaren Ödlandes, dann später offen durch Erpressung und Enteignung, brachte der französische Staat einen Großteil der 200 km Küste zwischen Rhône und Pyrenäen an sich, um daraus in eigener Regie und mit dem Geld großer französischer, aber auch und vor allem ausländischer Konzerne, das 'neue Florida' aus dem Boden zu stampfen. Die Architektenteams aus Paris und Frankfurt erhielten eine Spielwiese. Ob diese teilweise mit billigsten Mitteln förmlich aus dem Nichts ins Nichts hineinproduzierte Ferienarchitektur repräsentative Architektur des 20. Jahrhunderts darstellt, ob dabei großartige Schöpfungen des modernen Hochbaus entstanden sind, sei dahingestellt. Von den Städten, die nach der Antike an der südfranzösischen Küste entstanden sind, gehört Grande Motte zu den drei Gründungen, die der Initiative und Durchführung von Paris ihre Existenz verdanken: *Aigues- Mortes* (13. Jh.), *Sète* (17. Jh.) und eben *La Grande Motte*. Die von außen aufoktroyierten Neugründungen waren immer gleichzeitig zusätzliche Konkurrenz für die bereits existierenden Städte, so brachte Aigues-Mortes den bestehenden Häfen Maguelone, Agde und St-Gilles den Niedergang, und Sète schließlich versetzte Agde und Aigues-Mortes den endgültigen Todesstoß.

Die mit unredlichen Mitteln erworbenen Landstriche, die auf Kosten und über die Köpfe der Bevölkerung hinweg entstandenen Feriensiedlungen und die berechtigte feindselige Haltung eines großen Teils der Einheimischen gegen diese Art des verordneten Strukturwandels lassen für die Zukunft die Frage entstehen, ob hier nicht 'Dome in die Wüste gebaut' worden sind? Ob hier nicht ein neues, in seinen Dimensionen bisher unerreichtes Aigues-Mortes des 20. Jahrhunderts entstanden ist?

II Die Zentren

Villeneuve-lès-Avignon

Aus der flachen, ursprünglich sumpfigen Ebene der weitverzweigt fließenden Rhône ragen in unregelmäßigen Abständen felsige Erhebungen hervor. Diese 'Inseln' im unwirtlichen Flußlauf wurden fast ausschließlich zu Kristallisationskernen der späteren Besiedlung, boten sie doch Schutz vor den unberechenbaren Fluten, leichte Verteidigung und Kontrolle der Flußebene zugleich. So entstanden auf oder um solche Hügel Arles und Orange bereits in vorrömischer Zeit. Wo jeweils zwei solcher markanter Felsen sich beiderseitig des Flusses gegenüberstanden, fanden sich wichtige Flußübergänge, so zwischen Beaucaire und Tarascon, wo die Via Domitia den Fluß passierte, oder zwischen Avenio, auf dem Rocher-des-Domes, und dem Puy Andaon, wo seit 1177 die älteste Steinbrücke über die Rhône, jener vielbesungene Pont Bénézet, die beiden feindlichen Ufer, 'König' und 'Kaiser', miteinander verband. So verschieden die beiden Städte, konkurrierend entstanden und lange Zeit verschiedenen Reichen zugehörig, sind, haben sie doch heute außer dem trennenden Flußlauf gemeinsam, daß sowohl Avignon wie Villeneuve ihr schönstes und charakteristisches Antlitz jeweils der anderen Schwester zukehren.

Obwohl der Puy Andaon bereits seit der Frühgeschichte bewohnt gewesen sein und in römischer Zeit einen Tempel des Waldgottes Silvanus getragen haben soll, geht seine eigentliche Besiedlung auf ein Kloster des 6. Jahrhunderts zurück. Die (vielleicht westgotische) Königstochter Casaria hatte sich auf dem Puy Andaon als Eremitin niedergelassen, wo alsbald nach ihrem Tod ein Benediktinerkloster nebst Wallfahrt entstand. Bereits 999 bildete das Kloster mit seinen drei Kirchen St-Michel, St-André und St-Martin die größte Niederlassung der Benediktiner im Rhônetal. Das seit 1032 zum Heiligen Römischen Reich gehörige und gewaltig gewachsene Avignon versuchte mehrfach, sich des um das Kloster auf dem Puy Andaon wachsenden Gemeinwesens zu bemächtigen. Während der sogenannten Albigenserkriege bildete der Puy Andaon die militärische Basis für Ludwig VIII. bei seiner dreimonatigen Belagerung von Avignon, das sich auf die Seite des Grafen von Toulouse geschlagen hatte. Bei dieser Gelegenheit (1226), wurde nicht nur erstmals die vor kurzem erst erbaute Brücke des Heiligen Bénézet zerstört, sondern ein Vertrag zwischen König und Kloster St-André geschlossen, wonach zukünftig der König von Frankreich hälftig Mitbesitzer von Hügel und Kloster wurde, dieser aber seinerseits den Schutz des Klosters

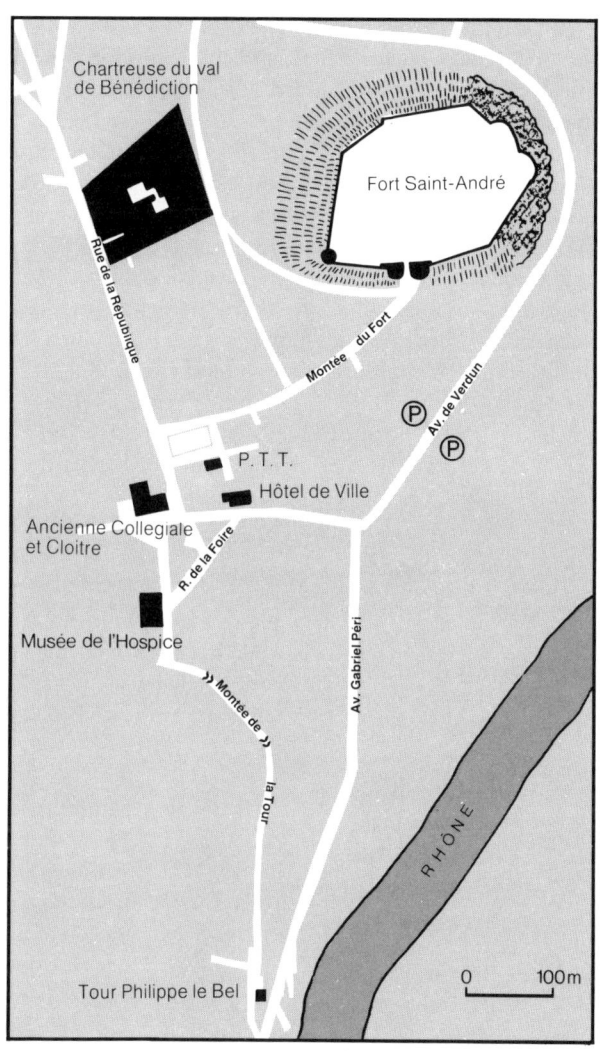

Villeneuve-lès-Avignon:
Stadtplan

garantierte. Im Laufe des 13. Jahrhunderts war die Brücke von Avignon, diesmal ganz in Stein, wiederhergestellt worden. Philipp der Schöne erkannte die Bedeutung dieses Brükkenkopfes zwischen Reich und Königtum und ließ ein Kastell zur Bewachung der französischen Brückeneinmündung erbauen.

Im selben Jahr (1293, März) verfügte er die Gründung einer neuen Stadt in dem inzwischen trockengelegten Marschland zu Füßen des Klosterberges: villa nova sancti Andreae secus Avenionem. In der Gründungscharta wurden die Bürger der künftigen

Neustadt (Villeneuve) ausgestattet mit einem Paket von Privilegien und Steuerfreiheiten, die der Stadt einen raschen wirtschaftlichen Aufstieg ermöglichten. Seine eigentliche Blüte erlebte die Stadt aber erst durch die Gegenwart der Päpste im gegenüberliegenden Avignon, durch die sich die Neustadt Philipps des Schönen zu einem 'Frascati der Provence' mauserte. Schutz des französischen Königs (Fort St-André und Brückenkastell mit jeweils eigener Garnison), Distanz zum päpstlichen Hof (nahe genug um bei wichtigen Entscheidungen präsent sein zu können; entfernt genug um einer direkten täglichen Überwachung zu entgehen), Steuerflucht (Sonderrechte und Steuerfreiheiten der Bürger der Bastide) und angenehmeres Klima (windgeschützter als Avignon) veranlaßten zahlreiche kirchliche Würdenträger, ihren Wohnsitz (livrée = befestigter Stadtpalast) jenseits des Flusses zu nehmen. Die Stadt nannte illustre Namen unter ihren Gästen: König Johann der Gute (mehrfach), Königin Johanna von Neapel (1348), Kaiser Karl IV. (1365), Maria von Blois, Königin von Sizilien (1386/87). Wichtige Verträge für das Königreich wurden in Villeneuve geschlossen: 1243 überließ Humbert II., der letzte Dauphin des Viennois, die Dauphiné (Savoyen) der französischen Krone; 1349 unterzeichnete hier Jakob II. von Mallorca die Verkaufsurkunde für das Lehen Montpellier.

Die Übel der Zeit, wie Hundertjähriger Krieg, Grandes Compagnies, Pest und Religionskriege konnten der Stadt in ihrem Wohlstand nichts anhaben. Erst die Französische Revolution bereitete dem ein jähes Ende. Heute ist das ca. 9000 Einwohner zählende Städtchen das dekorative Komplement zum touristischen Anziehungspunkt Nr. 1 der Provence. Mit seinen Bauwerken und Kunstschätzen, die sich hier auf der anderen Seite der Rhône finden, braucht sich Villeneuve, auch wenn es keinen Papstpalast besitzt, durchaus nicht hinter seiner bekannteren Schwester zu verstecken.

Kloster und Fort St-André

Das von Avignon aus markanteste Bauwerk der Neustadt ist sicher das den Puy Andaon bekrönende *Fort St-André* (Abb. 8). Wie schon erwähnt, gehörte seit 1226 der Hügel mit seinem Kloster des Heiligen Andreas und der umliegenden Ansiedlung zu gleichen Hälften dem Kloster und dem französischen König. Hügel und Kloster müssen befestigt gewesen sein, da bereits 1290 ein 'Castrum Sancti Andreae' erwähnt ist. In der Mitte des 14. Jahrhunderts war offensichtlich diese Anlage nicht mehr ausreichend genug zum Schutz gegen die Grandes Compagnies, und Johann der Gute begann 1362 mit einer neuen Befestigung nach den damals modernsten militärtechnischen Er-

kenntnissen, die sein Nachfolger Karl V. zu Ende führen ließ. Von Johann dem Guten stammen auf jeden Fall die Gesamtkonzeption und die beiden berühmten 'Tours jumellées', die den einzigen Zugang zu Burg und Kloster bewachen. Das Besondere an diesem Fort ist seine rein militärische Konzeption, obwohl es ein großes Kloster nebst kleiner Ansiedlung einschloß. Da das Fort nur einen Eingang hatte und das Gelände an der Nordostseite von sich aus genügend Schutz bot, war nur noch ein zusätzlicher Turm, 'Tour des Masques', nötig, so daß die Zwillingstürme des Eingangs dadurch besonders zur Geltung kommen, während die restliche Mauer sich in elegantem Schwung

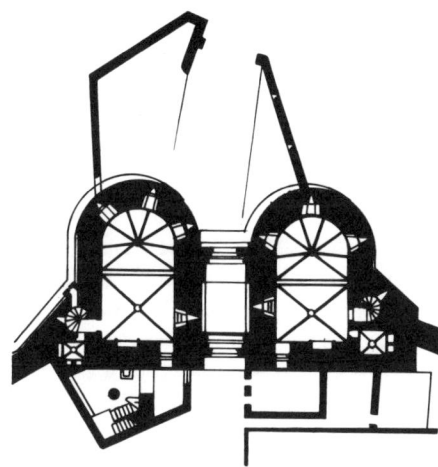

Villeneuve-lès-Avignon: St-André, Grundriß der Zwillingstürme

dem Hügelverlauf anpaßt, also keine regelmäßige Architektur bildet. Einige offensichtlich später vorgenommene Änderungen im Mauerwerk des rechten Turmes und im Wölbansatz der Eingangshalle lassen vermuten, daß die Idee des zweifach turmbewehrten Festungseingangs erst im Laufe der Bauzeit entstanden ist. Jeder Turm hat zwei Geschosse, von denen die unteren präzis geschnittene gotische Gewölbe und die oberen flache Holzdecken besitzen. Von höchster Eleganz erweist sich im Zusammenhang mit den beiden mächtigen flankierenden Türmen das spitzbogige Portal mit seinen schlanken Säulchen und Kapitellen im Gewände. An den ersten Erbauer erinnern im Innern die mit Lilien besetzten Wappen der Schlußsteine im Gewölbe der unteren Turmgeschosse. Wegen der eindrucksvollen Aussicht auf Rhônetal, Provence und Languedoc empfiehlt es sich, die Mauer zu besteigen. Karten erhält man im Wärterhaus gleich links hinter dem Eingang. Die küm-

merlichen Architekturreste vom *Kloster St-André* sind leider nicht geeignet, eine anschauliche Vorstellung vom ursprünglichen Aussehen der Konventsanlage zu vermitteln.

Während der babylonischen Gefangenschaft der Päpste in Avignon (1309–1378) war die von Philipp dem Schönen gegründete rechtsrhônische Neustadt zu besonderer Attraktivität bei den Würdenträgern des päpstlichen Hofes gelangt. Einer der ersten, die sich hier in einem großangelegten Stadtpalast (livrée) niederließen, war Arnaud de Via, der Neffe des Papstes Johannes XXII., der sich, nachdem er Nachfolger seines Onkels auf dem Bischofsstuhl von Avignon geworden war, dort den sogenannten 'Petit Palais' hatte errichten lassen. Seinem Beispiel folgten alsbald eine beträchtliche Zahl anderer Avignon-'Flüchtlinge'. Insgesamt zählte Villeneuve an die vierzig solcher Livrées, davon fünfzehn von beachtlicher Größe. Zwei davon wurden für die Neustadt von besonderer Bedeutung.

Die Kollegiatskirche Notre-Dame (Abb. 10)

Im Bereich seiner Livrée ließ Arnaud de Via 1333 eine Kirche errichten, die noch im selben Jahr durch den Papst persönlich eingeweiht wurde. Die Kirche sollte als privates Oratorium und Grabeskirche der Familie dienen. Bereits einen Monat später aber entschloß sich der potente Bauherr, dieser seiner Kirche ein Kapitel von zwölf Kanonikern zu geben und stattete seine Stiftung mit reichlichen Schenkungen aus. Zwei Jahre später, nach dem Tode des Stifters, erbte das Kapitel das beträchtliche Vermögen, und man entschloß sich zu Vergrößerungen. Dazu gehörte der mächtige zur Kirche schräg gestellte Turm im Osten, der ursprünglich als einstöckiger Glockenturm mit als Durchgang offenem Untergeschoß geplant war. Trotz eines Volksaufstandes gegen diese umfangreichen Bauarbeiten wurde der Turm aufgestockt, der öffentliche Durchgang zugemauert und der Turm in den zu erweiternden Chor einbezogen. Aus derselben Zeit (nach 1355) stammt auch der gotische Kreuzgang, der sich im Norden an die Kollegiatskirche anlehnt.

Mit dem Baubeginn von 1333 ist die Kirche die erste im Umkreis von Avignon und in der Provence, die dem Schema der languedozischen Sondergotik folgt: einschiffige Saalkirche mit jochweisen Erweiterungen durch Kapellen zwischen den hochgezogenen Strebepfeilern.

Zur Ausstattung der Kirche gehört neben dem aus dem Kloster St-André stammenden *Abtstuhl* (rechts neben dem Hauptaltar) und einigen erwähnenswerten Bildern von Nicolas Mignard (zwei im Chor) und dem *Hauptaltar* (ursprünglich in der Kartause aufgestelltes Werk von Antoine Duparc, 1745, einem Puget nahestehenden Bildhauer aus Marseille) vor allem die von den Werkstätten des Louvre angefertigte Kopie der berühmten *Pietà von Avignon* (das Original wird Enguerrand de Charton zugeschrieben).

Die Kartause Val de Bénédiction
(Abb. 7)

Das Konklave von 1352 hatte Jean Birel, den General aller Kartäuser, zum Nachfolger Clemens' VI. gewählt. Ein seltener Fall: Dieser lehnte aus Demut und Bescheidenheit das höchste Kirchenamt ab. An seiner Stelle wurde Kardinal Etienne Aubert als Innozenz VI. zum Pontifex Maximus gekürt. Dieser hatte sich, ähnlich wie Arnaud de Via, ab 1342 eine geräumige Livrée direkt am Fuße des Puy Andaon errichten lassen. Nach seiner unerwarteten Wahl, die er der Amtsverweigerung des obersten Kartäuser verdankte, stiftete er per Bulle vom 2. Juni 1356 im 'Val de Bénédiction', direkt neben seiner Livrée, diese dann mit einbeziehend, eine Kartause, die zunächst Johannes den Täufer zum Patron erhielt, um dann ab 1362 den Namen 'Maison de Notre-Dame-du-Val-de-Bénédiction' anzunehmen. Unter päpstlicher Ägide wuchs die Kartause von Villeneuve zum Luxuskloster, zur größten Kartause Frankreichs.

Man betritt die Kartause vom Portal an der rue de la République, um zunächst in einen Vorhof außerhalb des Klausurbereichs – cour hors cloître oder auch cour des femmes (weil bis hierhin die Frauen Zutritt hatten) – zu gelangen. Durch das prächtige *Barockportal* in französisch-klassizistischer Manier (1649) von François Royers de la Valfenière gelangt man durch die 'Allée des Mûriers' (Maulbeerbäume) zum eigentlichen Einlaß.

Dem Weg der Führungen folgend, betritt man die *Klosterkirche* durch den seit seinem Einsturz nach der Französischen Revolution offenen Chor. Der Blick durch das ruinöse Gewölbe hinauf zum Fort St-André ist besonders eindrucksvoll. Die ursprünglich einschiffige Kirche wurde im Süden durch Kapellen von fast gleicher Tiefe wie das Langhaus erweitert, so daß heute zunächst der Eindruck zweier ungleich breiter Schiffe entsteht. In der südöstlichen Kapelle findet man das durch die Initiative von Prosper Mérimée gerettete und mit Sorgfalt wiederhergestellte *Grab des Stifters Inno-*

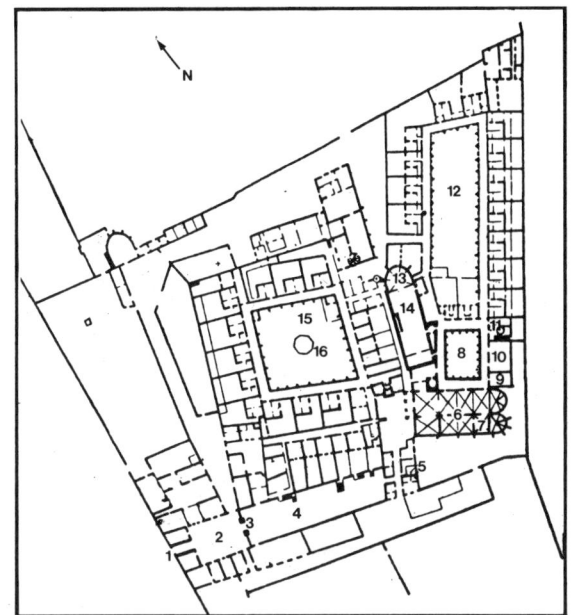

Villeneuve-lès-Avignon:
Plan der Kartause
Val de Bénédiction

1 *Eingang*
2 *Vorhof*
3 *Barockportal*
4 *Maulbeerbaumallee*
5 *Kasse*
6 *Klosterkirche*
7 *Grabmal Innozenz' VI.*
8 *Kleiner Kreuzgang*
9 *Sakristei*
10 *Kapitelsaal*
11 *Hof des Sakristans*
12 *Großer Kreuzgang*
13 *Privatkapelle Innozenz' VI.*
14 *Empfangs- und Bankettsaal*
15 *Kreuzgang St-Jean*
16 *Brunnenrotunde*

zenz VI. (Abb. 9). Vorbild für dieses heute besterhaltene Papstgrabmal in Avignon war wohl das in der dortigen Kathedrale aufgestellte Baldachingrabmal Johannes' XXII. Der Katafalk mit der Liegefigur des Toten wird überfangen von einem Baldachin, über dem sich eine filigrane gotische Architektur aufbaut, die sich wahrhaft in der Schwebe zwischen überdimensionaler Schnitzkunst und Architektur en miniature hält. Bevor man die Kirche durch zwei Türen in deren Nordwand verläßt, sollte man eben diese etwas genauer betrachten: Im oberen Bereich der Wand (offengelassen) sind eingemauerte Tonkrüge zu sehen, die durch ihre Eigenschwingungen die Akustik des Gesamtraums verbessern helfen sollten.

Im Norden der Kirche schließt sich dann der *Kleine Kreuzgang* an. Die sich an die Kirche lehnende Südgalerie heißt auch Galerie des Gesprächs, weil nur hier und zu ganz bestimmten, kurz bemessenen Zeiten (an Sonn- und Feiertagen) kleinere Unterhaltungen zwischen den Mönchen erlaubt waren. Von der östlichen Galerie gelangt man durch drei zum Kreuzgang hin offene Türen zunächst in die *Sakristei,* dann in den *Kapitelsaal* und schließlich in den kleinen *Hof des Sakristans,* dessen noble Behausung den ursprünglich einzigen Brunnen des Klosters besaß. Zur Aufgabe des Sakristans gehörte unter anderem die Versorgung der einzeln hausenden Kartäuser. Im Nordosten des Kleinen Kreuzgangs schließt sich der *Große Kreuzgang* an, der in seiner heutigen Form allerdings aus dem 17./18. Jahrhundert stammt. Dieser Teil konnte erst vor kurzem aus Privatbesitz zurückgekauft werden und bedarf noch einer eingehenden Restaurierung.

Ebenfalls vom Verteiler Kleiner Kreuzgang gelangt man in die ehemalige *Privatkapelle Innozenz' VI.*, wo von der ursprünglichen al-secco-Ausmalung nur noch bescheidene Reste zu sehen sind: großfigurige Apostel mit Schriftrollen, Szenen aus dem Leben des ersten Namenspatrons der Kartäuser, Johannes des Täufers, und eine an der Nordostseite erkennbare Huldigung der Gottesmutter durch Innozenz VI. (ohne Kopf). Die Malereien stammen von der Hand des päpstlichen Hofmalers Matteo Giovanetti da Viterbo oder dessen Schule.

Dahinter, wiederum nur über den Kleinen Kreuzgang erreichbar, der ehemalige *Empfangs- und Bankettsaal* (30 × 10 m) der Livrée des Etienne Aubert. 1743 war dieser Saal von der Kapelle abgetrennt und in ein Refektorium verwandelt worden. Ein Großbrand hatte bereits 1365 wesentliche Teile des unter Innozenz entstandenen Klosters niedergelegt. Drei Neffen des Papstes sorgten für den nun veränderten Neubau. Zu den Neuerungen zählte, daß die Anzahl der Klosterangehörigen erhöht wurde, was einen neuen Kreuzgang erforderlich machte, den *Kreuzgang St-Jean.* Dieser 1372 fertig gewordene Kreuzgang wurde ebenfalls im 17. Jahrhundert vollständig erneuert. Die monumentale Brunnenrotunde stammt von J. B. Franque. Man erreicht diesen Teil der Kartause, indem man sich nach Verlassen der Eingangshalle nach rechts wendet, am arg ramponierten Kirchenportal vorbei, und im nächsten Gang nach links geht.

Musée municipal

Im neu (März 1986), aber noch nicht vollständig eingerichteten Musée municipal (r.

de la Republique, neben der Collégiale) fanden die ursprünglich getrennt in Collégiale und Musée de l'Hospice ausgestellten Schätze von Villeneuve ihre neue Aufstellung. Dazu gehören im Parterre die aus der Collégiale stammende *Elfenbeinmadonna,* die *Madonna mit den zwei Gesichtern,* die dem rastlosen Francesco Laurana bzw. seiner Werkstatt zugeschriebene *Totenmaske der Jeanne de Laval* (zweite Frau des Guten Königs René) und ein kostbares *Meßgewand.* Die berühmte Elfenbeinmadonna von Villeneuve aus dem 14. Jahrhundert ist ein Geschenk des Arnaud de Via an sein Kollegiat; die ins Jenseits transzendierende Form gotischer Madonnen ist hier gestrafft und verstärkt durch die natürliche Krümmung des Elfenbeinstoßzahns, die der Künstler geschickt auszunutzen wußte; die lichte farbige Fassung erhöht, zusammen mit dem sonoren Weiß des Elfenbeins, die zarte Transparenz, das sanfte Zulächeln der Madonna vertieft den seelischen Ausdruck. Ebenfalls aus dem 14. Jahrhundert stammt die zweite Rarität: eine Madonna mit zwei Gesichtern.

Im Obergeschoß, im Raum rechts von der Treppe, befinden sich, vorläufig der Öffentlichkeit zugänglich, eine *Grablege* des Simon de Chalon, einige *Mignards* und die großartige *Kreuzigung* von Philippe de Champaigne.

Ein Werk aber enthält dieses Museum, durch das es nicht nur zur Pflicht eines jeden Villeneuve-Besuchers, sondern zum großen Erlebnis wird: die *Marienkrönung* (oder auch Himmelsstadt) von Enguerrand de Charton (Charenton). Das 1,83 × 2,20 m große Bild (Farbt. 37) wurde am 24. April 1453 von dem Priester Jean de Montagnac für die Kartause, genauer für die dortige Kapelle der 'Trinité' bei dem in Nordfrankreich (Laon) gebürtigen und seit einigen Jahren in Avignon arbeitenden Künstler Charton in Auftrag gegeben. Der Kontrakt zwischen Künstler und Auftraggeber ist erhalten. Aus diesem kennen wir nicht nur das Honorar des Künstlers, sondern auch alle präzisen Vorstellungen des Auftraggebers, an die sich der Maler Punkt für Punkt zu halten hatte.

Das Bild ist streng symmetrisch und in verschiedenen Registern aufgebaut. In der vertikalen Achse der Komposition kniet die Muttergottes in feierlichem Ornat, die Hände über der Brust gekreuzt, das Haupt leicht geneigt, das Gesicht fast farblos (entmaterialisiert, vergeistigt) und ohne jeglichen Ausdruck, völlig allem Irdischen entrückt. Sie wird zu beiden Seiten flankiert von zwei bärtigen Sitzenden in prächtigen Purpurmänteln. Haltung und Gesicht der beiden sind absolut gleich, so wie es der Auftraggeber gewünscht hatte. Der Vater und der Sohn sind eins. Sie sind weder äußerlich noch zeitlich unterschieden. Vater und Sohn sind miteinander verbunden durch das Mysterium der Menschwerdung Christi und das Gefäß dieser Transsubstantion, Maria, der die Krone gebührt. Verbunden, ebenfalls über die Krone Mariens, ist der Heilige Geist, durch dessen Aussendung das Mysterium Wirklichkeit wurde. Dieser ausgesandte Geist ist aber nichts anderes als die dreieinige Gottheit selbst. Symbol für den Geist ist das Wort. Über das Wort sind Vater und Sohn auf dem Bild miteinander verbunden. Die Flügelspitzen der Taube berühren jeweils die Lippen der beiden anderen Personen Gottes. Dahinter schart sich in flammendem Zinnober das Heer der Cherubim und Seraphim. Michael (links) und Gabriel (rechts) führen den Zug der Seligen

an, der sich auf fünf Register verteilt. Zu erkennen sind alttestamentarische Propheten bis zu Johannes dem Täufer, die Schar der Apostel, Vertreter der Geistlichkeit und der Kreis der Heiligen und Märtyrer und schließlich die weltlichen Stände. Da im untersten Register des Himmels (rechts) an vorderster Stelle der Gute König René dargestellt ist, wollte man vor Entdeckung des Kontraktes in ihm den Schöpfer und dann den Auftraggeber sehen. Die Zone des Himmels nimmt fünf Sechstel der gesamten Bildfläche ein. Die Größe der abgebildeten Personen entspricht ihrer Bedeutung im himmlischen Heilsplan, also Bedeutungsperspektive. Ebensowenig wie sich die Gesichter von Gottvater und Sohn unterscheiden, gibt es eine Andeutung für irgendeinen konstruierbaren Raum. Zeit und Raum sind im Himmel aufgehoben. Danach schließt sich mit einem Sechstel der Ausdehnung des Himmlischen Bereichs der irdische an. Die Welt wird symbolisch abgebildet durch die Städte Rom (links) und Jerusalem (rechts), die gleichzeitig Neues und Altes Testament vertreten. Die Darstellungsweise ändert sich hier. Realistische Szenen in den Städten, räumlich empfundene Landschaft (Rhônetal und Mont Ventoux) durch versuchte natürliche Perspektive und materialistische Farbigkeit. In der Mitte, die Achse von Heiligem Geist und Maria fortsetzend, steht fest verankert zwischen Himmel und Erde das Kreuz. Der Leib Christi hängt noch im Himmlischen Bereich, seine Füße aber berühren die irdische Sphäre. Der Kreuzesstamm (Dunkel vor Hell) steht auf einem Felsen (Petrus, die Kirche), der sich über den Vordergrund hinaushebt. Ihm huldigend und in zentraler Position steht ein Kartäusermönch in weißem Habitus. Am

Kreuz wird sich Gutes und Böses scheiden! Links unterhalb vom Kreuz, nun in der raummäßig geringsten Repräsentation, die Hölle, das Purgatorium und die Errettung durch einen Engel, rechts darunter die Welt der Verdammten. Himmel zu Erde zu Unterwelt stehen in einem Größenverhältnis von 12:2:1. Die vorgetragene Schau ist eine theologische Summa, wie sie das Mittelalter so liebte. Mittelalterlich wie der Inhalt ist auch die Gesamtkomposition durch die Bedeutungsperspektive und die teilweise vorgegebene Farbigkeit. Daß das Bild aber an der Wende zweier Menschheitsepochen liegt, zeigt die Gestaltungsweise der Gesichter (porträthafter Realismus, z. B. König René) und der irdischen Zone (Perspektive, konkrete Welt des Rhônetales). Am Ende fast jedes 'item' des Kontrakts zwischen Montagnac und Charton

Villeneuve-lès-Avignon: Turm Philipps des Schönen

steht nach der genauen Malvorschrift die Floskel: »Wie es Meister Enguerrand am besten dünkt.« Der Meister hat sich nicht immer an die Vorschriften gehalten. Und so wie es ihm am besten dünkte, entstand, wie man noch heute sehen kann, eine der großartigsten Schöpfungen der mittelalterlichen Malerei.

Rechts von der 'Marienkrönung' hängt, leider etwas in deren Schatten, im doppelten Sinne, die 1904 im Auftrag des Louvre entstandene Kopie der ursprünglich ebenfalls hier hängenden originalen *Pietà von Villeneuve*, Hauptwerk der sogenannten Schule von Avignon. Es soll nach neueren Ansichten ebenfalls von der Hand Enguerrand de Chartons stammen.

Turm Philipps des Schönen

Der heute pittoresk und isoliert auf einem Felsen an der Rhône stehende Turm war ursprünglich Teil einer größeren Verteidigungsanlage am Ende der Brücke von Avignon (vgl. Farbt. 2). Philipp der Schöne hatte seine Errichtung für notwendig erachtet. Der Architekt Randulph de Mornel erbaute von 1293 bis 1307 die Anlage. Der ursprüngliche Turm erreichte nur die Höhe des heutigen ersten Geschosses, was am Außenbau noch an den stehengebliebenen Wasserspeiern erkennbar ist. Die Aufstokkung erfolgte unter Johann dem Guten, also zur selben Zeit wie der Bau der Zwillingstürme des Forts St-André. Das kleine Türmchen, das dem Donjon seine heute so typische Form gibt, stammt erst aus dem 17. Jahrhundert. Über eine sehr enge Wendeltreppe kann man bis zum höchsten Punkt des Turmes steigen, von wo aus man am Spätnachmittag die schönste Sicht auf die Papststadt hat.

33, 34   Nîmes   La Maison Carrée

35   Nîmes   Kathedrale: romanischer Figurenfries an der Fassade

36 NÎMES Sog. Tempel der Diana im Jardin de la Fontaine

37 NÎMES Castellum Divisorium

38 MONTPELLIER Städtisches Theater

39, 40 MONTPELLIER Justizpalast. Triumphbogen

41 MONTPELLIER Le Peyrou

42, 43 MONTPELLIER Le Peyrou: Denkmal Ludwigs XIV. Rotunde von St-Côme

44 MONTPELLIER Die Kathedrale

45, 46 MONTPELLIER Hôtel de Lunaret: Portal. Hôtel des Rodezbenavent: Innenhof

47, 48 PÉZENAS Hôtel d'Alfonce. Kommanderie der Johanniter
49, 50 PÉZENAS Hôtel-de-Flottes-de-Sébasan: Renaissance-Nische. Hôtel de Lacoste: spätgotisches Treppenhaus

51 PÉZENAS   Kommanderie der Johanniter: Renaissance-Portal

52   Pont du Diable bei St-Guilhem-le-Désert

53, 54   St-Guilhem-le-Désert   Ansicht vom Kreuzgang aus. Abteikirche: Inneres

55　St-Guilhem-le-Désert　Kreuzgang-Detail　　56　Béziers　Kathedrale: romanisches
Figurenkapitell

57　Narbonne　St-Paul-Serge: romanischer Kapitellfries im südlichen Langhaus

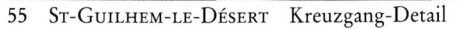

59   BÉZIERS   Städtisches Theater

58   BÉZIERS   Die Kathedrale St-Nazaire

60, 61   NARBONNE   Erzbischöflicher Palast, heute Hôtel de Ville. Basilika St-Paul-Serge

62, 63　NARBONNE　Musée archéologique: Meilenstein der Via Domitia und Trunkener Silen, römisch

64　NARBONNE　Kathedrale St-Just: Gewölbe　　65　FONTFROIDE　Abteikirche: Innenraum

66 FONTFROIDE   Kreuzganggalerie

67 LAGRASSE   Frühromanische Apsiden und Turm des 14. Jh.

68 LAGRASSE   Hof des Abthauses

70   CHÂTEAUFORT-DE-SALSES   Festungsgraben mit Vorwerk

◁ 69   ST-MARTIN-DES-PUITS   Karolingischer Chor mit mozarabischem Bogen und Fresken des 12. Jh.

71, 72   CHÂTEAUFORT-DE-SALSES   Arkaden am großen Exerzierplatz und Exerzierplatz

73 PERPIGNAN Loge de Mer

74, 75 PERPIGNAN Palast der Könige von Mallorca: Obere Kirche. Wasserbecken in der Oberkirche

Beaucaire

Schon in frühgeschichtlicher Zeit waren die beiden Felsen von Beaucaire und Tarascon besonders markante Punkte in der Entwicklung des Landes. Zunächst die Straße des Herakles, dann die Via Domitia; beide überquerten hier bei Beaucaire, dem antiken Ugernum, den Unterlauf der Rhône. Im Verlauf der Albigenserkriege war Beaucaire die Stadt mit dem ersten Seneschall des französischen Königs in der Languedoc. Bis zum Ende des Ancien Régime blieb die Stadt neben Carcassonne und Toulouse Sitz dieser nordfranzösischen Institution. Zusammen mit Milizen aus Avignon war es die Stadt Beaucaire, die eine Wende im Albigenserkrieg zugunsten von Raimund VII. herbeiführte. Im Schutze der Burg des königlichen Seneschall entstand im 13. Jahrhundert eine Messe, die im Laufe der Jahrhunderte eine der größten ihrer Art in Europa werden sollte. Noch Stendhal berichtet von dem bunten Treiben. Jedes Jahr im Juli versammelten sich in Beaucaire bis zu 300 000 Händler aller Rassen und Nationen. Die Stadt quoll über von Menschen und Waren. Hausboote auf dem Fluß mußten das Übernachtungsproblem lindern. Jedes Gewerbe hatte seine eigene Straße. Erst der Siegeszug der Eisenbahn (Bordeaux – Sète) veränderte im 19. Jahrhundert althergebrachte Transportweisen und -wege, und die Messe von Beaucaire verlor ihre Bedeutung.

Am besten läßt man das Auto am Cours Gambetta stehen und vertraut sich zu Fuß den teilweise engen Straßen der Altstadt an. Am Ostende des Cours Gambetta beginnt die rue de l'Hôtel de Ville, die zunächst an der 1425–35 erneuerten Franziskanerkirche St-Paul vorbeiführt, um schließlich in die große zentrale Place George Clemenceau vor dem Rathaus einzumünden. Das *Hôtel de Ville* (Abb. 16) ist ein würdiger, repräsentativer Dreiflügelbau des 17. Jahrhunderts mit cour d'honneur und Loggia im piano nobile des Portaltraktes.

Weiter vorbei am Rathaus führt dieselbe Straße (an ihrem Ende nach links) direkt zum kleinen Platz vor *Notre-Dame-des-Pommiers,* der bestimmt wird von der hochaufragenden Barockfassade der nach Süden ausgerichteten Kirche (Abb. 12, 13). Die Fassade ist eine zweigeschossige und dreiachsige Anlage mit kräftiger Betonung der Mittelachse, die sich weich nach vorne wölbt, um konkav in den Seitenteilen auszuschwingen. Eine schlichte ionische Ordnung von Doppelsäulen im Mitteltrakt und zwei Pilastern an den Seiten findet ihren Abschluß in einem absolut schmucklosen Architrav und einem weit vorkragenden, vielfach gestaffelten und um die senkrechten Architekturteile herumgeknöpften Gesims. Die doppelte ionische Säulenordnung des Untergeschosses wird im oberen Geschoß des Mitteltraktes fortgeführt in einer vorgetäuschten doppelten Pilasterordnung mit korinthischen Kapitellen. Der Verzicht auf Kannelur und Schmuck in der Architravzone zeugt von nobler Zurückhaltung im Dekor, der sich beschränkt auf die Kapitele und Felderrahmungen und seine gezielte Steigerung in dem bewegten Relief der Assunta über dem Hauptportal findet.

Diese antikisch-provençalische Bändigung der zum Exzeß verführenden barockken Formensprache finden wir auch im Innern, wo uns vor allem das spartanisch einfache Wölbsystem überrascht (Abb. 15). Es besteht aus einem schlichten Kreuzgratgewölbe, gestützt auf jochweise doppelte Gurtbögen, die konsequent das einfache Aufrißprinzip einer ionischen Doppelpfeilerordnung fortsetzen. Auch im Innern erweist sich die kalkulierte Zurückhaltung als gelungene Vereinfachung, ohne dabei abzugleiten in verstandesmäßige Kühle oder formale Verarmung. Dem Architekten J. B. Franque ist es gelungen, eine der wenigen südfranzösischen Barockkirchen zu schaffen, die den Rahmen des Provinziellen sprengen.

Aber die Kirche bietet noch eine Überraschung. Hoch oben (ca. 15 m) ist außen an der Ostwand des Querhauses ein *romanischer Skulpturenfries* eingelassen, der von der im 11. Jahrhundert errichteten und in der zweiten Hälfte des 12. Jahrhunderts mit einer Portalanlage nach dem Vorbild von St-Gilles versehenen Vorgängerkirche stammt (Abb. 14). Der fast 14 m lange Fries erzählt die Geschichte der Passion in elf chronologisch nicht mehr korrekten Einzelszenen (v.l.n.r.): Ankündigung der dreimaligen Verleugnung, Fußwaschung, Letztes Abendmahl, Heilung des Ohres von Malchus, Judas empfängt die Silberlinge, Judaskuß und Gefangennahme, Christus vor Pilatus, Geißelung, Simon von Cyrene hilft das Kreuz tragen, die drei Frauen am Grab, Kauf der Öle und Kräuter. Es ist bemerkt worden, daß diesem Fries etwas Naives und

Ungeschicktes anhafte im Vergleich zu den Arbeiten zum selben Thema in St-Gilles. Zwei Dinge scheinen aber festzustehen: erstens, der Künstler des Frieses von Beaucaire ist nicht identisch mit einem der an der Fassade von St-Gilles arbeitenden Bildhauer, und zweitens, was die Anordnung der Szenen (im 18. Jh. verändert!) und die relativ durchgehende Ähnlichkeit der Motive mit St-Gilles angeht, darf angenommen werden, daß der Bildhauer von Beaucaire die benachbarte Fassade im Rhônedelta sehr genau studiert hatte, ohne aber dabei deren Antikennähe zu übernehmen. Realismus und Expressivität sprechen von beachtlicher Selbständigkeit in der Wahl der Ausdrucksmittel. Weitere Skulpturenfragmente finden sich an der Treppe zum Presbyterium (eine Sitzmadonna vom Tympanon) und ein Adlerfries an der Ostseite des Turmes.

Zwar kann die ehemals mächtige *Burg* des königlichen Seneschalls (Abb. 11), die auf Befehl von Richelieu ihre mächtigen Mauern verlor, nicht mit ihrem Pendant auf der anderen Rhôneseite konkurrieren, aber der Blick vom alleine noch stehenden, im Grundriß dreieckigen Donjon bietet das herrliche Panorama der benachbarten Provence.

Das 1985 neben der Burg eingerichtete *Musée La Vignasse* gibt einen Einblick in die wechselvolle Geschichte der Stadt.

Von Villeneuve-lès-Avignon nach Uzès: Pont du Gard

Kehren wir noch einmal zurück zu unserem Ausgangspunkt. Verläßt man Villeneuve auf der N 100 nach Westen, ist die fruchtbare Rhôneebene schnell vergessen, die steinigen Plateaus der Garrigues haben ihre eigene Vegetation. In Remoulins biegt man nach der Brücke über den Gard(on) gleich nach rechts, um so nach 3 km zu einem der meistbesuchten und meistabgebildeten Denkmäler der languedozischen Vergangenheit zu gelangen: dem *Pont du Gard* (Farbt. 3). Für die unter Augustus schnell wachsende Lieblingskolonie des Kaisers reichte schon bald die Wasserleistung der Nemausus-Quelle nicht mehr aus. Da die Römer, was gutes Wasser anging, Fanatiker waren, scheuten sie weder Kosten noch Mühen, es heranzuleiten. Die Eure-Quelle nördlich von Uzès, ca. 25 km Luftlinie von Nîmes entfernt, lieferte klares, sauberes und frisches Wasser in ausreichender Menge. So wurde – wahrscheinlich unter Leitung des kaiserlichen Schwiegersohnes Agrippa, Gouverneur von Gallien um 19 v. Chr., der bereits als Aedil in Rom mehrere Wasserleitungen gebaut hatte – das gewaltige Projekt einer Wasserleitung nach Nîmes durchgeführt. Ein Teil dieser ca. 50 km langen Wasserleitung ist der Pont du Gard. Die technisch größte Leistung dabei war nicht der Aquädukt über den Gard, sondern die Vermessung der gesamten Leitung. Bei einem Höhenunterschied von nur 17 m (von der Quelle bis Nîmes) auf ca. 50 km entspricht das einem Durchschnittsgefälle von 34 cm/km. Um die Brücke über den Gard nicht noch weiter schlagen zu müssen, hatte man sich hier zu einem Gefälle von sogar 56cm/km entschlossen. Zur Vermessung standen den Römern lediglich Abakus (Rechentafel) und Chorabates (Meßlatte mit Wasserfüllung) zur Verfügung.

Der Pont du Gard als dreigeschossige Brücke von 275 m Länge und 49 m Höhe ist eines der bemerkenswertesten Zeugnisse jener römischen Kunst, die man als rational-funktionellen Massenstil bezeichnet, im Gegensatz zu jener anderen römischen Entwicklung, die zur Herausbildung eines repräsentativen Dekorationsstils (Tempel, Theater) führte.

Die Wasserleitung selbst (1,80 m hoch) war abgedeckt mit dicken Steinplatten, die ein Verdunsten des Wassers während seines Laufs nach Nîmes verhindern sollten. Gleichzeitig waren seitlich unter der Abdeckung Luftschlitze angebracht. Durch den Sog, den das fließende Wasser erzeugte, herrschte dauernd ein kühler Wind, der für Sauerstoffgehalt des Wassers sorgte. Das Leitungsbett war streckenweise gekiest, so daß sich das Wasser ständig selber reinigte.

Die aus den Bögen oberhalb des Kämpfergesimses konsolartig herausragenden Steinblöcke dienten zur Einspannung der hölzernen Lehrgerüste. Die ebenfalls aus dem Mauerwerk herausragenden Zapfsteine waren für die Auflage von Gerüstbalken bestimmt.

Die Weite der einzelnen Arkadenstellungen differiert teilweise beträchtlich, nicht aus technischem Unvermögen, sondern um den Zweckbau ästhetisch zu gestalten, d. h. um Monotonie zu vermeiden. Die großen Arkaden bestehen aus einem Mauerwerk von großen Blöcken, die ohne jeglichen Mörtel und ohne Eisenspangen versetzt sind.

Die durchschnittliche Wasserleistung des Aquädukts betrug täglich mindestens 20 000 m³, was bei einer angenommenen Mindesteinwohnerzahl von ca. 40 000 praktisch 500 l Wasser täglich pro Person aus dieser Leitung entspräche. Noch um 1800 erwogen die Stadtväter von Nîmes ernsthaft, die alte Wasserleitung zu reparieren und wiederzuverwenden.

Uzès

Inmitten einer idyllischen Landschaft, umgeben von sanften Hügelketten, liegt das bezaubernde Städtchen *Uzès*. Seine Silhouette wird bestimmt von vier Türmen, der Tour du Roi, der Tour de l'horloge, der Tour Bermonde und der Tour Fénestrelle (Farbt. 1). Das alte Ucetia, eine römische Gründung, bildete als römisches Militärlager gegen die Cevennen hin den Vorposten von Nîmes. Bereits seit dem 4. Jahrhundert weiß man von einem Bischof. Die Bischöfe von Uzès bekleideten, ähnlich wie ihre Amtskollegen von Albi, Alès, Le Puy und Mende eine Sonderstellung, da sie für ihre Stadt auch die weltliche Gerichtsbarkeit innehatten, so daß die Feudalherren – die Familie Bermond und später die Crussol – zunächst in der Stadt nichts zu sagen hatten. Als aber während der Religionskriege der Bischof mitsamt seinem Domkapitel 1546 geschlossen zum Protestantismus übergetreten war, versuchte der französische König Uzès über dessen Adelsfamilie zurückzugewinnen, indem er diese vom Vizegrafen zunächst 1565 in den Herzogstand und 1572 in den Pairstand erhob. Nach der Hinrichtung des Duc de Montmorency 1632 in Toulouse war der Herzog von Uzès der ranghöchste Herzog und Pair im Königreich. 1661–62 konnte die Stadt einen hohen Gast in ihren Mauern beherbergen, den 22jährigen Jean Racine, dem hier in der Provinz bei seinem Onkel, dem Generalvikar von Uzès, seine Dichterflausen ausgetrieben werden sollten, was aber, wie man weiß, nichts gefruchtet hat.

Das heutige Stadtbild wird im wesentlichen noch von seiner mittelalterlichen Struktur bestimmt. Der den Stadtkern umschließende große Boulevard (Einbahnverkehr) folgt dem Verlauf der eingerissenen Stadtmauer. Die Hauptsehenswürdigkeit des Ortes ist die schon von weitem erkennbare *Tour Fénestrelle* (Farbt. 1). Sie ist das einzige Überbleibsel der romanischen Kathedrale St-Théodorit (12. Jh.), die im 18. Jahrhundert im provinziellen Louis XV.-Stil völlig neu errichtet wurde. Der nach dem Vorbild italienischer Campanili freistehende zylindrische Glockenturm erhebt sich über einem quadratischen Sockel in sechs jeweils leicht zurückspringenden Geschossen in die beachtliche Höhe von 42 m. Das erste Geschoß besteht noch aus einem einfachen Zylinder, der lediglich durch eine Folge von hochgezogenen Blendarkaden gegliedert ist. Die nächsten drei Etagen greifen das Motiv der Blendarkaden als Rahmung für die eingelassenen Biforienfenster wieder auf, die im obersten Stockwerk nur noch allein die Gliederung bestimmen. Jedes Stockwerk ist individuell gestaltet, so daß sich keinerlei Monotonie einschleicht und der Turm trotz des gedrungenen Zylinderschaftes eine Eleganz erreicht, die durchaus neben den italienischen Vorbildern bestehen kann.

Durch die Gassen der winzigen Altstadt führt der Weg zur *Duché* (Abb. 27), dem Herzogspalast, dessen höchster Turm, die Tour Bermonde, noch auf den Bau des 12. Jahrhunderts zurückgeht. Sehenswert ist im Innern der Duché vor allem die zwischen Tour Bermonde und Kapellenturm eingespannte *Renaissance-Fassade* (Abb. 28), die als eine der ersten in Frankreich die klassische Übereinanderstellung der drei Säulenordnungen aufgreift. Ohne Angabe von zwingenden Gründen wird die Fassade dem Architekten Philippe de l'Orm zugeschrieben. Das Aufgreifen der Renaissance in diesen strengen Formen darf allerdings nicht verwundern, war doch die damalige Hausherrin, Louise de Clermont-Tallard, die Frau des ersten Herzogs von Uzès, die Intimfreundin von Katharina von Medici.

Der Besuch des im 18. Jahrhundert als politische Manifestation gegenüber der Duché erbauten *Rathauses* (mit Syndicat d'Initiative), der wiederhergestellten *Place aux Herbes* (Abb. 29) sowie der Kirche *St-Etienne*, mit ihrer dezent geschwungenen Fassade, runden das Bild dieses typisch französischen Städtchens angenehm ab. Wer südfranzösische Lebensweise und Bauart liebt, dem sei der Besuch dieses malerischen Fleckens besonders empfohlen.

◁ *Uzès: Tour Fénestrelle*

Nîmes

Die von Zeus betrogene, mißgünstige Hera hatte dafür gesorgt, daß nicht Herakles, sondern Eurystheus als erster Urenkel des Perseus das Licht der Welt erblickte. Zwölf schwere Arbeiten mußte der um sein Erbrecht betrogene Herakles nun im Dienste des Eurystheus

101

verrichten, ehe er seine volle Göttlichkeit gewinnen konnte. Diese zwölf Taten führten ihn in alle Teile der damals den Griechen bekannten Welt, d. h. Herakles ist die mythische Personifikation der griechischen Erkundung und Besitznahme des Mittelmeeres, ist der Kulturheros der Graezisierung schlechthin. Daß ihn seine zehnte Arbeit, der Raub der Herden des Geryoneus, nach Errichtung der Säulen des Herakles, auf dem Landweg von Spanien nach Italien führte, bedeutet doch, daß den Griechen schon vor der Gründung von Massalia diese wichtige Völkerstraße bekannt war, daher auch der Name 'Straße des Herakles'. Der Kulturheros der Griechen gilt auch als Gründer der Stadt *Nîmes,* für die er einen seiner Begleiter oder Söhne, Nemausus, zum Herrscher bestimmte.

Der die Stadt überragende Mont Cavalier war aber schon lange vor der griechischen Kontaktnahme Sitz einer der ältesten Siedlungskerne der Region. Zu seinen Füßen entspringt eine Quelle, die bekannteste des Mittelmeerraums, deren autochthone Gottheit jene ins Griechische übertragene Person Nemausus war. Hügel und Quelle, beide strategisch vorteilhaft und verkehrsgünstig gelegen, machten den Ort auch attraktiv für die im 4. Jahrhundert v. Chr. eingewanderten keltischen Volsker, deren Stamm der Arecomiken hier seinen Hauptsitz hatte, bevor die Römer das Land annektierten. Obwohl Caesar bereits Truppen am Fuße des Mont Cavalier ansiedelte, begann der Aufstieg Nîmes' erst, als Augustus den Ort 27 v. Chr. zur Kolonie erhob und durch persönliche Förderung begünstigte.

Im Jahr 16. v. Chr. machte der Imperator 'seiner' Stadt das Geschenk einer Stadtmauer. Etwa zur selben Zeit leitete sein Schwiegersohn Agrippa die Errichtung der notwendigen Wasserzufuhr mit seinem ca. 50 km langen Aquädukt (s. Pont du Gard) ein. Die Bevölkerungszahl wurde schlagartig angehoben, indem nicht nur Veteranen seiner afrikanischen Legionen, sondern auch graeco-ägyptische Gefangene hier angesiedelt wurden. Von letzteren leitet sich die Abbildung eines an eine Palme gebundenen Krokodils auf dem Revers einer römischen Münze der Stadt ab. Später gelangte dieses Motiv sogar ins Wappen der Stadt. Durch die zahlreichen öffentlichen Bauten wie Tempel, Theater, Amphitheater, Wasserleitung, Straßen, Brücken und Mauern, konnten die angesiedelten Legionäre gleichermaßen wie die deportierte graeco-ägyptische Volksgruppe in das Ordnungssystem und die Zivilisation der Römer aktiv eingeschmolzen werden. Beim Bau der römischen Stadtmauer wurde auch der Mont Cavalier und damit das keltische Oppidum und deren

Römische Münzen aus Nîmes

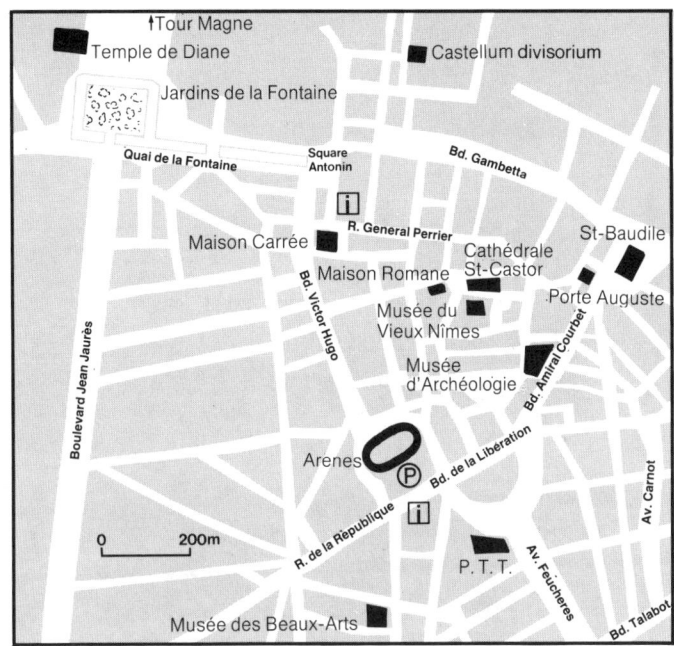

Nîmes: Stadtplan

Bevölkerung in die neue Colonia Augusta Nemausus einbezogen. Die Stadt wuchs ungeheuer schnell und erreichte bald an Einwohnerzahl und Reichtum die Metropole Narbonne. Die Schätzungen über die Bevölkerungszahl schwanken beträchtlich zwischen 40 000 und 200 000, wobei wohl erstere Zahl die realistischere ist.

Da Nîmes im Gegensatz zur Kapitale Narbonne nicht Sitz wichtiger Verwaltungen war und auch keinen Hafen besaß, war die Stadt nach dem Einfall der Barbaren und dem Niedergang Westroms besonders hart betroffen. Im Mittelalter schrumpfte die Bevölkerungszahl auf etwa ein Siebtel ihrer einstigen Größe zusammen. Die augusteischen Mauern erwiesen sich als viel zu groß. Mont Cavalier und Quellbezirk (vgl. S. 66) wurden aufgegeben. Zwei Siedlungskerne entstanden innerhalb der Mauern, der eine um die Kathedrale, der andere um das leicht zu verteidigende Amphitheater, wo die 'chevaliers des arènes' die Führung übernommen hatten. Außer Fragmenten der Kathedralfassade und einem Bürgerhaus (maison romane) hat das Mittelalter keine nennenswerten Spuren in der Stadt hinterlassen. Erst das 18. Jahrhundert mit der Schöpfung des 'Jardin de la Fontaine' (S. 66 f.) und der Anlage der großen Boulevards bereicherte das neu erblühende Nîmes. Das 19. Jahrhundert setzte die großzügig angelegte Stadterweiterung konsequent fort. Wer heute römische Kunstgeschichte, speziell Architektur, anschaulich an noch stehenden Monumenten auf geographisch relativ engem Raum studieren will, fährt in die Provence und die benachbarte Languedoc, wo fast jeder wichtige Bautypus durch ein hervorragendes

103

Nîmes: Das Amphitheater. Radierung des 19. Jh.

Monument exemplarisch vertreten ist. Während die einstige Kapitale Narbonne so gut wie kein römisches Monument, das an seine einstige Bedeutung erinnern könnte, mehr sein eigen nennen kann, ist von allen südfranzösischen Städten Nîmes jene mit dem reichhaltigsten Bestand an römischen Bauten: zwei Stadttore, sog. Tempel der Diana, Quellfassung mit Nymphäum, Tour Magne, Castellum Divisorium, Amphitheater und Maison Carrée.

Am Schnittpunkt zweier wichtiger Verkehrswege gelegen war das Stadtbild der römischen Kolonie wesentlich bestimmt vom System dieser Straßen, das auch heute noch im Verlauf der wichtigsten Verkehrsadern ablesbar ist. Die Via Domitia, von Ugernum (Beaucaire) kommend, bildete nach ihrem Eintritt in die Stadt an der Porta Augusta in etwa ost-westlicher Richtung den decumanus, der dort, wo er den Verlauf der Wasser der Nemausus-Quelle überschritt, die Nord-Süd-Achse, den cardo, rechtwinklig schnitt.

Südwestlich dieser Kreuzung lag das Forum, dessen Südseite vom Podiums-Tempel 'Maison Carrée' begrenzt wurde. Der südliche Teil des cardo führte vorbei an den Thermen und etwas versetzt am Amphitheater. Am nördlichen Teil des cardo lag das für die Wasserversorgung so wichtige Castellum Divisorium (Abb. 37), das Auffang- und Verteilerbecken des Aquädukts (s. Pont du Gard). Der westliche decumanus passierte den ältesten

Teil der Stadt, das Quellheiligtum des Nemausus, um nach Austritt aus der Stadt, wieder als Via Domitia nach Béziers und Narbonne zu führen.

Amphitheater

Das pompöseste und imposanteste Bauwerk der Stadt ist das *Amphitheater* (Abb. 31, 32), das zwar seiner Größe nach innerhalb des Imperiums nur an zwanzigster Stelle läge, seines Erhaltungszustandes nach aber mit an erster Stelle steht. Obwohl man ursprünglich den Bau noch in die Zeit des Augustus legen wollte, verweisen stilistische Beobachtungen das Werk mehr in flavische Zeit, also gegen Ende des 1. Jahrhunderts n. Chr.

Im Grundriß folgt die Arena dem üblichen ovalen Schema mit zwei ungleichen Achsen von 133,40 : 101,40 m (also nur geringfügig kleiner als ihr provençalisches Ge-

Nîmes: Amphitheater, Außenfront

genstück, die Arena von Arles). Von der Place des Arènes aus bietet sich die zweigeschossige Anlage als ungemein breit gelagerter, unverrückbar erratischer Block aus Stein, dessen flacher Gesamteindruck heute etwas verfälscht erscheint, zum einen durch das heute einen Meter höhere Bodenniveau und zum anderen durch das Fehlen der oben umlaufenden Säulenkolonnade und des Mastenwaldes zur Befestigung und Bewegung des velum (Sonnensegel). Die Vorrichtung zur Aufnahme dieser Holzmasten, kräftige Kragsteine mit weiter senkrechter Bohrung, ist noch gut erkennbar über dem abschließenden Gesimsband des oberen Arkadenumlaufs. Mit welch einfachen Mitteln die Fläche von 133 zu 21 m, die sich vor dem Beschauer auftürmt, von den römischen Baumeistern gestaltet wurde, zeigt einmal mehr den hohen Stand ihrer ästhetischen Ausbildung. Ein Werkzeug dazu hatten sich die Römer noch in spätrepublikanischer Zeit geschaffen, indem sie klassische Elemente der griechischen Sakralbaukunst, die Kolonnade, mit typischen Formen des Massenstils, dem gemauerten Bogen, verbanden und damit die Arkaden schufen. Durch die Verbindung der beiden Möglichkeiten der römischen Architektur, dem rational-funktionalen Massenstil (Profanarchitektur, Ingenieurbauten) und dem dekorativen Repräsentationsstil, gelang es ihnen, so gewaltige Bauaufgaben wie z. B. Amphitheater nach außen hin ästhetisch zu lösen. Die zweigeschossige Arkadenstellung von Pilaster- bzw. Säulenordnungen verblendet unabhängig die dahinterliegende andersartige

dringung von mehrgeschossig übereinander konzentrisch umlaufenden Ringen aus tonnengedeckten Pfeilerarkaden und radial geführten, nach außen zu ansteigenden Mauern.

Nîmes: Amphitheater, Aufriß außen

Nîmes: Amphitheater, stereometrischer Schnitt

Massenbauweise des eigentlichen Baues, so daß die äußerliche Hülle des Steinkolosses eine rhythmisierte, je nach Lichteinfall wechselnde plastische Oberflächenstruktur gewinnt, ohne jemals monoton zu wirken. Das eigentliche Bausystem des Amphitheaters besteht dabei im Prinzip aus der Durch-

Bei der Binnenkonstruktion werden sämtliche Register der Wölbkunst gezogen. Die Gußbetondecke über der cavea wirkt druckverteilend. Der innere Ring um die Manege wirkt als statisches Widerlager und die oberste Kolonnade fungiert zusätzlich als vertikaler Druckverstärker auf die Außenmauer. Bei der Durchdringung von radialgeführten Mauern und konzentrisch geordneten Arkadengängen entsteht eine Vielzahl von Öffnungen und Durchgängen (60 Arkaden an der Außenseite), die den auf 24 Sitzreihen verteilten 24 000 Zuschauern ein schnelles Betreten und Verlassen der Arena ermöglichen. Aufgeführt wurden in der Arena von Nîmes vor allem Tierhetzen und Gladiatorenkämpfe. Heute, d. h. seit 1863, wird das Amphitheater entsprechend seiner ursprünglichen Funktion für Tierhetzen benützt. Pfingsten, Mitte August und Ende September finden Corridas in Nîmes statt.

Maison Carrée

Der Boulevard Victor Hugo führt in nördlicher Richtung direkt vorbei am elegantesten Bauwerk, das uns die Römer in Südfrankreich hinterlassen haben, der sogenannten *Maison Carrée* (Abb. 33, 34), einem Tempel des Kaiserkultes aus augusteischer Zeit. Die Herkunft seines neuzeitlichen Namens ist nicht ganz geklärt. Seinen exzeptionellen Erhaltungszustand verdankt der Tempel dem Umstand, daß er seit der Antike ständig, wenn auch mit wechselnder Funktion, benutzt wurde. Einer (heute allerdings angezweifelten) Inschrift zufolge soll der Tempel 'dem Gaius Caesar, Sohn des Augustus, Konsul, dem Lucius Caesar, Sohn des Augustus, designierten Konsul, den ersten der Jugend', also den beiden früh verstorbenen Enkeln des Kaisers gewidmet gewesen sein, wonach der Bau etwa kurz nach der Zeitenwende entstanden sein müßte. Der präzise und überaus sorgfältig ausgeführte Baudekor der oberen Zonen (korinthische Kapitelle, Gebälk, Kymatien), die typisch für den augusteischen Klassizismus sind, würden stilistisch ebenfalls diese Datierung rechtfertigen.

Nîmes: Maison Carrée

Abgesehen von seinem Baudekor hat dieser Tempel aber nichts mit seinem griechischen Gegenstück gemeinsam. Wir sehen in der 'Maison Carrée' geradezu den Prototyp des römischen Tempels als Podiums-Tempel in der Form eines Pseudoperipteros, dessen Ringhalle längs der Cella-Außenwand nur durch korinthische Halbsäulen von erlesener Eleganz vorgetäuscht wird und an der Rückseite ganz wegfällt. Dazu muß man sich vergegenwärtigen, daß der römische Tempel nicht als plastisch empfundener und autonom für sich alleine stehender Bau konzipiert ist, sondern immer nur ein Teil eines größeren Architekturensembles bildet. Man erinnere sich, daß er das südwestlich vom Schnittpunkt von cardo und decumanus gelegene Forum an dessen Südseite dominierend und höchst effektvoll abschloß, dabei aber selber nur den krönenden Mittelpunkt einer ihn an drei Seiten umlaufenden Säulenhalle darstellte, deren heute fehlende architektonische Rahmung nur sehr schwer seine eigentliche Würde erahnen läßt. Grundsätzlich ist er also perspektivisch eingebunden in das durch Straßen und Platz vorgegebene Achsensystem, woraus sich seine extrem ausgeprägte Frontalität erklärt. Über einen, verglichen mit dem heutigen Straßenniveau wesentlich tieferen Platz führten drei flache Treppen auf eine etwas höhere Ebene, auf der sich über einem relativ hohen Podium die Tempelfront als Hexastylos grazil in die Höhe schwingt. Die insgesamt dominante Aufwärtsbewegung der Fassade wird optisch abgemildert durch die über die gesamte Breite vorgelegte Treppenrampe und erfährt ihre Mäßigung durch ein relativ flaches Giebeldreieck. Nicht nur der gute Erhaltungszustand des verhältnismäßig kleinen Tempels (15,55 m breit, 26,40 m lang, 17,00 m hoch) und die Feinheit des Dekors, sondern auch die sensibel abgestimmten harmonischen Proportionen machen die Maison Carrée zu einem Kleinod der römischen Antike, dessen Zauber sich kein Freund der Architektur entziehen kann.

Die Kassettendecke in der drei Joch tiefen Vorhalle, die Cella-Eingangstür und das gesamte Innere des Tempels sind leider nicht mehr original. In der Maison Carrée befindet sich seit 1823 das erste *Städtische Museum* von Nîmes, von dessen ausgestellten Stücken besondere Hervorhebung verdienen: der große aus 18 Feldern bestehende *Mosaikfußboden*, die berühmte *Venus von Nîmes*, die *Porträtbüste der Kaiserin Julia Domna*, ein prächtiger *Bronzekopf* und einige besonders schöne Architekturfragmente, z. B. der *Adlerfries* vom ehemaligen Nymphäum.

Castellum Divisorium und Porte d'Auguste

Etwas außerhalb des Zentrums, aber noch bequem zu Fuß erreichbar, liegt (rue de la Lampèze) das *Castellum Divisorium* (Abb. 37), das vor allem die Aufmerksamkeit all derer verdient, die sich besonders für die römische Ingenieurkunst interessieren. Das kreisrunde Auffangbecken (5,50 m ⌀) für die Wasser des Pont du Gard war mit einem 1,20 m breiten Kanal verbunden. Die beliebig regulierbare Wassermenge verteilte sich über zehn Bleirohre, deren Öffnungen deutlich an der Beckenwand erkennbar sind.

Die alte römische Stadtmauer (2–3 m Dicke, 9–10 m Höhe), die über ca. 7 km in unregelmäßigem, sich dem Gelände anpassendem

DETAIL DU FRONTON
DE LA FAÇADE PRINCIPALE

Echelle de

Nîmes: Kathedrale, Fassadenfries

Verlauf die Stadt einschloß, besaß an die sechzig kreisrunde tangential zur Mauer gesetzte Türme und zahlreiche Tore, von denen noch zwei erhalten sind. Wichtiger und größer als die eintorige Port de France ist die nach der Französischen Revolution wieder zutage gekommene sogenannte *Porte d'Auguste* (Porta Arelatensis; Abb. 30) aus der Zeit des Mauerbaues unter Augustus (16–15 v. Chr.). Sie folgt dem Typus der viertorigen Anlage, wobei die beiden höheren mittleren Öffnungen für den Fuhr- und Reiseverkehr und die niedrigeren seitlichen Bögen für den Fußgängerverkehr bestimmt waren. Die Toranlage besteht aus mörtellos versetztem Quadernmauerwerk. Das 20 m breite, 14,50 m hohe Portal war flankiert von zwei halbkreisförmigen Türmen. Hier mündete die von Arles kommende Via Domitia in die Stadt, deren antike Steinpflasterung noch gut erkennbar ist. Die zwischen den beiden mittleren Bögen eingebundene Säule soll der erste Meilenstein der Via Domitia sein.

Kathedrale

Von der Porte d'Auguste lohnt sich ein Spaziergang durch die nahegelegene Altstadt. *Stadthäuser* aus dem 12. Jahrhundert (Maison romane, 1 rue de la Madeleine), 16. Jahrhundert, (15 und 17 rue des Marchands), 18. Jahrhundert (6 rue Fresque: Hôtel Marzel; 3 rue de Bernis: Hôtel Bernis) begleiten den Weg zur *Kathedrale St-Castor* (Abb. 35). Obwohl in den Glaubenskriegen weitgehend zerstört, hat die Westfassade noch erhebliche Reste ihrer ursprünglichen Gestaltung vom 12. Jahrhundert beibehalten. Die zwei Etagen der Fassade zeigen unterschiedlichen Dekor: Untergeschoß lediglich mit abschließendem Figurenfries, von dem Reste nur noch neben dem barocken Portal erkennbar sind; Obergeschoß mit Dreiergruppe von Rundbogenfenstern in einem über die ganze Breite gehenden System von sehr hochgezogenen Blendarkaden; unter dem abschließenden Gesims ein durchgehender Figurenzyklus, dessen erste sechs Szenen der Genesis noch aus dem 12. Jahrhundert (zweite Hälfte) stammen und in der Nachfolge von St-Gilles zu sehen sind. Alle anderen Szenen sind im 17. Jahrhundert ergänzt worden. Der überaus reich antikisierende Flachgiebel dürfte ebenfalls von St-Gilles beeinflußt sein (s. Fig. S. 109).

Museen: s. Gelber Teil. S. 330f.

Montpellier

»Una di melioribus villis totius mundi«
(Eine der schönsten Städte der Erde)
Jakob I. von Aragon

Montpellier, heute die volksreichste Stadt der Niederen Languedoc, gleichzeitig deren intellektuelles wie wirtschaftliches Zentrum, ist die Stadt der zweiten Stunde. Im Gegensatz zu Narbonne, Béziers, Pézenas oder Nîmes ist sie keine antike Gründung. Zwischen dem direkt an der Via Domitia gelegenen Substantion (heute Castelnau-de-Lez) und den Häfen von Lattes und Maguelone schlummerten die drei Hügel Mont de l'Échine, Montpellier und Montpelliéret seit Menschengedenken fast unbemerkt und unbewohnt dahin. Auf der niedrigsten der drei Erhebungen stand einsam der Tempel einer unbekannten heidnischen Gottheit. Eben an dieser Stelle weihte 819 der Bischof Argemire ein christliches Gotteshaus mit dem Namen *Notre-Dame-des-Voeux*, das recht bald zum Ziel einer regionalen Wallfahrt wurde. Um das Kirchlein waren zugleich ein kleiner Markt und eine Ansiedlung gewachsen. Die von Arles und St-Gilles kommenden frommen Wanderer wählten ihren Weg nicht mehr über Substantion an der Römerstraße, sondern über dieses neue Heiligtum auf dem Montpelliéret, der zum Besitz der Bischöfe von Maguelone gehörte. Auf dem Nachbarhügel Montpellier hatte sich ein gewisser Gui niedergelassen, der gegen Ende des 10. Jahrhunderts seine Vasallität vom zuständigen Grafen von Melgueil, der auch Feudalherr von Maguelone war, erlangte. Der Bischof von Maguelone und der Seigneur von Montpellier teilten sich friedlich in die Herrschaft über die ständig wachsende Siedlung auf den Hügeln. Gui war als Guilhem I. zum Gründer der Dynastie der Guilhems von Montpellier geworden, bei denen Kettenhemd und härene Kutte immer eng zusammenlagen.

Die Abwesenheit des in Maguelone sitzenden Bischofs und die althergebrachte Convivencia der Seigneurs von Montpellier scheinen große Anziehungskraft auf Zuzügler aller Rassen und Mentalitäten ausgeübt zu haben. In dieser gelebten Toleranz liegt das Geheimnis und das Besondere der Stadt. Selbst als Peter von Melgueil 1085 seine Grafschaft direkt dem Heiligen Stuhl unterstellte, der Papst damit zum obersten Feudalherren sowohl von Maguelone als auch von Montpelliéret geworden war, änderte sich daran nichts. Glücklicherweise verhielten sich auch die Bischöfe von Maguelone weniger zelotisch als ihre Kollegen der Region. Die eigentlichen Herren der Stadt blieben selbst bis in die Jetztzeit die Bürger der Stadt, und zwar nur die Vertreter eines ortsansässigen Handwerks. Montpellier war eine der frühesten Städte im okzitanischen Raum, die von Konsuln regiert wurde. Ausgeschlossen vom Konsulat waren Händler, Bankiers, Geistliche, Mediziner und Adlige. Handel, Wissenschaft und Kunst erlangten eine selbst für die damalige Languedoc außerordentliche Blüte. Konsuln und Seigneurs von Montpellier verstanden es geschickt, zwischen den Großmächten Toulouse und Barcelona, zu welchen die Stadt wechselweise gehörte, zu pendeln. Selbst aus dem größten Desaster Okzitaniens, den Albigenserkriegen, konnte sich die Stadt, deren oberster Lehnsherr ja der Papst war, heraushalten. Während alles Land um Montpellier herum in Flammen aufging, konnten in Montpellier ungestört Wissenschaft und Handel weitergedeihen. Dennoch bewies die Stadt unzweideutig, auf wessen Seite ihr Herz schlug. Als im Januar 1215 Bischöfe und päpstliche Legaten sich in Montpellier versammelten, um über die Verteilung der Lande des Grafen von Toulouse zu entscheiden, durfte deren Favorit, Simon von Montfort, der bluttriefende Todesengel Okzitaniens, nicht die Stadt betreten. Als er es dennoch versuchte, mußte er fluchtartig die Stadt durch ein anderes Tor wieder verlassen, um nicht von den aufgebrachten Bürgern erschlagen zu werden. Noch vor Ausbruch der Albigenserkriege waren bereits unter Guilhem VIII. folgenschwere dynastische Probleme aufgetreten. Dieser hatte nämlich

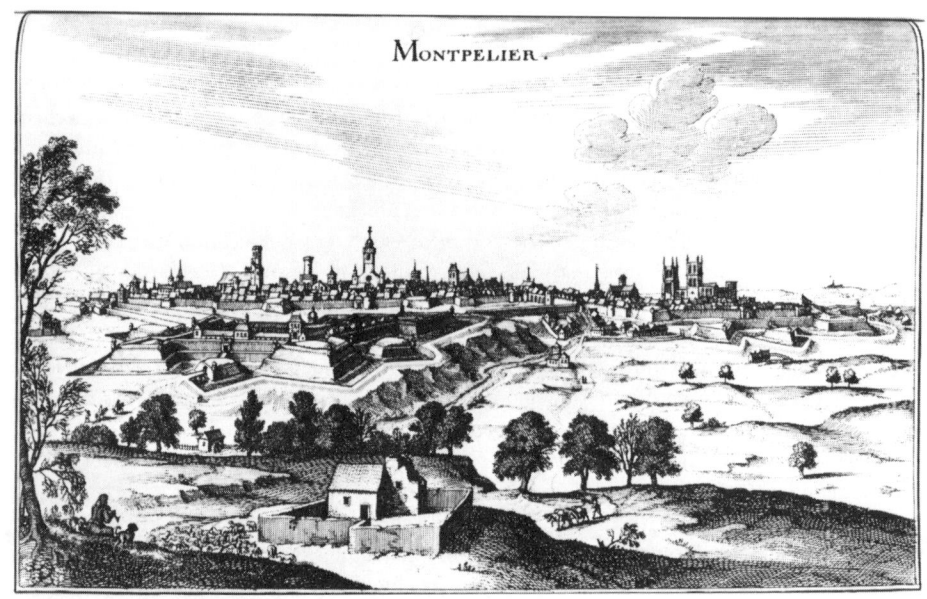

Montpellier. Nach Merian

zunächst in politischer Weitsicht die ursprünglich für Alphons von Aragon bestimmte, bildhaft schöne byzantinische Kaisertochter Eudoxie Komnenos geehelicht und mit ihr ein Kind gezeugt, die unglückliche Marie von Montpellier. Die sechs Kinder seiner zweiten rechtsungültigen Ehe mit Agnes von Kastilien erhoben, da von Guilhem als Erben testamentarisch eingesetzt, Anspruch auf die Seigneurie. Konsuln und Bischof hielten aber zur rechtmäßigen Herrin Marie und arrangierten deren Heirat mit Peter II. von Aragon, wodurch Montpellier jetzt zum Königreich Aragon gehörte. Dessen Sohn Jakob der Eroberer (S. 215ff.) wurde in Montpellier geboren und als Dreijähriger von Simon von Montfort bis zum Eingreifen von Innozenz III. als Geisel gehalten. Die Bürger von Montpellier stellten einen Teil der Flotte, mit der Jakob der Eroberer die Königreiche Mallorca, Valencia und Murcia den Mohammedanern entriß. Durch die unselige Teilung des aragonesischen Königreichs wurde Montpellier dem neuen Königreich von Mallorca zugeschlagen. Die fast siebzigjährigen Kämpfe zwischen dem Stammhaus in Barcelona und der mallorquinischen Nebendynastie brachten den landgierigen französischen König Philipp den Schönen auf den Plan, den es trotz der eindeutigen Abmachung zwischen Ludwig dem Heiligen und Jakob dem Eroberer (Corbeille 1259) nach dem Besitz der Seigneurie gelüstete. Er kaufte dem Bischof von Maguelone dessen Teil von Montpellier ab. Schließlich erwarb dessen Enkel Philipp von Valois 1349 für einen Pappenstiel, die Schwäche von Jakob III. von Mallorca ausnutzend, die ganze Seigneurie für die französische Krone. Obwohl

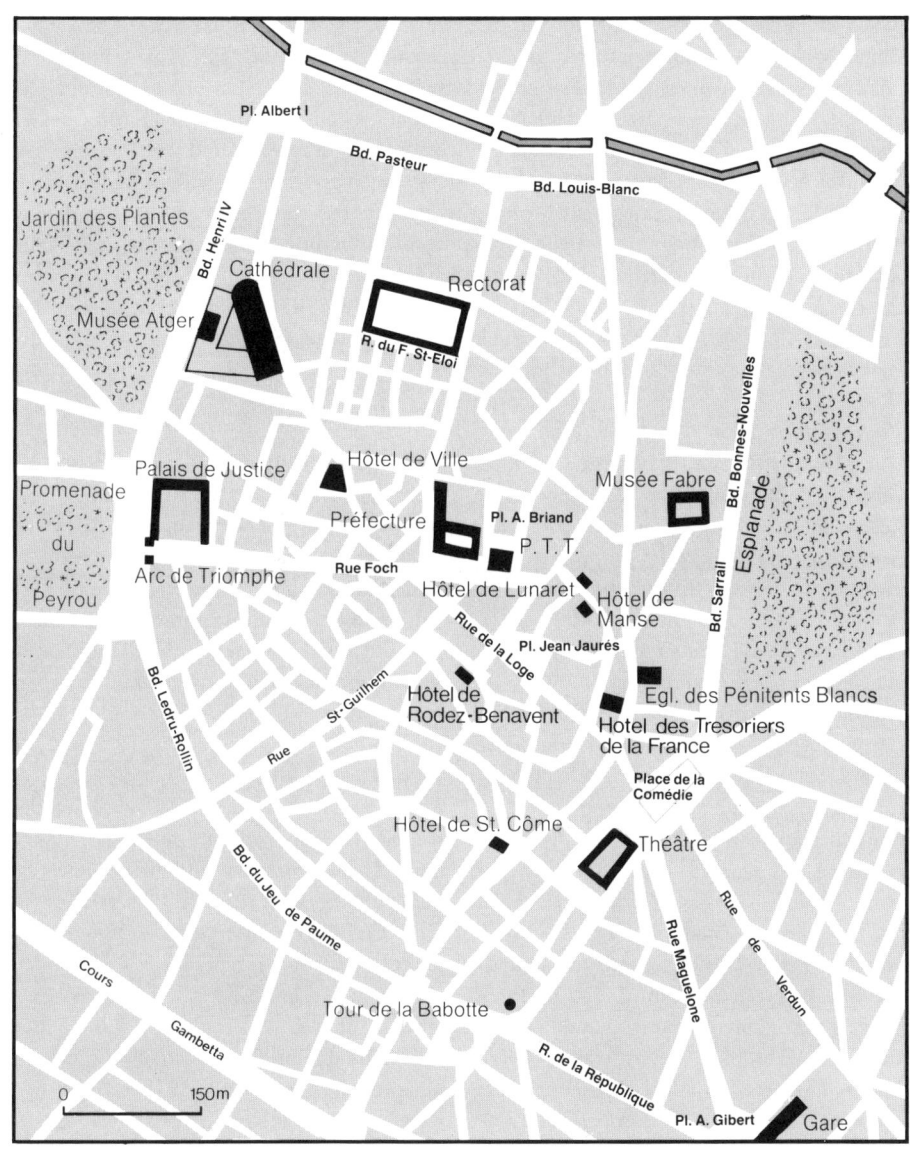

Montpellier: Stadtplan

schon Philipp der Schöne der Stadt alle ihre tradierten Rechte garantiert hatte, war seit der Zugehörigkeit zu Frankreich der große eigenständige Elan der Stadt gebrochen, der Niedergang der stolzen Kommune eingeleitet, das Ende des ersten goldenen Zeitalters erreicht. Während des Zwischenspiels von Jacques Cœur (S. 63 ff.) zeigt Montpellier wieder etwas von seiner alten Vitalität, doch als 1481 Marseille und die Provence an Frankreich fallen, muß Montpellier wieder klein beigeben. Erst im 17. Jahrhundert, nach dem Ende der Religionskriege, als Montpellier zum Verwaltungszentrum der Languedoc méditerranéen wird, folgt eine zweite Periode von Einfluß und Prosperität, die noch heute das Stadtbild bestimmt (siehe Le Peyrou, Seite 65 f.; Farbt. 11). Wie für den ganzen französischen Süden brachte das 19. Jahrhundert mit Industrialisierung und Einführung der Eisenbahn eine spürbare Rezession, der man mit Spezialisierung auf den Weinbau zunächst leidlich begegnete – bis zur Reblauskrise.

Vom Theater zum Arc de Triomphe

Um Montpellier, die Stadt mit den zwei Gesichtern, kennenzulernen, empfiehlt es sich, einen ganzen Tag einzuplanen. Dem Autofahrer sei dringendst empfohlen, vor der hoffnungslos verstopften Innenstadt das Auto abzustellen (am ehesten Parkmöglichkeit hinter dem Theater) und alle Besichtigungen zu Fuß zu unternehmen.

Von der großzügig angelegten Place de la Comédie (Abb. 38), an deren Nordostende der Bd. Sarrail und der Park der Esplanade anschließen, wende man sich zunächst nach Norden, die rue de la Loge benutzend, um vorbei an den neuen Hallen schließlich vor dem *Hôtel de Ganges (Préfecture)* auf die Prachtstraße der Stadt, die rue Foch, zu treffen. Vorbei an den mondänen Laden- und Büropalästen aus dem 18. und 19. Jahrhundert geht man nun immer gerade auf den markanten Abschluß dieser Straße zu, den *Arc de Triomphe* (Abb. 40). Vor dem Triumphbogen rechts die bombastische Anlage des *Palais de Justice* (Abb. 39), dessen Seitentrakte in Form römischer Podientempel (s. Nîmes) wahrhaft die antike Vergangenheit des Landes ins Gedächtnis zurückrufen. Wem nach Hôtel de Ville, rue Foch,

Palais de Justice und Le Peyrou (s. S. 66) die klassizistische Pracht zu kühl und abweisend erschien, der wird auf dem Rückweg über die verwinkelten *Gassen der Altstadt* die intimere und lebendigere Seite von Montpellier erfahren, deren Reizen man sich nur schwer entziehen kann, vorausgesetzt, man hat Zeit und Lust zum Entdecken mitgebracht.

Jardin des Plantes

Den Naturliebhabern, speziell den Botanikfreunden, sei aber zuvor unbedingt geraten, den kleinen Abstecher zum direkt neben Le Peyrou gelegenen *Jardin des Plantes* (Botanischer Garten) zu unternehmen. Wenn auch nicht für Europa, für Frankreich war er der erste botanische Garten, der eingerichtet wurde. Er war ein wahrhaft königliches Geschenk Heinrichs IV. an die reputierte Universität der Stadt. 1593 verfügte der weise Monarch die Errichtung eines zusätzlichen Lehrstuhls. An den neuen Lehrstuhl gebunden war der zu errichtende Garten. Zwar besaß die Universität bereits im Innenhof einen 'horticulus' zur Pflege von Heilpflanzen und -kräutern, aber das absolut Revolutionäre des neuen Gartens war, daß die Pflanzen nicht nach ihrer medizinischen Heilfunktion, sondern gemäß ihrer natürlichen klimatologischen Herkunft geordnet waren.

Direkt gegenüber vom botanischen Garten erhebt sich der mächtige Komplex des von Urban V. 1364 gestifteten *Benediktinerkollegs,* in dem sich heute die älteste und berühmteste medizinische Fakultät Frankreichs befindet. Im Vestibül erinnern Statuen und Tafeln an die erlauchtesten Geister der Medizingeschichte, die hier studiert oder gelehrt haben. Vom alten Bau des 14. Jahrhunderts sind vom Hof aus noch die Westseite der Kollegiatskirche mit vorgelegter Kreuzgangsgalerie zu sehen.

Im ersten Stock des ehemaligen Benediktinerkollegs aus dem 14. Jahrhundert befindet sich heute das *Musée Atger,* eine durchaus sehenswerte Sammlung von Zeichnungen und Stichen. Neben bedeutenden nationalen Künstlern wie Bourdon, Mignard, Rigaud, Fragonard und Natoire besitzt das Museum auch einige beachtliche Arbeiten von flämischen und italienischen Künstlern.

Kathedrale

Um die ehemalige Kollegiatskirche, die seit der Verlegung des Bischofssitzes von Maguelone nach Montpellier im Jahre 1536 *Kathedrale* der Stadt ist (Abb. 44), besichtigen zu können, müssen wir die medizinische Fakultät wieder verlassen.

Wie eine Festung steht die nach Süden gerichtete Fassade da, mit ihren beiden vor das Portal gesetzten mächtigen Steinzylindern, die lediglich einen fast lächerlich ungewichtigen Steinbaldachin tragen. Der Haupteingang befindet sich heute auf der Ostseite. Die von Urban V. gestiftete Kirche war der größte Sakralbau der Stadt, die ja immerhin als reichste und wichtigste der Niederen Languedoc ca. 500 Jahre ohne eigenen Bischof ausgekommen war. Der in Avignon entstandene Plan des Baues folgt dem in der Provence und Languedoc üblichen Schema einer Saalkirche mit zum Hauptraum hin offenen hohen Seitenkapellen zwischen den Mauerstreben. Lediglich das Langhaus zeigt noch, nach tiefgreifender Restaurierung im 19. Jahrhundert, die unter Urban V. konzipierte Bauform. Der ursprünglich für eine Kollegiatskirche entworfene Chor erwies sich für die spätere Kathedralfunktion als zu klein und wurde deshalb im 17. Jahrhundert grundlegend verändert.

Montpellier: Ehemaliger Eingang der Kathedrale

Die Altstadt

Das eigentliche Montpellier aber findet sich im Bereich zwischen Hôtel de Ville, St-Mathieu, Boulevard Sarrail und St-Roche. Allerdings darf man nicht erwarten, irgendwelche Reste aus der goldenen Zeit zwischen 12. und 14. Jahrhundert zu finden. Das ›alte‹ Montpellier besteht aus zahllosen auf den Grundmauern und Gewölben des Mittelalters entstandenen Stadtpalästen, die fast alle erst seit dem 17. Jahrhundert entstanden sind. Aus der Zahl von über hundert solcher Stadtpaläste, die sich schon nach außen hin in unscheinbarer Anonymität verstecken und deren unverwechselbares Gesicht sich erst enthüllt, wenn man die Klinke des Portals gedrückt und den dunklen Eingang hinter sich gebracht hat, seien nur wenige herausgegriffen, die meines Erachtens selbst für den eiligen Touristen für das Kennenlernen von Montpellier unverzichtbar sind:

Hôtel de Lunaret (Abb. 45). Die Gewölbe des Parterre enthüllen, daß dieses Stadthaus des 17. Jahrhunderts wie alle anderen auf den Resten oder Fundamenten der spätmittelalterlichen Stadt gewachsen ist. In dem mit viel Liebe und Aufwand restaurierten Bau ist heute die Sammlung antiker und mittelalterlicher Kunst der *Société Archéologique de Montpellier* untergebracht. Gleich in der Nähe, d. h. schräg gegenüber, findet man das *Hôtel de Manse*. Im Hof überrascht eine theatralisch aufgebaute Schauwand von übereinandergestellten, paarweise gruppierten Säulenordnungen, unten jonisch, oben korinthisch. Das Gebälk der unteren Reihe ist festlich-beschwingt dekoriert mit einer Blatt- und Früchtegirlande. Baluster und Ziervasen ergänzen die obere Säulenstellung, die abgeschlossen wird von einer mit Reliefplatten verblendeten Pseudo-Attika.

Ebenfalls unweit von hier liegt das *Hôtel des Trésoriers de France*. Es ist für den Montpellier-Besucher von zweifacher Bedeutsamkeit. Zum einen, historisch, genießt es die Vorzugsstellung, das ehemalige Stadtpalais und Kommandozentrum von Jacques Cœur gewesen zu sein; an den Bau von J. Cœur erinnern heute nur noch die westliche Eingangshalle mit spätgotischem Kreuzrippengewölbe. Dem Frankreichkenner mag das Palais von J. Cœur in Bourges vor Augen stehen, dann kann er sich annäherungsweise ein Bild von diesem weiträumigen Stadthaus des 15. Jahrhunderts machen. Zum anderen war es als Sitz der Schatzmeister Frankreichs eines der ersten bedeutenden Stadthäuser, die nach der Erhebung von Montpellier zum Verwaltungszentrum der Niederen Languedoc im 17. Jahrhundert entstanden sind. Auf Grund seiner frühen Bauzeit vertritt dieser Stadtpalast die Bautradition vor der Ankunft von d'Aviler (s. Le Peyrou): zentraler Hof, zwei übereinanderliegende Säulenreihen, offene Monumentaltreppe, Türen und Fenster à l'italienne.

Überquert man die rue de la Loge und wählt die rue J. Moulin, ist man in wenigen Minuten in der rue St-Côme, wo sich das gleichnamige *Hôtel St-Côme* befindet, dessen Hauptattraktion die Rotunde darstellt (Abb. 43). Der berühmte Anatom La Peyronie hatte eine für damalige Zeit beträchtliche Summe von 100 000 livres testamentarisch festgelegt zur Errichtung eines ›Amphitheaters‹ zum Zwecke der pädagogisch sichtbar gemachten Sezierung, umgeben von entsprechenden Lehrräumen. Einer der

Nachfolger d'Avilers, Jean Antoin Giral, wurde mit der Lösung des Problems beauftragt und löste es zwischen 1752 und 1757 geradezu genial. Der Außenbau evoziert einen französischen barocken Zentralbau, der mit seiner klassischen Pilasterordnung und der durchbrochenen Kuppel zwingend einen Sakralbau des 18. Jahrhunderts vortäuscht. Die sehr hoch gezogenen Okuli und die Balustrade des Kuppelgeschosses verschmelzen mit dem Unterbau, der nichts anderes als ein Ableger der klassizistischen Idealarchitektur des Château d'Eau (Le Peyrou) ist, zu einer homogenen architektonischen Einheit, die die kühle klassizistische Attitüde hinter sich läßt. Den eigenständigsten und beschwingtesten Beitrag der Profanarchitektur des 18. Jahrhunderts in Montpellier leistet eben derselbe Giral im Innenhof, genauer im Treppenhaus des *Hôtel des Trésoriers de la Bourse (= Hôtel de Rodezbenavent)*, wo er die noble klassizistische Formenapparatur in musikalische Schwingungen versetzt (Abb. 46).

Auf der kleinen Place Jean Jaurès befand sich bis vor wenigen Jahren eine kleine Holzfalltür, die nur einmal im Jahr geöffnet wurde, um ihr Inneres den Blicken hochinteressierter Kenner freizugeben: Es sind die Reste einer auf einem heidnischen Tempel erbauten Krypta, der historische Anfang von Montpellier. Um das Kirchlein *Notre-Dame des Voeux* (Notre-Dame des Tables. Die heutige Kirche Notre-Dame des Tables ist nicht identisch mit dem hier erwähnten Vorgängerbau!) scharten sich die Pilger, Händler, Geldwechsler und Reisenden aller Art zusammen. Die Verkaufstische (tables) wurden nicht nur zum Treffpunkt der Händler, ausgetauscht wurden auch Erzählungen, Ideen und Wissen.

Unter dem Vielvölkergemisch aus Lateinern, Levantinern, Spaniern etc. gelangte eine ethnische Gruppe zu herausragender Bedeutung für Montpellier: die Juden.
Bereits zu Lebzeiten von Avicenna war der berühmte Gelehrte Babbi-Abbon nach Montpellier gekommen. Im 12. Jahrhundert war die Stadt zum Hauptversammlungsort aller südfranzösischen Juden geworden. Die Existenz von privaten jüdischen Schulen ist bereits seit dem 11. Jahrhundert belegt. Aber nicht nur Lesen, Rechnen und Schreiben wurden gelehrt. Über den Eckpfeiler zwischen abend- und morgenländischem Wissen, Salerno, war bereits ca. 100 Jahre nach der Gründung der dortigen Medizinschulen die Kenntnis der hypokratischen Medizin nach Montpellier gelangt. Die abendländischen Studenten fuhren zur Ausbildung nach Salerno und kamen zurück als Lehrer nach Montpellier, so daß im 12. Jahrhundert, nach dem einsetzenden Niedergang der salernitanischen Schulen Montpellier zur ersten und ältesten Medizinschule des Abendlandes wurde. Als 1185 der Bischof Jean de Montlaur die Medizinhochschule gründete, war dies nur ein Akt der Bestätigung für längst bestehende Realität. Per Bulle erhob Nikolaus IV. 1289 die Medizinhochschule der Stadt in den Rang der Universität. Der erste Präsident dieser Universität war der jüdische Astrologe Profatius (Jakob ben Mahir).
Inzwischen war es aber nicht mehr nur die Medizin (artes physicae), die den Ruhm der Gelehrtenstadt ausmachte, daneben standen vor allem die Juristerei und die schönen Künste

in gleich hohem Ansehen. Placentin hatte in Bologna bei Irnerius studiert, um dann in Montpellier zu lehren. Die 'Quelle der Gesetze', der berühmte Azo, verließ ebenfalls Bologna, um in Montpellier zu wirken. Der spätere Urban V. (Stifter des Benediktinerkollegiats, heute Kathedrale) und Guillaume de Nogaret, Berater und Kanzler von Philippe dem Schönen, waren vorher Professor für Recht an der hiesigen Universität. Andere illustre Namen wie Petrarca, Rabelais, Nostradamus, Paul Valéry mögen vom hohen Stand der Universität von Montpellier, dem 'Licht des Abendlandes', Zeugnis geben. Noch heute ist Montpellier mit seinen mehr als 25 000 Studenten eine der großen Universitäten Frankreichs, der an Alter und Ruhm nur die Sorbonne gleichkommt. Und alles dies hatte so unscheinbar begonnen, irgendwann im 10. Jahrhundert zwischen den Verkaufstischen um die nicht mehr stehende Notre-Dame-des-Tables.

Nicht weit ist es von dort zum *Musée Fabre* (Farbt. 10; s. S. 328 ff.).

St-Guilhem-le-Désert

»Jene, die über die Route von Toulouse nach Santiago gehen, müssen dem Leichnam des seligen Bekenners Wilhelm einen Besuch abstatten«, heißt es im 'Pilgerführer'. Also gut zwei Tagesmärsche nach dem Aufbruch vom Sammelpunkt St-Gilles aus, war der erste Pflichtbesuch einer wertvollen Reliquie fällig.

In den Heldensagen und Ritterepen nimmt ein Heros einen ganz besonderen Rang ein, ein Recke, der mit Karl dem Großen in einem Atemzug genannt wurde, noch vor Roland. Es war Herzog Wilhelm von Aquitanien und Toulouse, auch Wilhelm Kurznase oder Wilhelm von Orange genannt. In Tausenden von Versen wurden in den Wilhelms-Epen seine Heldentaten von Generation zu Generation weitergegeben. Mütterlicherseits war der 752 geborene Wilhelm der Enkel von Karl Martell, dem gefeierten Sarazenen-Bezwinger von 732. Er wurde zusammen mit den Söhnen Pippins des Kleinen aufgezogen und zeichnete sich schon sehr früh durch Tapferkeit und Geschick im Waffenhandwerk aus. Als 768 sein Freund und Verwandter Karl der Große den Thron bestieg, war Wilhelm einer seiner hervorragendsten Heerführer. Er eroberte Aquitanien zurück und befreite im Süden Orange, Nîmes und Narbonne von der arabischen Besetzung. Als er von einem erfolgreichen Feldzug nach Barcelona zurückkehrte, fand er zu Hause seine geliebte Frau tot. Von nun an sehnte er sich nach Einsamkeit. Das felsige Tal von *Gellone* erschien ihm dazu der geeignete Ort. Er ließ dort ein Kloster bauen, in das er sich mit einigen Vertrauten zurückzog. Ungern mußte Karl der Große seinen verdienstvollen Freund ziehen lassen, nicht aber ohne ihm vorher eine wertvolle Reliquie, ein Stück Holz des von der Hl. Helena wiederaufgefundenen Kreuzes, zu schenken. Nach acht Jahren eines bescheidenen heiligen Lebens in der Zurückgezogenheit seines Klosters starb Wilhelm Kurznase 812 in Gellone. Ca. 100 Jahre nach seinem Tod nahmen Ort und Kloster den Namen ihres Gründers an: St-Guilhem-le-Désert (Farbt. 14; Abb. 53–55).

St-Guilhem-le-Désert: Chorpartie

Der Ruf seines Gründers und die wertvolle Reliquie zogen alsbald Scharen von Pilgern nach St-Guilhem, bis der Besuch des Klosters und die Verehrung des Heiligen schließlich zu einer allgemeinen Pflichtübung wurden.

Stein von Menschenhand behauen und Stein von den Naturgewalten aufgetürmt verschmelzen in St-Guilhem zu einer eindrucksvollen Szenerie. Eng ducken sich die kleinen mittelalterlichen Häuser an den aufragenden Felsen. In der Mitte, quasi als Kristallisationspunkt des ganzen Ambiente, hebt sich die mächtige und breite Chorapsis mit ihrer einmaligen Zwerggalerie heraus.

Vom kleinen Kirchplatz aus empfängt uns das in großartiger Schlichtheit gestaltete Westportal. Einem quadratischen Turm-sockel aus der zweiten Hälfte des 12. Jh. ist das Portal gleichermaßen vor- wie einge-baut. Dem zweifach zurückgestuften Gewände sind vier antike Säulen eingestellt. Die sich anschließenden beiden Archivolten bestehen aus einfachen, runden Steinwülsten.

Der einzige zaghafte Schmuck der Fassade besteht neben den vier Gewändesäulen aus einem Zackenband an der Bogenstirn des Portals und zwei darüber eingelassenen Medaillons mit Frauenköpfen, ebenfalls Spolien des 4. und 5. Jh. Der Turmaufbau stammt aus dem 15. Jh. Durchschreitet man die Turmvorhalle, gelangt man nicht sofort ins Hauptschiff, sondern in einen zweiten, fast quadratischen Raum, der von einem vorromanischen Bau (vielleicht 9. Jh.?) herrührt, der wahrscheinlich einschiffig war und, wie die letzten Ausgrabungen erwiesen haben, einen rechteckigen Chor besaß. Eine sehr kompakte, frühromanische, dreischiffige Kirche mit großer Chorapsis und zwei kleineren Apsiden wurde zwischen 1025 und 1031 begonnen und im Jahre 1076 geweiht. Das gesamte heutige Langhaus einschließlich der beiden ursprünglichen kleinen Seitenapsiden stammt aus diesem Zeitraum. Die Langhaushochwand zeigt alle Merkmale des basilikalen Raums: Arkadenzone, Mauerstreifen und Obergaden. Breite und kräftige Gurtbänder, die als rechteckige flache Wandvorlagen die Hochwand vertikal gliedern, tragen die schwere, steinerne Rundtonne, die zu den ältesten ihrer Art gehört. Bereits kurz nach Einweihung der Kirche wurden noch im 11. Jh. die Ostteile abgetragen und neu aufgebaut. Auf diesen Erweiterungsbau geht die unproportional breite, heutige Hauptapsis zurück, die sich über die volle Breite des dreischiffigen älte-

1   Klosterhof
2   Wasserbecken, alter Fischteich
3   Alter Brunnen, Lavabo
4   Kapitelsaal, Musée Lapidaire
5   Einstige Küche
6   Sakristei
7   Einstiges Abts-Haus (Ruine)

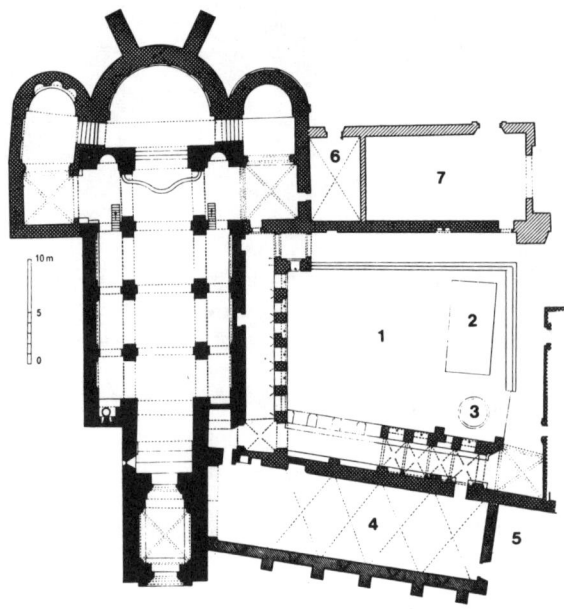

St-Guilhem-le-Désert, Grundriß

St-Guilhem-le-Désert: Westportal

ren Langhauses erstreckt. Der Formenreichtum wird differenzierter. Sieben Blendarkaden auf schlanken Wandsäulen gliedern
das Chorrund, das von drei rundbogigen
Fenstern ausreichend beleuchtet wird.

In der nördlichen Apside sind vorläufig
die Reste der Skulpturen und Innenausstattung untergebracht. Sie sollen im z. Z. in
Restaurierung befindlichen Kapitelsaal am
Westtrakt des Kreuzganges ihre endgültige
Aufstellung finden. Dort wird man neben
den Großfiguren vom oberen Kreuzgang
den in seiner Art sehr seltenen Altar aus
verschiedenfarbigem Marmor und Glasintar-
sien aus der zweiten Hälfte des 12. Jh. be-
staunen können. Die Vorderseite dieses
Altars zeigt in zwei Szenen die Majestas
Domini in der Mandorla und die Kreuzigung. Daneben erinnern zwei wertvolle
Marmorsarkophage an die leidige Datie-
rungsproblematik. Der herrliche Sarkophag
mit den Gebeinen der beiden Schwestern
des Hl. Wilhelm, Albane und Bertrane, soll
aus dem 7. Jh. stammen. Die in der Tradi-

St-Guilhem-le-Désert: Apsisdetail

121

St-Guilhem-le-Désert, Tischaltar

tion der sogenannten aquitanischen Sarkophage stehenden Gestaltungen vor allem der Pflanzenmotive würden dies grundsätzlich rechtfertigen. Andererseits ist aber durch nichts zu belegen, daß die praktisch bis ins Mittelalter ununterbrochene Sarkophagherstellung nicht mehr in der Lage gewesen sein soll, noch zu Anfang des 9. Jh. dieses Prachtstück zu verfertigen. Die für die Funeralskulptur allgemein zutreffende konservative Haltung würde im Gegenteil sogar dafür sprechen. Für den nur in Bruchstükken erhaltenen Sarkophag des Hl. Wilhelm selbst, konnte R. Hamann d. Ä. gegen die einstimmige Annahme der französischen Archäologen, die für eine Datierung ins 4. Jh. votierten, nachweisen, daß es sich dabei um eine Arbeit eines romanischen Künstlers gegen 1140 handelt, was exakt korrespondieren würde mit der Überführung der Gebeine des Heiligen von der Krypta in den Chor im Jahre 1138.

Durch die südliche Türe erreicht man den leider nur in seiner Nordgalerie einigermaßen original erhaltenen *Kreuzgang*. Der größte Teil der Skulpturen und Arkadensäulen fand seine Aufstellung in den USA, im berühmten Kreuzgangmuseum ›The cloisters‹, einer Dependence des ›Metropolitan Museum‹ von New York. In schlußsteinartiger Manier ist der Zwickel über dem Arkadenkämpfer der Säule der Zwillingsöffnung der Arkaden (Abb. 55) mit noch arg archaischen Tierköpfen besetzt. Das Säulenkapitell erinnert noch stark an karolingische Tradition. Dennoch, z. B. durch die

Übernahme des Motivs des dekorierten, hängenden Arkadenbogens, das wir auch als Gestaltungsmittel der sich darüber aufbauenden Außenwand der Kirche wiederfinden, ist eindeutig, daß der Kreuzgang aus der ersten Phase des romanischen Baues stammt. Immerhin ist damit der Kreuzgang von St-Guilhem neben demjenigen von Tournus und Le Puy einer der ältesten erhaltenen, die wir kennen.

St-Guilhem-le-Désert, Säulen- bzw. Pilasterkapitelle

Südlich der neuen Brücke über den Hérault steht noch der *Pont du Diable* (Abb. 52), ein ehrwürdiger Bau, der zwischen 1025 und 1031, also zur selben Zeit wie das Langhaus von St-Guilhem, entstanden ist. Die beiden Äbte von St-Guilhem und Aniane ließen ihn errichten, um den damals schon zahllosen Pilgern ihren Weg zu erleichtern und zu verkürzen.

Pézenas

Nach dem Durchzug der germanischen Völker und dem Niedergang Westroms geriet die befestigte römische Niederlassung *Piscenae* in Vergessenheit. Erst im 10. Jahrhundert findet der Ort wieder schriftliche Erwähnung. Zwar erlangte Pézenas schon im Mittelalter gewisse Bedeutung als Zentrum der Tuchherstellung, aber erst 1261, nachdem Ludwig IX. die Stadt in den Stand der Seigneurie erhoben und mit drei jährlichen Messen versehen hatte, gewann Pézenas Anschluß an die anderen großen Städte der Niederen Languedoc. Das goldene Zeitalter wird das 16. und 17. Jahrhundert. Im Laufe des Hundertjährigen Krieges hatte das französische Königtum einem regionalen Ständeparlament seine Zustimmung geben müssen. 1446 tagten die Generalstände der Languedoc zum ersten Mal in Pézenas. Seiner zentralen Lage wegen wird die Stadt auch in Zukunft häufiger Tagungsort der Generalstände, d. h. Pézenas wird zu einer Art inoffizieller Hauptstadt der Languedoc. Dies um so mehr, als im 16. Jahrhundert auch die einflußreiche Familie der Montmorency-Damville, Herzöge und königliche Gouverneure der Languedoc, sich in direkter Nähe der Stadt auf dem Gut *Grange des Près* niederließ und dadurch wichtigster Tagungsort der Generalstände und Sitz des Gouverneurs in Pézenas zusammenfielen. Geschickt hatte Henri I. de Montmorency, 'le connetable' (= Oberstallmeister), die Wirren der Religionskriege

Henri I. von Montmorency. Stich von Fessard

Molière (Jean-Baptiste Poquelin). Stich von Oudaille

auszunutzen gewußt, um sämtliche politische Fäden des französischen Südens in seinen Händen zu vereinen. Die Macht der Montmorency war zu einer Art Staat im Staate geworden, die 1632, als in der Maison Consulaire die languedozischen Generalstände die Lossagung von Frankreich beschlossen, ihren Höhepunkt erreichte.

Henri II. von Montmorency, der zunächst nur widerstrebend die Aktion unterstützt hatte, dann aber zur Gallionsfigur der Erhebung geworden war, wurde auf Befehl Richelieus noch im selben Jahr im Hofe des Capitols von Toulouse enthauptet. Wieder einmal war der Versuch der Languedoc, ihre eigene politische Unabhängigkeit zu erlangen, blutig unterdrückt worden. Armand de Bourbon, Fürst von Conti, der Schwager des unglücklichen Henri II. de Montmorency, übernahm nun dessen Position und Rolle. Auch er residierte in glanzvollem Stil in der *Grange de Près*.

Am Hofe des Literaturfreundes Armand de Bourbon-Conti taucht im Jahre 1650 ein junger Schauspieler mit seiner Truppe auf und bittet den Fürsten, an seinem Hof mit seiner Kunst aufwarten zu dürfen. Er durfte. Der junge Schauspieler und Stückeschreiber war Frankreichs größtes dramatisches Genie, Molière. In den Jahren 1650 bis 1651, 1653 und 1655–56 bilden die Stadtpaläste von Pézenas und die Conti-Schlösser der näheren Umgebung den prunkvollen Rahmen für das Aufleben der frühen Stücke des Theatermenschen par excellence Molière.

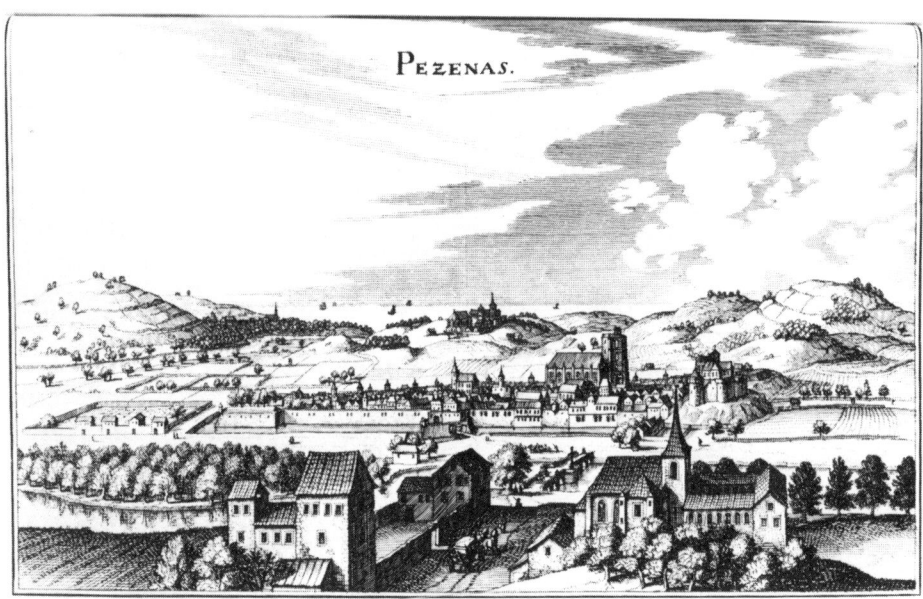

Pézenas. Nach Merian

Der Tod von Armand de Bourbon-Conti (1666) und die letzte Tagung der Generalstände in Pézenas (1692) markieren den unaufhaltsamen Prozeß des politischen Abstiegs, dem der wirtschaftliche auf dem Fuß folgte. Montpellier hieß der große Nutznießer, dessen zweiter Höhenflug in der Mitte des 17. Jahrhunderts begann.

Was Carcassonne und Aigues-Mortes für die Stadtbaukunst und die Zivilarchitektur des Mittelalters bedeuten, das ist Pézenas für das 16. und 17. Jahrhundert, ein einzigartiges Freilichtmuseum der Lebens- und Wohnkultur dieser Jahrhunderte in Südfrankreich.

Am besten beginnt man den Stadtrundgang an der Place du 14. Juillet, wo ausreichend Parkplätze zu finden sind. Wenige Schritte sind es nur bis zum *Hôtel de Lacoste* (16. Jh.), 6 rue F. Oustrin, einem Stadtpalais vom Ende des 15. oder Anfang des 16.

Jahrhunderts mit einem gotisch gewölbten Vestibül und einem überwältigend schönen Treppenhaus, das deutlich die stilistische Wende der Epoche signalisiert (Abb. 50). Am 6. April 1660 empfing der Fürst von Conti hier seinen König Ludwig XIV.

Schräg gegenüber im Hause des Barbiers Gély, des Freundes Molières, ist heute das *Syndicat d'Initiative* eingerichtet, wo sich der weniger eilige Besucher mit zusätzlichen Plänen und Broschüren ausstatten kann. Die Place Gambetta wird bestimmt von der hellen Fassade des *Tribunal de Commerce*,

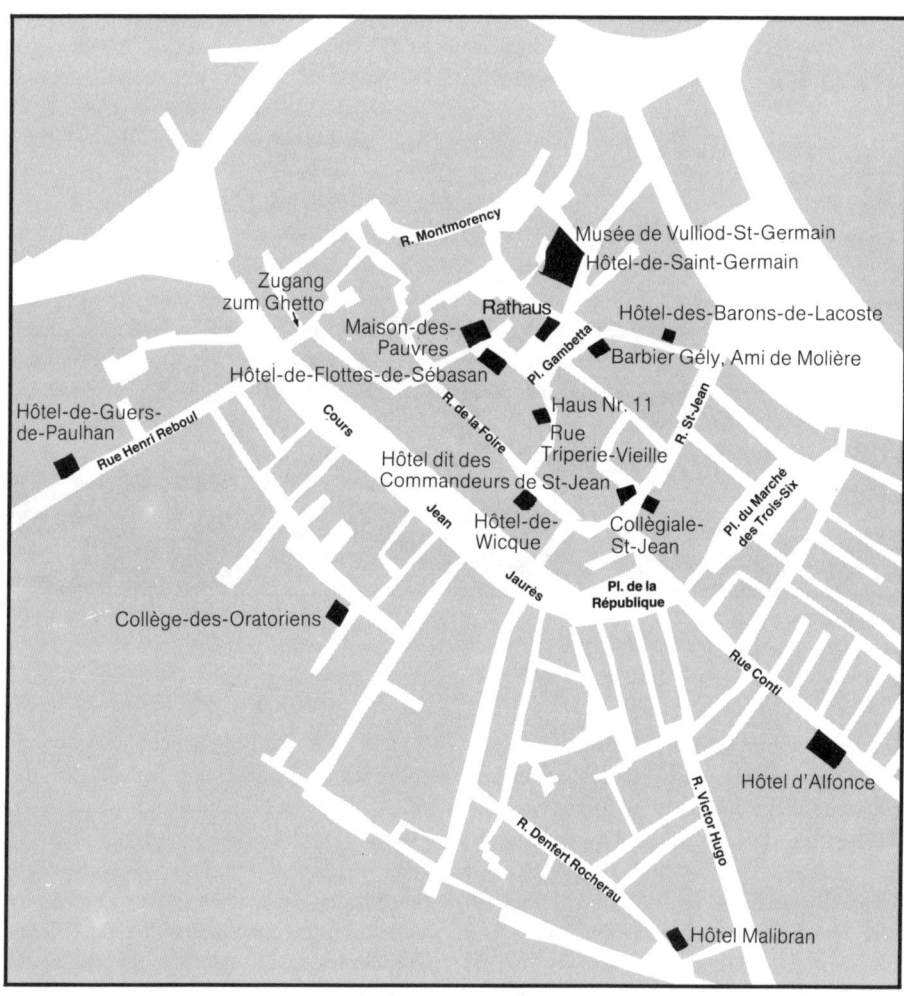

Pézenas: Stadtplan

des ehemaligen Versammlungsorts der Konsuln und Generalstände mit einem prächtigen Treppenhaus von 1452. Die Fassade wurde im 17. Jahrhundert erneuert. Hier tagten 1632 die languedozischen Generalstände, die zusammen mit Henri II. von Montmorency die Loslösung von Frankreich beschlossen hatten.

Die Gasse rechts vom Tribunal de Commerce nehmend, gelangt man zum *Musée Valliod-St-Germain,* das erst 1945 in diesem alten Stadtpalast seine Heimat gefunden hat. Neben Gobelins aus Aubusson nach Stichen von LeBrun (Alexander-Zyklus) finden sich Möbelstücke, Geschirr und Bilder des 16. und 17. Jahrhunderts, die das graue, steinerne Bild der Stadt mit buntem Leben füllen helfen.

Am Westeck vom Place Gambetta, rue A. Sabatier, besitzt das *Hôtel-de-Flottes-de Sébasan* eine gefällige Ecknische aus der Renaissance (1511; Abb. 49); gegenüber das Armenhaus (Maison des Povres) mit seiner schönen Treppe des 17. Jahrhunderts.

Geht man von der rue Sabatier weiter durch die rue E. Zola vorbei am *Hôtel Jacques Cœur,* gelangt man zum einzigen, seit dem 14. Jahrhundert kaum veränderten Getto Frankreichs. Wählt man die Rue de la Foire, führt der Weg vorbei am *Hôtel de Vicque,* einem Palastbau vom Anfang des 14. Jahrhunderts mit einem für die Stadthäuser in Pézenas typischen Innenhof mit offenem Treppenhaus.

Nach einem leichten Linksknick mündet die rue de la Foire in einen kleinen Platz, an dessen Ostseite die ehemalige *Kollegiatskirche St-Jean* aufragt. J.B. Franque, der Erbauer von Notre-Dame-des-Pommiers in Beaucaire, hat auch hier in Pézenas eine fast nüchterne, nach toskanischen Vorbildern ausgerichtete Fassade entworfen. Im Innern, das trotz der bezwingenden Strenge eines gewissen Charmes nicht entbehrt, tritt die Handschrift des Erbauers deutlicher zutage.

Cours Jean Jaurès, Place de la République und Place Trois Six folgen dem Verlauf der mittelalterlichen Stadtmauer, deren Ring im Süden und Osten der Stadt 1597 erweitert wurde. Gegenüber der Porte de Faugères (oder auch Porte de la Prison) an der Place Ledru-Rollin beginnt die rue Henri-Reboul, die im 17. Jahrhundert die Hauptverkehrsader im Kirchenviertel war. Nummer 13 derselben Straße nimmt das *Hôtel Montmorency* ein, das Henri II. in Auftrag gab

und dann Alfonce de Fréderic zum Geschenk machte, der es 1619 grundlegend verändern ließ.

Im Südosten der Place de la République mündet die größte Geschäftsstraße des 17. Jahrhunderts, die rue Conti. An ihr liegen eine Reihe der eindrucksvollsten Zeugen der Stadtpalastarchitektur des 17. Jahrhunderts, allen voran das *Hôtel Conti* (Nr. 34) mit großer Wendeltreppe und das *Hôtel d'Alfonce* (Nr. 36; Abb. 47) mit seinen zwei Innenhöfen, deren größerer im Osten von einer dreifachen Arkadenordnung eindrucksvoll abgeschlossen wird. Vor dieser prächtigen Kulisse soll J. B. Poquelin, genannt Molière (s. Fig. S. 124), im November 1655 sein Schauspiel ›Le médicin volant‹ vor dem Fürsten Conti und dessen Hof aufgeführt haben, und hier ist auch der Ort, wo es angebracht erscheint, Marcel Pagnol zu zitieren, der meint: »J. B. Poquelin ist in Paris geboren, Molière ist in Pézenas geboren.«

Ebenfalls in diesem Viertel liegen das *Hôtel Malibran,* das neben seiner schön gezeichneten Fassade (18. Jh.) auch noch ein anmutiges Treppenhaus (17. Jh.) aufzuweisen hat, und ein besonders prächtiges Portal eines Herrenhauses (rue des Commandants-Bassas Nr. 3) im Stil Ludwig XV., das direkt neben dem Ballhaus stand, in dem Molières Ensemble residierte und übte.

Wer sich einen Tag Zeit läßt für Pézenas, dem erschließt sich eine Stadt voller versteckter Geheimnisse und Zeugnisse des 16. bis 18. Jahrhunderts. Dem Besucher wird die Entdeckung leichtgemacht durch gute Ausschilderung der Führungslinien. Jedes Haus mit interessantem Innenhof oder Treppenhaus lädt selbst dazu ein mit dem Hinweis: »Voir Cour«.

Béziers

Stolz und beherrschend liegt noch heute, blickt man vom Pont Neuf auf die Stadt, *Béziers* auf seinem steil über den Orb aufragenden Plateau (s. Umschlagvorderseite und Fig. S. 11). Die exponierte Lage machte diesen Fleck schon in grauer Vorzeit zum auserwählten Besiedlungspunkt. Als die Römer die Niedere Languedoc annektierten, existierte ein keltisches Oppidum auf dem Hügel. Im Gegensatz zur sonstigen römischen Gepflogenheit ließ man diesmal die autochthone Siedlung nicht weiter bestehen, um sich kontrollierend in der Nähe niederzulassen. Dieser Platz war Caesar zu wertvoll. Auf der Stelle des Oppidums sollte seine Gründung, die Colonia Victrix Julia Septimanorum Baetarae entstehen. Nach den Drangsalen der Völkerwanderung entstand im Mittelalter wieder ein blühendes Gemeinwesen, das seit 1131 Konsuln besaß und von allen Stadtrepubliken des Midi die konsequenteste gewesen sein soll. Die Vizegrafen der Stadt hatten dies mehrfach zu spüren bekommen. Kein Wunder, daß sich im Schutze der kommunal garantierten Convivencia auch Sekten und Häresien der allgemein geübten Toleranz erfreuten. Diese Eigenschaft sollte Béziers zum dritten Verhängnis werden. Keine andere Stadt des heute französischen Südens weist eine ähnlich tragische Geschichte auf wie Béziers. Die Stadt ist eine Art Catania des Midi, das sich immer wieder, wie der Vogel Phönix aus der eigenen Asche zu neuem Leben erhob.

Ein Massaker unglaublichen Ausmaßes

Als sich das kriegs- und beutelüsterne Kreuzfahrerheer von Lyon aus im Juli 1209 nach Süden wälzte und auf ausdrücklichen Befehl von Innozenz III. 'seine' Seigneurie Montpellier zu umgehen hatte, traf es in Béziers auf die erste ernstzunehmende Bastion der Ketzer. Der Vizegraf hatte sich beim Anrollen der Gefahr ins Zentrum seiner Lande, nach Carcassonne, zurückgezogen, die Kommune Béziers stand den Kreuzfahrern allein auf sich gestellt gegenüber. Diese hatten am 21. Juli 1209 in respektierlicher Entfernung vor den damals als kaum einnehmbaren Mauern der Stadt am Ufer des Orb ihre Zelte aufgeschlagen, sich auf eine lange und beschwerliche Belagerung vorbereitend. Aber alles kam anders. Durch eine Kette selbst heute noch nicht restlos und eindeutig geklärter Umstände war die Stadt bereits 24 Stunden später im Besitz des Kreuzfahrerheeres, und ein über zwei Tage währendes Plündern, Brennen, Morden und Schlachten begann. Auf die Frage, wie man denn Ketzer von wahren Gläubigen unterscheiden könne, soll Arnaud Amaury, oberster Zisterzienser, päpstlicher Legat und Führer der Aktion, geantwortet haben: »Tötet sie alle, Gott wird sich die Seinen schon heraussuchen.« Selbst wenn der Ausspruch nur einer apokryphen Quelle entnommen ist, so hat Roquebrun nachgewiesen, daß er in seinem Sinn durchaus von Arnaud Amaury stammen könnte. Auch diejenigen, die sich Gott vertrauend in die Kirchen geflüchtet hatten, blieben nicht verschont: Frauen, Kinder, Schwangere, Greise und Kranke, an die 20000 Menschen, Christen und Ketzer, also die gesamte

2 VILLENEUVE-LÈS-AVIGNON   Blick von Avignon auf den Turm Philipps des Schönen
◁ 1 Uzès   La Tour Fénestrelle
3 Blick auf den Pont du Gard

4 AIGUES-MORTES Gesamtansicht

5 LA GRANDE MOTTE

6 Nîmes Jardin de la Fontaine

7 Nîmes Römisches Mosaik

8 La Mogère Brunnenanlage

11 Montpellier Wasserschloß Le Peyrou

12 Minerve im ›Ketzerland‹ Minervois ▷

13 ENSÉRUNE Ausgrabungen

14 St-Guilhem-le-Désert

15 Gruissan

16 NARBONNE   Kathedrale St-Just

17 RIBAUTE   Malerischer Weinort

18 Fontfroide Die Zisterzienser-Abtei

19 Bei Château Pechlatte, Corbières ▷

21 QUÉRIBUS Katharer-Fluchtburg

22 PERPIGNAN Le Castillet

◁ 20 LAGRASSE in den Corbières

23 PERPIGNAN Palastkapelle

24, 25   PERPIGNAN   Osterprozession der Bruderschaft ›La Sanch‹. Schäfer

27   PERPIGNAN   Hôtel Pams ▷

26   PERPIGNAN   Palast der Könige von Mallorca

28 St-Michel-de-Cuxa

29, 30 Serrabone Prioratskirche und Detail der Tribüne

31 St-Martin-du-Canigou ▷

33 Romanischer Kruzifixus in der Kirche Ste-Trinité bei Prunet
◁ 32 Blick auf den Mont Canigou

34 Weinfeld

36 COLLIOURE Im Hafen ▷

35 Fischer in Port-Vendres

37 Enguerrand de Charonton: ›Marienkrönung und Verherrlichung‹, 1453/54

38 NARBONNE Erzbischöfl. Palast:
Fresken des 13. Jahrhunderts in der
Kapelle Ste-Madeleine

39 ST-MARTIN-DES-PUITS Fresken in
der Kirche

40   St-Martin-de-Fenollar   Romanisches Fresko, 12. Jh.

41–44 ST-MARTIN-DU-CANIGOU Kapitelle in der Südgalerie

45   St-Genis-des-Fontaines   Türsturz

48   Aristide Maillol: ›La Baigneuse Drapée‹ am Strand von St. Cyprien ▷

46, 47   St-Michel-de-Cuxa   Kapitelle vom Kreuzgang

Stadtbevölkerung, wurden dahingemetzelt. Der Albigenserkreuzzug hatte mit einem ihm würdigen Auftakt begonnen. Die Stadt Béziers gab es danach praktisch nicht mehr. Erst im 19. Jahrhundert hatte es Béziers wieder als zweite Hauptstadt des languedozischen Weinhandels zu gewissem Reichtum gebracht.

Aber über allem Unheil der Geschichte leuchtet ein Stern klar und hell über Béziers, es ist das Licht eines außergewöhnlichen Genies, der ein Kunstwerk von ganz eigener Prägung hinterlassen hat. Ich spreche von dem gebürtigen Biterrois Pierre Paul de Riquet (1604–1680). Sein Kunstwerk war der *Canal de Deux Meres*, bzw. heute genannt *Canal du Midi*. Sein Vorfahr Gherardo Arrighetti, der im 13. Jahrhundert seine Vaterstadt Florenz der Guelfen wegen hatte verlassen müssen, konnte sich den Ruhm seines Nachfahren noch nicht erträumen. Durch Fleiß und Zähigkeit waren die Riquetti zu Ansehen und Geld gekommen. P. P. de Riquet hatte es zum Gutsbesitzer in der Montagne Noire und zum Pächter der Salzsteuer der Languedoc gebracht. Von Beruf war er Ingenieur und Geometer. Jahrelang hatte er die Landschaft zwischen dem Seuil de Naurouze und der Montagne Noire studiert. Dann, 1662, hatte er's gefunden: Was den Ingenieuren Caesars nicht gelungen war, wovon Karl der Große geträumt und woran die Spezialisten Franz' I., Heinrichs IV. und Ludwigs XIII. gescheitert waren, er hatte die Lösung gefunden. Mit einem simplen in okzitanisch verfaßten Brief erwirkte er zwei weitere Wunder: der allmächtige Staatsminister Colbert las den Brief und war begeistert, und der ständig geldknappe Ludwig XIV. genehmigte nicht nur den Plan, sondern stiftete selbst 1 400 000 livres für den Bau des Kanals. In fünfzehn Jahren emsiger Bautätigkeit war das Werk vollbracht. Mit zwei Millionen livres verschuldet, starb P. P. de Riquet wenige Wochen vor der Einweihung seines Lebenswerks. Mit ca. 275 km Gesamtlänge ist der Canal du Midi nicht nur der geniale Streich der Überwindung des Seuil de Naurouze (durch Ausnutzung der Wasser zweier Flußläufe aus der Montagne Noire), sondern auch ein Meisterwerk der Trassenführung und Geländeausnutzung.

Noch einmal als Könner dieses Metiers erweist Riquet dessen Aquädukt zum Schloß Castries. Ebenfalls vom Genie des großen Sohnes von Béziers kündet die Gründung von Sète: Diese Stadt ist die einzige aller neuzeitlichen, aus dem Nichts entstandenen Hafengründungen, die nicht nur überlebt hat, sondern auch weiter gewachsen ist. Ortswahl und Hafenplan lieferte P. P. de Riquet.

Kein Wunder, daß die Stadt ihren berühmten Sohn in ihrem Herzen ein doppeltes Denkmal gesetzt hat: die heutige Hauptverkehrsader, Treffpunkt der Weinhändler, Flanierstraße Nummer Eins und Achse der Stadt, die *Allées Paul Riquet* trägt Monument und Namen des großen Sohnes. Im Süden der Allées Paul Riquet schließen sich die Gärten des *Plateau des Poètes* mit herrlichem Blick über Orb und Mittelmeer an.

Im Norden finden die Allées ihren baulichen Abschluß im *Théâtre Municipal* (1842), das eines der besterhaltenen Bauzeugnisse der Epoche des Bürgerkönigs darstellt und dessen Fassade mit Reliefs von David d'Angers gewisse Elemente des Jugendstils bereits andeutet (Abb. 59). Hinter dem Theater wähle man zunächst die rue République, um dann halb rechts über die rue Trancavel zur Kirche *St-Madeleine* zu

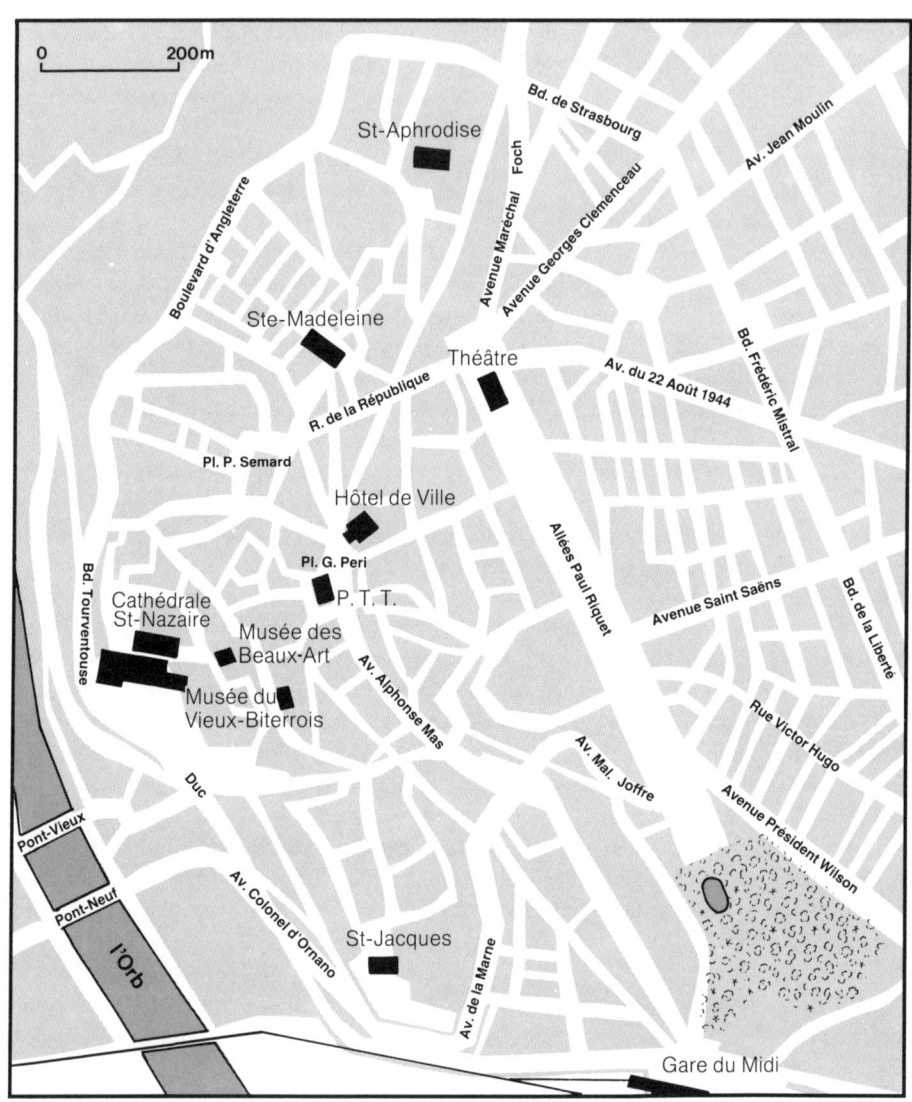

Béziers: Stadtplan

Béziers: Kathedrale, Aufriß und Schnitt ▷

ELEVATION LATÉRALE

COVPE LONGITVDINALE

gelangen. Der antikisierende Fries der Choraußenseite erinnert noch allein an den romanischen Vorgängerbau, in dem am 22. Juli 1209 an die 5000 Menschen, die sich hierher geflüchtet hatten, das Opfer der Schlächter mit dem Kreuzeszeichen wurden. Eine Tafel an der zur Place St-Madeleine gewandten Seite erinnert an die damals im Namen des Heilands begangenen Greueltaten.

Vorbei an der nahegelegenen *Markthalle* führt der Weg durch das Gewirr enger Gassen zur *Kathedrale St-Nazaire* (Abb. 56, 58). Auch der unter Meister Gervasius geschaffene und vor Ausbruch der Albigenserkriege fertiggewordene romanische Bau hatte die katholischen Barbaren nicht überstanden, lediglich die sehenswerte Krypta und die Figurenkapitelle des östlichen Langhausjoches erinnern noch an den Bau des Gervasius. Seit 1215 wurde in mehreren Etappen bis ins 15. Jahrhundert der nunmehr gotische Bau errichtet. Meisterwerke dieser nun neuen Kunst in der Languedoc sind die überaus elegante Westrose (10 m $\varnothing$) und die darunter angebrachte Monumentalskulpturen. Ein im Midi selten schönes Beispiel der spätgotischen Kunst (15. Jh.) ist das über fast quadratischem Grundriß errichtete Sterngewölbe der Sakristei links vom Chor.

Ein Besuch des südlich der Kathedrale gelegenen Kreuzgangs (Ende 14. Jh.) lohnt nur wegen der darin untergebrachten Skulpturensammlung der Société Archéologique. Die häßlichen Öffnungen der Arkadengänge erwecken diesen Eindruck weil das vorgesehene Maßwerk nicht mehr ausgeführt wurde und dadurch die Proportionen nicht mehr stimmen. Erlaubnis zur Besichtigung von Sakristei, Krypta und Kreuzgang erhält

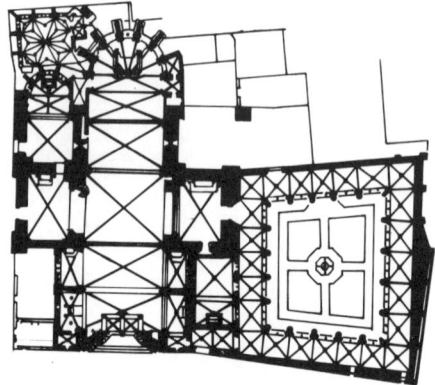

Béziers: Kathedrale, Grundriß

man vom zuständigen Kathedralführer (in der Sakristei oder im Kreuzgang zu finden).

Der Weg zum einzig repräsentativen Rest romanischer Baukunst in Béziers, zur Kirche *St-Jacques,* lohnt schon vor allem der nur von außen zu besichtigenden Chorpartie wegen.

Der Museumsbeflissene wählt seinen Weg von der Kathedrale über die rue Fabregat, wo er gleich hinter der Bischofskirche im *Musée des Beaux-Arts* (Hotel Fabregat) eine Reihe illustrer Namen, wenn auch aus Platzmangel teilweise recht lieblos gehängt, finden kann: Delacroix, Géricault, Bonington, Corot, Isabey, Daubigny, Rousseau, Meister der Schule von Fontainebleau, Holbein, Rubens (Kopie), Chirico etc.

Nur wenige Meter sind es ebenfalls zum *Musée du Vieux Biterrois,* wo einige sehenswerte Exponate das Leben im alten Béziers wachrufen: römische Bronzetänzer, Keramik des 17. Jahrhunderts, wiederaufgebauter Saal der Auberge du Coche d'eau, Trachten, Stickerei etc.

Der Rückweg zur Allées P. Riquet sollte am *Rathaus* mit seiner hochragenden Fassade (18. Jh.) vorbeiführen. Es liegt an der Stelle des alten römischen Forums. Ebenfalls ergraben ist die Lage des *Amphitheaters* (rue St-Jacques). Entgegengesetzt liegt die *moderne Arena* (Les Arènes, Av. Louis Gallet). Wer sich zufällig Mitte August in der Region aufhält, sollte unbedingt die Veranstaltungen (corridas) in der im 19. Jahrhundert für 13 000 Sitzplätze errichteten Stierkampfarena besuchen, die Béziers den Titel 'Französisches Sevilla' eingebracht haben.

Narbonne

Im Gegensatz zu Nîmes hat die eigentliche Kapitale und Namensgeberin der Provinz Gallia Narbonensis so gut wie kein Bauwerk ihrer großartigen Vergangenheit bewahren können. Was nicht gänzlich zerstört oder als Spolie in anderen Bauten Verwendung fand, liegt heute aufgetürmt als antiker Trümmerhaufen, ebenso verlegen wie lieblos angesammelt, in der Kirche *Nôtre-Dame-de-Lamourgier* (Musée Lapidair, s. d.). Geblieben war der einstigen Metropole bis 1340 ihr Hafen, die aus karolingischer Zeit stammende Herzogswürde – im Laufe des 11. Jahrhunderts an die Raimunde von Toulouse übergegangen – und als

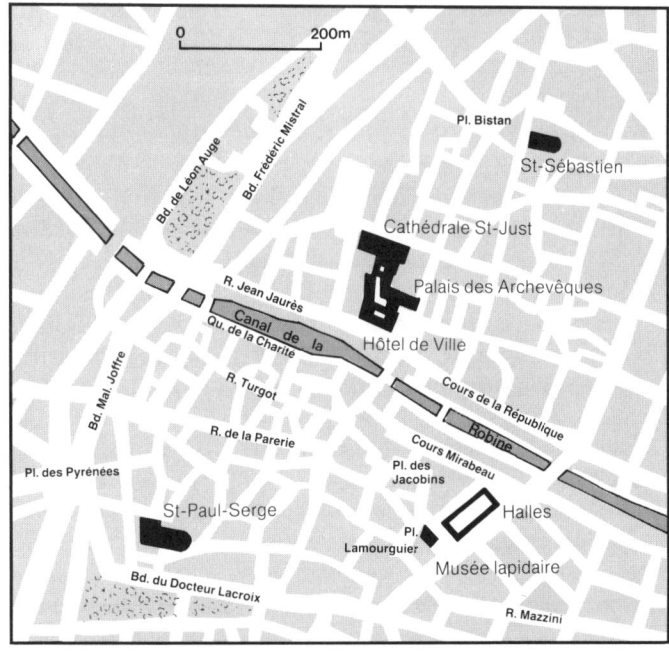

Narbonne: Stadtplan

wichtigstes, der Sitz des Erzbischofs, dessen Sprengel ja von der Rhône bis an die Pyrenäen, zeitweise einschließlich Barcelona, reichte, also die gesamte ehemalige nichtfränkische Septimania umfaßte. So überragt nicht nur an Größe, das ganze Stadtbild bestimmend, die *Kathedrale St-Just* (Farbt. 16) alle anderen Bauwerke der Stadt. Zwei Erzbischöfe von Narbonne wurden später Papst: Guy Foulques als Clemens IV. (1261) und Julius von Medici als Clemens VII. (1523). Der 1285 gestorbene Philipp der Kühne, Sohn des Heiligen Ludwig, wurde nach seinem gescheiterten Kreuzzug gegen Perpignan in der Kathedrale von Narbonne beigesetzt. Im erzbischöflichen Palais residierte 1642 Richelieu, wo er die Intrige des Cinque Mars, dem Günstling Ludwigs XIII., aufdeckte und diesen gefangennahm.

Die Kathedrale St-Just

Kaum waren 1271 nach dem Tode des erbenlos gebliebenen Alphonse de Poitiers die Lande der Grafen von Toulouse endgültig an die französische Krone gefallen, als im großen Stil die neue, die 'königliche Kunst', die Gotik, in die Languedoc einzog. 1272 wurde mit dem Bau der Kathedralen von Narbonne und Toulouse begonnen. 1273 und 1275 bedeuten den Baubeginn der Kathedralen von Limoges und Rodez. Ebenfalls von 1275 stammt die gotische Konzeption der Ostteile (Le Palmier) von Les Jacobins in Toulouse und ca. zwanzig Jahre später die Kathedrale von Albi. Die Kathedralen bzw. die Chöre von Limoges, Rodez, Toulouse, Clermont-Ferrand und Narbonne ähneln einander wie ein Ei dem anderen. Tatsächlich hat man festgestellt, daß der in der Picardie ausgebildete auvergnatische Baumeister der Kathedrale von Clermont-Ferrand (Chorfertigstellung 1265) Jean Deschamps auch der verantwortliche Konstrukteur der oben genannten anderen Kathedralen war. Es waren Bauten, die über das damals für Menschen Verwirklichbare hinausgingen. Von den Kathedralen von Toulouse und Narbonne sind jeweils nur die Chöre fertig geworden (vgl.

Legler, Vom Zentralmassiv zu den Pyrenäen, S. 213). Bei einer Scheitelhöhe von 40 m haben lediglich die Kathedralen von Amiens, Metz, Le Mans und Beauvais die vertikale Dimension von St-Just in Narbonne um Geringes übertroffen. Auch in Le Mans und Beauvais sind, wie jeder weiß, nur die Chöre fertig geworden. Dabei sind die Bauten von Jean Deschamps keine bloßen Transplantationen nordfranzösischer Ästhetik in den Süden. Allerdings muß die tektonische wie auch formale Konsequenz der nördlichen Vorbilder vermißt werden.

Höchst südfranzösisch erweisen sich am Außenbau von *St-Just* (Farbt. 16), daß die Strebepfeiler als regelrechte Wehrtürme auslaufen und deren horizontale Verbindung durch Schwibbögen mit Umlauf und Zinnenkranz eine unorganische Unterbrechung der ursprünglichen Vertikale darstellen. Im *Inneren* des Umgangschores wird der klassische dreigeschossige Aufriß der Hochwand in einen zweigeschossigen übergeführt, die Scheintriforien sind (wie schon in Metz) voll in die Fensterbahn integriert; überdies sind die in der nordfranzösischen klassischen Kathedralgotik wenigstens Tektonik vortäuschenden schlanken Dienste

Narbonne: Kathedrale, im Chorumgang. Lithographie des 19. Jh.

hier zu bloßen Dekorleisten degeneriert, der Rundpfeiler dominiert. Doch, entgegen allen kunsthistorischen Purismen und bei all der an den Tag gelegten Gigantomanie ist Jean Deschamps eine südfranzösische Interpretation der vorgegebenen Beispiele gelungen, der man keineswegs die angestrebte theatralische Größe und vorgetäuschte Schwerelosigkeit absprechen kann. Bevor man sich auf die Details der Innenausstattung stürzt, sollte man in jedem Falle vorher das *Ambulatorium des Chorumganges* als solches benutzen und anschließend im Chorgestühl sitzend und verweilend diese im doppelten Sinne große Architektur auf sich wirken lassen (Abb. 64).

Im Inneren besonders hervorgehoben seien die im Chorrund angebrachten fünf großen *Lanzettfenster*, allesamt gut erhalten, aus dem 14. Jahrhundert: große Apostel- bzw. Heiligenfiguren in preziöser Grisaille; ebenfalls beachtenswert die Glasmalerei der *Seitenfenster* vom 15. und beginnenden 16. Jahrhundert, die trotz ihrer Restaurierung im 18. Jahrhundert ihren ursprünglichen Reiz bewahrt haben.

Von rechts (Süden) nach links schreitend sei hingewiesen auf die *Grablegung* aus Terrakotta eines bayerischen Meisters in der ersten Kapelle; zum Chor hin das *Grab des Kardinals Pierre de la Jugie* mit seinen Skulpturen im Halbrelief vom Ende des 14. Jahrhunderts (unten Kanoniker, oben Erzbischöfe); die *Alabastermadonna* (1385) in der siebten Kapelle; jeweils am ersten Chorpfeiler gemalte *Porträts* von Bischöfen (14. Jh.); gegenüber vom Grab des Erzbischofs P. de la Jugie findet sich der Eingang zu Sakristei und Domschatz: die erdgeschossige *Chapelle de l'Annonciade* ist der ehemalige Kapitelsaal der Domkapitularen

(1350–1417), deren drei Joche scheinbar schwerelos auf zwei schlanken Mittelpfeilern ruhen. Im *Domschatz* sieht man neben wertvollen Brüsseler Tapisserien (Trinität, Schöpfung und Fall der Menschen) vor allem die kostbaren Elfenbeinschnitzereien zu Leben und Tod Christi aus dem 10. Jahrhundert.

Der südlich der Kathedrale gelegene, abscheulich unproportionierte *Kathedralkreuzgang* kann nur von der Passage de l'Ancre kommend vor den aufragenden Dimensionen des gigantischen Kathedralfragments Ansprechung finden. Auch ihm fehlen wie seinem Gegenstück in Béziers die ursprünglich konzipierten Maßwerkfenster.

Im Südosten der Kathedrale schließt sich direkt der ebenfalls gewaltige Komplex des *ehemaligen Erzbischöflichen Palastes* an (Abb. 60), dessen zwei Haupttrakte, alter und neuer Palast, durch die Passage de l'Ancre getrennt sind. Lediglich das romanische Fenster an der Hofseite des Palais Vieux erinnert an die einst noble Pracht des 12. Jahrhundert-Baues. Die zur Place de l'Hôtel de Ville gekehrte Fassade des ehemals Erzbischöflichen Palastes, heute Rathaus, wird bestimmt von drei mächtigen Türmen: links, der herrscherlich trutzige Donjon de Gilles Aycelin (1270–1310) bewachte zugleich Palast und Hafen; im Inneren birgt er vier kreuzrippengewölbte Geschosse. Der mittlere Turm St-Martial, der jüngste (Mitte 14. Jh.), mußte im 19. Jahrhundert von Viollet-le-Duc kräftig restauriert werden. Im Inneren des rechten Turms Ste-Madeleine (1273) befinden sich zwei übereinanderliegende Kapellen, deren obere wertvolle Fresken aus dem 13. Jahrhundert bewahrt hat (Farbt. 38). Zwischen Tour de Gilles Aycelin und St-Martial errichtete völlig neu, aber eigenwilligerweise nicht im Stil des 14. Jahrhunderts, Viollet-le-Duc das heutige Rathaus. Laut Viollet-le-Duc soll der ehemalige Erzbischöfliche Palast von Narbonne als Vorbild für den Papstpalast in Avignon gedient haben. Neben der städtischen Administration birgt der Palais Episcopale die zwei wichtigsten Museen der Stadt, das *Musée d'Art et d'Histoire* und das *Musée archéologique* (s. d.; Abb. 62, 63).

Neben Kathedrale und erzbischöflichem Palast bildet die Kirche *St-Paul-Serge* (Abb. 61) das dritte 'Muß' für den Narbonne-Besucher. Auch wenn zugegebenermaßen die seit 1953 in den Stand einer Basilika erhobene Pfarrkiche der vizegräflichen Stadt (bourg) als Bau kein Kunsterlebnis ersten Ranges bietet, so lohnt der Besuch dennoch aus kunst- und religionsgeschichtlichen Aspekten. Der heutige Bau ist eine unglückliche Mischung verschiedener Bauabschnitte. Der 1224 begonnene Chor mit Umgang und Kapellenkranz ist eines der frühesten Beispiele für das langsame Vordringen gotischer Form- und Architekturvorstellung im Süden des Landes. Besonders die Außengestaltung des Chores (Abb. 61) zeigt die hier glückliche Verschmelzung von Romanik und Gotik. Im Aufriß der südlichen Langhaushochwand sind noch in zwei Jochen die Biforienöffnungen einer ur-

sprünglich geplanten Tribüne erkennbar. Wertvolles Relikt romanischer Skulptur ist der Kapitellfries zum Jüngsten Gericht am dritten Langhauspfeiler (Abb. 57). Vom ehemaligen Kreuzgang ist nur noch der Teil erhalten, der heute die Sakristei beherbergt, in der das Kuriosum eines romanischen skulptierten Grabtympanons zu sehen ist. An der Innenseite der Westwand einige Beispiele frühchristlicher Sarkophagkunst, womit wir bei den Anfängen des Christentums in der Gallia Narbonensis angelangt wären.

Der Namenspatron der Basilika Paulus Sergius gehörte zu den sieben Erzmissionaren Galliens. Er war also der erste Bischof der Stadt, in der er wenige Jahre nach seiner Ankunft den Märtyrertod fand. Seine Anhänger begruben ihn gemäß der römischen Sitte an der südlichen Ausfallstraße der Stadt, die ja keine andere als die Via Domitia war. An der Stelle dieser alten Nekropole entstand ein erstes Oratorium zu Ehren des Stadtmärtyrers St-Paul-Serge. Durch Grabungen in den fünfziger Jahren wurden Legende und Bericht des Gregor von Tours auf wunderbare Weise bestätigt. Man fand nämlich unter den Resten einer mittelalterlichen Nekropole tatsächlich einfache Sarkophage einer älteren spätantiken Begräbnisstätte, die durchaus aus dem 3. Jahrhundert stammen könnte. (Eingang zur frühchristlichen Nekropole im Nordportal, Schlüssel beim Sakristan.)

Die Corbières

Barriere zwischen Languedoc und Roussillon

Während die europäischen Hochgebirge wie Alpen und Pyrenäen selbständige, eigene, geschlossene Lebens- und Kulturräume bilden und erst im Laufe der neueren Geschichte zu Trennscheiden zwischen den künstlichen Gebilden der sogenannten Nationalstaaten wurden, waren es ausgerechnet die kleinen, niedrigeren Formationen, die sich als kulturelle und politische Grenzwälle erwiesen, so z. B. das Zentralmassiv zwischen den Sprachräumen der okzitanischen und nordfranzösischen Zivilisation, und ebenso die Corbières zwischen okzitanischer Languedoc und katalanischem Roussillon, zwischen atlantischem und mediterranem Klima.

Die bergige Welt der *Corbières* (Farbt. 17, 19) findet im Norden und Westen ihre Begrenzung im Verlauf des Aude, läuft im Osten am Mittelmeer aus, und ihr südlicher Rand wird etwa markiert vom heutigen Verlauf der D117 von Quillan nach Rivesaltes. Geologisch gesehen sind die Corbières das Verbindungsglied zwischen den südlichen Ausläufern des Zentralmassivs und den nördlichen Vorposten der Pyrenäen, dem Massiv des Canigou. Wer mit dem PKW (mit Bussen von St-Martin-des-Puits bis Quéribus nicht möglich!) die Corbières in Nordsüd-Richtung durchquert, wird ab Lagrasse von einer mannigfaltigen Welt von Bergen und Tälern umfangen, die begreiflich macht, warum dieses relativ niedrige Gebirge, das mit seiner höchsten Erhebung nur bescheidene 1230 m erreicht, zu einer echten Barriere werden konnte, dies um so mehr als das Gewirr von kleinen Bergen keinerlei echten Paß besitzt und überdies noch bis ins 18. Jahrhundert dicht bewaldet war. Der Tannenforst Fôret des Fanges (südöstlich von Quillan) mag einen Eindruck davon geben. Ihrer Unwegsamkeit halber waren die Corbières schon sehr früh zu einem Rückzugsgebiet geworden, so im 8. und 9. Jahrhundert, in frühkarolingischer Zeit also, für aus dem Norden Spaniens geflüchtete westgotische Klostergründer (Alet, St-Hilaire, Lagrasse, St-Martin-des-Puits) und im 13. Jahrhundert für die bedrängten Katharer (Ternes, Peyrepertuse, Quéribus; Farbt. 21). Als letzte aller Katharerfliehburgen fiel Quéribus erst 1255, d. h. lange nach Montségur. Einen landschaftlichen Höhepunkt bietet sicher die kleine Rundfahrt (bequem an einem Tage von Perpignan aus zu machen) Espira-de-l'Agly, St-Paul-de-Fenouillet, durch die Gorges de Galamus mit der in den Fels hineingepreßten Eremitage des Heiligen Antonius von Galamus, über die beiden mit dem sie tragenden Felsen förmlich verwachsenen Adlerhorste der Ruinen von Château Peyrepertuse und Quéribus. Für Busreisen ist lediglich Quéribus von Maury aus erreichbar.

Bevor man allerdings von Narbonne kommend nach Lezignan, dem nördlichen Tor der Corbières, gelangt, wartet diese Bergwelt gleich zu Beginn mit einem kunsthistorischen Erlebnis ersten Ranges auf: mit der Abtei von Fontfroide.

Fontfroide

Auch die Zisterzienser hatten die Einsamkeit der Corbières für sich entdeckt. Immer dort, wo sich dieser Orden niederließ, kann man davon ausgehen, daß die menschliche Zivilisation mit ihren Ansiedlungen einige Meilen entfernt geblieben war.

Am Auslauf eines Tales eines wechselhaft wasserführenden Baches gelegen, entspricht die Lage genau den Vorstellungen für zisterziensische Klostergründungen. Dennoch, Fontfroide ist keine ursprüngliche Gründung dieses Ordens, doch entspricht der Name (fons frigidus = kalte, frische Quelle) zisterziensischem Usus.

Etwa um 1093, also noch vor der Gründung von Cîteaux, ließ sich hier in der Einöde neben einer alten Römerbrücke eine Gruppe frommer Mönche nieder, denen Aymaric, der Vizegraf von Narbonne, gern das unwirtliche Stück Land überließ. Die Gründermönche gaben sich zunächst die Regel des Heiligen Benedikt, aber der Attraktion der unter Bernhard von Clairvaux mächtig anwachsenden Reformbewegung der Zisterzienser konnte sich auch diese junge Mönchskongregration in den Corbières nicht entziehen. 1146 schloß diese sich dem Orden von Cîteaux an, möglicherweise in direktem Zusammenhang mit der großen Predigerreise von Bernhard von Clairvaux, die er auf Verlangen der okzitanischen Grafen und Bischöfe unternommen hatte. Sein Weg führt ihn 1146 geradewegs an Fontfroide vorbei.

Mit der Zugehörigkeit zur zisterziensischen Bewegung wuchs die Abtei rapide zu einer der bedeutendsten Niederlassungen des Ordens im französischen Süden. Zu den Gönnern des Klosters gehörten Gerard von Roussillon, Alphonse d'Aragon, Guillaume von Montpellier, der Graf von Toulouse und der Vizegraf von Béziers und Carcassonne. Bereits 1151 erbat sich Berengar IV. von Barcelona die Gründung eines Tochterklosters in Katalonien. Diese erste Tochter von Fontfroide, Poblet, übertraf an Einfluß und Bedeutung noch ihr Mutterkloster, denn es wurde zum Pantheon der Grafen-Könige von Barcelona-Aragon. Ende des 12., Anfang des 13. Jahrhunderts erreichte Fontfroide den Höhepunkt seiner historischen Mission. Es war im Laufe der Ketzerbekämpfung zu einem der einflußreichsten Bollwerke der Orthodoxie geworden. Innozenz III. berief 1199 den Abt von Fontfroide, Pierre de Castelnau, ehemaliger Erzdiakon der Kathedrale von Maguelone, und mit ihm den Mönch Raoul von Fontfroide zu seinen persönlichen Legaten im Kampf gegen die Häresie. Die Ermordung des allzu zelotischen Pierre de Castelnau lieferte den direkten Anlaß, den Albigenserkrieg auszurufen. Im 14. Jahrhundert wurde Jacques Fournier, ehemaliger Abt von Fontfroide, zunächst Bischof von Pamiers und Mirepoix, um dann 1334 unter dem Namen Benedikt XII. der dritte Papst von Avignon zu werden. Diesem verdanken wir den älteren, ganz im strengen zisterziensischen Geist gehaltenen Teil des Papstpalastes in Avignon. Aber auch noch im 15. Jahrhundert, zur Zeit des großen Schisma, spielte die Abtei eine gewichtige Rolle. Dennoch, oder gerade durch den erworbenen Reichtum und die Verquickung in die weltlichen Affären, war bereits im 13. Jahrhundert der ursprünglich strenge zisterziensische Elan gebrochen. 1476 wurde konsequent die Abtei in eine Kommende überführt. Obwohl weitgehend verschont von den Verwüstungen im 16. und 18.

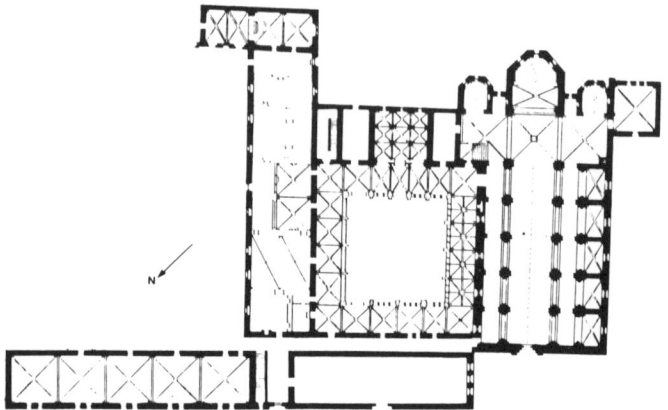

*Fontfroide: Grundriß
des romanischen
Bauteils der Abtei*

Jahrhundert, war der Niedergang unaufhaltbar. Die seit 1901 endgültig in Privatbesitz gelangte Abtei gehört zweifellos zu den besterhaltenen Klosterensembles des 12. und 13. Jahrhunderts dieses Ordens, und der von der Patina der Zeit umflorte, leicht rötlich gewordene Sandstein der Konventsgebäude verschmilzt mit den Tonwerten seiner Umgebung zu einer ganz eigenen Harmonie mit der Natur, die ja gerade die zisterziensischen Baumeister einzugehen wußten.

Heute (der Plan zeigt nur den romanischen Teil) betritt man die Abtei (Farbt. 18) durch ein klassizistisches Portal des 17. Jahrhunderts, das zunächst Zugang gewährt zu einem langgestreckten *Cour d'Honneur.* Vorbei am linker Hand gelegenen *Großen Saal,* über dem sich das Dormitorium der Konversen befindet, und den Kellereigebäuden (vom Mauerwerk her der älteste Teil des Klosters) gelangt man zum bescheidenen, in zisterziensischer Schlichtheit gestalteten *Westportal.* Das säulengerahmte Portal wird von einem einfachen Rundbogen abgeschlossen, dessen Tympanon eine Kreuzigung des frühen 15. Jahrhunderts zeigt. Die zwei darüberliegenden, ebenfalls rundbogigen Fensteröffnungen werden bekrönt von einem großen Okulus, dessen Verglasung

auch im 15. Jahrhundert erneuert worden war. Die offizielle Führungslinie aber leitet den Besucher zunächst durch den großen Saal der Konversen (Laienbrüder) und den Cour Louis XIV.

Die jochweise mit kräftigen Kreuzrippen eingewölbten Galerien des *Kreuzgangs* (Abb. 66) öffnen sich zum Hof hin jeweils über eine Sequenz von drei bzw. vier auf Doppelsäulchen ruhenden rundbogigen Arkaden, die jeweils von einem mächtigen Überfangbogen zusammengeschlossen werden. Das Bogenfeld ist von einem großen Rundfenster oder mehreren kleineren Okuli durchbrochen. Von erlesener Zartheit, kontrapunktisch zur fast noch romanischen Kompaktheit der Gesamtarchitektur, sind die feinnervigen gotischen Blattkapitelle der

Säulenzeilen. Die Nordgalerie wurde im 17. und 18. Jahrhundert neu errichtet. Am südöstlichen Joch der Südgalerie erkennt man noch die ursprüngliche Konzeption des späten 12. Jahrhunderts). Zum grandiosen Erlebnis zisterziensischer Kreuzgangarchitektur steigert sich aber der Blick, den man von der Rückseite des *Kapitelsaales* zum Hof hin richtet: ein Wald von Säulen. Hier wird manifest, wie sehr der zisterziensische Kreuzgang den Höhepunkt einer mediterranen Architektur formuliert, die als letzte noch auf der Wirkung der Säulen beruht. Eine vierfache Staffelung von Säulen und jeweils verschieden ausgeleuchtete Räume ergeben eine christliche Interpretation des cordobesischen Säulenwaldes der Mezquita.

Ebenfalls einen Höhepunkt zisterziensischer Baukunst bietet die *Mönchskirche* (Abb. 65). Bereits Ende des 12. Jahrhunderts begonnen, erweist sich diese als höchst originelle Formulierung des bekannten Schemas. Das ursprünglich dreischiffige Langhaus (älterer Teil) wird bestimmt durch die Abfolge von fünf ungewöhnlich hochgezogenen, leicht angespitzten Arkaden, deren Scheitel fast bis zur einfach profilierten Kämpferzone der durchgehenden, sehr steil angespitzten Tonne reichen, so daß die Seitenschiffe weitgehend in das Raumsystem des Mittelschiffes einbezogen sind, das wiederum sein Licht über die Seitenschiffe be-

Fontfroide: Kapitelsaal. Lithographie des 19. Jh.

zieht. Lediglich die sehr spitz hochgeführte Mitteltonne täuscht über das südfranzösische Prinzip der Hallenkirche hinweg. In der Tradition dieser Hallenkirchen steht auch die Einwölbung der Seitenschiffe mit Vierteltonnen. Einerseits den Höhenzug der Arkaden unterbrechend, gleichzeitig aber auch eine gewisse Schwerelosigkeit, abgehoben vom Niveau des Kirchenbodens, evozierend, stellt die Anhebung der Halbsäulen- und Pfeilerbasen in etwa Mannshöhe einen Kunstgriff besonderer Art dar.

Abweichend vom üblichen Schema ist auch die (jüngere) *Chorbildung*. An das die Breite des Langhauses übersteigende Querhaus schließt sich das ungemein niedrige Chorjoch mit abschließender polygonaler Apsis an. Die an der Ostseite des Querhau-ses gelegenen Seitenapsiden sind, ebenfalls ungewöhnlich, höchst ungleich. Die dem Chor direkt benachbarten Kapellen folgen in ihrem rechteckigen Grundriß dem ursprünglich von Bernhard von Clairvaux geforderten Plan. Die beiden äußeren Kapellen sind wesentlich größer und wiederholen in verkleinerter Form das Thema der polygonalen Hauptapsis. Die Vierung erhält eine außerordentliche, transzendente Lichtsteigerung durch den Okulus in ihrem Gewölbescheitel. Die erkennbare ursprüngliche Lichtführung mit Steigerung im Vierungsbereich ist heute allerdings wesentlich gestört durch die Einfügung des überdimensionierten Maßwerkfensters in der Ostwand über dem Choreingang.

Lagrasse

Wer noch ein wenig Zeit hat, sich weiter in den Corbières umzusehen, der wende sich, wieder auf der D613 angelangt, nach Westen und wähle den Orbieu zum Begleiter, dessen verschlafene wie malerische Weinorte *Fabrezan* und *Ribaute* (Farbt. 17) im Nordwesten von der Montagne d'Alaric gerahmt werden. Nach Ribaute beginnt sich die Straße zu drehen und zu winden, das Tal des Orbieu wird enger. Nach vier Kilometern ein Paß, ein Felsdurchbruch – und dahinter öffnet sich einer der schönsten Blicke in den Corbières: Unten in einer Schlaufe des Orbieu liegt inmitten einer verzauberten Bergwelt das Bilderbuchdorf *Lagrasse* (Farbt. 20). Bestimmt wird das Panorama des Städtchens noch heute von den Resten der ehemals mächtigsten Abtei der Corbières.

Eine reichlich ausgeschmückte Geschichte der Abtei aus dem 13. Jh. und eine von Karl dem Großen ausgestellte Urkunde wollen die Gründung der Abtei durch einen Freund Benedikts von Aniane, Nimfridius, in frühkarolingische Zeit verlegen. In der besagten Urkunde (778) ist die Rede von Wiesen, Äckern und, erstmals wieder seit der Spätantike, von Weinbergen. Vereinzelte Fundstücke, z. B. ein Sarkophag aus westgotischer Zeit, Altarsockel und drei Kapitelle aus merowingischer Zeit, lassen vermuten, daß es sich bei der karolingischen 'Gründung' nur um die Neubelebung eines bereits seit unbekannter Zeit bestehenden Klosters handelt, eine Neubelebung, wie sie Lagrasse noch in zahlreicher Folge erleben sollte: 11., spätes 13., Mitte 14. und 18. Jahrhundert.

Lagrasse: Die Abtei. Stich aus ›Monasticon Gallicanum‹

Aus vorromanischer bzw. karolingischer Zeit stammen noch die Reste eines ursprünglich dreigeschossigen *Turmes* im Anschluß an das nördliche Querhaus. Mauerwerk und Bogenbildung zeigen Ähnlichkeiten mit der Formensprache von Cuxa I und St-Michel in Sournia. Wichtigste Relikte der Entwicklungsphase des 'premier art roman' sind die beiden weit ausladenden *Querhäuser*, deren südliches noch seine ursprünglichen drei östlichen Apsiden besitzt (Abb. 67).

Im oberen Umgang des *Abthofes* (Vieux cloître; Abb. 68) sind Segmentstücke eines weiten Torbogens eines offensichtlich reich skulpierten Marmorportals aufgestellt. Die Formensprache des antikisierenden Dekors und die Zeichnung von Gesichtern bzw. Tierköpfen erinnert stark an die Handschrift des Meisters von Cabestany (S. 212f.).

Der wichtigste mittelalterliche Umbau erfolgte unter Abt Auger (1279–1309): Veränderung des Langhauses zu einem einzigen *Mönchschor*, in dessen Verlängerung ein großes *Refektorium* und nördlich davon anschließend ein weiter *Kreuzgang*, von dem unlängst einige Kapitelle, Bögen und Basen gefunden werden konnten. Da das Kloster von Lagrasse eines der wenigen von den Hugenotten nicht zerstörten Klöster der Corbières war, vermittelt der 1687 entstandene Stich im ›Monasticon Gallicanum‹ einen guten Eindruck. Unter der Ägide des Abbé Auger entstand auch der dem Abt ausschließlich geweihte Trakt mit zwei übereinanderliegenden Kapellen und dem Arkadenhof. Die obere Kapelle hat noch einige bemerkenswerte Freskenreste bewahren können.

Im Laufe des 14. Jahrhunderts (Hundertjähriger Krieg) wurde das Kloster stark befestigt, wovon noch heute der trutzige Donjon im Süden der Klosteranlage beredtes Zeugnis ablegt (Abb. 67). Nach der Übernahme des Klosters durch die Reformkongregation von St-Maur im 18. Jahrhundert erfuhr die Abtei eine letzte, aber einschneidende Neugestaltung, von der die heute noch wichtigsten stehenden Teile stammen. Unter der Reformkongregation von St-Maur besaß Lagrasse sogar einen Lehrstuhl für Philosophie. Der Verkauf des Klosters an private Hand während der Französischen Revolution 1894 – gegen den erklärten Willen der Ortsbewohner! – brachte den endgültigen Ruin des stolzen und so reichen Konvents.

St-Martin-des-Puits

Nur wenige Kilometer weiter südwestlich, ebenfalls im Tal des Orbieu, liegt das baugeschichtlich wie kunsthistorisch interessante Kirchlein von *St-Martin-des-Puits* (Abb. 69). Gleichfalls eine Gründung des späten 8. Jahrhunderts, kam es im 11. Jahrhundert als Priorat an die benachbarte Abtei von Lagrasse. Der bescheidene kubische Bau besteht aus einem rechteckigen abgeschlossenen *Chorraum* aus der Gründungszeit, zwei westlich davon anschließenden, ebenfalls rechteckigen Seitenkapellen aus dem 11. Jahrhundert und einem mehrfach umgebauten und veränderten kurzen Langhaus. Der Chorraum ist abgetrennt vom Langhaus durch einen deutlich abgesetzten Triumphbogen in Hufeisenform, der seitlich auf zwei spätantiken Spoliensäulen ruht. Die Basen der Säulen, und damit das ursprüngliche Bodenniveau, liegen ca. 1 m unter dem heutigen Kirchenboden.

Neben diesem kostbaren Altarraum aus dem 8. Jahrhundert in westgotischer Tradition liegt die zweite Sensation dieses Kirchleins in den *Fresken* des 12. Jahrhunderts (Farbt. 39), die ursprünglich den gesamten Chorraum einnahmen. Die Fragmente der Ost- und Südseite lassen erkennen, daß ein reicher Zyklus in drei übereinanderliegenden Registern Themen zur Muttergottes zeigte. An der besser erhaltenen Ostseite sind noch erkennbar: eine Verkündigung und rechts weiterfahrend zwei Szenen aus dem Alten Testament, die für die jungfräuliche Geburt Mariens stehen (die drei von Nebukadnezar in den Schmelzofen geworfenen Hebräer und Nebukadnezar, der die unfähigen Weisen hinrichten läßt).

Da das an romanischer Architektur und Skulptur so reiche Gebiet von Languedoc und Roussillon nur wenig nennenswerte Zeugnisse seiner Malerei dieser Epoche bewahren konnte, sind diese in leuchtender Farbigkeit erhaltenen Freskenfragmente um so sehenswerter.

Den Schlüssel bekommt man entweder beim Bürgermeister des Dorfes oder in der Mairie des benachbarten St-Pierre-des Champs. Oder, noch einfacher: in dem Haus schräg gegenüber der Kapelle bei M. Flamand (er ist fast immer zu Hause).

Salses – Korridor zum Roussillon

Ist man von Fontfroide wieder zurückgekehrt zur alten Via Domitia und folgt der heutigen N9 in Richtung Pyrenäen, rücken bald das Meer, bzw. dessen salzige Lagunenseen, und die Berge so eng zusammen, daß nurmehr ein schmaler Engpaß den Weg freigibt zur Weiterfahrt nach Süden. An einer der engsten Stellen zwischen Bergen und Meer versperrte schon seit Römerzeiten ein Castrum den Weg (ad salsulas). Bis 1659, als im Pyrenäenfrieden nach jahrhundertelangem Ringen das Roussillon zu Frankreich kam, bestand hier eine wichtige Grenze, zwischen vornehmlich iberischem, dann katalanischem und okzitanischem, dann französischem Einfluß. Der lateinische Name war geblieben: Salses, genauer *Châteaufort de Salses* (Farbt. Umschlagrückseite), aber strategische Lage und Bedeutung hatten sich verändert. Obwohl im 16. Jahrhundert eine der modernsten Festungsanlagen Europas, im 17. Jahrhundert von Vauban noch einmal renoviert, hatte das Fort nie so richtig seine Bestimmung erfüllen müssen und ist dadurch (seit 1659 ja keine Grenze mehr) entsprechend gut erhalten geblieben.

Wer sich von der Ortschaft Salses dem Châteaufort nähert, nachdem er die niedrige Unterführung der Eisenbahnlinie Narbonne-Perpignan passiert hat, ist zunächst erstaunt darüber, fast nichts zu sehen von einer gewaltigen Festung dieses Ausmaßes und dieser Bedeutung. Fast ebenerdig mit dem umliegenden Bodenniveau schließt das gigantische Mauerwerk ab. Die nach dem letzten Angriff von 1642 zerstörten oberen Mauerumgänge mit Zinnenbesatz und die sieben Türmchen des Donjon sind nie mehr aufgebaut worden. Wozu auch? Vauban hatte die Festung künftighin für militärisch nutzlos erachtet. Steht man dann direkt vor dem 12 bis 15 m breiten Graben, schälen sich die gewaltigen Mauermassen in ihrer kubischen Klarheit quasi als überdimensionale Plastik aus dem klaren Licht des nördlichen Roussillon (Abb. 70).

Man betritt die Festung zunächst durch ein *Wachhaus*, das direkt verbunden ist mit einer U-förmigen *Vorfestung*. Beide sind dem eigentlichen Festungskörper isoliert vorgelagert, wie zwei weitere ebenfalls U-förmige Vorfestungen im Osten und Nordwesten. Eine *Zugbrücke* erst gestattet den Zugang zum Châteaufort, der durch ein prächtiges, im Rot der Ziegel erstrahlendes *Triumphtor* zwischen zwei Zwillingstürmen (vgl. Fort St-André; vor allem aber das zeitlich näherliegende, ebenfalls aragonesische Triumphtor vom Castel-Nuovo in Neapel) gestaltet ist. Die eigentliche *Festung* beschreibt im Grundriß ein regelmäßiges Rechteck von 115 m zu 90 m, an dessen Ecken vier weit vor die Mauerlinie vorspringende Rundtürme postiert sind und dessen oberer, etwas die Höhe des Bodenniveaus übersteigender Mauerabschluß flach abgerundet ist. Diese Besonderheit der Anlage erklärt sich aus dem Umstand, daß Salses die älteste auf französischem Boden befindliche Festung ist, die von Anfang an auf die neue Waffe der Artillerie hin konzipiert war.

Nachdem 1344 das Königreich Mallorca wieder an das Stammhaus Aragon zurückgegliedert und Montpellier 1349 vom französischen König durch Kauf erworben war, hatten die französischen Versuche, sich

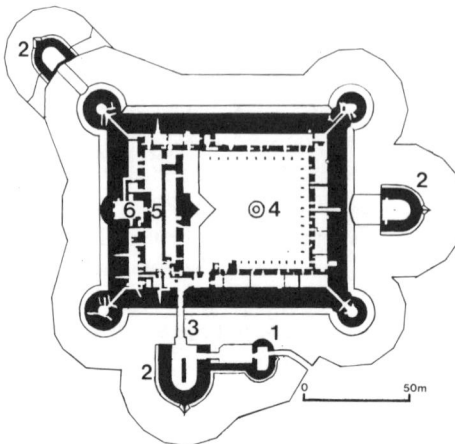

Châteaufort-de-Salses: Grundriß der Festung
1 Wachhaus 2 Vorfestungen 3 Zugbrücke
4 Exerzierplatz 5 Zweite Festung
6 Donjon

ben lassen mußten. Den nachfolgenden Frieden (1506) nutzten die Spanier, um Salses erneut in Verteidigungszustand zu bringen.

Im Innern des Forts ist ein großer arkadenumstandener Exerzierplatz angelegt; in seinen Begrenzungsmauern waren die Unterkünfte für Besatzung, Ställe für Pferde und Lager für die Verpflegung untergebracht. Vom Platz durch einen Graben getrennt liegt im Westen eine zweite Festung und in dieser schließlich, noch weiter nach Westen vorstoßend, als letztes Bollwerk, der mächtige, viereckige, im Inneren fünfstöckige Donjon, der kreisförmig vor die äußere Mauer vorspringt.

So modern für die damalige Kriegstechnik das Fort von Salses auch gewesen sein mochte, gegen seinen Verteidigungswert sprachen in der Zukunft das nahe, zu nahe gelegene Gebirge, von dem aus die Anlage bequem 'erschossen' werden konnte, und zum andern, daß die angrenzenden Sümpfe weitgehend trockengelegt waren, so daß der Paß von Salses ohne Mühe über die Küstenstraße umgangen werden konnte. Als Franz I. 1542 seinen gescheiterten Angriff auf Perpignan unternahm, ließ er zuvor via Port Leucate die Festung Salses einfach rechts liegen. Auch in den Kämpfen im 17. Jahrhundert unter Ludwig XIII. erwies sich Salses als keineswegs kriegsentscheidende Festung.

Aber am Eingang zum Roussillon gelegen, bietet Châteaufort de Salses dem heutigen Reisenden durch seine gedrungenen, in den Boden geduckten Baumassen, seine ansprechenden Proportionen und die im grellen Sonnenlicht vor dunklem Azurhimmel aufleuchtenden Backsteinmauern ein Schauspiel ganz besonderer Art.

auch des Roussillon zu bemächtigen, nicht aufgehört. Der letzte französische Einverleibungsversuch unter Ludwig XI. war erst 1497 mit dem Vertrag von Narbonne gescheitert, als der aragonesische Gouverneur Don Sancho von Kastilien beschloß, seine den französischen Attacken ausgesetzte Nordflanke ein für allemal abzusichern und 1497 den berühmten Festungsbaumeister Ramirez mit dem Bau eines modernst konzipierten Bollwerks gegen die französischen Annexionsgelüste beauftragte.

Wie nötig dies war, zeigte der nächste französische Anlauf bereits sechs Jahre später. Herzog Alba konnte gerade noch rechtzeitig seine Festung entsetzen. Ramirez, der Baumeister, hatte sich zusammen mit 1000 Soldaten und 350 Rittern in Salses einschließen lassen. Im Verlauf der Belagerungen wurde zum zweiten Male in der Militärgeschichte Minen gezündet, bei denen ca. 400 Soldaten, Verteidiger wie Angreifer, ihr Le-

Roussillon: Kleines Katalonien

Corneilla-de-Conflent. Lithographie des 19. Jh.

Geographie

Hat man einmal den Engpaß von Salses durchquert, beginnt die bedrohliche Barriere der Corbières zurückzuweichen, und zwischen Lagunenseen und nahen Ausläufern der Pyrenäen breitet sich die fruchtbare 'Plaine du Roussillon' vor den Augen des Ankömmlings aus. »Katalanischer Garten« nennt Marcel Durliat voll Stolz seine Heimat. Und das Roussillon hat viel von einem Garten, von einem Garten Eden am Meer. Es ist Frankreichs südlichste Landschaft. Und obwohl mit seinen drei Zonen, Küste und Marschland mit weiten Lagunenseen, der fruchtbaren Ebene und dem Gebirgsaum der geologische Aufbau des Roussillon dem der Languedoc méditerranéen durchaus ähnelt, so ist hier doch alles um einen Grad liebenswürdiger und humaner im Zuschnitt, trotz der durchaus hohen Erhebungen im Westen (Mont Canigou: 2784 m) und Süden (Monts Albères: 1256 m). Die bis in den Mai hinein von Ferne blinkenden weißen Flecken der Schneerücken vor dem unendlichen, oft durch keinerlei Wolken getrübten Azurhimmel wiederholen, quasi in die höheren Regionen versetzt, den Akkord von Wasser und Gischt auf der anderen Seite des glücklichen Gartens, der Côte Vermeille, die sich, man staune, noch bis heute viel von ihrem ursprünglichen Charme bewahren konnte.

In Ostwest-Richtung wird Frankreichs 'kleines Katalonien' von seinen drei Hauptflüssen Agly, Têt und Tech durchzogen. Der Agly bildet die südliche Grenze der Corbières, und Têt und Tech rahmen das Massif du Canigou, das wiederum durch den Tech deutlich abgehoben ist von den anderen östlichen Ausläufern der Pyrenäen, der Chaîne des Albères, die schließlich die stürmische Vereinigung der Pyrenäen mit dem Meer vollziehen. Der fast parallele Verlauf der drei Hauptflüsse bildet zusammen mit der Staffelung von Küste, Ebene und Bergkette ein einfaches, leicht überschaubares Raster, das der Landschaft eine fast logische Ordnung auferlegt. In der Bergzone bilden die Täler von Agly, Têt und Tech das natürliche Straßensystem, längs dessen sich die wichtigsten Etappen der Zivilisationsgeschichte des Roussillon noch heute verfolgen lassen.

Der das Roussillon bestimmende Berg ist der Canigou (Farbt. 32), höchste Erhebung des gleichnamigen Gebirgstockes, der praktisch von Meeresniveau auf beachtliche 2784 m ansteigt. Die erratische Erscheinung des Canigou, der wie ein schier unüberwindlicher Wächter dieser die Pyrenäen repräsentiert, hat schon sehr früh die Phantasie der Bevölkerung angeregt, und so nimmt es nicht wunder, daß er die bestimmende Größe im Schöpfungsmythos des Roussillon einnimmt:

»Als Gott das Mittelmeer schuf, beschloß er diesem als Begrenzung drei Berge zu geben, deren Gipfel ihm näher waren, als die später noch zu schaffenden Menschen. Er begrenzte das neue Meer mit drei Fingern seiner rechten Hand. Dort, wo er den Daumen aufsetzte, wuchs der Canigou aus dem Wasser, an der Stelle von Zeige- und Mittelfinger entstanden Olymp und Sinai. Danach warf er einen Sternenregen ins Wasser, so entstanden die griechischen Inseln. Auch am Canigou sollten die Menschen seinen Stempel erkennen. Wiederum streckte er seine Hand aus, diesmal die linke, und führte, den Canigou zwischen Daumen und Zeigefinger nehmend, drei Finger weg vom Meer in Richtung Landesinneres.

Als er seine Hand zurückzog, hatten sich drei Täler gebildet, eben jene von Agly, Têt und Tech. Auch die Corbières waren dabei entstanden. Desgleichen die Bergländer von Cerdagne und Conflent.«

Interessant dabei ist, daß dieser Schöpfungsmythos nicht nur sehr zutreffend auf die geographische Struktur des Roussillon eingeht, sondern auch mit Sinai und Olymp metaphorisch jene Gegenden bzw. Völker am Mittelmeer beschreibt, die Kultur und Zivilisation hier seit Menschengedenken bestimmt haben: Iberer als afrikanisch-hamitisches Volk und danach die Griechen.

Bevor die Römer kamen

Obgleich mit dem Schädelfund von Tautavel (Museum, s. Gelber Teil, s. 331) in der *Caune del Arago* genannten Grotte die Reste des ältesten Menschen Europas belegt sind, kann das Roussillon keineswg konkurrieren mit den von frühgeschichtlichen Funden förmlich übersäten Gegenden an Ardêche, Hérault oder Ariège. In der Grotte von Montbolo bei Amélie-les-Bains ist das frühe Neolithikum belegt (4500–3500). Schon in dieser Frühzeit erweist sich die Meerenge von Gibraltar als durchaus überwindbar. Ein Großteil der Funde weisen auf Zusammenhänge mit nordafrikanischen Kulturen. Da aber das Roussillon bzw. ganz Katalonien weder Kupfer- noch Zinnvorkommen von ausbeutbarer Größenordnung besitzen, blieb die Region außerhalb der großen Entwicklungszonen. Um die Mitte des 2. Jahrtausends scheinen afro-iberische Gruppen, den Berbern nahe verwandt, sich in verstärktem Ausmaß auf der Iberischen Halbinsel festgesetzt zu haben, wo sie praktisch bis zur römischen Kolonisation das bestimmende Element bleiben. Daran ändert im katalanischen Raum auch die Errichtung von phönizischen Kolonien in Nordafrika und an der iberischen Küste nichts. Die kurz danach von Nordosten her einströmenden innereuropäischen (asiatischen?) Menschenverbände, immer vereinfacht als Kelten bezeichnet, stoßen westlich der Pyrenäen in die Iberische Halbinsel vor, wo sie etwa im Raum des heutigen Kastilien und Navarra zu sogenannten Keltiberern verschmelzen, und südlich der Alpen, von wo sie ab 900 v. Chr. als Ligurer bis zur Rhône vorstoßen. Mit Beginn der Eisenzeit in Westeuropa gewinnt das Roussillon Anschluß an die großen überregionalen Entwicklungen. Im Canigou-Massiv dürften seit dem 8. Jahrhundert v. Chr. die dortigen reichen Eisenerzvorkommen systematisch genutzt worden sein. Um 600 v. Chr. (wahrscheinlich schon früher!) erreichen die Griechen nach der phokäischen Gründung von Marseille in größerem Ausmaß die nordwestliche Küste des Mittelmeeres. Die Einflüsse des Griechentums bringen schwerwiegende zivilisatorische Veränderungen: Schrift, Keramik, Geldwesen, Schiffahrtstechnik, Bau von befestigten Siedlungen (oppida) etc. Dennoch bleibt ihr kolonisatorischer Einfluß relativ beschränkt auf wenige Handelsniederlassungen. Im katalanischen Raum bleiben die Iberer die bestimmende ethnische Gruppe. 348 v. Chr. einigen sich Karthager und Griechen friedlich und teilen ihren Einflußbereich: das Cap de la Nao wird auch später wichtige Grenzmarke für das Katalanentum bleiben.

Die indigenen Ansiedlungen *Illiberis* (Il-iberis) = Elne, *Cocolliberis* = Collioure, *Ruscino* (bei Perpignan) und *Pyrène* = Port Vendres (?) bleiben die wichtigsten Niederlassungen im Roussillon. Die einflußreichste Vermittlerstadt lag schon damals südlich der Pyrenäen: *Emporion*. In Ruscino und Illiberis wurden fast ausschließlich Münzen aus Emporion gefunden, während in den nördlicheren iberischen Oppida von *Naro* (Narbonne?), *Besara* (Béziers) und *Agathé* (Agde) der monetäre Einfluß von Massalia bestimmend war. Den gallischen Volskern (s. Ensérune) war es nicht gelungen, in den eigentlichen Wirkkreis der Iberer südlich der Corbières einzudringen. Als wenige Jahre nach dem Vordringen der Volsker in die Niedere Languedoc Hannibal auf dem Landweg nach Rom zog, war es zu einem interessanten Pakt zwischen den Puniern und den Sorden im Raum Elne gekommen. Hannibal stand mit seinen ca. 100 000 Mann Kriegsvolk, ca. 10 000 Pferden und 37 Elefanten vor den Pyrenäen und wußte von punischen und griechischen Händlern, daß es eine bequeme Passage gab. Zu den Häuptlingen der Sorden und Bebrikten sandte er seine Diplomaten, reich mit Geschenken beladen und mit dem Versprechen, nichts anderes als freien Durchzug und Verpflegung gegen Bezahlung zu begehren. In Illiberis wurde ein entsprechender Kontrakt geschlossen. Die Römer hatten dem Begehren des Karthagers nichts anderes entgegenzusetzen als Drohungen und Warnungen. Einige Historiker gehen sogar so weit anzunehmen, daß Illiberis (Elne) für Hannibal wichtiges Waffenarsenal gewesen sei. Die landeseigene Eisenverarbeitung und das legitime Geschäftsinteresse der Sorden lassen dies durchaus möglich erscheinen. Immerhin hatte die katalanische Erfindung zur Verhüttung von Eisen, der 'Iberische Ofen', damals schon Weltruf. Das Beispiel Illiberis zeigt auf jeden Fall die engen und durchaus friedlichen Kontakte zwischen iberischen Einwohnern und Puniern. Dieser als erwiesen anzusehende Zustand läßt somit die gegen Ende des 3. vorchristlichen Jahrhunderts festgestellten Zerstörungen und Brandspuren im Oppidum von Ensérune auf die kriegerische Landnahme durch die Volsker zurückführen (s. d., S. 18).

Colonia Iulia Ruscino

Nach dem Sieg der Römer im Ersten Punischen Krieg schritten diese zur Gegenoffensive und wandten ihr Augenmerk nun auch der Iberischen Halbinsel zu. Nach der Errichtung der ersten außeritalischen Kolonie in Narbonne, genau hundert Jahre nach dem Kontrakt von Illiberis zwischen Iberern und Puniern, organisierten die neuen Herren entsprechend ihrer besitzergreifenden Intentionen und ihrem sprichwörtlichen Organisationsgeschick das Land. Die geographischen Verhältnisse ausnutzend, entstanden längs der vorgegebenen natürlichen Wege in der Ebene die Via Domitia und landeinwärts den Flußläufen folgend geführte Straßen. Roussillon, Vallespir und Conflent wurden direkt von Narbonne aus verwaltet, während die Cerdagne zur Unterprovinz Tarragona gehörte. Der Têt folgte die Via Confluentana, deren Verlängerung, die Strata Cerdana, bis nach Llivia, der ehemaligen Hauptstadt der Cerdagne, führte. Techaufwärts ging die Via Vallespirana über Aquae Calidae, das heutige Amélie-les-Bains. Hauptort wurde das an der Via Domitia gelegene sordische Oppidum *Ruscino*, Namensgeber der heutigen Landschaft.

Die von Ruscino aus verwaltete Einheit war eingeteilt in vier pagi (= pays), den pagus ruscinonensis (Roussillon), pagus confluentis (Conflent), pagus vallis asperi (Vallespir) und pagus liviensis (Cerdagne, nach deren Hauptort Llivia). In den Straßen- und Gaunamen lebt praktisch bis heute, natürlich in latinisierter Form, das ursprüngliche iberische Idiom für Flüsse und Stämme weiter. Mit den Römern kamen deren Sprache und Götter ins Land. In Port Vendres sind die Fundamente eines (Venus-?) Tempels (portus Veneris) erhalten, in St-André-de-Sorrède wurde unlängst ein Mercur-Altar entdeckt, und in Pezilla-de-la-Rivière fand man den aus Ruscino stammenden zylindrischen Marmoraltar für Diana und Apollo. Allerdings sind die Reste aus römischer Zeit ungemein spärlich.

Weizen in der Ebene und Erze vom Canigou waren die Hauptausbeute der Römer im Roussillon. Daneben galt ihr besonderes Interesse für die Krankenheilung den zahlreichen Mineralquellen des Landes. Die schwefelhaltigen heißen Quellen (ungefähr zwanzig zwischen 35° und 65°) von Amélie-les-Bains ziehen noch heute Tausende von Heilungssuchenden jährlich an. Die sogenannten 'römischen Thermen' bestehen in ihren Hauptbecken noch immer aus dem ursprünglich römischen Bau. Das wohl interessanteste Werk ist der Aquädukt von Ansignan (Abb. 85), der als absolute Besonderheit zwischen den beiden großen Brückenarkaden und der wasserführenden Rinne noch einen Tunnel besitzt, der breit und hoch genug ist, einen Eselskarren durchzulassen, also gleichzeitig als gedeckte Brücke fungierte. Insgesamt harren die antiken Reste des Roussillon noch heute großangelegter systematischer Grabungen. Die am besten durch Grabungen dokumentierte Stadt *Ruscino* (noch nicht zu besichtigen!), der römische Hauptort des Roussillon, liegt 4 km östlich von Perpignan, bei dem kleinen Ort Château Roussillon. Die Bebauungsgeschichte läßt sich ähnlich der von Ensérune wie folgt angeben:

ab 600 v. Chr. erste Hütten. Man lebte vom Fischfang, Ackerbau, Kunsthandwerk und Eisenverarbeitung;

nach 400 v. Chr. erste Steinhäuser aus Flußsteinen. Zur Konservierung des Getreides wurden große Silos in die Erde eingelassen;

300–100 v. Chr. spricht man immer noch iberisch. Zu Handwerk und Ackerbau ist der Handel getreten.

nach 100 v. Chr. Ankunft der Römer; größere, prächtigere Häuser mit Bodenmosaiken und Wandmalereien;

um 50 v. Chr. wird der Bau des Forums in Angriff genommen, umgeben von einem ca. 10 m hohen Portikus auf 50 : 60 m.

Die großzügig angelegte Verwaltungsstadt Ruscino verfiel rapide Ende des 4. Jahrhunderts. Man spricht von Zerstörung durch die Barbaren. Dies können nur die durchziehenden

Vandalen gewesen sein, denn die nach 400 besitznehmenden Westgoten hatten an sich keine Städte ihres eigenen, ihnen von Honorius zugewiesenen Landes zerstört. Wenn auch aus der nachfolgenden westgotischen Zeit (ca. 300 Jahre) so gut wie nichts erhalten blieb, bedeutet deren Regime für das Roussillon (Languedoc s.d.) nur Vorteile, tradierten doch diese althergebrachte römische Verwaltung und Rechtsprechung, so daß sich im Leben der Bevölkerung wenig veränderte. Einschneidender war sicher die mohammedanische Besatzung, die aber nicht allzulange währte. Die Zugehörigkeit zum westgotischen und dann maurischen Reich verstärkte nur die ohnehin schon Jahrtausende wirksame Zugehörigkeit zur iberischen Kultur.»Ce n'est pas d'hier que le Roussillon est rattaché au Sud des Pyrénées mais d'avant hier, de toujours. Le Roussillon et l'Espagne étaient étroitement unis dès la période proto-historique.« (Thiers).

Vier Balken aus Blut

Dieses von Thiers so herausgestellte Faktum der Zusammengehörigkeit von Roussillon und Katalonien erfährt seine besondere Ausprägung im Mittelalter, zu Zeiten der Entstehung der katalanischen Nation. Nachdem es, Zwistigkeiten unter den islamischen Herren Spaniens ausnutzend, Pippin dem Kleinen 759 gelungen war, Narbonne und die gesamte Septimania für das Frankenreich zu erobern – unter dem Vorwand der Christenbefreiung –, bildete nun das Roussillon die Grenzbastion gegen die Mauren. 801 hatte mit der Rückeroberung von Barcelona durch Guilhem die Reconquista begonnen. Das Roussillon gehörte neben anderen Grafschaften, wie Cerdagne, Besalù und Barcelona, zur neuen, von Karl dem Großen gebildeten Spanischen Mark. Mit den Franken war das feudale System und die Vasallität in die okzitanischen Länder eingeführt worden. Eine wichtige Rolle in der karolingischen Politik spielten die persönliche Verantwortung der direkt vom Kaiser eingesetzten, durch die Institution der Vasallentreue gebundenen Herzöge, Grafen und Vizegrafen. Ein wackerer Mitstreiter von Guilhem, der Westgote Bellon, wurde noch von Karl dem Großen persönlich als Graf von Carcassonne eingesetzt. Die Nachfolger dieses Westgoten Bellon liefern ein Zeugnis ganz besonderer Art dafür, welch hervorstechende Rolle das heutige Roussillon für die Entstehung der Nation, der Dynastie und der Kunst Kataloniens besaß.

Die 'chansons de geste' und die mündliche Überlieferung sehen den Ursprung der Dynastie der Grafen von Barcelona so: Zwei Kilometer têtaufwärts von Prades kann man hoch oberhalb der kleinen Ortschaft Ria die spärlichen Reste einer mittelalterlichen Burg erkennen, die auf dem Grundstück einer römischen Villa erbaut worden war. Hier, auf dieser Burg wurde Wifred (Guifred) von Arria (= Ria) geboren. Sein Vater hatte noch an der Seite von Wilhelm Kurznase gegen die Mauren gekämpft. Als diese wieder einmal das Land mit ihren mörderischen Attacken überfluteten, sammelte der junge Wifred eine Schar Getreuer um sich und befreite den Paß von Terranera von den Mauren. Mit seiner kleinen

Armee setzte er den Geschlagenen nach und befreite Barcelona. Ludwig der Fromme hörte mit Genugtuung die heldenhafte Tat und belehnte Wifred von Arria mit dem Grafentitel von Barcelona und der gesamten Spanischen Mark. Während seiner Abwesenheit entband auf der heimatlichen Burg von Arria die Frau des streitbaren Recken von einem kräftigen Sohn, der nach dem Vater ebenfalls Wifred getauft wurde, bald aber den Beinamen ‚der Behaarte‘ erhielt, weil er an einer unüblichen Stelle des Körpers reich behaart war. In der Regierungszeit Karls des Kahlen war Wifred von Arria (d. Ä.) durch Mißgunst und Verleumdung beim Kaiser in Ungnade gefallen. Auf dem Weg nach Paris wurde der gutgläubige Wifred durch Verrat in Gegenwart seines Sohnes ermordet. Der junge Wifred wurde zur Ausbildung an den Hof der Grafen von Flandern gebracht, wo er zu einem unerschrockenen, tapferen und gebildeten Ritter heranwuchs. Die Tochter des Grafen war ihm zur Heirat versprochen. Aber Wifred der Behaarte hatte zunächst andere Pläne. Auf einem feurigen schwarzen Rappen durchquerte er, von Rachegedanken gepeitscht, Frankreich und Okzitanien und wählte seinen Weg nach Barcelona. In der Cerdagne stellte er Salomon, den Verräter und Mörder seines Vaters. Der Kampf war hart. Aber der Gedanke an die Untat verlieh dem jungen Heißsporn übermenschliche Kräfte. Von einem fürchterlichen Schwerthieb getroffen, sank der Bösewicht Salomon – als Graf von Barcelona war er Nachfolger seines Opfers geworden – tot zu Boden. Aber auch Wifred der Behaarte war verwundet worden. Er nahm seinen goldenen Schild, tauchte die vier Finger seiner rechten Hand in die Wunde und zog vier blutige Spuren über seinen Schild, die vier Balken vom W seines Namens. Das katalanische Wappen war geboren: vier (blutig) rote Balken auf gelbem Grund. Wifred errang danach die Grafschaft Barcelona, wo er sich große Verdienste im Kampf gegen die Mauren erwarb.

Am Vorabend seiner wichtigsten Schlacht hatte Wifred einen Traum. Auf seine Anweisung gruben die Soldaten und fanden eine Madonnenstatue. Dies war ein Zeichen des Himmels. Die Statue wurde ‚Madonna der Auffindung‘ benannt. Wifred befreite das Land bis zum Montserrat und schlug die Moslems entscheidend bei Estamaria. Für die aufgefundene Madonnenstatue ließ Wifred das Kloster Santa Maria von Ripoll errichten. Sein Sohn Rodulphe wurde erster Abt. Das Kloster wurde zur nationalen Gedenkstätte, und Wifred der Behaarte schenkte der Abtei den Montserrat, wo sich weitere wunderbare Begebenheiten ereigneten. Nach seinem Tode 902 fand Wifred in der Klosterkirche von Santa Maria zu Ripoll seine letzte Ruhestätte.

Die Legende von Wifred dem Behaarten wurde im 12. Jahrhundert im Kloster von Cuxa aufgezeichnet. Der historische Kern deckt sich im wesentlichen durchaus mit der frommen Erzählung. Wifred (oder auch Sunifred) war in Arria geboren und von Karl dem Kahlen mit den Ländereien um Prades und Andorra belehnt worden. Um 860 gab es einen Grafen Salomon, der schlagartig durch Wifred ersetzt wurde, was die Geschichte der Rache denkbar erscheinen läßt. Wifred wurde 855 Graf von Vich und Ausona, 877 Graf von Barcelona und Gerona. Sein Bruder Miron wurde Graf von Conflent und Roussillon, und deren beider Cousin Suniaire II. wurde Graf von Empurias. Somit teilten sich also die Nachfahren von

Bellon in den fast vollständigen Besitz der ehemaligen Spanischen Mark. Wifred, Miron und Suniaire waren die letzten im Süden des Frankenreichs, die noch direkt von einem karolingischen Herrscher als Vasallen eingesetzt worden sind.

Aber das Gebiet des Conflent hatte den Katalanen nicht nur den Ahnherrn ihrer Dynastie und das Wappen geschenkt, auf geistigem und künstlerischem Bereich ist der Beitrag zur katalanischen Welt nicht minder.

Die Stunde von Cuxa – ein Neubeginn

Wie schon in der Geschichte der Languedoc erwähnt, war die Zeit der Karolinger verbunden mit einer Unzahl von Klostergründungen. So auch im Roussillon: St-André-de-Sorrède, St-Genis-des-Fontaines, Monastir-del-Camp und Arles-sur-Tech, um nur die wichtigsten zu nennen.

Als folgenreichste Gründung erwies sich dabei die monastische Niederlassung von St-André in Eixalada um 840, die 38 Jahre später bei einer Hochwasserkatastrophe durch die Têt zerstört wurde. Die Überlebenden flohen an einen Ort am Fuße des Canigou, der Cuxa hieß. Der Graf von Cerdagne schenkte den unglücklichen Mönchen den Flecken Land, wo sie diesmal in respektierlicher Entfernung vom Fluß mit dem Neubau eines Klosteranwesens begannen, zunächst mit der Errichtung einer kleinen Kirche zu Ehren von St-Germain-d'Auxerre. Etwa zur Fertigstellung, um 950, wurde mit dem Bau eines Michaels-Oratoriums unter Abt Pons begonnen. Ebenfalls um 950 erhielt als erstes aller Klöster des Roussillon die neue Niederlassung das Recht der Exemption. Von Schenkungen und Wohltaten überhäuft, wurde innerhalb kürzester Zeit St-Michel in Cuxa zum wohlhabendsten und einflußreichsten Kloster des Roussillon. Die Besitzungen des Klosters verteilten sich auf das gesamte Gebiet zwischen Toulouse und Ausona südlich der Pyrenäen. 958 bestieg mit Abbé Garin eine Persönlichkeit höchsten Ranges den Abtstuhl. Garin war gleichzeitig noch Abt von Alét, St-Hilaire, Lézat und Mas Grenier. Er regierte seine Klöster im neuen Geist von Cluny. Mit der Fortsetzung des Großbaus von St-Michel schuf er den bedeutendsten vorromanischen Bau im östlichen Pyrenäenraum. Parallel dazu war unter Abbé Garins Ägide das Kloster zum Brennpunkt abendländischer Geisteskultur geworden. Der okzitanische Mönch Gerbert (940–1003), die vielleicht zu seiner Zeit höchstgebildete Persönlichkeit des Abendlandes, hatte längere Zeit in St-Michel-de-Cuxa verweilt und studiert. Gerbert war zunächst Mönch, Schriftsteller, Gelehrter und Politiker, wurde dann Bischof von Clermont-Ferrand und schließlich Papst unter dem Namen Silvester II. Der Doge Pietro Orseolo hatte sich nach Cuxa zurückgezogen und dabei dem Kloster wertvolle Schätze und Reliquien zugeführt. Der Hl. Romuald, Gründer des Camaldulenser-Ordens, war ebenfalls geraume Zeit Gast bei Garin. Am 28. September 975 wurde der Garin-Bau von Cuxa feierlich eingeweiht (vgl. Fig. S. 190).

Einer der Nachfolger von Abbé Garin sollte diesen noch an Ausstrahlung und Ansehen übertreffen. 988 zog sich der müde gewordene alte Kämpe Oliba Cabreta, Graf von Cerdagne und Besalù, ins Kloster Monte Cassino zurück, um sich dort auf seinen letzten Weg vorzubereiten. Sein dritter Sohn, Oliba, Graf von Ripoll und Bergueda, folgte bereits 1002 dem Beispiel seines Vaters und zog sich in die Stille des Klaustrums von Ripoll zurück. Nach fünfjähriger Zurückgezogenheit, die ausschließlich dem benediktinischen Leben und seinen weitgespannten Studien galt, wurde er im selben Jahr (1008) zum Abt von Ripoll und Cuxa gewählt. Neun Jahre später wurde er auch noch mit dem Bischofsstuhl von Ausona betraut. Als Bischof und Abt der zwei wichtigsten Klöster des katalanischen Raumes wurde er zur zentralen Figur des kulturellen und geistlichen Lebens in der ersten Hälfte des 11. Jahrhunderts. Der in Ripoll in griechischer Philosophie, antiker Poetik, arabischer Wissenschaft und benediktinischen Reformvorstellungen ausgebildete Oliba, überdies Angehöriger des katalanischen Hochadels als Urenkel Wifred des Behaarten, trieb mit nimmermüdem Eifer die Klosterreform kräftig voran und schaltete sich, wo er konnte, in das politische Leben mäßigend ein. So wurde er, durch seine doppelte Funktion als Bischof und zweifacher Abt, Sachverwalter ausgedehnter Besitzungen, zum Erfinder und unermüdlichen Vorkämpfer der Gottesfriedensbewegung (1022), die er mit der Synode von Toulouges (1027) ins Leben rief, und die ebenda fünfunddreißig Jahre später von den wichtigsten weltlichen Feudalherren seines Einflußbereiches bestätigt wurde. Das schon von Garin eingeführte Bewässerungssystem ließ er systematisch weiterentwickeln, und die Kopierwerkstätten erfuhren eine beachtliche Erweiterung. Der Kunstförderer Oliba richtete in Ripoll eine an cordobeser Vorbildern geschulte Bildhauerwerkstätte ein. Er unterstützte die Klostergründung seines Bruders Guifred von der Cerdagne, nämlich den Bau von St-Martin-de-Canigou, indem er seinen Steinmetzarchitekten, den Mönch Sclua, zur Verfügung stellte und die Einweihung eigenhändig vornahm. Er, der weitgereiste Oliba, war es auch, auf dessen Initiative die Übernahme der in Oberitalien verbreiteten Art und Weise zu bauen in Katalonien erfolgte. Seine Bauten in Ripoll, Cuxa, St-Martin-de-Canigou, Vich können als die ersten Exemplare des sog. 'premier art roman' betrachtet werden. Oliba spielt somit für die Entstehung und Verbreitung des 'premier art roman' im okzitano-katalanischen Raum eine ähnlich zentrale Rolle wie ca. hundert Jahre später Abt Suger für die Entstehung der Gotik im Seinebecken.

Auch nach dem Tode des großen Oliba (1046) war der Höhenflug von Cuxa noch nicht beendet. Nachdem im 10. Jahrhundert (Garin) und 11. Jahrhundert (Oliba) Cuxa zur Wiege der romanischen Architektur geworden war, erwies sich dieses immens rührige Kloster im 12. Jahrhundert als der Ausgangspunkt einer für das Roussillon eigenständigen, wenn auch spät einsetzenden Skulptur. Abt Gregorius, der seit 1137 gleichzeitig Erzbischof von Tarragona, aber noch bis 1144 in Cuxa geblieben war, stiftete seinem Kloster einem Marmorkreuzgang und eine gleichfalls marmorne Sängerkanzel. Kreuzgang und Sängerkanzel von Cuxa wurden ebenfalls wie vorher seine Architektur zum Vorbild zahlloser anderer romanischer Bauvorhaben dieser Art im Roussillon (Elne, St-Genis-des-Fontaines, Serrabone etc.).

Romanische Kunst im Roussillon

Der seit dem 9. Jahrhundert entstehenden okzitano-katalanischen Zivilisation eignet im abendländischen Vergleich unleugbar das Signum der Frühreife. Dies hatte seine gewichtigen Gründe. Die Lage am Mittelmeer ließ sie jeweils zum frühestmöglichen Zeitpunkt an allen Veränderungen und Beiträgen dieses immer noch ungemein rührigen Meeres teilhaben: da waren die entstehenden italienischen See-Städte, Byzanz, Nordafrika und die Levante. Zum anderen, zur Landseite hin, hatte man, wenn auch als kriegerischen Nachbarn, das Kalifat von Córdoba, die zu damaliger Zeit unbestreitbar höchste Zivilisation in künstlerischer, wissenschaftlicher und ökonomischer Sicht. Trotz unentwegt geführter Kämpfe gegeneinander, waren die Beziehungen zueinander nicht ausschließlich kriegerischer Natur. Der zunächst relativ einseitige Austausch von Erfahrungen, Kenntnissen, Waren, Preziosen und Lebensweisen hatte doch einen enorm gewichtigeren Umfang als dies die kriegerischen Auseinandersetzungen lange hatten annehmen lassen. Durch Tributleistungen arabischer Emire kam vor allem Barcelona sehr früh in den Besitz größerer, in Nordeuropa nicht üblicher Mengen von Gold.

Zwischen 1058 und 1068 wurden unter Raimond Berenger I. für Barcelona die ersten 'usatges' kodifiziert. Diese 'usatges' sind der älteste bekannte Rechtscodex des feudalen Herrschertums. Zukunftweisend war dabei nicht nur auch die Fixierung der Rechte der Untertanen, sondern ganz speziell die darin vorgesehenen Einschränkungen der feudalen Großvasallen und gleichzeitig die Ausrichtung auf die neue, am Mittelmeer sehr früh entstehende Klasse der Bürger.

Der nördlich der Pyrenäen gelegene Teil Kataloniens, das heutige Departement Pyrénées Orientales, war aufgeteilt und beherrscht von den drei Grafschaften Cerdagne, Besalù und Roussillon. Durch geschickte Erbschaftspolitik kamen Besalù bereits 1111 und Cerdagne 1117 an Barcelona.

Noch weitsichtigere Heiratspolitik sicherte 1137 Anschluß und Erbe von Aragon, als Raimond Berenger IV. Petronilla, die einzige und damit erbberechtigte Tochter des Königs von Aragon heiratete. Erst 1172 fiel nach Aussterben der dortigen Linie die Grafschaft Roussillon ebenfalls an Barcelona-Aragon.

Was im nördlichen Europa als Meilenstein der menschlichen Entwicklung hingestellt wird, nämlich die Unterzeichnung der Magna Charta (1215) durch John Lackland, war seit dem 11. Jahrhundert Praxis im katalano-okzitanischen Kulturkreis: die Bürger der Stadt erhielten eine vom Feudalherren garantierte Charta der Freiheiten und Rechte, ein 'poblacio', so z. B. 1095 anläßlich der Gründung der Stadt Villefranche-de-Conflent (s. S. 243). Ca. hundert Jahre später erhält die Stadt Perpignan (23. 2. 1197) den höchst notablen Status einer juristischen Person, wodurch die gesamte Kommune selbst mit den gleichen Rechten wie eine leibliche Person ausgestattet ist. Eine solche fortschrittliche, auf den Bürger und seine Rechte ausgerichtete Rechtspraxis bildete natürlich neben der geographischen Nähe von Mittelmeer und islamischen Ländern eine ideale Grundlage für die

St-Michel-de-Cuxa: nördliche Seiten-
schiffarkaden

Entstehung von Wirtschaft und Handel. Trotz einer militanten christologischen Ideologie (reconquista, Heiliger Krieg) und dem Reformeifer der christlichen Institutionen (Klosterreform, Gregorianische Reform), ist doch das markanteste Zeichen dieser hochstehenden Zivilisation die bereits von der Languedoc her vertraute Toleranz und Convivencia: weltlich laizistische Ideale, die ihre verhängnisvollste Auswirkung in der Duldung der Häresie der Katharer fand und deren beseeltester Ausdruck noch heute erkennbar ist in der hochgemuten Dichtung der Troubadours. Auf diese zivilisatorischen Merkmale der mittelalterlichen okzitano-katalanischen Welt hinzuweisen, ist im Zusammenhang mit der romanischen Kunst des Landes um so förderlicher als von den sicher einst vorhandenen Profanbauten so gut wie nichts erhalten ist und die Gesamtheit der über 400 romanischen Kirchen und Kapellen allein im Roussillon geeignet wäre, den Eindruck einer ausschließlich religiös bestimmten Epoche entstehen zu lassen.

Architektur

St-Michel-de-Cuxa. Bei den Kirchenbauten der unter den Karolingern gegründeten Klöster handelte es sich durchwegs noch um kleine bescheidene Oratorien, teilweise holzgedeckt. Aber auch die antike Tradition des Wölbebaus war nicht vollständig abgerissen, wie zahlreiche nordspanische Bauten zeigen. Nicht nur der wachsende Reichtum der Klöster selbst, auch die Konsolidierung der politischen und wirtschaftlichen Kräfte schuf die Voraussetzung für die Entstehung neuer Bedürfnisse im Kirchenbau.

Um die Mitte des 10. Jahrhunderts war es wiederum *Cuxa*, das den Weg für den neuen Kirchenbau wies. Der noch unter Abbé Pons begonnene, unter Abbé Garin fortgesetzte und 975 geweihte Bau der Michaelskirche war bereits konzipiert als dreischiffige holzgedeckte Anlage mit einem ungewöhnlich weit ausladenden Querhaus und einer Anreicherung der

189

Ostteile: ein noch rechteckig abgeschlossener, fast die Breite des Hauptschiffes einnehmender Chor und, deutlich davon abgesetzt, an der Ostseite des Querhauses jeweils zwei tiefe, halbkreisförmig abgeschlossene Apsiden (Abb. 89, 90). Über den Querhausenden waren bereits zwei mächtige quadratische Türme vorgesehen. Das Hauptschiff öffnet sich zu den Seitenschiffen durch weite Arkadenstellungen, wobei die Versatzstücke zwischen den Bogenöffnungen durchaus noch Reste der darüberliegenden Langhaushochwand sind, also noch keineswegs den Charakter von tragenden Pfeilern besitzen. Dies war auch nicht nötig, da für die Eindeckung ein leichtes Holzdach vorgesehen war. Charakteristisch für diese frühe Architektur sind die hufeisenförmigen Abschlußbögen der Arkaden-, bzw. Gang- und Apsidenöffnungen. Ihre Herkunft ist gegenwärtig noch umstritten. Die neueren Beiträge rücken aber ab von einer direkten Abhängigkeit dieser Form von cordobeser Vorbildern und sehen in dieser Bogenform mehr die letzten Relikte einer bereits vorislamischen, also westgotischen Bautradition.

Als das christliche Abendland sich um das Jahr 1000 mit einem »weißen Kleid von Kirchen« überzog, wie Raoul Glaber, der burgundische Mönch, um 1030 berichtet, war es wieder Cuxa, das entscheidende Impulse für den sog. 'premier art roman' im Roussillon gab, diesmal unter der Ägide des großen Oliba. Dieser erweiterte noch einmal die Ostteile, indem

St-Michel-de-Cuxa I (975) und II (Anf. 11. Jh.), Grundriß und Ostansicht. Nach Kubach

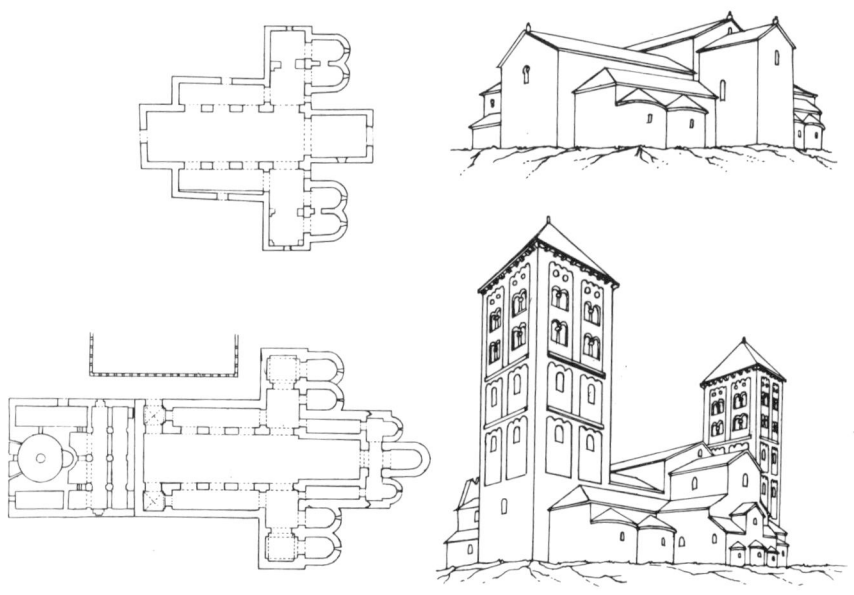

er die Lücke zwischen Chor und Apsiden schloß und dadurch zwei gangartige Nebenchöre erschloß. Unter Olibas Regie wurden auch die den Bau von außen so bestimmenden großartigen Türme in der von ihm offensichtlich eingeführten lombardischen Kunst hochgezogen (vgl. Fig. S. 2). Neben den lombardischen Türmen der unbestritten originellste Beitrag Olibas war aber die Erweiterung der Kirche im Westen: an einen rechteckigen, durch zwei parallelgeführte Korridore mit der Kirche verbundenen Vorhof schlossen sich im Westen ein außen quadratischer, innen aber kreisrunder, doppelstöckiger Zentralbau an (Abb. 91), in dem zwei neue Heiligtümer Unterbringung fanden: unten die Kirche der *Vièrge-de-la-Crêche* (Krippenmadonna) und oben das *Sanctuaire-de-la-Trinité* (Dreifaltigkeitsheiligtum). Durch die Erweiterungsbauten des Abbé Oliba war St-Michel-de-Cuxa zu einem höchst kunstvollen wie komplexen Ensemble frühromanischer Architekturformen angewachsen. Das Vorbild von Cuxa blieb nicht ohne Nachfolge, wie vor allem die Kirchen St-Michel und Ste-Félicité in Sournia erkennen lassen.

St-Martin-de-Canigou. Der bedeutendste Beitrag der frühromanischen Architektur im katalanischen Raum zur abendländischen Romanik bestand aber in der konsequenten Verwirklichung der Steinwölbung für größere Räume. Wiederum ging die Initiative von

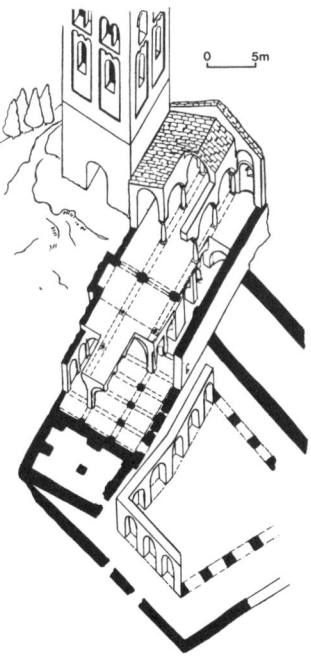

St-Martin-du-Canigou.
Stereometrischer Schnitt nach Conant

191

St-Martin-du-Canigou: Kapitelle der Oberkirche

Cuxa aus, wenn auch nur in einer Dependance des Mutterklosters. Kurz nach der Jahrtausendwende beschloß der Graf der Cerdagne (Bruder von Oliba) ein Kloster zu gründen, in dem er selber begraben sein wollte. Seine Wahl fiel auf einen Flecken in der Bergeinsamkeit des Canigou-Massivs, wo bereits eine von Mönchen unterhaltene Cella (seit spätestens 996 belegt) zu Ehren des hl. Martin bestand. Oliba stimmte dem Vorhaben seines Bruders nicht nur zu, sondern stellte auch noch für den Klosterbau (ab 1005) seine Mönche zur Verfügung, unter diesen den Baumeister-Mönch Sclua, der von 1014–1044 Abt von St-Martin war. Der in Cuxa ausgebildete und von den Ideen Olibas beeinflußte Sclua baute eine der ersten romanischen Kirchen des Abendlandes. Sein von der Kirche isoliert aufgestellter *Glockenturm* dürfte der erste seiner Art in Katalonien gewesen sein (Abb. 92). Seine größte kunsthistorische Leistung lag aber in der Errichtung der beiden übereinanderliegenden Kirchen. Sclua erweiterte das zunächst vermutlich dreijochige vorromanische Martinsoratorium nach Westen um sieben Joche zu einer dreischiffigen *Unterkirche* (Abb. 95). Das ursprüngliche Martins-Heiligtum war in tradierter Kryptenbauweise von einer schweren Steintonne eingewölbt, die auf massiven, gedrungenen Granitsäulen ruhte. Die Konzeption der von Sclua angeschlossenen Unterkirche verrät, daß die Oberkirche von Beginn an geplant war: die drei Schiffe haben gleiche Scheitelhöhe, so daß sich eine höhlenartig dunkle Hallenkirche ergibt. Die ursprünglichen Granitsäulen des älteren Teiles wurden teilweise ummantelt (Abb. 94). Die Arkaden der Gewölbe werden von klobigen Unterzügen begleitet, die ihre Fortsetzung an den eigentlichen Gewölbestützen finden, so daß diese sehr früh die tektonisch wie ästhetisch sinnreiche Form von archaisch kreuzförmigen Pfeilern erhalten. Die Steinwölbung und Kreuzform der Pfeiler bilden aber nur einen Teil der Erfindungskunst von Sclua.

In der *Oberkirche*, ebenfalls eine dreischiffige Halle, mit leichter Überhöhung des gewichtigeren Mittelschiffs (Abb. 93), verband er die schon klassische Säulenordnung der dreischiffigen holzgedeckten Basilika mit einer durchgehenden Steintonne. Lediglich zwischen dem dritten und vierten Joch skandiert ein kräftiger Gurtbogen die Flucht des ansonsten gedrungenen Raumes. Die Originalität dieses Baumeisters zeigt sich auch in den weitausladenden Kapitellen über den basenlos gesetzten Granitsäulen. Der Kapitellkörper, für dessen Form weder antike oder karolingische noch byzantinische Vorbilder zitiert

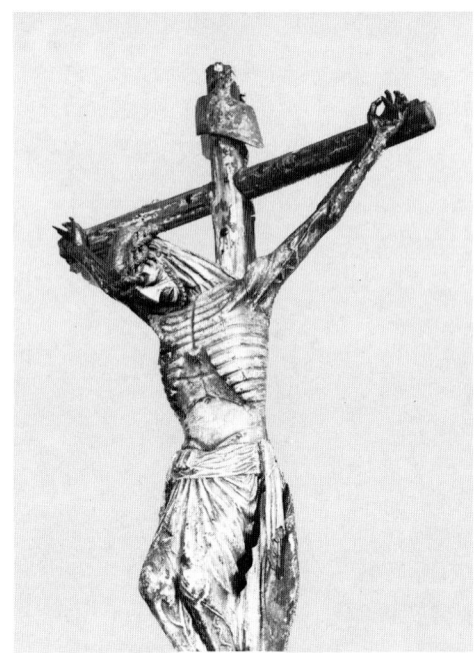

77 PERPIGNAN Kathedrale: Sakristei von Sagrera

78 PERPIGNAN ›Devot Christ‹, rheinisch, Anf. 14. Jh.

◁ 76 PERPIGNAN Hôtel de Ville: ›La Méditerrannée‹ von Aristide Maillol

81 PERPIGNAN Kathedrale St-Jean: Hauptaltar ▷

80 PERPIGNAN St-Jean Le Vieux: romanisches ▷ Figurenportal von Raimund von Bianya

79 PERPIGNAN Kathedrale: westgotisches Marmortaufbecken

82 ESPIRA-DE-L'AGLY Detail vom Südportal

84 CABESTANY Detail aus dem Marien-Tympanon des Meisters von Cabestany

83 CABESTANY Marien-Tympanon des Meisters von Cabestany

85   Aquädukt von Ansignan

86   PRADES   Pfarrkirche St-Pierre

87   ST-MICHEL-DE-CUXA   Das Kloster

88, 89   ST-MICHEL-DE-CUXA   Kirche mit Kreuzgang. Innenraum der Kirche

90, 91   ST-MICHEL-DE-CUXA   Blick ins Querhaus und in die Rundkapelle

93, 94 St-Martin-du-Canigou Innenraum der Oberkirche. Ummantelte Säule des älteren Teiles
92 St-Martin-du-Canigou Kirche und Turm
95 St-Martin-du-Canigou Blick in die Unterkirche

96   Conat   St-Jean-Baptiste: Chorpartie

97   Marcevol   Marmorportal der Kirche

98   Villefranche-de-Conflent

99   Corneilla-de-Conflent   Chorpartie

100 CORNEILLA-DE-CONFLENT Tympanon

101 SERRABONE Pilasterkapitell an der Tribüne

103, 104 Elne Westfassade der Kathedrale. Blick in den Innenraum

◁ 102 Serrabone Kreuzganggalerie

105 Elne Kathedrale: aquitanischer Sarkophag, 6.–7. Jh.

106 ELNE Kathedrale: Figurenkapitell

107 ELNE Kathedrale: Pilasterkapitell

108 MONASTIR DEL CAMP   Kreuzgang
109 ELNE   Kathedrale: Funeralskulptur von
        Raimund von Bianya

110 ARLES-SUR-TECH   Grabmal des Guillaume
        Gaucelme

111 ARLES-SUR-TECH Der Kreuzgang

112 ARLES-SUR-TECH Portal

113 LE BOULOU Romanisches Portal, 12. Jh.

werden können, zeigt archaische, stark schematisierte vegetabile und vereinzelt auch zoomorphe Formen. An der Ostseite laufen die drei Schiffe jeweils ohne Übergang in halbrunde Apsiden aus.

Elne. Ebenfalls noch in die erste Hälfte des 11. Jahrhunderts fallen die Bauanfänge der auch wichtigen frühromanischen Kirchen von St-André-de-Sorréde, Arles-sur-Tech (Weihe 1046), Corneilla-de-Conflent (1025?), die Stadtkirche St-Jean-le-Vieux in Perpignan (Weihe 1025) und das größte aller romanischer Bauvorhaben im Roussillon, die Kathedrale von Elne (1042–1069).

Wie rasch die Entwicklung in Richtung einer romanischen Architektur voranschritt, zeigt das Beispiel der Kathedrale von *Elne* (Farbt. vordere Umschlagklappe).

Hochgezogene rundbogige Arkaden ergeben zusammen mit den Bögen der Seitenschiffe das ausgeklügelte System einer Hallenkirche, deren Vierteltonnen der Seitenschiffe den Schub der Halbkreistonne des Hauptschiffes sinnvoll auffangen. Die Arkadenpfeiler haben bereits die ausgefeilte Kreuzform, in den beiden östlichen Jochen sogar mit zusätzlichen Halbsäulenvorlagen, die von archaischen Kämpferkapitellen abgeschlossen werden. Warum das fortgeschrittene System der ersten beiden östlichen Joche in den fortlaufenden zugunsten der uneleganten Pfeilervorlagen aufgegeben und die Tonne im westlichen Teil eine Anspitzung erfährt, ist nicht geklärt, hängt aber wohl mit der häufigen Konzeptionsänderung während der laufenden Bautätigkeit zusammen, was auch aus den Unstimmigkeiten zwischen Wölbsystem und Pfeilerabschlüssen hervorgeht. Wahrscheinlich war zunächst nur eine Holzbedachung vorgesehen.

Nach dem stürmischen Anlauf noch in der ersten Hälfte des 11. Jahrhunderts bleibt die Architektur des Roussillon ihrer früh entwickelten Form treu und bringt im 12. Jahrhundert keine nennenswerten neuen oder originellen Beiträge. Die Fortentwicklung der Bautechnik spiegelt sich wider vor allem in der Ablösung des roh bearbeiteten Hausteins durch die Perfektion der Quadersteinbauweise.

Besonders reife Beispiele zeigen die Chorpartien von *Conat* (Abb. 96), *Corneilla-de-Conflent* (Abb. 99), *Ste-Marie-de-la-Mer* und *Espira-de-l'Agly* (die beiden letztgenannten bereits um oder kurz nach 1200).

Originelle oder landestypische Formulierungen gelingen den romanischen Baumeistern in der Gestaltung der *Portale* durch die ausschließliche Verwendung des im Conflent und in den Albéres reichlich vorhandenen Marmors. Bemerkenswert ist der im Vergleich mit anderen Kunstlandschaften unübliche Verzicht auf figürliche Skulptur, abgesehen von einigen wenigen späten Ausnahmen: Cabestany, Corneilla, Coustouges, St-Feliù-d'Amont (alle zweite Hälfte 12. Jh.), Toulouges und St-Jean-le-Vieux (beide Anfang 13. Jh.). Noch in romanischen Formen gibt sich der im frühen 13. Jahrhundert erfolgte Umbau von *St-Jean-le-Vieux,* wo durch die Anfügung zweier Seitenschiffe die der Landschaft kohärente Raumform einer breitgelagerten Hallenkirche entstand.

Eine sehr frühe Entwicklung nimmt die Gestaltung der *Westfassade* durch Einbeziehen von Skulptur. Die ikonographisch sehr aufschlußreiche Gestaltung der Westfassade durch Superposition von Portal, Fenster (oder Okulus) und imperialer Blendarkadenreihe folgt dabei einer seit der Spätantike im Mittelmeerraum weit verbreiteten Vorstellung. Das früheste Beispiel (nach 1020) besitzen wir in *St-André-de-Sorrède*, dessen konsequente Fortentwicklung wir in *Arles-sur-Tech* finden können (vor 1046).

Skulptur

Die Entstehung der reliefgeschmückten Marmorportale und die Verbindung solcher Skulptur mit der Fassade wirft die leidige Frage nach dem Zeitpunkt der Entstehung einer eigenen religiösen mittelalterlichen Monumentalskulptur auf. Auch dafür liefert das Roussillon den ältesten datierbaren Beitrag.

St-Genis. Der Türsturz von St-Genis (Farbt. 45) ist durch seine Inschrift genau datierbar in die Jahre 1019/20, also ins 24. Jahr der Regierung des Königs Robert. Jede Abhandlung über romanische Skulptur beginnt mit dem Türsturz von St-Genis, der nach der Meinung einiger Gelehrter zunächst marmornes Altar-Antepedium gewesen und dann erst später im 12. Jahrhundert als Türsturz versetzt worden sein soll, was allerdings m. E. nicht sehr stichhaltig ist. Auf diesem Türsturz sehen wir abgebildet in der Mitte Christus sitzend, mit der rechten Hand segnend und mit der linken ein Buch auf seinen Knien haltend, eingeschlossen von einer doppelten Mandorla, die links und rechts von zwei Engeln gehalten wird. Daneben jeweils anschließend stehen drei männliche Figuren unter hufeisenförmig abgeschlossenen Arkaden. Über der Figurengruppe jene schon erwähnte zweizeilige Inschrift, die eine genaue Datierung ermöglicht. Inschrift und Figuren werden eingerahmt von einer Blattrankenbordüre.

Das Relief ist bei einer durchschnittlichen Kehltiefe von ca. ½ cm extrem flach, so daß die Bezeichnung Skulptur noch nicht recht angebracht erscheint. Steinschnittechnik und Motiv ähneln in frappanter Weise Werken der Elfenbeinschnitzerei, in der man (vielleicht auch in der Buchillustration) die eigentlichen Vorbilder für diesen Türsturz sehen will.

St-André-de-Sorrède. Nur wenig später scheint der Türsturz vom benachbarten St-André-de-Sorrède zu sein (Abb. 117). Das Vorbild von St-Genis ist nicht zu leugnen; ob er aber vom selben Meister gearbeitet ist, ist schwierig zu entscheiden. Immerhin ist in St-André das Relief tiefer und lebendiger, formen sich hier bereits Volumina und entstehen Ebenen. Einstimmig als von der Hand des St-Genis-Meisters wird die großartige Rahmung des darüberliegenden Fensters interpretiert. Die von Th. W. Lyman aufgezeigte konsequente Durchgestaltung der Fassade nach spätantiken Vorstellungen von Palasteingangsfronten, die Datierung für die Fensterrahmung um 1020 und die logische Fortsetzung dieses

Fassadenprinzips in Arles-sur-Tech lassen die These einer späteren Versetzung des Türsturzes nur wenig glaubhaft erscheinen.

Wahrscheinlich waren die Türstürze von St-Genis und St-André also von Anfang an als in die Architektur integrierte Skulptur geplant. Ganz ohne Nachfolge scheint diese Tradition von Marmorbildhauern im Roussillon nicht geblieben zu sein, wie sich zeigen läßt an dem Christusfragment von Rodez (Mitte 11. Jh., Musée Fenaille), dem Kreuzrelief von St-Guilhem-le-Désert, dem Türsturzfragment von Ste-Marie-de-la Mer, dem von P. Ponsich rekonstruierten Portal von St-Jean-le-Vieux und dem Auftreten des Bernard Gilduin in Toulouse (alle Beispiele Ende 11. Jh.).

Mit Gilduin beginnt das neue Kapitel der eigentlichen romanischen Monumentalskulptur. Aber auch die frühen Kapitelle in den östlichen Jochen der Kathedrale von *Elne*, insbesondere jene des nördlichen Seitenschiffs, zeigen im Kapitellbereich originelle Ansätze einer romanischen Skulptur. Doch nach diesen Ansätzen von Elne und Arles (beide Mitte 11. Jh.) scheint der große Impetus gebrochen. Die nachfolgende romanische Architektur des Roussillon zeigt sich erstaunlich abstinent von bildnerischem Dekor, ganz zu schweigen von großen Portalensembles wie in Toulouse oder Santiago di Compostela.

Cuxa. Erst spät nach dem voreiligen Versprechen von St-Genis, St-André und Arles findet das Roussillon seine eigentliche romanische Skulptur mit erkennbar indigenen Zügen. Wiederum ist Cuxa Initiator und Schöpfer. Unter Abt Gregorius († 1146) wurde etwa um 1140 mit dem Bau eines *Marmorkreuzgangs* begonnen (Abb. 88). Dieser ist der erste und damit älteste romanische Kreuzgang des Roussillon. Von den selben Künstlern wurde auch in der Tradition des nordspanischen coro alto eine Sängertribüne errichtet und das Portal des Abthauses skulpiert. Die Reste der Tribüne sind auf zahlreiche Museen der Welt zwischen Amerika und Frankreich verteilt, und der größte Teil des Kreuzgangs steht bei New York am Hudson, wo er im Museum 'The Cloisters' dessen Hauptattraktion bildet. Von den wiedergefundenen und zusammengetragenen Resten (Säulen und Kapitelle) wurde versuchsweise ein Teil des alten Kreuzganges wiederhergestellt (Farbt. 46, 47).

Serrabone. Die Werkstatt von Cuxa scheint auch verantwortlich für die Skulptur von Serrabone (Weihe 1151), dessen Kapitelle der Kreuzganggalerie und vor allem die der *Tribüne*, diesem Wunder aus rotfarbenem Marmor, als Hauptwerk der romanischen Skulptur gelten (Abb. 101, 102).

Mit einem Schlag, fast überschwemmungsartig, schmücken sich nun die hiesigen Kirchen mit Skulptur. Die Handschrift von Cuxa verraten auch großes und kleines Portal in *Villefranche-de-Conflent* (Abb. 98), *Coustouges* (Abb. 118), *Monastir-del-Camp* und *Brouilla* (Abb. 119). Aber auch die späten Kapitelle von *Espira-de-l'Agly* (Abb. 82), *St-Martin-du-Canigou* (Farbt. 41–44) und *Boulou* sind ohne die Vorbilder von Cuxa nicht denkbar. Neben der Verwendung farbigen Marmors zeichnet sich der Cuxa-Stil vor allem aus durch höchste Präzision in Steinschnitt, stereotype Motive, die fast ausschließlich vegetabile oder zoomorphe Formen aufweisen (Ausnahmen: zwei Pilasterkapitelle in Serrabonne [Abb. 101] und ein Kapitell am Portal von Monastir-del-Camp: Kreuzauffindung durch die Hl. Helena), bis zum Bersten geschwellte Volumina, die aber trotz aller Vitalität sich streng dem 'loi de cadre' unterordnen, extensive Verwendung des Steinbohrers und angestrebte Symmetrie.

Die auch dem Laien auffallende, schon an Kopien gemahnende Ähnlichkeit der Kapitelle in Cuxa, Serrabone, St-Martin-du-Canigou und Villefranche weist auf ein weiteres Charakteristikum der Skulptur des Roussillon: sie wurde nicht von individuell an den Bauort wandernden Bildhauern ausgeführt, sondern zentral und direkt an der Stelle des Steinbruchs, von wo aus sie als Fertigstücke versandt und danach versetzt wurden. Wenn wir für eine ähnliche Fertigproduktionsweise auch schon für das 11. Jahrhundert anzunehmen gewillt wären, würden sich dadurch die ebenfalls große Ähnlichkeit der Arbeiten und deren versatzstückartiger Charakter dieser Frühskulptur erklären lassen.

Der von Cuxa aus einmal eingeleiteten Tendenz zum Skulpturenschmuck entsprachen plötzlich auch eine Vielzahl von Pfarrgemeinden. So entstand z. B. im Rahmen des Neubaus der Kirche von *Corneilla-de-Conflent* eine hochromanische Fassade (nach dem Vorbild von St-André) mit einem reichgeschmückten Portal mit Tympanonskulptur (Abb. 100).

Meister von Cabestany. Im krassen Gegensatz zur zentralen Vorfertigung der Cuxa-Schule steht die Arbeitsweise der markantesten Persönlichkeit unter den romanischen Bildhauern im Roussillon, dem sogenannten Meister von Cabestany, benannt nach dem einzigartigen Marien-Tympanon (Abb. 83, 84) des gleichnamigen Ortes vor den Toren von Perpignan. Der Meister von Cabestany ist darüberhinaus eine der profiliertesten und faszinierendsten Künstlerpersönlichkeiten der gesamten Romanik, ähnlich wie Gislebertus von Autun, Gilabertus von Toulouse oder Antelami in Parma. Seine Herkunft ist so umstritten wie sich umgekehrt seine Arbeiten völlig sicher von der Toskana (San Antimo, San Giovanni in Sugana) bis ins Baskenland (Errondo) verfolgen lassen. Sein Stil ist so ausgeprägt, daß Verwechslungen nicht möglich sind. Seine wichtigsten Arbeiten konzentrieren sich aber auf den okzitano-katalanischen Raum: *St-Hilaire* (Altarsockel im Sarkophagformat mit Martyrium des Hl. Sernin), *Rieux-en-Minervois* (Kapitelle), *St-Papoul* (Kapitelle), *Lagrasse* (Türbogen), *Boulou* (Portalfries und Portalanlage), *Cabestany* (Tympanon) und *Sant Pere de Roda* (Tympanon). Der unpersönlichen, seriell hergestellten Skulptur des Roussillon stellt der Meister von Cabestany (möglicherweise italienische Herkunft) seine volle künstlerische Individualität entgegen, die sich ausdrückt: in der Art und Weise, Gesichter und Figuren zu gestalten (große Köpfe und überdimensionale, sprechende Hände zu kleinen Körpern in antikisch gefalteten Kleidern, ohne dabei klassizistische Strenge wie beispielsweise in der Provence anzustreben; kräftige, gerade Nasen, flache Stirn, schräggestellte, stereotyp mandelförmige Augen, hervorgehobene Mundpartie), bewegte und rhythmisierte Kompositionen zu entwerfen, die immer originell und höchst expressiv sind, und Ausdruck von Emotionalität und psychischer Stimmung herzustellen.

Raimund von Bianya. Während die eigenständigen Arbeiten des Meisters von Cabestany jegliche Abhängigkeit von irgendeiner bekannten Bildhauerschule von sich weisen und die Herkunft des Meisters keineswegs gesichert ist, d. h. eher nach Italien verweist, haben wir bei dem letzten Bildhauer der romanischen Skulptur im Roussillon eine Person vor uns, die sowohl zeitlich als auch herkunftsmäßig gesichert in der Tradition des Landes ruht: Raimund von Bianya im Besalù oder Raimund von Via (in der Cerdagne). Zwei von ihm gefertigte Grabplatten sind signiert und aufgrund der abgebildeten Bischöfe datierbar: die des Bischofs Raimund von Elne zwischen 1201 und 1202 (Abb. 109) und die des F. de Soler für 1203, beide im Südflügel vom Elner Kreuzgang. Auch das Grabmonument des Guillaume Gaucelme an der Westseite der Kirche von Arles-sur-Tech kann für 1210 festgelegt werden (Abb. 110). Der 1175 begonnene Kathedralkreuzgang von *Elne*, genauer dessen Südgalerie, ist ein letzter Aufguß der traditionellen von Cuxa ausgehenden und in Serrabonne ihren absoluten Höhepunkt erreichenden Bildhauerschule. Im Laufe der fortgeschrittenen Bauzeit wurde Raimund von Bianya mit der Fertigstellung des Traktes betraut. Die figürlichen Szenen 'Quo vadis' und 'Sündenfall' weisen schon seine Handschrift auf (Abb. 106). In den oben erwähnten Grabmonumenten von Elne und Arles erreicht die menschliche Figur in der romanischen Kunst des Roussillon, die abgesehen vom Cabestany-Meister, doch mehr im Bereich der Kleinkunst und des Dekorativen bleibt, erstmals wahrhafte Monumentalität von europäischem Format.

In dem um 1220 entstandenen Südportal von *St-Jean-le-Vieux* in Perpignan (Abb. 80), seinem Meisterstück, verbindet Raimund von Bianya französisch-gotische Vorstellungen mit lokaler romanischer Tradition. Während die vier Gewändefiguren (rechts Petrus und Johannes der Täufer; links nicht identifiziert) in der südlichen Tradition recht flach bleiben, springt der segnende Christus mit seiner perspektivischen Räumlichkeit weit vor die Ebene der Fassade. In der Anordnung des segnenden Christus, statt wie hergebracht auf dem Trumeau, auf der exzentrisch labil erscheinenden Position des hängenden Schlußsteines, erweist R. von Bianya sein Inventionstalent ohne Beispiel, und in der oktroyant auf den zuschreitenden Kirchenbesucher gerichteten, tief gestaffelten Räumlichkeit des segnenden Christus führt er die romanische Skulptur seines Landes zu einem letzten Höhepunkt, zu einem berauschenden Schlußakkord, dem die unmittelbare Folgezeit nichts Gleichwertiges mehr entgegenzusetzen hat.

Holzschnitzkunst. Indes war die Bildhauerkunst des Roussillon nicht beschränkt auf das Material Stein. Von den zahllosen Bildwerken der Holzschnitzkunst seien zwei Hauptmotive herausgegriffen: Madonnenstatuen, deren ergreifendste jene von *Corneilla-de-Conflent* ist, und Kruzifixe, deren unbestrittenes Juwel im rechten Seitenschiff der kleinen Kirche *Ste-Trinité* auf dem Weg von Amélie-les-Bains nach Serrabone zu finden ist (Farbt. 33).

Malerei

Von der in romanischer Zeit ebenfalls sehr verbreiteten Malerei, die in engster Abhängigkeit von der großen katalanischen Malerei steht, sind lediglich wenige repräsentative Reste auf uns gekommen bzw. teilweise noch nicht entdeckt und freigelegt, mit einer Ausnahme: die kleine Kirche *St-Martin-de-Fenollar* in der Nähe von Boulou erstrahlt noch hell in der Leuchtkraft ihrer ursprünglichen Fresken aus dem ersten Drittel des 12. Jahrhunderts (Farbt. 40). Die sinnenfreudige Farbigkeit mit dominanten Rot-, Grün- und Ockerwerten und die kräftige Zeichnung der Komposition lassen den Pantokrator vom nahe gelegenen *Le-Perthus-Haute* als von derselben Hand erscheinen.

Troubadourlyrik und -musik

Neben den bildenden Künsten blühten, auch wenn heute nicht mehr zu besichtigen, ebenfalls alle anderen Bereiche des hohen zivilisatorischen Lebens, allen voran die Kunst des 'Singens und Sagens', also die Troubadourlyrik und -musik. Die Sprache der Troubadours, auch im Roussillon und transpyrenäischen Katalonien, war das Okzitanische. Zwar fehlen für das Roussillon so klangvolle Namen wie Ventadorn oder Marcabrun, doch sind uns eine Reihe weniger berühmte Troubadours bekannt wie Guilhem von Cabestany, Berenger de Palasol, Guilhem de Berga, Pons d'Ortaffa und Formit de Perpignan. Der bekannteste ist Guilhem von Cabestany, der zugleich ein tapferer Ritter war; er hatte 1212 in der Schlacht von Las Navas de Tolosa an der Seite von Peter II. von Aragon gekämpft. Seine Bekanntheit verdankte er allerdings weniger den spärlichen von ihm erhaltenen Belegen seiner Verskunst, als vielmehr der schaurigen Geschichte vom Ende seiner Liebe zu Saurimonde vom benachbarten Tour de Roussillon (= Ruscino). Der Gatte von Saurimonde hatte von der Buhlerei zwischen seiner Frau und Guilhem de Cabestany erfahren, worauf er diesen tötete und dann dessen Herz, zur Lieblingsspeise von Saurimonde verarbeitet, dieser zum Essen vorsetzen ließ. Zum Beweis dafür, daß sie eben das Herz ihres Geliebten verspeist hatte, zeigte er Saurimonde den abgeschlagenen Kopf des Sängers. Worauf diese mit den ergreifenden Worten, sie hätte niemals zuvor Besseres als dieses Herz gegessen und es verlange sie nach keinem weiteren Mahle mehr, sich vom Söller stürzte und ihrem Geliebten in den Tod folgte.

So makaber und zugleich tragisch schön endeten allerdings nicht alle Troubadours, die bei ihrer Sangesarbeit von 'Juglars' (jongleurs, Spielleute) auf Instrumenten begleitet wurden. Neben Trommeln, Fiedeln, Zupf- und Holzblasinstrumenten fand bereits seit dem 12. Jahrhundert ein Instrument Verwendung, das auch noch heute unersetzlicher Bestandteil katalanischer Volksmusik, z. B. beim Tanzen der Sardana, ist. Dieses Instrument ist eine Art Dudelsack, die sogenannte Cornemuse (auch: grattle, bot de les nines).

Das Königreich Mallorca

Bei aller Teilautonomie, die traditionellerweise die katalanischen Grafen-Könige ihren angegliederten Besitzungen überließen, war doch das Geschick des seit 1172 durch Erbschaft an Barcelona gelangten Roussillon nun bis zur gewaltsamen Abnabelung im Pyrenäenfrieden von 1659 aufs engste mit Katalonien verbunden. Das weder vom Katharertum noch von den verheerenden Albigenserkriegen betroffene Roussillon mußte jedoch an den europäischen Folgen der Niederlage von Muret (12.9.1213) mittragen. Nach dem Schlachtentod von Peter dem Katholischen war für immer die politische katalanisch-okzitanische Koalition zerbrochen. Der in Montpellier geborene Infant Jakob war zunächst drei Jahre Geisel von Simon von Montfort, bevor er durch päpstliche Intervention in die Hände der Templer gegeben wurde. Der Sohn Peters II. von Aragon und der Marie von Montpellier sollte zu einem der bedeutenden Könige der so ruhmreichen katalanischen Geschichte werden. Durch den Vertrag von Corbeille (1259) wurde die Grenze zwischen Aragon und Frankreich festgelegt am Paß von Salses. Die Beziehungen zwischen Languedoc und Roussillon waren zukünftig ausschließlich kultureller und wirtschaftlicher Natur. Eine Ausnahme bildete die katalanische Exklave Montpellier. Das politische Interesse der katalanischen Könige war nun fast ausschließlich nach dem Süden der Iberischen Halbinsel und dem Mittelmeer gerichtet. Jakob eroberte systematisch die Inseln Mallorca (1229) und Ibiza (1235) und dazu die mohammedanischen Königreiche Valencia und Murcia, was ihm den Beinamen 'der Eroberer' einbrachte. Auch sonst leistete dieser rastlos tätige Monarch Großes für sein Land. Er ließ neue Münzen in Montpellier schlagen, die auch in Marseille, Genua, Pisa und Nordafrika Gültigkeit besaßen; er unterhielt diplomatische Niederlassun-

Jakob der Eroberer zu Pferd. Holzschnitt, 1515

Siegel Jacobs des Eroberers

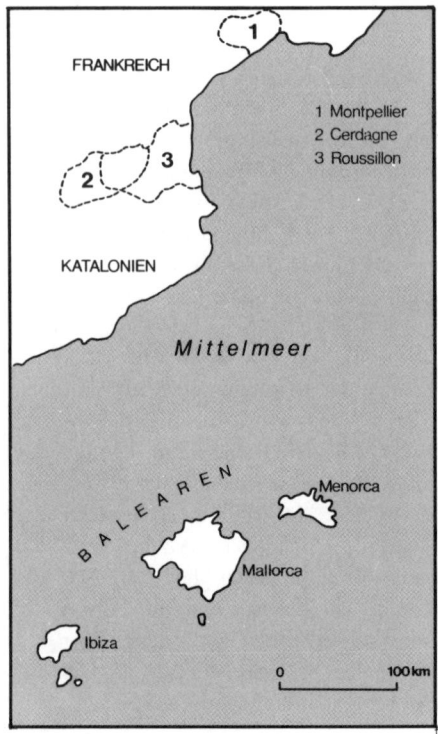

Karte des Königreichs Mallorca

gen in Armenien, Persien, Konstantinopel und Alexandria; schuf 1230 die Institution der Marineadmiralität; erließ ein Gesetz zur Regelung aller Meeresfragen, »usos i custums de la mar«; schrieb selber zwei Bücher (z. B. ›LoLibre de la Saviesa‹, Buch der Weisheit); machte das Katalanische zum verbindlichen Idiom in allen Ländern seines Reiches und ließ die Bibel ins Katalanische übersetzen etc. Seine sechzigjährige Regierung bedeutete eine einzige Wohltat für sein Land. Nur in einem Punkte sollte der sonst so weitsichtige und klug regierende Jakob eine verhängnisvolle Entscheidung treffen, nämlich mit der Regelung seiner Nachfolge.

Nach dem Tode seiner zweiten Frau Yolanda von Ungarn und dem Hinsterben dreier Infanten (Alphonse, Ferdinand und Sanchez) beschäftigte sich der 'Eroberer' intensiv seit 1262 mit dem Problem seiner Nachfolge. Am 26. August 1272 ließ er in seinem Stadtschloß in Montpellier sein Testament verfertigen. Danach sollte an seinen primo genitus Peter die Hauptmasse der aragonesischen Lande fallen, zuzüglich des eroberten Königreiches von Valencia. Alle nördlich der Pyrenäen gelegenen Besitzungen, die Grafschaften Cerdagne und Roussillon, Vallespir und Conflent, die Häfen Collioure und Port-Vendres, die Seigneurie Montpellier und die eroberten Balearen sollten – zusammengefaßt als neues

Königreich Mallorca – an Jakob, den Sohn von Yolanda gehen. Durch eine Klausel war festgehalten, daß beim Aussterben der direkten männlichen Linie des künstlich geschaffenen Königreichs Mallorca dieses wieder zurückfallen sollte an das aragonesische Stammhaus.

Aber kaum war Jakob der Eroberer gestorben, als Peter III., der eigentlich betrogene Haupterbe, der auch der Amputation des Reiches per Testament nur widerstrebend zugestimmt hatte, vom Halbbruder Jakob II. (= I. von Mallorca) den Vasalleneid verlangte, um damit das selbständige Königreich Mallorca in eine Art Ehrenlehen umzuwandeln. Das 1272 entstandene Königreich Mallorca war mit seinem Entstehen zum Zankapfel im Hause Aragon geworden und blieb es während der gesamten 68 Jahre seines Bestehens. Das junge Königtum Mallorca konnte praktisch ohne fremde Hilfe nicht bestehen. Es fand diese bereitwillig in Frankreich und dem Papsttum. Der französische König war für seine Besitzungen in Montpellier dort bereits oberster Lehnsherr, und der Vater von Jakob II. war bereits in wichtigen politischen Fragen in den Gegensatz zur päpstlichen Hegemoniebestre-bung getreten. Als Peter III. von Aragon nämlich nach dem erfolgreichen Volksaufstand der Sizilianischen Vesper sich entschloß, das staufische Erbe anzutreten und im September desselben Jahres in Sizilien landete, wo er von der Bevölkerung zum König ausgerufen wurde, war ein Konflikt von europäischer Tragweite entstanden, ein Kampf um die Vorherrschaft im westlichen Mittelmeer, den schließlich Aragon gewann. Als Mallorca 1346 wieder an das Stammhaus zurückfiel, mußte dies allerdings mit dem endgültigen Verlust von Montpellier bezahlt werden.

Trotz der zahllosen Kämpfe und der Verwicklungen des künstlichen Gebildes Mallorca in die großen europäischen Auseinandersetzungen bedeutete die fast siebzigjährige Existenz dieses Königtums ein wahrhaft goldenes Zeitalter für das Roussillon. *Perpignan* war über Nacht zur Hauptstadt eines Königreichs geworden. Jakob II. hatte sofort nach Regierungs-antritt mit dem Bau des Palastes der Könige von Mallorca beginnen lassen (Farbt. 26). Die Stadt wuchs sprungartig über ihre vormaligen Grenzen hinaus. Hinzu kam eine wirtschaftli-che Hochkonjunktur. Perpignan wurde zunächst zum wichtigsten mittelmeerischen Umschlagplatz für flandrische Tuche, um sehr bald selber zum respektablen Zentrum einer eigenen Tuchindustrie mit gefragten Qualitätsprodukten zu werden. Neben der Tuchher-stellung erblühte, ebenfalls von der Schafzucht her bedingt, eine wichtige Lederindustrie. Die günstigen Absatzbedingungen durch die neuen Märkte auf den Mittelmeerinseln, zu denen noch Sardinien und Sizilien kamen, dazu die aragonesischen Häfen, Nordafrika und die Levante machten Perpignan, Montpellier und vor allem die vorher unbedeutenden kleinen Häfen wie Collioure und Port-Vendres zu wichtigen Brückenköpfen des internatio-nalen Seehandels.

Wo solchermaßen wirtschaftliche Bewegung und Geld vorhanden waren, konnten die entsprechenden Artikulierungen auf dem Sektor der Kunst nicht ausbleiben. In den beiden Palastkapellen von Perpignan hielt zum erstenmal die nordfranzösische Gotik Einzug im Roussillon (Farbt. 23). Gleichzeitig stellt die Durchführung dieser Kapellen eine wahrhaft weise Verschmelzung letzter romanischer Vorstellungen mit gotischen dar. 1324 wurde mit der Kathedrale St-Jean als dreischiffiger gotischer Basilika begonnen. Über Mallorca kam der Einfluß der sieneser Malerei nach Katalonien, um dort regionale eigenständige Schulen zu bewirken. Die im späten 13. Jahrhundert sich in Perpignan etablierenden Bettelorden brachten ihre neue Architektur mit ins Land. Einen Beitrag ganz besonderer Art zur Kulturgeschichte des Roussillon leistete schließlich der überaus belesene und prunkliebende letzte Monarch von Mallorca. Jakob IV. ließ das aufwendige Hofzeremoniell in den 'Palatinischen Gesetzen' niederlegen und detailliert beschreiben. Dies war das erste ausgeklügelte Hofzeremoniell eines europäischen Fürstenhofes. Peter IV., Jakobs Gegenspieler, übernahm diese 'Palatinischen Gesetze' für seinen Hof, wo er sie als sein Werk ausgeben ließ. Über das Haus Aragon wurden die 'Palatinischen Gesetze' die Grundlage für das spätere spanische Hofzeremoniell. Nach dem Verlust von Montpellier ordnete Peter IV. sofort den Bau einer neuen Universität in Perpignan an.

Vorbestimmter Niedergang

Nach dem Wiederanschluß des Roussillon direkt an die Krone von Aragon setzte nun verstärkt die Katalanisierung der Region ein. Von der allgemeinen Rezession um die Mitte des 14. Jahrhunderts – Niedergang des flandrischen Tuchhandels, Ausfall der Champagner-Messen, Pest etc. – blieb auch Perpignan nicht ganz verschont. Dennoch konnte man sich über seine alten Handelsbeziehungen eine gewisse Prosperität erhalten. 1368 wurde das 'Consulat de Mer' gegründet.

Nach dem Tode von Martin dem Humanen (1410) war die Dynastie der Nachfolger von Wifred dem Behaarten ausgestorben. Mit Ferdinand I. kam nun die kastilische Familie der Trastamare auf den Thron von Aragon. Als Johann II., Bruder des 1458 verstorbenen Alphons des Prächtigen, die Königsmacht usurpierte, revoltierte die katalanische Bürgerschaft, allen voran die Kapitale Barcelona. In den nachfolgenden Rückgewinnungskämpfen suchte Johann die Hilfe der Franzosen. Gegen die immense Summe von 300 000 Gold-ecus stellte Ludwig XI. die verlangte Kriegstruppe zur Verfügung. Im Vertrag von Bayonne (1462) garantierte Johann II. die Rückzahlung der obengenannten Summe mit den Grafschaften Cerdagne und Roussillon und den Burgen von Perpignan und Collioure. Ludwig XI., in der Annahme, daß Johann ohnehin seine horrenden Schulden nie würde zurückzahlen können, ging unverzüglich daran, 'seine' neuen Ländereien in Besitz zu nehmen.

In Spanien hatte sich aber eine für die französischen Expansionsgelüste verhängnisvolle Entwicklung vollzogen. Johann II. war es gelungen, die Vereinigung von Aragon mit Kastilien sicherzustellen durch die Heirat des Infanten Ferdinand mit Isabella von Kastilien (1469). Der Streit mit Katalonien wurde intern nach der Kapitulation von Perpignan und ganz Roussillon beigelegt. Die Franzosen wurden nun aus dem Roussillon vertrieben. Ihr zweiter Anlauf einer militärischen Eroberung war damit abgewiesen. Nach der endgültigen Niederlage der Mauren durch die Einnahme von Granada 1492 hatte Frankreich plötzlich nicht mehr Barcelona-Aragon, sondern die ganze geeinte Iberische Halbinsel und das Potential der entstehenden spanischen Weltmacht gegen sich. Die Italienpolitik Karls VIII. stellte im Frieden von Barcelona wieder die alten Besitzverhältnisse und Grenzen des Friedens von Corbeille her, mit Ausnahme von Montpellier. Mit dem Neubau des Châteaufort de Salses (s. S. 177 ff.) durch den spanischen Militärarchitekten Ramirez wurde der spanische Anspruch auf das Roussillon unterstrichen. Den kurzfristig in Perpignan residierenden Katholischen Königen hatte man frenetisch zugejubelt. Aber man jubelte zu früh. Nicht mehr das moderate und tolerante Katalonien bestimmte künftig auf der Iberischen Halbinsel Ton und Politik, sondern das strenge und fanatische Kastilien. Die an Freiheit und Weltoffenheit gewohnten Katalanen fanden das strenge zentralistische Regiment Madrids unerträglich, das unter Olivares, dem allmächtigen Minister Philipps II., seinen Höhepunkt erreichte. 1640 brach die katalanische Revolte offen aus. Der ebenfalls allmächtige Minister nördlich der Pyrenäen, Cardinal Richelieu, packte die Gelegenheit beim Schopf. Zwischen Barcelona und Paris wurde eine antikastilische Allianz geboren, Ludwig XIII. durfte sich Graf von Barcelona nennen. 1642 mußte die spanische Garnison von Perpignan kapitulieren. Der Hochverrat des königlichen Günstlings Cinqu-Mars wurde von Richelieu aufgedeckt und der Verräter in Lyon hingerichtet. Aber erst 1659 gelingt es Frankreich, seine Wunschvorstellung, die Pyrenäen als natürliche Grenze zu Spanien, zu verwirklichen. Im Pyrenäenfrieden desselben Jahres wurde das Faktum besiegelt: Katalonien blieb bei Spanien, das Roussillon wurde endgültig französisch. Vauban ließ nach einer eingehenden Inspektionsreise die neue Südgrenze mit einem System von Festungen abriegeln: Perpignan, Port-Vendres, Villefranche-de-Conflent, Montlouis und Prats-de-Mollo hießen die neuen Bollwerke. Im Schloß der Könige von Mallorca residierte nun ein französischer Gouverneur. Die alte Rechtsverwaltung des 'governacio' wurde (1660) ersetzt durch einen obersten Gerichtshof des Roussillon. Das Roussillon erhielt einen Sonderstatus, der sich unter anderem in der Institution des Intendanten ausdrückte, der, ausgestattet mit größten Machtbefugnissen im Finanz-, Rechts- und Militärbereich, direkt der Zentralregierung unterstellt war.

Zwar bemühten sich die Franzosen, die Hauptstadt *Perpignan* zu modernisieren und ihr ein neues Gesicht zu verleihen: breite Straßenzüge, öffentliche Gebäude in klassizistischem Kleid, Ausbau der Festung auf dem Puig des Reyes, neue Universität. Aber man war wieder einmal getäuscht worden, man war vom spanischen Regen in die französische Traufe gekommen. Zur Einführung der französischen Sprache erwiesen sich die Jesuiten als willige Helfer. Schon 1700 verfügt ein Edikt den ausschließlichen Gebrauch des Französischen bei allen öffentlichen Akten.

Sowohl die Strangulierung der Sprach-, Wirtschafts- und Kultureinheit Katalonien-Roussillon als auch die nunmehrige Unterdrückung durch eine andere Zentralregierung, diese nicht minder rigoros als jene von Madrid, lastet noch heute schwer auf der Bevölkerung. Die heimische Textilindustrie ging bankrott. Einzig die Produktion von Wein, trotz der französischen Anbauverbote (1731 und 1757), konnte das Land vor noch größerer Verarmung bewahren. Die morastigen Küstenstriche und die steinigen Hochtäler

gewährleisten keinen extensiven Ackerbau. Die halbnomadische Betriebsform der Schafzucht steht größeren Strukturveränderungen ebenfalls entgegen. Trotz vereinzelter französischer städtebaulicher Impulse bleibt der alte unternehmerische Elan gebrochen. Man war,
wie schon einige Jahrhunderte früher die benachbarte Languedoc, Provinz geworden, mit
einer aufgezwungenen fremden Sprache. Die Industrialisierung im 19. Jahrhundert, die
neuen Transportmöglichkeiten wie Eisenbahn, gingen an Frankreichs südlichster Kolonie,
weit abgelegen von der Metropole Paris, vorbei. Neben regional begrenzter Fischerei und
Gemüseanbau bildet heute vor allem der Weinbau das wirtschaftliche Rückgrat des
Roussillon. Immerhin, die alte Landverbindung Rhône–Spanien hat der Region noch einige
Möglichkeiten offengelassen. So ist Perpignan bis heute einer der größten französischen
Verladebahnhöfe für Frischgemüse – bis Salvador Dali diesen vor wenigen Jahren zum
Mittelpunkt des Universums erklärte und damit sozusagen unter Kunstschutz stellte.

Je mehr man aber in die sich negativ auswirkende Abhängigkeit von Paris geriet, um so
mehr klammerte man sich an die tiefverwurzelte kulturelle Zugehörigkeit zu Spanien, sprich
Katalonien. Der im 17. Jahrhundert aufkommende Geschmack für überschwengliche
Altarkonstruktionen ist ausnahmslos von Katalonien bestimmt. Die ausführenden Künstler
(Lazaro Tremullas, Joseph Sunyer de Manresa) kamen ebenfalls von südlich der Pyrenäen.
In der Kirche St-Jacques, der populären Bastion der Volkstradition, predigte man bis 1874
katalanisch. Volksfeste und ihre Aufführungen, z. B. Tanz der Sardana, verstehen sich
unzweideutig in ihrem katalanischen Erbe. Stolz weht das Wappen Wifred des Behaarten,
vier rote Balken auf gelbem Grund, von wichtigen Gebäuden der Stadt Perpignan, und jedes
zweite Auto fährt provozierend ein großes C (für Catalan) auf besagtem Wappen spazieren.
Die offen zur Schau getragenen Katalanenplaketten, die Forderung nach Katalanisch an der
Schule und wirtschaftlicher Unterstützung ohne dazu parallel laufende Dirigismen: Man
träumt vom alten Paradies, in dem die zwei Schwestern Barcelona und Perpignan ihr
ungestörtes Eigenleben führen konnten. Man träumt auch von der jüngst im Nach-Franco-
Spanien errungenen Teilautonomie der Nachbarn, drüben auf der anderen Seite der
Pyrenäen. Die Katalanen haben zwar nicht den Spruch von Egalité, Fraternité und Liberté
erfunden, aber praktiziert haben sie diesen Geist schon länger als die gebietshungrigen
Franzosen, schon seit Jahrhunderten. Der Traum wird wohl ein solcher bleiben. Alle
Erfahrungen aus der französischen Geschichte lassen seine Verwirklichung recht chancenlos
erscheinen. Es sei denn, man schaffte überhaupt die künstlichen Grenzen der sogenannten
Nationalstaaten ab. Die Grande Nation wäre aber selbst dann wohl die letzte, die sich zu
diesem Schritt entschließen könnte.

Die Kapitale: Perpignan

Vier Kilometer landeinwärts der Verwaltungshauptstadt Ruscino, bereits in der fruchtbaren
Roussillon-Ebene am Unterlauf des Têt, lag in römischer Zeit die *Villa Perpiniani*. Diesen

günstigen Flecken erkoren im 9. Jahrhundert die von den Karolingern eingesetzten Grafen des Roussillon zu ihrer Residenz. Diese Ortswahl scheint zum einen, ähnlich wie im Falle Montpellier/Castelnau-le-Lez, auf eine Trassenverlegung der alten Via Domitia hinzuweisen, und zum anderen die Gefährlichkeit der von Sarazenen heimgesuchten Küste zu dokumentieren. Bereits um das Jahr 1000 sind eigene Münzen und Gewichte wesentliche Anzeichen für die aufblühende neue Hauptstadt, desgleichen die feierliche Einweihung der Pfarrkirche St-Jean-le-Vieux im Jahre 1025 direkt neben der *sala* der Grafen. Damit besitzt die Grafschaft von nun an zwei Zentren, das geistlich-religiöse mit dem Bischofsitz in Elne und die weltliche Administration in Perpignan. Auch nach 1172, der Eingliederung in das Haus Barcelona-Aragon, kann sich entsprechend der katalanischen Tradition das Roussillon weitgehender Autonomie erfreuen. Ende des 11. Jahrhunderts sind Messen und eine Brücke über den Têt erwähnt.

Aber erst im 13. Jahrhundert, genauer seit 1276, erhob sich das eher bescheidene Gemeinwesen zu einem wahren Höhenflug ungeahnten Ausmaßes. Bereits vier Jahre vorher, nach der Bekanntgabe des Testamentes Jakobs des Eroberers, hatte sich der neue König Jakob II. nach einem geeigneten Regierungssitz für seine Domänen umgesehen und sich für Perpignan entschieden. Das bescheidene Kastell der vormaligen Grafen des Roussillon erwies sich aber als zu beengt für die Residenz eines Königs. Bereits 1274, noch zwei Jahre vor dem Tod Jakobs I. von Aragon, werden Freizügigkeiten konzidiert für den Baumeister Raimund Pau, 'magister operis castri perpignani'. Die Bauarbeiten müssen zügig vorangeschritten sein, denn 1285 residierte Jakob II. bereits im *Palast der Könige von Mallorca*. Die Stadt selber platzte aus ihren alten Nähten, und eine neue, weitere Stadtmauer wurde in Angriff genommen. Neue Stadtviertel und prächtige Gebäude, teilweise aus Stein, entstehen. Als Beispiel für den neu erworbenen Reichtum mögen die Ausmaße der ursprünglich (1324) konzipierten Stadtpfarrkirche *St-Jean* genügen.

Die am Donnerstag, dem 15. Juli 1344 erfolgte Rückgliederung des Königreiches Mallorca an das Stammhaus Aragon brachte zwar einen schmerzlichen Prestigeverlust für die ehemalige Hauptstadt, was aber keinen totalen Kollaps nach sich zog, da der Handel entsprechend der allgemeinen Wirtschaftslage im späten 14. Jahrhundert relativ weiterblühte und die aragonesischen Könige ihrerseits nun zeitweise von Perpignan aus ihr Reich regierten. Der Königspalast selber wurde weiter ausgebaut, das *Castillet* (Farbt. 22) nach dem Vorbild der Porte Narbonnaise in Carcassonne errichtet, und die Stadt erhielt das Consulat de Mer zugestanden, was neun Jahre später den Bau der *Loge de Mer* (Abb. 73) bewirkte. Bereits 1315 wurde das *Rathaus* entscheidend vergrößert, wo ab 1368–1402 neue Erweiterungen durchgeführt wurden. Die nach der abrupten Auflösung des Königreiches von Mallorca eingetretene Einstellung der Bauarbeiten an St-Jean konnten erst unter Bischof G. Albert (1431–1453) in modifizierter Form wieder aufgenommen werden. Der neue Baumeister war kein Geringerer als Guilhem Sagrera, der Erbauer der Kathedralen von Gerona und Palma de Mallorca, des großen Saals im Castel Nuovo in Neapel und der Loge von Palma.

Im Laufe des 15. Jahrhunderts, bedingt durch die innenpolitischen Nachfolgekämpfe der neuen kastilischen Dynastie, wurde kurzfristig das Roussillon der Kastilienpolitik geopfert. Perpignan, das durch seinen entschlossenen Widerstand wesentlich zum Desaster des von Philipp dem Kühnen geführten Eroberungskreuzzuges beigetragen hatte (Philipp der Kühne war im September 1285 während seines Rückzuges in Perpignan gestorben), mußte sich 1475, von Aragon alleine gelassen, den Truppen Ludwigs XI. ergeben. An die kurze Besatzungszeit durch die Franzosen erinnern noch heute Ausbesserungen an den Befestigungsanlagen, z. B. am Castillet, und die Einwölbung des Langhauses von St-Jean. Als die verhaßten Franzosen nach dem Vertrag von Barcelona 1491 das Roussillon wieder geräumt

Perpignan: Stadtplan

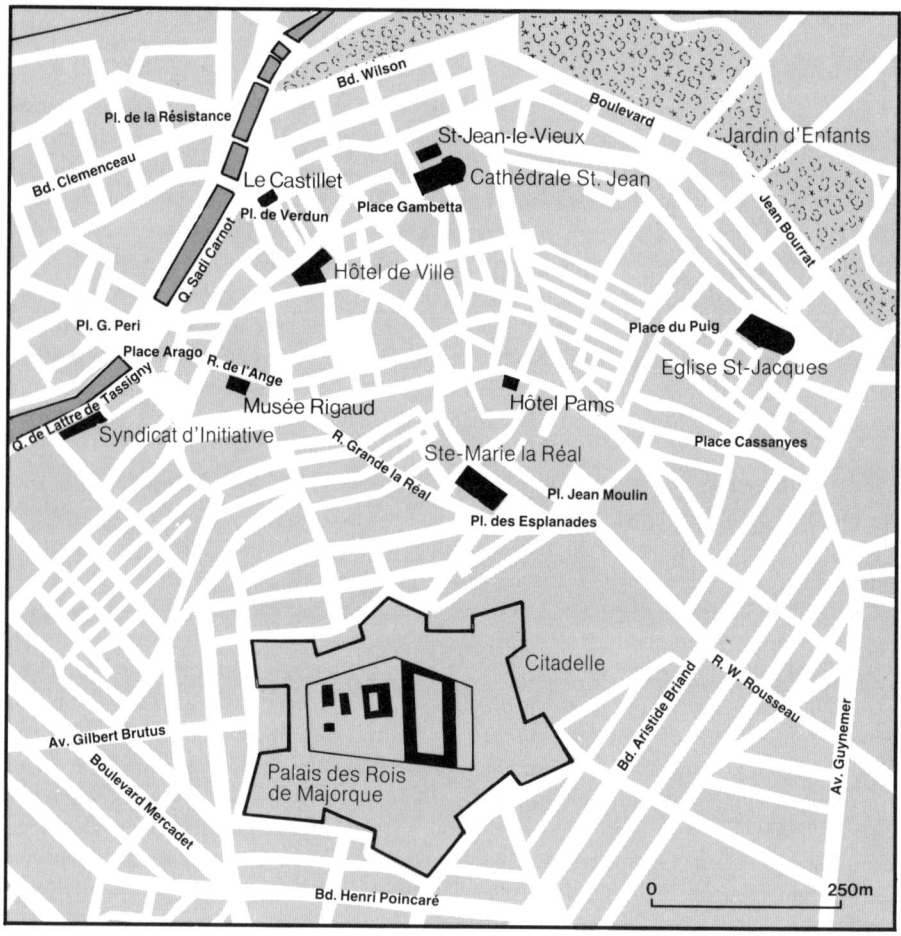

hatten, hielten die Katholischen Könige Ferdinand und Isabella pompös Einzug in Perpignan, wo sie von der Bevölkerung mit enthusiastischen Freudenbezeigungen empfangen wurden. Mit der Freiheit war es allerdings zu Ende. Mit Handel und Kunst auch. Dem kastilischen Joch folgte die französische Gefangenschaft. Aus der Zeit der ersten Französisierung stammt vor allem der Neubau der *Universität* (1740). Der aus Perpignan gebürtige Hyazinth Rigaud brachte es bis zum königlichen Hofmaler unter Ludwig XIV.

Stadtbesichtigung

Von welcher Seite man auch auf Perpignan zukommt, das von weitem schon bestimmende Monument ist der Palast der Könige von Mallorca mit seiner alles überragenden Doppelkapelle. Diesem Bauwerk, in dem Höhen und Tiefen der Landesgeschichte wie in keinem anderen deutlich werden, wollen wir den Vorrang geben.

Palast der Könige von Mallorca
Der seit 1274 konzipierte und im Kern bereits elf Jahre später fast fertige, d. h. für den König bewohnbare Palast (Farbt. 23, 26) erhebt sich im Süden der ehemaligen, im 13. Jahrhundert erweiterten Grafenstadt. Von 1285 bis 1344 residierten hier die mallorquinischen Könige Jakob II., Sanchez und Jakob III., dann die Könige von Aragon Peter IV. und Ferdinand II. mit Isabella, zwischendurch der Gegenpapst Benedikt XIII. und der französische König Ludwig XI. In die illustre Gästeliste wären noch einzutragen Kaiser Sigismund, Ferdinand von Aragon und Ludwig XIII., woraus die historische Bedeutung dieses Bauwerks hervorgehen mag.

Aus der Zeit der mallorquinischen Könige stammen alle Teile der Kernanlage wie Kapellen, Saal der Könige, Außenbau etc. Der eigentliche Ausbau zur Festung erfolgte unter den Königen von Aragon, also im 14.

und 15. Jahrhundert. Die den Kapellen vorgelegte obere Galerie war 1356 noch im Bau, die gegenüberliegende Loggia über der Eingangshalle scheint 1368 fertig gewesen zu sein. Zeitgleich mit dem Ausbau der Festung von Salses wurden ab 1494 die äußeren Verteidigungsanlagen begonnen, die unter Karl V. und Philipp II. (vom Festungsbaumeister J. B. Palia) fortgesetzt wurden. Unter Philipp II. entstand auch das äußere Tor in Form eines Triumphbogens. Erst 1612 wurde dem Mauerring ein tiefer Graben vorgelegt. Die von Vauban nach 1679 angelegten Vorbastionen (vgl. Salses) sind 1910–20 geschleift worden, so daß die äußere Festung heute wieder den Anblick der von Palia gewollten Form bietet.

Man betritt die Festung durch die an der rue des Arches gelegene *Triumphpforte* von Philipp II. Über lange, im Zick-Zack geführte, extrem flache (für die Kavallerie) Treppen gelangt man auf das Plateau des *Puit des Reyes*, wo sich als Festung in der Festung der eigentliche Palast der Könige von Mallorca befindet. Über eine Brücke und eine niedrige Vormauer mit katalanisch-maurischen Zinnen geht der Weg zum *Torturm*, der aus verteidigungstechnischen Gründen nur über seine Südseite (zur Mauer gekehrt) Zugang gewährt. Erst durch ein zum Hof hin offenes Vestibül gelangt

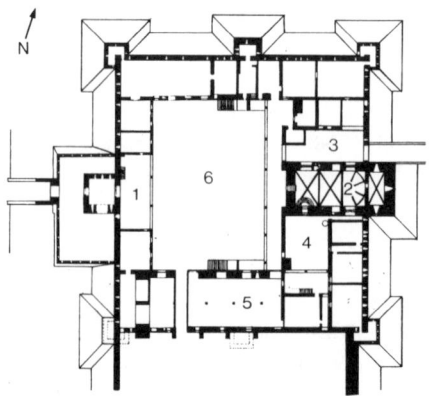

*Perpignan: Palast der Könige von Mallorca
1 Eingangshalle 2 Hofkapelle 3 Hof der
Königin 4 Hof des Königs 5 Großer Festsaal
der Könige von Mallorca (darüber das Museum)
6 Großer Hof*

man schließlich ins Zentrum der eigentlichen Kernanlage. Diese besteht im Grundriß aus einem fast quadratischen Geviert (60 : 64 m) mit rechteckigen Vorsprüngen jeweils an den Ecken und der Mitte der Außenmauer. Der Grundriß verrät schon etwas von der Besonderheit dieses Palastes: drei Innenhöfe. Der im letzten Viertel des 13. Jahrhunderts entstandene Bau markiert einen wichtigen Wendepunkt im Palastbau, weil hier versucht wurde, die zum Schutze des Königs notwendigen Anforderungen an einen Wehrbau mit den Annehmlichkeiten eines königlichen Palastes zu vereinen.

Die Gebäude um den großen Hof (Farbt. 26) dienten der Unterbringung des Hofstaates und der militärischen Besatzung. Die Westseite des großen Hofes wird bestimmt durch die drei Bogen der weitgespannten Arkaden des Eingangsvestibüls und die ebenfalls weitgestellte Bogenreihe der darüberliegenden Loggia. Eindeutig do-

miniert wird das Bild des Hofes von seiner Ostseite, wo das sogenannte 'Paradies', die doppelstöckige Arkadengalerie (unten rundbogig und weitgespannt, oben rechts gleiche spitzbogige Arkadenstellung wie an der gegenüberliegenden Loggia) ein horizontales System erstellt, das in seiner Mittelachse eine kräftige Zäsur, eine vertikale Gegenkraft erhält durch die Übereinanderstaffelung der weitergespannten Bogenöffnungen der Kapellenvorhallen und der Westfront des Kapellentraktes. Die imposante wie ausgeglichene, offene, mittelmeerische Arkadenarchitektur greift über seine äußerst flach geführten Seitentreppen weit in den Binnenraum des Hofes. Die erst vor wenigen Jahren abgeschlossene Restaurierung des gesamten Palastkomplexes war besonders bemüht, den Zustand des 13./14. Jahrhunderts wiederherzustellen. So finden wir heute wieder im Ostabschluß des großen Hofes eine repräsentative mediterrane Hofarchitektur monumentalen Zuschnitts, in der Tradition der *scaenae frons* römischer Theaterbauten, vor deren Hintergrund das aufwendige Schauspiel der 'Palatinischen Gesetze' seine tägliche Inszenierung fand.

Hinter dieser einnehmenden Fassade finden sich, getrennt durch zwei übereinanderliegende Hofkapellen, zwei weitere, allerdings wesentlich kleinere Höfe, deren südlicher der Königin und deren nördlicher dem König ausschließlich vorbehalten war. Eine obere Galerie schafft behagliche Wohnlichkeit. An der Südseite der *Unterkirche* führt ein schlichtes romanisches Portal, das übrigens ein reizvoller Rekonstruktionsversuch der letzten Restaurierung ist, direkt in den Gebetsraum der Königin.

Im Obergeschoß des südlichen Längstraktes befindet sich die große *aula regia*,

Perpignan: zweistöckige Palstkirche im Palast der Könige von Mallorca, Querschnitt, Aufriß der Westfassade, Längsschnitt

der Saal der Könige von Mallorca, wo alle wichtigen Ereignisse des Hofes, wie Empfänge, Staatsakte oder Bankette, stattfanden. Den heute fast allen Inventars beraubten und deshalb kahl und fremd wirkenden Raum (32 : 13 m) mit drei Kaminen, Triumphbogen und Okulus im Westen, muß man sich gehörig ausgestattet denken mit schweren, geschnitzten Holztischen und Stühlen, mit Kandelabern und Wandteppichen, dazu das bunte, unentwirrbare, prächtig gekleidete Volksgewimmel, und das Gemisch von Farben, Klängen und Gerüchen. Über die Galerie des ‚Paradieses‘ war die Königshalle direkt verbunden mit den beiden königlichen Wohntrakten.

In der überdachten Eingangsfassade der *Oberkirche* haben wir das letzte Skulptur- und Architekturensemble der romanischen Kunst im Roussillon vor uns. Kostbar ist diese Wand gestaltet. In die aus rotem und gelben Marmor gegliederte Rückwand eingebettet liegt das rundbogige, dreifach zu-

rückgestufte Portal aus gleichem Material. Das Fragment des ursprünglichen Figurentympanons ist entfernt worden. Von der einstigen Qualität dieser Bildhauerarbeit können noch heute die in situ erhaltenen, feingliedrigen Kapitelle beredtes Zeugnis ablegen. Die im Mudejar-Stil gearbeitete Holztür ist die kunstvolle Replik des nur von Zeichnungen her noch bekannten Originals. Tritt man durch dieses wahrhaft königliche Portal ins *Innere* der Oberkirche, wird man zum zweiten Mal des Januskopfes des Palastes gewahr. Die absolut in der Tradition des Landes stehende romanische Fassade (spätes 13. Jh.) verbirgt im Innern der dahinterliegenden Kirche ein völlig neues Gesicht, das erst wenige Jahre vorher in der Nachbarlandschaft Languedoc unfreiwillig importierten nordfranzösischen Gotik. Aber der lichte wohlproportionierte Kirchenraum (Abb. 74) hat nichts Geschmäcklerisches, nichts schwächlich Angeeignetes an sich: Raumverhältnisse, Zuschnitt, Kapitelle und Maßwerk besitzen Esprit und Eleganz ihrer französischen Vorbilder. Schlichtheit und Ausgewogenheit – trotz reduzierter Grasfläche – sprechen es aus: hier ist eine mallorquinische Ste-Chapelle entstanden.

Nicht minder kostbar ist die Fassung der *Unterkirche,* die allerdings durch die gedrückte Raumhöhe eher gruftartigen Charakter hat. Besonders glücklich muß man über die Reste der Originalausmalung sein, haben sie doch in den Blendfenstern die ursprüngliche Verglasung reproduziert, so daß diese mühselig und einfühlsam wieder hergestellt werden konnte. Das Blau der Gewölbekappen mit Sternenbesatz, das Gold der Lünettenrahmung, gemalte und wieder verglaste Fenster, dekorative Ausmalung der Chorzwickel, Bordüre mit trompe-l'oeil-Malerei und wiederhergestellte Bodenmosaiken ergeben zusammen, vor allem in der Unterkirche, eine wohltuende, wenn auch nur patinös erhaltene Farbigkeit.

Eine Kostbarkeit am Rande: die beiden Wasserabflußbecken auf der jeweils rechten Chorseite in Form romanischer Stufenportale – ins große Brokatkleid der höfischen Gotik eingeschmuggelte Reminiszenz der so geliebten eigenen Tradition (Abb. 75).

Wer den Palast der Könige von Mallorca verläßt, sollte dies nicht tun, ohne vorher in den Räumen unterhalb der Palastaula die dort installierte, didaktisch ausgewählte Zusammenschau der Kunst des Roussillon zu besichtigen. Wenn auch ein Gutteil der Exponate aus Reproduktionen und Repliken besteht, ist hier doch auf überschaubarem Raum eine Übersicht des Kunstschaffens des Landes gegeben, von griechisch-phöni-

kischer Zeit bis hinauf ins hohe Mittelalter. Besonderes Augenmerk sollte man auf die Reproduktionen aus dem Prachtband spätmittelalterlicher Buchmalerei, die 'Palatinischen Gesetze' (das Original befindet sich in der Königlichen Bibliothek in Brüssel) und die Replik des absolut singulären Portals von St-Jean-le-Vieux richten (Abb. 80).

Während man den Palast der Könige von Mallorca bequem mit dem Auto über den Bd. Félix Mercadet und die Av. Gilbert Brutus erreicht, sollte man die Besichtigung der verwinkelten Altstadt und ihrer Sehenswürdigkeiten zu Fuß unternehmen.

Von der Place Arago zum Castillet

Am günstigsten beginnt man seinen Stadtrundgang an der mondänen und palmenbestandenen *Place Arago.* Westlich davon, am Quai de Lattre de Tassigny, liegt das *Syndicat d'Initiative,* wo man sich reichlich mit Stadtplänen, Prospekten, Veranstaltungskalender und sonst allerlei Nützlichem eindecken kann. In entgegengesetzter Richtung führt der Quai Sadi-Carnot zur *Place de la Victoire,* wo das Wahrzeichen der Stadt, die befestigte Toranlage *Le Castillet,* steht (Farbt. 22). Nach der Rückgliederung des mallorquinischen Königreichs an Aragon bestand eines der Hauptanliegen der Aragonesen im Ausbau der Verteidigungsanlagen der Stadt, die ja ihre zweite Hauptstadt war. Zur Verstärkung des wichtigen Nordtores Porte Nôtre-Dame, wo die Hauptverkehrsader, die Straße von Narbonne nach Barcelona, einmündete, verfügte der Infant Johann von Aragon 1368 die Errichtung des Torkastelles Le Castillet. Obwohl inspiriert von den Toranlagen in Carcassonne und Villeneuve-lès-Avignon,

Perpignan: Porte 'Notre-Dame' Le Castillet. Lithographie des 19. Jh.

zeigt sich Le Castillet durchaus eigenständig: durchgehendes Ziegelmauerwerk, Turm- sowie Zinnenform sind absolut katalanisch. Auf der stadtzugewandten Seite erinnert in einer Nische die gotisch geschwungene Madonna an den ehemaligen Namen dieser Portalanlage. Heute beherbert Le Castillet die Casa Peiral bzw. das *Musée Catalan des Arts et Traditions Populaires*, kurz das Landeskunde- und Heimatmuseum des Roussillon. Neben den üblichen Ausstellungsstücken wie Keramik, Handwerkszeuge, Trachten und Volkskunst, finden sich sehenswerte Ambiente wie Küchen und dergleichen. Selbst der nur nach großer Kunst jagende Besucher wird an dem übersichtlich und mit viel 'goût' aufgebauten Museum seinen Gefallen finden und bereichert um volkskundliches Detailwissen Le Castillet verlassen. Nicht zu vergessen der herrliche Ausblick auf Perpignan, den man vom obersten Türmchen genießt.

Die Kathedrale St-Jean

Die rue du Castillet und dann sofort rechts die rue E. Bartissol bringen uns weiter zur Place Gambetta, an deren Ostseite sich der Kirchenkomplex von *Kathedrale St-Jean*, alter Pfarrkirche *St-Jean-le-Vieux* und Predigerkirche *St-Dominique* auftürmt. Die in ihren Ostteilen noch aus dem 11. Jahrhundert stammende erste Pfarrkirche St-Jean-le-Vieux, die in mehreren Baufolgen ihre jetzige Form erhielt, ist wegen umfangreicher Restaurierungsarbeiten noch über Jahre hinaus für private Besichtigungen nicht zugänglich. Das eiserne Gitter, das den Zugang zum kleinen Hof zwischen den beiden Johanneskirchen und damit zum Skulpturenportal des Raimund von Bianya

(Abb. 80) versperrt, ist nur gelegentlich offen.

Die eigentliche Westfront der Kathedrale St-Jean hat etwas Ärmliches an sich und erinnert noch an ihren hastigen Abschluß. 1324, als Stadtpfarrkirche einer königlichen Residenzstadt begonnen, wurde der ursprüngliche Bau konzipiert als dreischiffige Anlage, mit Ausmaßen, wie sie das ganze Roussillon bis dahin noch nicht gekannt hatte. 1340 ließ Sancia von Mallorca, Schwester des Königs Sanchez, selber Königin von Jerusalem und Sizilien und Frau von Robert von Anjou, durch eine florentiner Bank 175 Gold-Florin beim Kapitel von St-Jean übergeben, »für die Arbeiten der Kapelle der Hl. Maria, die man zu bauen begonnen hatte«. Diese Kapelle ist die südliche Apside der heutigen Kathedrale, deren Altar 'Nostra Senyora de la Magraña' (der Granatapfelmadonna) geweiht ist.

Mit der Auflösung des Königreiches Mallorca zwanzig Jahre nach Beginn der Bauarbeiten kam es zur ersten Unterbrechung des noch nicht sehr weit gediehenen Baues. Erst

Perpignan:
Kathedrale,
Gründungsinschriften

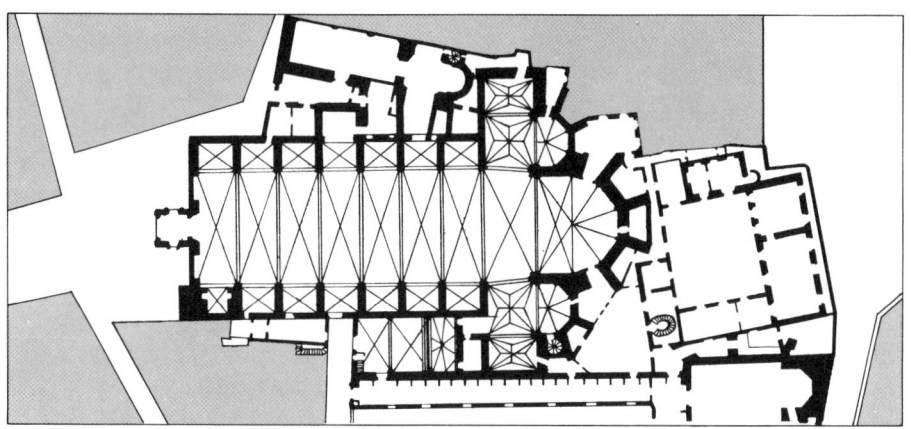

Perpignan: Kathedrale, Grundriß

im 15. Jahrhundert unter Bischof G. Albert (1431–1453) wurden die nur zögernd weitergeführten Arbeiten mit neuem Elan aufgenommen. Dem neuen Schwung fiel allerdings die vorherige dreischiffige Konzeption zum Opfer. Ursprünglich sollte die alte Pfarrkirche St-Jean-le-Vieux dem Neubau inkorporiert werden. Aber dessen Dreischiffigkeit wurde aufgegeben zugunsten der im katalano-languedozischen Raum üblicheren Form der uns bereits vertrauten languedozischen Sondergotik. Allgemein wird heute angenommen, daß der neue Baumeister kein geringerer war, als der damals in Perpignan verheiratete Guilhem Sagrera, der genialste katalanische Architekt seines Jahrhunderts.

Hat man den Eingangspavillon des 17. Jahrhunderts durchschritten, tritt man in eine weite (18,35 m) aber dunkle, sieben Joch tiefe Halle, deren Lichtführung kulminiert in den großen Lanzettfensterbahnen des fünfeckigen Chores, wo jenes mystische Halbdunkel vorherrscht, das die Gotik so

entschieden suchte. Die weit herabgezogenen Baldachingewölbe der queroblongen Joche lassen weder nordischen Höhenzug noch mediterrane Breitenlagerung bestimmend werden. Steht man in der Mitte des weit ausladenden Querhauses, sieht man sehr deutlich den Bruch zwischen den beiden architektonischen Konzeptionen: den drei Apsiden antwortet keine gemäße Fortsetzung im Westen; das Langhaus geht über die Breite des Hauptchores hinaus und den Seitenapsiden entspricht kein fortsetzendes Seitenschiff. Die über die Seitenapsiden hinausgehenden Endjoche des Querhauses und die im Süden bereits begonnene Außenmauer mit anschließendem Kreuzgang lassen vermuten, daß über die Seitenschiffe hinaus noch zusätzliche Seitenkapellen schon beim ersten Entwurf vorgesehen waren. Die Konstruktion des Chores im Vergleich zum insgesamt breiteren Langhaus wird nicht als widersprüchlich, eher, unterstützt durch die Lichtführung, als Verdichtung und Steigerung empfunden.

Perpignan: Kathedrale, Querschnitt, Schnitt, Aufriß Südseite

Das architektonische Meisterwerk aber ist Sagrera in der Gestalt des sich im Südosten des Chores anschließenden *Kapitelsaales* gelungen (Abb. 77); im wesentlichen, aber sehr unregelmäßig, über einem Dreieck errichtet. Ebenfalls ausschließlich unregelmäßige Dreiecke, Rechtecke und Trapeze zeichnen die Wölbeinheiten, so daß kein Raumkompartiment in Größe oder Form einem anderen gleicht. Ein einziger Pfeiler in der geometrischen Mitte des komplizierten Raumes sammelt die in verschiedener Höhe einmündenden Rippen der verschiedenen benachbarten Gewölbe. Es entsteht ein geräumiger, lichter Gesamtraum, der von den verschieden hoch angesetzten Gewölben bestimmt wird und nie und nirgends zur Ruhe kommt, ein Raum zwischen Instabilität und solider Statik, ein höchst musikalischer Raum in der Schwebe seiner Begrenzungen. Sollte der Kapitelsaal zugesperrt sein, dann wie im Falle von St-Jean-le-Vieux, Schlüssel bzw. Besichtigungserlaubnis beim Sakristan (gegenüberliegende Tür) erfragen.

Neben ihrer bemerkenswerten Architektur besitzt die Kathedrale eine Fülle von Kunstschätzen ersten Ranges. In den Apsiden finden wir drei Hochaltäre von erlesener Qualität. In der nördlichen Apside steht der dem Patron der Kapelle geweihte *Schnitzaltar St-Pierre:* über einer geschnitzten Predella mit Szenen aus dem Leben Christi erhebt sich dreistöckig der ebenfalls geschnitzte und vergoldete Altar des 15. Jahrhunderts, der neben der Figur des Hl. Petrus noch Szenen aus dem Leben des Apostelfürsten zeigt (Begegnung mit Christus am Tiberias-See, Predigt, Auferstehung von Tabitha, Niederlage des Magiers Simon, Quo Vadis und Kreuzigung). In der Mitte des nördlichen Querhauses steht die *Tumba des Bischofs Louis de Montfort* († 1695), eine hochstehende Arbeit in weißem und schwarzem Marmor in französischer Grabmaltradition.

Das wichtigste Werk, entsprechend seiner Stellung und Bedeutung, ist der *Hauptaltar* (Abb. 81), der zwar bereits ab 1573 vorgesehen war, aber dessen Marmorretabel erst 1618 von dem katalanischen Meister Cl. Perret in Angriff genommen und ab 1621 von seinem Mitarbeiter Onophrio Salla in Holz zuende geführt wurde. Der Aufbau des Retabel, noch ganz in Renaissance-Vorstellungen verhaftet, zeigt das klassische Neunfelder-Schema, also dreiachsig mit drei übereinander gestellten Registern. Über einem reliefgeschmückten Sockel mit Darstellungen der Passion folgen ebenfalls rechteckige Reliefs zwischen stockweise abgesetzter Pilasterrahmung. Die beiden unteren Register sind durch eine Gebälkzone mit zwei durchbrochenen Segmentbögen deutlich abgesetzt vom oberen Register, das dadurch den Charakter einer etwas überhöhten Attika besitzt. Die Ikonographie nimmt Bezug auf den hiesigen Kirchenpatron Johannes den Täufer und auf die Patrone der ehemaligen Kathedrale von Elne, deren Titel nebst Reliquien 1602 nach Perpignan transferiert worden waren. So zeigen die großen Reliefs Szenen aus dem Leben Johannes des Täufers (dieser selbst als Großfigur in der Hauptnische): Heimsuchung, Geburt, Predigt, Taufe Christi, Enthauptung und Herodias mit dem Haupt des Täufers. Die drei Nischen im oberen Mittelfeld zeigen vollfigurig neben der zentralen Madonna die Statuen der Kirchenpatrone von Elne: St. Eulalia und St. Julia; in den Zwickeln über der Hauptnische die Allegorien von Glaube und Hoffnung. Die Reliefs auf der Stirnseite der Pilaster zeigen die zwölf Apostel.

Die Kapelle der südlichen Apside beherbergt den schon erwähnten *Altar der Vierge de l'Esperance* (Jungfrau der guten Hoffnung) oder auch Senyora de la Magraña (Granatapfelmadonna), dessen um 1500 gemaltes Retabel Szenen aus dem Leben der Muttergottes zeigt. Abgesehen von einigen Italienismen, die sich auf die Rahmenarchitektur beschränken, ist dieses Polyptychon eine Arbeit ganz im Stile der katalanischen 'Primitiven'.

Von den zahlreichen Altären in den Seitenkapellen sei auf der Nordseite das *Retabel der Kapelle der Immacolata* angeführt, weil es ein typisches Beispiel jener überschwenglich dekorierten, nach unserem Geschmack überladenen Altäre darstellt, die sich im katalanischen Raum im 18. Jahrhundert so großer Beliebtheit erfreuten und deren Hauptwerke über das ganze Land verstreut zu finden sind (Prades, Collioure etc.; s. d.).

Eine Kostbarkeit ganz anderer Art befindet sich in der ersten nördlichen Seitenkapelle: ein monolithes *Marmortaufbecken* (Abb. 79), das nach neuerer Anschauung nun doch aus westgotischer Zeit (bis 7. Jh.) stammen könnte und somit eines der wenigen Zeugnisse von wirklichem Rang dieser so schwierig einzuschätzenden Kunst darstellt.

Extraordinär ebenfalls ist ein Schnitzwerk ganz besonderer Prägung, das seit dem 16.

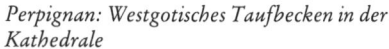

Perpignan: Westgotisches Taufbecken in der Kathedrale

Jahrhundert aufs engste mit dem religiösen Brauchtum der Perpignesen verbunden ist, der sogenannte *'Devot Christ'* (Abb. 78), der bei feierlichen Prozessionen durch die menschenvolle Stadt getragen wird. Um ihn zu finden, muß man die Kathedrale durch deren Südportal verlassen und das kleine *Bethaus* gleich links neben der Pforte betreten. Die packende Expressivität und der übersteigerte Naturalismus üben spontan auf den Betrachter, mag dieser nun religiös oder nicht sein, einen solchen Schauer aus, daß nicht nur Mitgefühl evoziert wird, sondern das Übermenschliche, sprich unmenschliche Leid des Heilands sichtbar, ja sogar physisch spürbar erlebt wird. Es fällt schwer, sich vom Bann, von der Suggestionskraft dieser Figur loszureißen und unbewegt fortzugehen. Ein solche unmittelbarer Eindruck grenzenlosen Schmerzes findet in der christlichen Kunst nur wenig wirklich adäquate Parallelen. Mir fällt dabei nur eine Entsprechung ein, jene des Isenheimer Altars. Leicht einzusehen ist also die Wirkung dieses 1307 im Rheinland geschnitzten und um 1528 auf unergründliche Weise nach Perpignan gelangten 'Devot Christ' auf die damalige Bevölkerung, aus deren religiösen Leben er nicht mehr wegzudenken ist.

Place de la Loge

Von der Place Gambetta in Verlängerung der Kathedralachse gelangt man in wenigen Schritten zur *Place de la Loge,* dem noch heute populären Zentrum der Stadt, wo das nach dem Castillet zweite Wahrzeichen der Stadt, die *Loge de Mer* (Abb. 73), den familiären Platz bestimmt. Nach der Gründung des Consulat de Mer (1388, Handelsbörse) nahm die Stadt Perpignan bereits um 1397

den Bau eines repräsentativen Sitzes dieser jungen Seehandelsinstanz in Angriff. Der ursprüngliche Bau bestand aus einem von vier Arkaden getragenen offenen Untergeschoß, wo sich das rege Börsenleben abspielte, und einem Obergeschoß, in dem das eigentliche Tribunal und die Kanzlei des Handelsgerichtes untergebracht waren.

Erst 1540 wurde noch im Stile der Gothique flamboyant die ursprünglich nur zweijochige Loge um weitere zwei Joche nach Westen hin vergrößert. Für die Kapelle der Loge wurde 1489 das großartige Polyptychon, das heute im neuen *Musée Rigaud* (s. S. 331) zu sehen ist, in Auftrag gegeben. Nach Auflösung des Consulat de Mer war 1740 die Loge unnütz geworden und deshalb an den Grafen de Mailly verkauft worden. Ein später sehr wechselreiches Geschick und danach die mustergültige Restaurierung durch den Service des Monuments Historiques haben schließlich dieses Herzstück von Perpignan den Bürgern der Stadt in Form eines Cafés wieder zugänglich gemacht.

Die intimen Ausmaße der trapezförmigen Place de la Loge, die niedrigen angrenzenden anderen historischen Gebäude, die Ehrung des genius loci Aristide Maillol mit der Aufstellung einer drallen Schönheit des Meisters und die ständig besetzten Stühle der Cafés bilden zusammen eine wahrhaft 'gute Stube' der Stadt, deren quirliges Leben hier seinen kontemplativen und kommunikativen Ausgleich findet; goldener Rahmen mediterraner Geselligkeit und Lebensfreude.

Die nördliche Seite des Platzes setzt die Reihe der historisch wertvollen Profanbauten der Stadt fort, mit dem anschließenden

Rathaus. Verschiedene Bauphasen von 1315 bis ins 17. Jahrhundert lassen in ihrem Nebeneinander ein Sinnbild des ständig wechselnden, aber niemals aufhörenden kommunalen Lebens entstehen. Durchschreitet man das geräumige, aber dunkle Vestibül, öffnet sich lichtvoll der Innenhof, dessen weiter Portikus noch unter Karl V. entstanden ist. In der stillen Zurückgezogenheit des Hofes das symbolische Konzentrat der umgebenden mediterranen Zivilisation: versunken, ganz in sich ruhend – wie ihre weit zurückliegenden Entsprechungen – liegt sie da, *La Pensée* oder auch *La Méditerranée*, ein Hauptwerk von Maillol (Abb. 76).

À propos Maillol: nicht im Museum, auch nicht im Jardin des Tuileries vor dem pompösen Hintergrund des Louvre, nein, nur hier im Entstehungsraum, d. h. der Umgebung, aus der heraus die Statuarik Maillols gewachsen ist, und in der Urbanität, für die seine Skulptur geschaffen war, wird die wirkliche Größe dieses von allen modernen Ismen freien Künstlers zum tiefen Erlebnis. Ob am Strand von St-Cyprien (Farbt. 48), auf der Place de la Loge oder im Hof des Rathauses: erst hier gewinnen die Statuen Maillols ihr Leben, beginnen sie ihre Luft zu atmen, verschmelzen Kunstwerk und Ambiente zu einem unzerstörbaren Ganzen, einem Amalgam von zeitloser Größe, werden aus strammen Schenkeln und stämmigen Beinen Grazie und Anmut, wird aus erzener Brust pulsierendes Fleisch, entsteht Erotik.

Neben dem Hôtel de Ville das dritte historische Bauwerk in der Reihe ist der alte Justizpalast, heute *Palais de la Députation*. Im reinsten katalanischen Stil nach 1448 errichtet, war er die lokale Präsenz der politischen

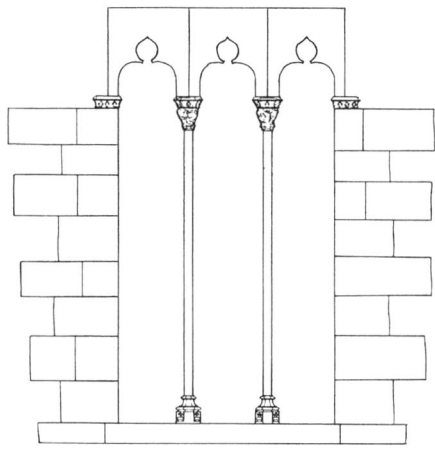

Perpignan: Katalanisches Fenster im ehemaligen Abgeordneten-Palast

und administrativen Macht Barcelonas. Der untere Teil der Fassade des Dreiflügelbaus besteht aus sorgfältig behauenen Marmorquadern, die obere Hälfte ist in wechselnden Lagen von großen Bachkieseln in dickem Mörtelbett und roten Flachziegeln gemauert. Die extrem schlanken Trennsäulchen der Triforienfenster haben ihren Materialcharakter eingebüßt, suggerieren höchste Zerbrechlichkeit. Diese dünnen Marmorstäbe, denn mehr um solche handelt es sich als um Säulen, sind Importgut aus Katalonien, denn nur aus dem reinsten Marmor, der allein in den Steinbrüchen von Montjuich gebrochen wurde, konnten diese gefertigt werden. Der ehemalige Justizpalast ist gleichzeitig das einzige bedeutende Beispiel dieser aragonesischen Architektur nördlich der Pyrenäen.

St-Jacques

In den Gassen zwischen Place de la Loge und Le Castillet finden sich noch einige sehenswerte, gut erhaltene *Innenhöfe*, deren Entdeckung dem Reisenden empfohlen sei (z. B. Casa Julia). Überhaupt, dem weniger eiligen Reisenden sei ein Spaziergang durch die südöstliche Vorstadt des 14. Jahrhunderts zur Predigerkirche *St-Jacques* nahegelegt. Der heute vorwiegend von Ausländern bewohnte Stadtteil bildete zusammen mit St-Jacques gerade im 17. und 18. Jahrhundert, der Periode der systematischen Französisierung, einen Hort katalanischer Tradition. Noch heute ist St-Jacques jeden Karfreitag Ausgangspunkt einer typisch spanischen Osterprozession, mit deren Durchführung seit dem 15. Jahrhundert die Bruderschaft 'La Sanch' betraut ist (Farbt. 24). Das erwähnenswerteste und reinste Beispiel der nach Frankreich ausgerichteten Stadtmodernisierung des alten Perpignan findet man auf dem Weg zu St-Jacques: die klassizistische *Universität* von 1740 (rue de l'université).

Hôtel Pams, Ste-Marie-de-la-Real, Musée Rigaud

Unweit über die rue E. Zolà in Richtung Place Rigaud liegt auf der linken Straßenseite die *Bibliothèque Municipale*, in deren Besitz sich eine Reihe bibliophiler Schätze befinden, darunter zwei Evangeliare aus Cuxa (11. und 13. Jh.), das Missale von Arles-sur-Tech (11. Jh.), das Buch der Stadtrechte von Perpignan (Anfang 14. Jh.), das Meßbuch der Bruderschaft der Maler und Kurzwarenhändler und dazu eine Reihe anderer Manuskripte und Wiegendrucke. Untergebracht ist seit 1946 diese beachtliche

Bibliothek in dem selbst für Frankreich einzigartigen *Hôtel Pams* (Farbt. 27), dem Musterbeispiel einer luxuriösen Stadtvilla nach der Jahrhundertwende, einer wahren Stuckvilla Frankreichs: Treppenhaus mit Statuen und Wandmalereien, ausgemalter Lichthof mit Glas-Eisen-Kuppel, Garten im ersten Stock etc.

Nur wenige Schritte sind es wiederum von der Place Rigaud zur *Ste-Marie-de-la-Real*, der Pfarrkirche des königlichen Viertels. Die im 14. Jahrhundert erbaute einschiffige Kirche besitzt zwei wertvolle Ausstattungsstücke: in der ersten Kapelle rechts eine großartige Grablege des 15. Jahrhunderts und in der Taufkapelle ein Marmorbecken des 14. Jahrhunderts mit Reliefs der zwölf Apostel.

Von der Place Rigaud aus in westlicher Richtung über die rue de la Fusterie gelangt man südlich der ehemaligen Hallen in das quirlige Geschäfts- und Einkaufsviertel, in dessen Mitte das neu eingerichtete *Musée Rigaud* liegt. Neben beachtlichen Einzelstücken von Tintoretto, Greuze, Ingres, Géricault bietet sich dreifach die Möglichkeit, dem genius loci nachzuspüren: a) der einheimischen katalanischen Tafelmalerei des 14. bis 16. Jahrhunderts, allen voran das großartige Retabel für die Loge de Mer (mit Abbildung dieser); b) ausgewählten Werken des in Perpignan geborenen Hofmalers Hyacinth Rigaud, der einer der größten Porträtisten Frankreichs im 18. Jahrhundert war, und c) Gemälden, Zeichnungen und Terrakotten von Aristide Maillol.

Perpignan: Umgebung

Cabestany. Nur 4 km südöstlich der Kapitale liegt der kleine Ort Cabestany. Im südlichen Seitenschiff der dortigen Pfarrkirche wartet auf den Freund romanischer Skulptur ein Werk ganz besonderer Wertschätzung, das *Marien-Tympanon* des Meisters von Cabestany (s. S. 212; Abb. 83, 84). Ursprünglich das Südportal schmückend, dann 1822 eingemauert, wurde das Tympanon 1930 wieder freigelegt und am Presbyterium aufgestellt. Seine Entdeckung kam einer Sensation gleich. Ungewöhnlich daran ist nicht nur der sehr persönliche Stil des Meisters, auch die Ikonographie weicht erheblich von den um die Mitte des 12. Jahrhunderts üblichen Darstellungen der Himmelfahrt Mariens ab. Links sehen wir die Auferweckung Mariens, bei der besonders hervorzuheben sind erstens die menschlich innige Zuwendung von Christus zu seiner leiblichen Mutter und zweitens die Komposition: Christus und Maria verschmelzen zu einer einzigen, zentralen Form, die von einem Kranz von Engelsköpfen gerahmt wird, eine kompositorische Lösung, die allein schon ausreichte, um die Erfindungskraft dieses Meisters zu dokumentieren. Auf der rechten Seite dann die mit hinreißendem Schwung und Dynamik gezeichnete Himmelfahrt, geschickt die Krümmung des Tympanons ausnutzend. In der Mitte aber die zentrale Dreiergruppe: Jesus aufrecht stehend mit segnend erhobener Hand, flankiert von einer ganz unüblichen Szene, der Legende vom Wundertätigen Gürtel Mariens – eine auf apokryphe Überlieferungen zurückgehende Begebenheit aus dem Marienleben.

Der Umstand, daß erst 1241 in Prato bei Florenz die Reliquie aus dem Morgenland angekommen war und daß der Meister diese denkwürdige Begebenheit kannte und sie auch zum beherrschenden Thema dieses Marien-Tympanons gemacht hatte, verweist einmal mehr auf seine mögliche italienische Herkunft.

Wenige Kilometer nördlich von Cabestany, auf der anderen Seite der neuen Schnellstraße, die Perpignan mit Canet-Plage verbindet, liegt *Château Roussillon,* zu dessen Füßen, direkt an der Via Domitia, das alte *Ruscino* gelegen war. Die noch nicht abgeschlossenen Ausgrabungen können nicht besichtigt werden.

Toulouges. In entgegengesetzter Richtung ca. 6 km südwestlich von Perpignan liegt Toulouges. Das romanische *Portal* stammt erst aus dem frühen 13. Jahrhundert und besitzt eines der wenigen Figurentympana des Roussillon. Allerdings ist die Ikonographie der stark beschädigten Figurengruppe höchst umstritten. Neben dem Portal erinnern zwei Inschriften an jene Synoden der Jahre 1027 und 1066, auf denen Olibas Idee des Gottesfriedens zum ersten Mal öffentlich vorgetragen, angenommen und vom umliegenden Adel akzeptiert wurde. Ein wahrhaft denkwürdiges Ereignis in dieser verworrenen Zeit.

Wer auf der Fahrt von Narbonne nach Perpignan nicht bereits in *Salses* haltgemacht hat, kann die Besichtigung der dortigen Festung (S. 177 f.) verbinden mit einem Ausflug, der fast ausschließlich mittelalterlichen und neuzeitlichen Befestigungsanlagen gewidmet ist.

Espira-de-l'Agly: Grundriß   *Espira-de-l'Agly: Ostseite*

Unweit von Salses, auf dem Plateau oberhalb der Ortschaft Oppoul, lag eine weitere wichtige Grenzbastion des Roussillon.

Espira-de-l'Agly. Nach Rivesaltes wende man sich Agly-aufwärts, wobei man ständig die südlichen Ausläufer der Corbières vor Augen hat. Die Kirche von Espira-de-l'Agly ist ein in mehrfacher Hinsicht bemerkenswerter Bau. Die ungewöhnlich große einschiffige Kirche (um 1200) endet im Osten in zwei Apsiden gleicher Größe. Das Kapitell der Halbsäule zwischen den beiden Apsiden zeigt einen segnenden Abt mit Mitra. Das Kirchenäußere besticht durch hervorragende Steinschnittechnik und die belebende Verwendung verschiedenfarbiger Steinlagen (italienischer Einfluß?). Teile des zugehörigen *Kreuzgangs* stehen heute im Museum von Toledo (Ohio). Das Südportal der Kirche, an dem vor allem die tief und fein geschnittenen Kapitelle bestechen, gehört mit zu den großartigsten Werken der letzten Äußerungen des romanischen Stils im Roussillon (Abb. 82).

Quéribus. Dem grünen und fruchtbaren Tal des Agly weiter aufwärts folgend biegt man in Maury rechts ab und folgt dem Schild nach Château Quéribus (Farbt. 21). Schon lange konnte man die Ruinen der wie ein Adlerhorst über den Berggipfel sich erhebenden Burg bewundern. Aber erst aus der Nähe enthüllt Quéribus seinen wahrlich trutzigen Charakter.

236

Nichts Bedrohliches, vielmehr etwas Unnahbares eignet Quéribus. Und unnahbar sollte diese Festung auch sein. Nach dem Frieden von Paris (1229) waren die Albigenserkriege offiziell beendet. Aber die Religion der Katharer und ihre inbrünstige und mitreißende Kraft war noch lange nicht vom Erdboden getilgt. Die Katharer hatten sich in die unzugängliche Bergwelt der Corbières geflüchtet, wo sie beachtliche Fliehburgen unterhielten, auf denen sie ungestört ihrem Glauben leben konnten. Die wichtigste dieser Fliehburgen, der heilige Berg der Katharer, Montségur, war 1244 gefallen. Das letzte aller katharischen Widerstandsnester ergab sich 1255. Es war Quéribus.

Peyrepertuse. In Sichtweite von Quéribus, allerdings mit dem bloßen Auge nur schwer als Werk von Menschenhand erkennbar, liegt Peyrepertuse, die noch größere Anlage. Auch hier verschmelzen Gestein und Burg zu einer tellurischen Einheit. Der Anblick solcher Festungen läßt einen noch heute den Kopf schütteln und verwundert fragen: Wie konnte man damals im 13. Jahrhundert mit den gegebenen Waffen überhaupt solche Bollwerke einnehmen? Meistens nur durch Verrat, Aushungern oder Verhandlungen bzw. freiwillige Übergabe. Nachdem Peyrepertuse und Quéribus von den Franzosen eingenommen worden waren, wurden sie neu ausgebaut und verstärkt, jetzt als Bastionen der Orthodoxie im eroberten Land. Dies wäre an sich unnötig gewesen, denn militärisch spielten diese Burgen keine Rolle mehr. Die entscheidende Bastion waren die Berge und Täler selbst: die Corbières waren eben kein Durchzugs-, sondern immer ein Rückzugsgebiet.

Für den Rückweg nach Perpignan ist empfehlenswert, die Route über Soulatgé und Cubières durch die Schlucht von Galamus zu wählen. Von St-Paul-de-Fenouillet bequemer als von Prades aus zu erreichen liegen *Sournia*, mit seinen beiden archäologisch hochinteressanten Kirchen Ste-Félicité (10. Jh., 1 km flußaufwärts) und St-Michel (10. Jh., 1 km flußabwärts; Vorbild: Cuxa), und *Ansignan* mit seinem einzigartigen römischen Aquädukt, der gleichzeitig gedeckter Viadukt war (Abb. 85).

Im Conflent

Schon von altersher war das Tal der Têt die wichtigste Verbindung landeinwärts zum Conflent (pagus confluentis) und die Cerdagne (pagus liviensis; Llivia ist die Hauptstadt der Cerdagne) und Andorra. Der Kreuzung von Via Confluentana und Via Domitia verdankte schon Ruscino Bedeutung und Reichtum. Die heutige N 116 folgt etwa dem Verlauf der alten Römerstraße. Es empfiehlt sich, von Perpignan aus direkt nach Prades zu fahren und dort ein Zimmer für eine oder zwei Übernachtungen zu nehmen, je nachdem wieviel und wie gründlich man sich umsehen will. Von Prades aus erreicht man bequem mit dem PKW alle wichtigen Sehenswürdigkeiten.

Prades und Umgebung

Die Stadt, heute noch wichtiges Marktzentrum mit ausgedehntem Hinterland – sehr typisch und farbig der Wochenmarkt –, besitzt außer ihrer Kirche nichts Sehenswertes von Interesse. Die Pfarrkirche *St-Pierre* (Abb. 86) geht auf eine Klostergründung noch zu Zeiten Karls des Kahlen zurück. Vom romanischen Bau des 12. Jahrhunderts steht heute nur noch der elegante Campanile im lombardischen Stil. Ende des 16. Jahrhunderts wurde die mittelalterliche Kirche als zu klein empfunden. 1602 legte man den Grundstein zur neuen Kirche, deren Innenraum bestimmt wird vom *Hauptaltar,* einem der Glanzstücke jener von Katalonien her bestimmten Tradition des 17. und 18. Jh. (Abb. 122). Am 28. Mai 1696 erhielt der renommierte Altarschnitzer Joseph Sunyer den Auftrag für den Hochaltar von Prades, den er nach knapp dreijähriger Arbeit seiner Bestimmung übergeben konnte. Joseph Sunyer ist auch der Schöpfer der berühmten Altäre von Font Romeu und Collioure. »Sunyer war wirklich, was ein Bildhauer seiner Zeit sein mußte: Dekorateur, Architekt und Bildhauer ... Er errichtete eine riesige Szenerie, um den verblüfften Augen der Gläubigen die triumphierende Kirche vorzuführen, deren Stützen, die Apostel und die Seligen, den himmlischen Hofstaat ihrer Königin (Maria) bilden.«

In der Mittelnische, betont und hervorgehoben, die Sitzstatue des obersten Vertreters Gottes auf Erden, des Namenspatrons der Kirche. Darüber im himmlischen Bereich die Immaculata. Zwischen gewundenen Säulen stehen an der Stirnseite der Altarpfeiler die Stützen der Kirche, die Apostel. Die vier großen rechteckigen Reliefs zeigen Szenen aus dem Leben des Apostelfürsten: (oben) Befreiung und Kreuzigung, (unten) Überreichung der Himmelsschlüssel und Heilung des Gelähmten. Jeweils darüber die Abbildungen eines der vier Kirchenväter: Hieronymus, Augustinus, Gregor der Große und Ambrosius.

Ergreifender und sicher von höherem künstlerischen Wert als der pompöse Altar ist der im nördlichen Querhaus hängende schwarze *Christus,* ein Werk der Holzschnitzkunst des 16. Jahrhunderts von nobler Gesinnung.

Nur zwei Kilometer nördlich von Prades, in Catllar, findet man die Kirche *Notre-Dame-Riquer,* die als einzige ihr bemaltes romanisches Tympanon bewahrt hat (heute nicht mehr an seinem ursprünglichen Ort). Ein Portal ganz anderer Art, in vorwiegend prangendem Marmor, erwartet den Besucher, der sich die Mühe macht, den Weg zur ehemaligen Abtei von *Marcevol* zu wählen (Abb. 97). Doch unbestritten die Hauptsehenswürdigkeit von Prades liegt vier Kilometer südlich vor den Toren der Stadt.

St-Michel-de-Cuxa

Geschichte und kunsthistorische Bedeutung dieser wichtigsten Klostergründung (Farbt. 28, 46, 47; Abb. 87–91; Fig. S. 2, 190) im Roussillon haben wir bereits kennengelernt (s. S. 186 ff.), so daß hier nur eine kurze Beschreibung der erhaltenen Monumente vonnöten ist.

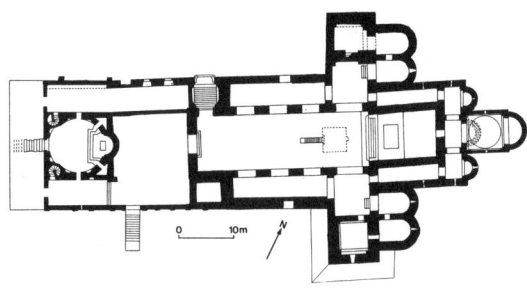

St-Michel-de-Cuxa: Grundriß

Man betritt die ehemalige Abtei heute von Westen, gegenüber vom kleinen Parkplatz. Vor dem Minipark zwischen Straße und Eingangshalle steht eine Gedenktafel, die dem großen katalanischen Architekten und Kunsthistoriker Josep Puig i Cadafalch gewidmet ist. Dieser hatte sich um die katalanische Romanik im allgemeinen und um die total zerfallene Abtei im besonderen verdient gemacht. Diese war 1790 als Nationaleigentum an Privat verkauft worden, was Plünderung und raschen Zerfall nach sich zog. 1835 stürzte das Kirchendach ein, und im Winter 1838–39 sackte der nördliche der beiden großartigen lombardischen Türme in sich zusammen. Unsere Lithographie, S. 2, aus Taylor-Nodier, ist 1833–34, also vorher entstanden.

Die eigentliche Besichtigung, dem Führungspfeil folgend, beginnt in der *Krypta*, d. h. dem komplexen Westvorbau von Oliba. Der kreisrunde Raum der *Kapelle der Krippenmadonna* (vgl. Abb. 91), die hier zur Verehrung aufgestellt war, ist mit einer schweren Ringtonne eingewölbt, die auf einem einzigen, entsprechend stämmigen Mittelpfeiler ruht. Die anschließenden Längsräume und der Narthex dienten vermutlich der Unterbringung der zahllosen Pilger. Von der ursprünglich darüberliegen-den Rundkapelle der Hl. Dreifaltigkeit und den benachbarten Oratorien der Erzengel Gabriel und Raphael sind nur noch die Mauerstümpfe erhalten.

Die heute wiederhergestellte *Hauptkirche des Hl. Michael* liegt zu Füßen des heiligen Berges Canigou. Die Heiligtümer dieses Erzengels standen aber im Regelfalle auf der Spitze des Berges: Mont-St-Michel, St-Michel-d'Aiguilhe in LePuy, Sagrario del Archangelo auf dem Gargano. Sie stammt bis auf die Eindeckung (im 14. und 20. Jh. erneuert) im Lang- und Querhaus vom 975 eingeweihten Bau Abbé Garins und in den Ostteilen von Oliba. Sehr deutlich sieht man einen Wechsel der Mauertechnik im Langhaus, wo die Mauerstücke zwischen den Arkaden bis zum Ansatz der Hufeisenbögen in großen, grob zugehauenen Blöcken geschichtet sind, um dann im Wandkompartiment darüber die im späten 10. Jahrhundert übliche Mauertechnik, Bruchsteinmauerwerk in dicken Mörtellagen, anzunehmen. Das untere Mauerwerk dürfte noch von 950 stammen, also aus der Anfangszeit des Baues unter Abbé Pons. Über die hufeisenförmigen Bögen von St-Michel-de-Cuxa ist viel Tinte verschwendet worden. Heute neigt man dazu, in ihnen nicht den Stil mozarabischer Künstler, sondern direkte Nachfahren einer indigenen westgotischen Tradition zu sehen. Zwischen den tiefen, rundbogig abgeschlossenen Doppelapsiden und dem rechteckigen Chor führen zwei tonnengewölbte, tunnelartige Gänge (Teile des von Oliba angelegten, ebenfalls rechteckigen Chorumganges) in die im 16. Jahrhundert angelegte Chorscheitelrotunde, wo ein kleines *Museum* mit einer Miniaturnachbildung der Abteikirche von Cuxa eingerichtet ist.

An der Nordseite der Kirche, also unter der südlichen Kreuzganggalerie, sind die Reste des *Eingangsportales* zur Abtwohnung angebracht. Sie gehören mit zu den ältesten Zeugnissen der unter Abt Gregorius eingerichteten ersten romanischen Bildhauerschule von Cuxa. Die beiden seitlichen Apostelfiguren zeigen, wenn auch sehr flach in der typischen Cuxa-Manier ausgeführt, daß diese erste Bildhauerschule des Roussillon nicht ganz ohne Einfluß der südwestfranzösischen Skulptur entstanden war. Dennoch bleibt die Cuxa-Schule sehr streng, sehr stark abstrahiert im pflanzlichen Dekor und durchwegs symmetrisch. Der Block des Kapitellkörpers wird immer respektiert (vgl. Fig. S. 192). Der in den vierziger Jahren entstandene Kreuzgang wurde im 19. Jahrhundert zum Portikus einer Badeanlage. Was den Badebetrieb störte, wurde schon früh an Interessenten verkauft. 1907 kaufte schließlich der amerikanische Bildhauer George Grey wesentliche Teile des Kreuzganges auf. 1922 kam dessen Sammlung, zu der auch die Kreuzgänge von Bonnefont-en-Comminges und St-Guilhem-le-Désert gehörten, durch eine Rockefellerstiftung an das Metropolitan-Museum, das mit diesen Meisterwerken der romanischen Skulptur das Dependance-Museum 'The Cloisters' aufbaute. Die heute wieder vom Service des Monuments Historiques aufgestellten Galerien beruhen auf zusammengetragenen Originalstücken. Die Arkaden sind Nachbildungen in originalgetreuem roten Marmor von Villefranche.

St-Martin-du-Canigou

Von Cuxa aus empfiehlt es sich, die landschaftlich anregende D 27 über Fillols und Vernet-les-Bains zu nehmen, wo das Auto auf dem Parkplatz vor Casteil stehen bleiben muß. Denn St-Martin-du-Canigou (Farbt. 31, 41, 44; Abb. 92–95; s. a. S. 191ff. und S. 331) kann man nur zu Fuß erreichen. Oben angekommen sollte man, vorausgesetzt daß nicht gerade eine Führung beginnt, zunächst zum ausgeschilderten Aussichtspunkt gehen. Dem Zauber des Anblicks, der sich von dort aus bietet, wird sich wohl niemand entziehen können. Umgeben von einer je nach Jahreszeit verschiedenfarbigen, wildromantischen Bergwelt klebt das Kloster förmlich am Felsen, von dem es sich durch das milde Ziegelrot seiner Dächer und seine kubischen Formen eindrucksvoll abhebt. Dem ›Chronicon breve monasteri canigonensis‹ zufolge hatte Guifred, Graf der Cerdagne, Bruder Olibas und ebenfalls Urenkel Wifreds des Behaarten, 1001 St-Martin-du-Canigou gegründet. Man weiß aber spätestens ab 996 von der Existenz eines von Mönchen geleiteten Oratoriums zu Ehren des Hl. Martin auf dem Canigou. Historisch richtig scheint also, daß Guifred, ergriffen vom

St-Martin-du-Canigou. Lithographie des 19. Jh.

frommen Beispiel seiner engsten Verwandten* um 1001 beschlossen hatte, ebenfalls in der Stille und Zurückgezogenheit eines von ihm gestifteten Klosters einmal begraben zu werden. Ein ruhigerer und verlassenerer Ort als das weitab aller Zivilisation gelegene Martins-Oratorium in der Bergwelt des Canigou konnte kaum gefunden werden. Guifred stattete die kleine Mönchsgemeinde mit großen Stiftungen aus, die den würdigeren Ausbau zu einem echten Kloster ermöglichten.

Geht man um die Westseite der Kirche herum auf die Nordseite, wird man dort unter einer auf romanischen Säulen ruhenden Bedachung zwei verschieden große Gräber ausmachen. Graf Guifred soll sie eigenhändig für sich und seine Gemahlin aus dem Felsen geschlagen haben. Der Größe des Grabes zufolge muß Guifred für damalige Verhältnisse ein wahrer Hüne von ca. zwei Metern gewesen sein.

1428 brachte ein Erdbeben die Bekrönung des Turmes und einen Teil der Kirche zum Einsturz. Das ohnehin schon verwahrloste Kloster verfiel rasch. 1698 fand der Abt Pierre Poudereux von Cannes die Abtei in sehr lamentablen Zustand. Nach der Säkularisation war St-Martin bereits 1832 eine malerische Ruine. Die Kapitelle vom oberen Kreuzgang gerieten nach Casteil und Ver-

net. Erst 1902 nahm Mgr. de Cassalède, Bischof von Perpignan und Elne, wieder feierlich Besitz von den Ruinen. Dieser hatte zwar den historischen Wert des Bergklosters erkannt, aber seine rührige Restaurierung war mehr vom Übereifer als vom Sachverstand her bestimmt. So wurden beispielsweise die historischen Reste des doppelstöckigen Kreuzganges erst gänzlich abgetragen, um danach nicht immer korrekt wieder aufgebaut zu werden. Die heute so malerische Südgalerie war ursprünglich Teil der oberen Galerie. Der kunsthistorische Wert dieser Kapitelle ist ohnehin nur sehr eingeschränkt zu sehen. Am besten erhalten sind die drei Kirchen: ursprüngliches Martins-Oratorium, Verlängerungsbau nach Westen und Oberkirche (die beiden letzteren vom Mönch Sclua).

Corneilla-de-Conflent

Wieder zu Tal gestiegen, sollte man auf den Weg zurück nach Prades auf jeden Fall noch einen Halt in Corneilla-de-Conflent und Villefranche-de-Conflent einlegen. Neben den Hauptattraktionen Cuxa, St-Martin-du-Canigou und Serrabonne etwas ins Hintertreffen geraten, stellt die Kirche *Ste-Marie* in Corneilla-de-Conflent (Abb. 99, 100) doch ein so bemerkenswertes Monument dar, daß sie sicher zum vierten Muß des Conflent-Besuchers gehört. Corneilla war lange Zeit Sitz der Grafen der Cerdagne, deren Schloß unter Guifred 1004 zum ersten Mal hier schriftlich erwähnt ist. In direkter Nachbarschaft zum gräflichen Schloß ist bereits 1018 die der Hl. Maria geweihte Kirche bezeugt. Sie gehört somit zu den ältesten belegten Beispielen des 'premier art roman' (s. Fig. S. 179).

---

* Sein Vater Oliba Cabreta hatte sich für die letzten Tage nach Monte Cassino zurückgezogen, und Oliba, sein Bruder, hatte alle Titel abgegeben, um Mönch in Ripoll zu werden.

Vom Bau des 11. Jahrhunderts stammt noch das Langhaus und der schlichte, aber eindrucksvolle *Glockenturm* im lombardischen Stil. In der zweiten Hälfte des 12. Jahrhunderts erlebte die Kirche grundlegende bauliche Veränderungen, in deren Folge die Fassade äußerlich völlig neu gestaltet und ein ebenfalls total neues Querhaus mit großer Mittelapsis und kleineren Apsiden errichtet wurde. Die in ihren oberen Abschnitten offensichtlich unfertige Westfassade zeigt im Obergeschoß ein prächtiges *hochromanisches Fenster* mit eingestellten Säulen und darunter das großartigste *romanische Portal* des gesamten Roussillon, sehen wir ab von der Ausnahme Boulou. Dreifach zurückgestuft ist das Portalgewände. Die eingestellten Säulen mit dekorativen Kapitellen setzen sich quasi fort in den kräftigen Wülsten der Archivolten des ebenfalls dreigestuften Torbogens. Schmucklos wie der Türrahmen ist auch der Sturz. Im *Tympanon* (Abb. 100) überrascht ein Figurenrelief (insgesamt nur drei im ganzen Roussillon!): Die frontal thronende Muttergottes mit dem Christuskind auf dem Schoß sitzt in einer Mandorla, die von zwei Engeln gehalten wird. Ebenfalls original aus dem 12. Jahrhundert ist die eisenbeschlagene *Holztür*. Der einzigartige

Erhaltungszustand, das Figurentympanon und die hervorragende bildhauerische Qualität machen das Portal von Corneilla zum großen Erlebnis.

Doch des Erlebens noch nicht genug. Geht man um die Kirche herum, findet man die Großartigkeit der Fassade fortgesetzt an den äußeren Ostteilen, wo die von drei reich skulpierten Fenstern durchbrochene Apsis ebenfalls die reichste bildhauerische Entfaltung dieser Art im Roussillon aufweist (Abb. 99).

Aber auch das dunkle *Kircheninnere* birgt noch einen Schatz, der allein die Fahrt nach Corneilla rechtfertigen würde. Neben dem aus dem 12. Jahrhundert stammenden *Hauptaltar* besitzt diese kleine Kirche nicht weniger als drei *Marienstatuen*, von denen die auf dem Hauptaltar aufgestellte sicher die wertvollste ist. Hieratisch streng, ganz frontal ausgerichtet sitzt die Gottesmutter, ihren Sohn auf den Knien, auf einem Thron aus torsierten Säulchen. Gekleidet ist sie in eine Tunika mit ganz engen Ärmeln und einen Kapuzenmantel, der nur spärlich die Haare freigibt. Diese Madonnenstatue entspricht einem Typ, wie er im 12. Jahrhundert im östlichen Katalonien besonders verbreitet war.

Villefranche-de-Conflent

Die Stelle, an der die drei Gebirgsflüsse Têt, Cadi und Roja zusammenfließen (= Conflent), war schon im Neolithikum dicht besiedelt. Während die Grafen der Cerdagne weiter an ihrem höher gelegenen Sitz Corneilla festhielten, erschien es ihnen doch strategisch günstiger, die kleine Ansiedlung am Zusammenfluß zu fördern und auszubauen. So entstand 1089 die Neustadt am Zusammenfluß, Villefranche-de-Conflent (Abb. 98). Die Bewohner von Villefranche erhielten im selben Jahr die Charta ihrer Bürger- und Stadtrechte, die charta de poblacio, die älteste bekannte Urkunde dieser Art. Graf Raimond-Guilhem schenkte der Stadt auch eine *Kirche* (1094), die eine Dependance von Ste-Marie in Corneilla blieb. Von diesem ersten Bau (um 1100) ist nichts erhalten. Die Stadt bestand aus zwei parallelen Straßenzügen, an deren Enden jeweils ein Stadttor den Zugang versperrte. Die zur Brücke St-Pierre laufende rue St-Pierre und die rue St-Jean haben den größten Teil ihres Häuserbestandes aus dem 12., 13. und 14. Jahrhundert bewahren können. Bis zu Vauban wurde an der Befestigungsanlage herumgebaut und ausgebessert, das Stadtbild selbst aber hat sich seit seiner Gründung im 11. Jahrhundert praktisch kaum verändert. Von der um die Mitte des 12. Jahrhunderts entstandenen Kirche ist noch das *romanische Portal* erhalten, dessen Kapitellschmuck eindeutig den Einfluß der Cuxa-Schule verrät.

Wer immer noch nicht genug romanische Kunst im Conflent gesehen hat, der scheue nicht die 4–5 km südlich, an der D 6 gelegene Kirche *Ste-Eulalie-de-Fuilla* zu besuchen, die, 1031 geweiht, ebenfalls zu den frühesten Beispielen des 'premier art roman' zählt. Die Lisenen- und Blendarkadengliederung der Außenwand verrät auch hier die neu ins Land gekommene Mode der comaciner Baumeister. Die im Inneren dreischiffige Anlage zeigt ebenfalls bereits Tonnengewölbe auf schweren Gurten im Hauptschiff und Kreuzgratgewölbe in den niedrigeren Seitenschiffen. Weiterentwickelte, schon romanische Sprache zeigt die Kreuzform der Pfeiler.

Der Weg zurück nach Prades führt durch den kleinen Ort *Ria*. Es darf hier bei dieser Gelegenheit nochmals darauf hingewiesen werden, daß in den Burgruinen oberhalb der Ortschaft der Stammvater des katalanischen Grafenhauses geboren worden war, Wifred der Behaarte (auch Guifred von Arria). Von Ria zweigt ein windungsreiches Sträßlein ab nach *Conat*, dessen kleine Kirche *St-Jean-Baptiste* (Abb. 96) eines der perfektest ausgeführten Quadermauerwerke des Roussillon besitzt. Auf dem monolithen Türsturz hat sich in einer langen Inschrift der Baumeister, ein gewisser Petrus a Petra verewigt.

Serrabone

Für die Fahrt von Prades nach Amélie-les-Bains sollte auf jeden Fall ein ganzer Tag eingeplant werden. Wie schon bei Cuxa und St-Martin-du-Canigou ist auch der Besuch der Prioratskirche von Serrabone (Farbt. 29) verbunden mit Natur- und Landschaftserlebnissen unvergeßlicher Art. Das ganz Besondere dieser drei Kirchen, ihr unvergleichlicher Reiz liegt nicht zuletzt in ihrer Verschmelzung mit der Landschaft, in der sie das mit trefflicher Sicherheit gesetzte I-Tüpfelchen in einer Natur sind, die ohne sie bereits Abwechslungsreichtum und Charme genug besitzt, um den sehenden Menschen anzuziehen. Die Fahrt in der Stille der Bergwelt, abseits vom Getöse unserer hektischen Zivilisation, durch das nach Prades wieder weit gewordene üppig fruchtbare Tal des Têt, führt nach Bouleternère durch die zerklüftete Gorges de Boulès, um dann nach 7,5 km an der Maison Cantonnière sich durch Schieferstein und Macchia hinaufzuwinden zur heute so einsam gelegenen Prioratskirche von Serrabone. Im 12. bis 14. Jahrhundert war sie noch umgeben von einer stattlichen Ansiedlung, die, den Reichtum des Klosters nutzend, sich um dieses scharte.

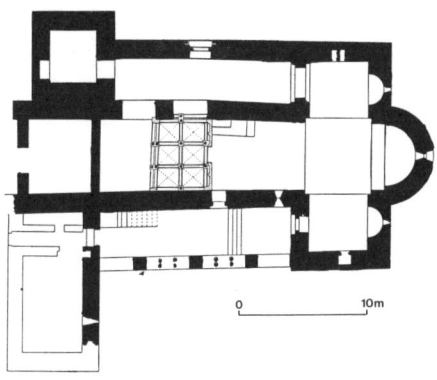

Serrabone: Grundriß

Auch diese Mönchsgemeinde verdankt ihre Entstehung der Generosität der Grafenfamilie der Cerdagne. 1082 konnte bereits die erste freie Priorswahl stattfinden. Aus dieser Zeit stammt noch das Hauptschiff der Kirche. Durch großzügige Schenkungen und Legate gelangte das Priorat schnell zu Ansehen und Reichtum, so daß eine Vergrößerung und Verschönerung der Kirche möglich geworden war. Eine zweite Weihe fand 1151 statt in Gegenwart der Bischöfe von Elne und Urgell und der Äbte von Cuxa und Arles. Die Weihe betraf den neuen Ostteil mit Querhaus und drei Apsiden (deren seitliche nur in die Dicke der Ostmauer eingelassen sind, also unsichtbar von außen!), das nördliche Seitenschiff mit Seitenportal und anschließendem Westturm, das südliche Ambulatorium mit Kapitelsaal und schließlich die Tribüne. Aber der Niedergang der Mönchsgemeinde setzte relativ früh ein, so daß bereits 1507 der damalige Prior seine weit verzweigten Güter von Perpignan aus lenkte und 1564 das Kloster bereits säkularisiert wurde.

Das *Nordportal* zeigt die übliche, einfach zurückgesprungene rundbogige Form mit schmucklosem Tympanon. Fast einziger Schmuck sind die beiden Kapitelle der eingestellten Gewändesäulen. Das linke zeigt eine figürliche Darstellung; der segnende Christus von zwei Engeln flankiert, eine getreue Kopie desselben Motivs in Cuxa (nordöstliche Arkade des dortigen Kreuzganges). Derselben Werkstatt entstammt auch das rechte Kapitell, ein Löwenkapitell.

Die *südliche Galerie*, das kleine Ambulatorium des Priorats, Verbindung zwischen Kirche und Kapitelsaal, zeigt in ihren Kapitellen das gleiche Erbe (Abb. 102). Bemerkenswert ist der qualitative Unterschied von äußeren und inneren Kapitellen. Diese zeigen allesamt das im Mittelalter bekannte Bestiarium, bestehend aus vornehmlich Greifvögeln, Löwen und Bockstieren. Aber während die äußeren Kapitelle von ausgesprochen archaischem Formgefühl und spröder Zeichnung in überaus flachem Relief bestimmt werden, zeigen die inneren Kapitelle wärmere und rundere Konturen und größeren Einfallsreichtum, kurz: die Cuxa-Schule auf dem künstlerischen Höhepunkt ihres Schaffens. Dieser frappierende Unterschied ist sicher die Folge verschiedener Meister, auf keinen Fall das Ergebnis zeitlich auseinanderliegender Arbeiten.

Hauptattraktion und Höhepunkt der romanischen Skulptur im Roussillon erwarten den Besucher aber im Inneren der Kirche, wo sich das gesamte Interesse voll auf die *Tribüne*, d. i. die Sängerkanzel, von Serrabone konzentriert (Farbt. 30). Diese in die Mitte des Raumes gesetzte Sängerkanzel, die übrigens eine an der Westseite vorhandene ältere ersetzt, trennt das Kirchenschiff wie ein wahrer Lettner. Diese Art Sängerkanzeln beruhen auf einer alten katalanischen Tradition und finden ihre Entspre-

Serrabone: Tribüne. Lithographie des 19. Jh.

chung ebenfalls in der Languedoc und in Oberitalien. Einzigartig aber ist ihre Form und künstlerische Ausgestaltung, die offensichtlich ihre Entstehung in Cuxa erlebte, von der aber nur noch Fragmente erhalten sind.

Die zum Kirchenraum querrechteckig gestellte Tribüne erhebt sich über sechs quadratischen Jochen, die mit einfachen Kreuzgratgewölben eingedeckt sind. Die runden, marmornen Kreuzrippen haben keine tektonische Verbindung mit den Graten der selbsttragenden Gewölbe, sind also reiner Zierat. Die Auflagestellen der Gewölbe sind nicht einheitlich, sondern vierfacher Art: vier einfache Säulen im mittleren östlichen Joch, eine Halbsäule an der südlichen Kirchenmauer, drei Doppelsäulen (eine davon in der östlichen Arkade zwischen Haupt- und Mittelschiff und zwei an der Westseite der Tribüne) und schließlich zwei Pilaster

ebenfalls an der Westseite. Die Konstruktion dieser im Grundriß höchst einfach sich darstellenden Tribüne erfährt noch eine zusätzliche Differenzierung, bedenkt man, daß keine ihrer vier Seiten den anderen gleicht. Die Unstimmigkeiten der linken Stirnseite können wohl darauf zurückgeführt werden, daß wesentliche Teile der Skulptur wie Bogenstirn, Kapitelle und Reliefplatten nach der landesüblichen Verfahrensweise direkt in den Hütten der Steinbrüche vorgefertigt worden waren und dann beim Versetzen an Ort und Stelle wegen der Unregelmäßigkeiten des Kirchenbaus Schwierigkeiten verursachten. Während die dem Altar zugekehrte Seite sich fast schmucklos gibt, trumpft deren Pendant, die zur Gemeinde hin weisende Seite, mit geradezu üppigem Skulpturenschmuck auf. Wie eine dreifache Triumphpforte öffnet sich die Sängerkanzel zur Seite der Gläubi-

246

gen hin. Die doppelwülstigen, weit ausgrei-
fenden Basen tragen Doppelsäulen, deren
Schaft eine leichte Entasis aufweist. Die
Kapitelle sind mit symmetrisch angeordneten Löwen- bzw. verschlungenen Ungeheu-
erpaaren reich geschmückt. Die Bogenstirn
der drei Arkaden ist streng mit Blumen-,
Palmetten- und Tierfriesen in extrem flachem Relief artikuliert (vgl. Farbt. 30). In
den Zwickeln am Auslauf der Bogen treten
fast vollplastisch drei Löwenköpfe und ein
hornblasender Engelskopf weit vor die Ebene der Stirnseite. Die Zwickelfelder selbst
sind von links nach rechts besetzt mit christologischen Motiven: zwei Cherubim, Lö-
we (Markus), Adler (Johannes), Agnus Dei,
Mensch (Matthäus), und Stier (Lukas).
Über fratzenköpfig besetzten Konsolen
folgt ein dreifach gegliedertes Gesimsband.
Auffallend sind die ungleiche Breite der
Tribünenaußenseiten, die unterschiedliche
Qualität der Reliefs (verschiedene Hände;
vgl. auch die Kapitelle des Ambulatoriums)
und die asymmetrische Anordnung der
Symbole.
    Höhepunkt der romanischen Skulptur
des Roussillon aber sind die *Kapitelle,* von
denen frappierenderweise drei Figurensze-
nen aufweisen: die zwei Pilasterkapitelle

und das rückständige Kapitell der linken
Doppelsäule der Westfront. Ihrer Besonderheit und hohen Qualität wegen seien
allein diese drei herausgegriffen. Das rechte
Pilasterkapitell (Abb. 101), eine bisher nicht
mit Sicherheit interpretierte menschliche Figur zwischen einem bogenschießenden
Kentaur mit Löwenpranken und einem selt-
sam gedrungenen Hirsch, dessen Kopfbil-
dung und Geweihform stark an orientali-
sche Vorbilder (sassanidische Kunst, orien-
talische Stoffmuster) erinnern. Der Hirsch,
Symbol des Gläubigen, wird auf seinem
Weg zum Heil mit dem dämonischen Jäger,
Kentaur als Symbol des Heiden, konfron-
tiert. Die moralische Botschaft ist klar. Das
Gegenstück auf der linken Seite zeigt in
ebenso bewegter wie gekonnter Ausführung
eine bärtige Gestalt zwischen einem Löwen
und einem Kentauren. Der Bärtige agiert.
Seine Hände drücken sanft die Ungeheuer
weg, deren Tatzen weniger zuzupacken als
den Hals der Figur zu streicheln scheinen.
Der Glaube bezähmt die bösen Kräfte. Das
Säulenkapitell zeigt den Hl. Michael, flankiert von zwei anderen Engeln, im Kampf
mit dem Drachen (das Böse). Die Gegenwart dieses Kapitells erinnert an die Existenz eines Michael-Altars auf der Tribüne.

La Trinité. Wer von Serrabone nicht mehr direkt zurück nach Perpignan, sondern gleich
weiter über das Canigou-Massiv nach Amélie-les-Bains fährt, dem sei dringend empfohlen
die Kapelle von Ste-Trinité bei Prunet zu besuchen, denn dort hängt an der Stirnseite des
rechten Seitenschiffes eines der berühmtesten und besterhaltenen romanischen Holzkruzi-
fixe des Roussillon (12. Jh.; Farbt. 33).

Ebene und Tal des Tech

Monastir-del-Camp. Wenden wir uns von Perpignan aus nun südlich, der eigentlichen
Ebene des Roussillon zu. Verläßt man die alte N 9, die direkt zum Paß von Perthus an der

spanischen Grenze führt, bei Villemolaque, sollte man nicht versäumen, dem heute in Privatbesitz befindlichen ehemaligen Kloster Monastir-del-Camp einen Besuch abzustatten. Die Legende will, daß Karl der Große auf dem Schlachtfeld, auf dem er mit Hilfe der Muttergottes einen entscheidenden Sieg über die Mauren erfochten hatte, ein Kloster gründete; daher der Name 'del Camp' (campus = Feld, in diesem Falle Schlachtfeld). Die Kirche war der Nôtre-Dame-de-la-Victoire geweiht. Die ursprünglich dort verehrte Madonnenstatue 'Nostra Senyora de la Victoria' findet sich heute in der Kirche von *Thuir*, wo sie noch immer große Verehrung genießt.

Vom ehemaligen Priorat existieren noch die einschiffige Kirche aus dem 11. Jahrhundert (1064–1087) mit ihrem Westportal (zweite Hälfte 12. Jh., einziges Figurenkapitell mit Darstellung einer heiligen Szene: Auffindung des Hl. Kreuzes durch Helena) und Konventsgebäude aus dem 12. und 13. Jahrhundert mit dem bezaubernden gotischen Kreuzgang (um 1300). Dieser unregelmäßig viereckige Kreuzgang bildet ein glückliches Spätbeispiel jener kontemplativen Klosterarchitektur des Mittelalters (Abb. 108).

Elne

Hauptort der Ebene des Roussillon ist die alte Bischofsstadt *Elne* (Farbt. vordere Umschlagklappe). Ihre Existenz reicht weit zurück ins Dunkle der Frühgeschichte. Neben Ruscino die volkreichste iberische Stadt nördlich der Pyrenäen stand das antike Illiberis schon vor der Ankunft der Römer im Mittelpunkt der Geschichte des Roussillon. Der römische Schriftsteller Silius Italicus berichtet von einem Mythos, demzufolge die Entstehung bzw. Existenz von Illiberis weit vor die phokäische Besiedlung der provençalischen Küste zurückreichen würde. Der griechische Kulturheros Herakles soll auf seinem Rückweg von Spanien Gast des Königs Bebryx (Namensgeber des hier siedelnden iberischen Stammes der Bebryces oder auch Berybraces) gewesen sein, dessen bildschöne Tochter Pyrène sich unsterblich in Herakles verliebte. Dieser aber, nachdem er von der sich so bietenden Köstlichkeit genascht hatte, zog schließlich wieder weiter über die Rhône und die Alpen seiner griechischen Heimat zu. Die sitzengelassene Königstochter Pyrène flüchtete in ihrem Schmerz in die nahen Berge, entzündete dort ein großes Feuer und stürzte sich in diesen selbstgeschaffenen Scheiterhaufen. Die Stadt des nun verzweifelt trauernden Vaters Bebryx nannte sich von jetzt an nach der unglücklichen Königstochter Pyrène, die Berge, in denen sie ihr Leben ausgehaucht hatte, hießen zukünftig Pyrénées. Tatsächlich zitierten die antiken Schriftsteller immer wieder eine historisch reelle Stadt Pyrène. Elne streitet sich mit Collioure und Port-Vendres um die Nachfolgeschaft der bislang geographisch nicht ausgemachten Stadt Pyrène.

Zu neuem Leben kam das alte Illiberis, als Kaiser Konstantin diese wichtige Wegstation an der Via Domitia zu Ehren seiner Mutter Helena in 'Castrum Helenae' umtaufte. Die seit 413 in der Provincia Gallia Narbonensis Prima sich festsetzenden Westgoten, alles andere als Zerstörer, splitterten das alte Bistum von Narbonne auf, indem sie 571 in Castrum Helenae ein neues Episkopat errichteten. Bereits 577 ist auf dem Konzil von Toledo die Rede von einem gewissen Benenatus (Helenensis episcopus).

Bis 1602 blieb Elne die einzige Bischofstadt des Roussillon. Entsprechend seinem Rang als Bischofstadt entstand ab 1042, parallel zum allgemeinen wirtschaftlichen Aufschwung, an der Stelle gewiß älterer sukzessiver Vorgängerbauten, eine neue Kathedrale. Als diese 1060 eingeweiht wurde, war sie sicher noch weit davon entfernt, fertig zu sein. Die schon erwähnten Unstimmigkeiten im Wand- und Stützensystem (s. S. 209) bestätigen dies.

Von allen romanischen Kirchen des Roussillon besitzt allein die Kathedrale von Elne eine wahrhaft monumental durchgestaltete Westfassade im lombardischen Stil (Abb. 103), allerdings ohne die jetzigen Türme, deren rechter erst 1445 von Wilhelm Sagrera fertiggestellt wurde, während der linke gar eine neuzeitliche Hinzufügung ist. Von der Innenausstattung ist lediglich der jüngst erst wieder aufgestellte Tischaltar von 1069 erwähnenswert.

Der eigentliche Höhepunkt, den die Kathedrale zu bieten hat, erschließt sich erst, wenn man, um die Ostteile herumgegangen, den Kreuzgang betritt. Der leicht rechteckige Kathedralkreuzgang von Elne ist ein Wunderwerk mittelalterlich-mediterraner Hofbaukunst. Geschlossenheit der Anlage, Erlesenheit seiner Skulpturen und das Material, blaugestromter weißer Marmor von Céret, würden allein schon ausreichen, um ihn zu einem Bauwerk von singulärem Wert zu machen. Allen jenen unverbesserlich Böswilligen, die mangels besseren Wissens seit der französischen Aufklärung das Mittelalter als 'finster' bezeichnen, sei der Besuch des Kreuzganges von Elne empfohlen: sie werden sich von einer hochstehenden Lebenskultur überzeugen müssen. Für die Kunstgeschichte im engeren Sinn ist der Kreuzgang von Elne aber zusätzlich aus vier Gründen von unschätzbarem Wert:

1. Der Kreuzgang von Elne ist der einzige von allen jenen romanischen in direkter Nachfolge und Anlehnung an Cuxa entstandenen Kreuzgängen, der praktisch unversehrt die Jahrhunderte überstanden hat. Alle anderen sind entweder unwiederbringlich verloren, zerstört (St-Martin-du-Canigou) oder deportiert (St-Genis, Cuxa, Espira-de-l'Agly).

2. Durch das Auftreten des Meisters Raimund von Bianya (s. S. 213) wird vor allem in Elne das letzte Kapitel der großartigen romanischen Skulptur des Roussillon eingeleitet.

3. Mit R. von Bianya als verantwortlichen Meister wird das erzählerische Element (figürliche Szenen) in die hiesige Kreuzgangskulptur eingeführt.

4. Von der Baufolge her haben wir hier das einzig erhaltene Beispiel, bei dem ausgehend von der romanischen Grundform (Südflügel) die folgenden Baumeister (13. und 14. Jh.) konsequent die alte Konzeption beibehalten und sich in gotischer Zeit dem romanischen Vorbild unterworfen haben, so daß aus der bestimmenden Hofsicht die Harmonie der romanischen Arkaden-Pfeiler-Stellung gewahrt bleibt. Auf kleinstem Raum kann man hier ein Musterbuch, eine Summa der Bildhauerei des Roussillon von der Mitte des 12. Jahrhunderts (Cuxa-Stil)

Elne: Kathedralkreuzgang, Pfeiler- und Dekordetails

über Raimund von Bianya (letzter romanischer Höhepunkt) und das 13. Jahrhundert (Niedergang: 'troisième art roman') bis ins 14. Jahrhundert (Einzug der Gotik) durchschreiten.

Südflügel: Dieser Trakt ist der älteste, in dessen westlichen Arkaden, Säulen und Pfeilern das von Cuxa vorgegebene Muster noch klar ablesbar ist (Abb. 107). Am zweiten Pfeiler verzeichnen wir das Auftreten eines neuen Ateliers, jenes von Raimund von Bianya. Zwei Szenen wahrscheinlich aus dem Leben von Petrus: Quo vadis und Wegführung des Apostelfürsten durch Soldaten (Abb. 106). Am Kapitell der 11. und 12. Säule Darstellungen aus dem Alten Testament: Erschaffung Adams, Erschaffung Evas, Sündenfall. Die gotischen Reliefs (14. Jh.) auf den Konsolen der Mauerseite, die die Rippen der Gewölbe aufnehmen, zeigen die Szenen: richtender Christus, Grablegung, Auferstehung, Himmelfahrt und Pfingsten. In der Mauer eingelassen sind u. a. die Epitaphplatten der Bischöfe Guillaume d'Ortaffa (1209) und Guillaume Jorda (1186, Initiator des Kreuzganges).

Neben dem so schlichten wie kunstvollen Nordportal der Kirche aus wechselweise rotem und weißem Marmor die Funeralskulptur des Bischofs R. und gegenüberliegend am anderen Gangende die entsprechende Grabfigur des F. de Soler, 1203, beide von Raimund von Bianya (Abb. 109).

Der Westflügel ist eine Replik der Südgalerie. Die Replik geht bis zur quasi wörtlichen Übernahme der Figurenreliefs. Die ungeschicktere Ausführung kündigt den Niedergang der romanischen Tradition an. Im Nordflügel hinter den beibehaltenen romanischen Arkaden zog die Kunst der Ile-de-France ein. Das Entscheidende ist aber die hier offensichtlich begonnene gotische Einwölbung, die im Osttrakt fortgesetzt und konsequenterweise dann sukzessive auch auf West- und Südgalerie übertragen wurde. In der östlichen Galerie haben noch drei in der Umgebung gefundene Sarkophage Aufstellung gefunden (Abb. 105). Sie gehören alle drei jenen sogenannten 'aquitanischen Sarkophagen' (6.–7. Jh.) zu, deren flacher Pflanzendekor, durchsetzt mit christologischen Motiven, in westgotischer Zeit die spätantik-frühchristliche Tradition der Arleser-Schule abgelöst hatte.

Eine kleine Treppe zwischen Ostflügel und Eingangsvestibül (Kartenhalle) führt auf den im 14. Jahrhundert geplanten, aber nie ganz durchgeführten oberen Umgang des Kreuzgangs, von wo aus sich der schönste Blick auf den gesamten Komplex Kathedrale-Kreuzgang darbietet.

St-André-de-Sorrède

Verläßt man Elne südwärts über die N 114 und biegt kurz vor Argelès-sur-Mer rechts in die D 618 ein, gelangt man in wenigen Minuten nach St-André-de-Sorrède. Unter Abt Miron wurde Anfang des 9. Jahrhunderts ein Kloster zu Ehren des Hl. Andreas errichtet, das bereits 823, unter dem Nachfolger Mirons, die schriftliche Bestätigung von Ludwig dem

Frommen erhielt. 1109, zum Zeitpunkt der Angliederung an die mächtige Abtei Lagrasse in den Corbières, scheint St-André bereits arg herunter gekommen zu sein. Ein nun im Angriff genommener Bau wurde bereits zwölf Jahre später vom Bischof von Elne eingeweiht, womit aber die Arbeiten sicher noch nicht abgeschlossen waren.

An der Fassade (Abb. 114) können wir deutlich drei verschiedene Steinlagen unterscheiden, deren unterste aus aufgestellten Bachkieseln in römischer Technik des opus spicatum wohl dem Bau des 9. Jahrhunderts zugehörig sein könnte. Die anschließende Lage aus mehr oder weniger horizontal gelegten, grob behauenen Steinen entspricht der Mauertechnik, wie wir sie in Arles und St-Genis ebenfalls vorfinden, dürfte also aus der Zeit der Entstehung der Fensterrahmung und des Türsturzes stammen (nach 1020). Ob die oberste Lage, ab Höhe des Fensterabschlusses, noch aus dem 11. Jahrhundert stammt oder erst zu Beginn des 12. Jahrhunderts während der allgemeinen neuen Bauphase nach Übernahme durch Lagrasse entstand, bleibt umstritten, ebenso die Frage, ob der Türsturz zur Zeit des Fensters als dessen Pendant eingesetzt wurde oder später (s. S. 210).

Der Türsturz (Abb. 117) ist zweifellos eine Nachahmung seines Gegenstückes in St-Genis. Allerdings unterscheidet er sich von ihm in wesentlichen Punkten: die Zahl der Apostel ist reduziert auf vier; statt dessen sind hinzugekommen zwei sechsflügelige Seraphim; Christus sitzt nicht mehr in zwei Mandorlas, sondern in einer, die aber ungeschickt an ihren Enden abgeschnitten ist; die Inschrift als Dekorelement fehlt gänzlich; besonders die linken Arkaden verlieren ihre Hufeisenform und nähern sich der romanischen Bogenform des Halbkreises; vor allem aber, was für eine spätere Entstehung argumentieren ließe: die Gravur

ist dreifach so tief, so daß die Figuren zu mehr eigener Körperlichkeit gelangen, d. h. der Weg von der Steinzeichnung zur volumenschaffenden Skulptur ist eingeschlagen. Auch die eindeutig von der Hand des St-Genis-Meisters geschaffenen Seraphen und Medaillons mit den Evangelistensymbolen des Fensterrahmens zeigen mehr Körperlichkeit. Beide, Fensterrahmen und Türsturz, gehören auf jeden Fall zu den ältesten Zeugnissen einer neu entstehenden christlichen Monumentalskulptur.

Im Grundriß folgt St-André ebenfalls seiner Nachbarkirche. Doch die Umbauten des frühen 12. Jahrhunderts haben aus der einschiffigen Saalkirche mit weitausladendem Querhaus und drei östlichen Absiden eine Hallenkirche entstehen lassen. Der ursprünglich holzgedeckte Einheitsraum hätte eine Steinwölbung über die gesamte Breite des Kirchenschiffs seiner dünnen Außenmauern wegen statisch nicht zugelassen. Man entschied sich für eine höchst originelle Lösung, die aber andererseits viel vom Landescharakter verrät. Anstatt die Mauer zu verstärken oder äußere Streben anzubringen, zog man eine Steintonne von geringerer Breite als das Kirchenschiff ein, eine Tonne, die auf eigenen Stützpfeilern im wesentlichen ruht (Abb. 115). Dadurch entstand allerdings ein dreischiffiger Kirchenraum, dessen Seitenschiffe zu schmal und zu hoch für die Entwicklung einer eigenständigen Räumlichkeit sind. Das Landestypische liegt nun darin, daß man offensichtlich befürchtete, das äußere Mauerwerk durch sichtbar gemachte Streben und Stützen (s. Gotik) optisch zu zerstören, und man statt dessen diese 'unsichtbar' ins Bauinnere verlegte. Dadurch bereitete man auch in St-André das System der sogenannten languedozischen Sondergotik vor: Einheitsraum mit zum Schiff hin offenen Seitenkapellen zwischen den Mauerstreben.

Gleich rechts vom Eingang ein *Weihwasserbecken* mit sehr archaischer Skulptur in zwei Registern. Wahrscheinlich handelt es sich dabei noch, ähnlich wie bei dem Taufbecken in St-Jean (Perpignan), um eine westgotische Arbeit. Wichtigstes Ausstattungsstück ist der im Chor aufgestellte *Marmoraltar*. Rein äußerlich gehört er in jene Tradition der Narbonenser Tischaltäre, die seit dem 9. Jahrhundert renommiertes Exportgut der Erzbischofstadt waren. Genauer besehen weisen aber die Verzierungen stilistische Anklänge an cordobesische Kunst auf. Gleiche Länge wie der Türsturz (2,18 m) und Parallelen im Rankendekor haben die Theorie entstehen lassen, daß der Türsturz ursprünglich als Marmorretabel für den Tischaltar vorgesehen gewesen wäre.

St-Genis-des-Fontaines. Der Ort liegt nur wenige Kilometer entfernt. Die dortige Kirche entstand 811, also fast zur selben Zeit wie St-André. Eine von den Normannen oder Muselmanen zerstörte Kirche wurde 981 wieder aufgebaut, parallel zur Kirche Garins in Cuxa. Eine weitere Weihe ist für das Jahr 1153 überliefert. Die einschiffige Kirche mit weit ausladendem Querhaus und drei Apsiden (vgl. St-André) zeigt im inneren Mauerwerk der Ostteile noch Bestände des Baus aus dem 10. Jahrhundert. Vom prächtigen, in die USA deportierten Marmorkreuzgang ist heute nichts mehr zu sehen. Bemerkenswert bleibt jener nun schon so oft zitierte Türsturz (Farbt. 45; Beschreibung s. S. 210).

Brouilla. Von St-Genis aus scheue man nicht den kleinen Umweg zum 3,5 km nördlich gelegenen Brouilla, dessen kleine einschiffige Kirche ebenfalls mit einem geradezu klassisch ausgewogenen Portal in Marmor von Céret aufwarten kann (Abb. 119). Das einfach zurückgestufte Portal wird gerahmt von zwei schlanken Gewändesäulen, deren erlesene Körper von zwei Kapitellen abgeschlossen werden, die eindeutig in Nachfolge der Cuxa-Schule stehen. Die Gewändesäulen werden im Bogenfeld von einer kreisrunden, mit flachem Flechtband geschmückten Archivolte fortgesetzt. Die Schrägen der Bogenrahmung sind mit stilisierten Blattmotiven besetzt. Eine schmucklose Leiste schließt das Portal nach oben waagerecht ab. So kompakt und geschlossen wie das Portal gibt sich auch der Grundriß der Kirche, der durch den halbkreisförmigen Abschluß der Querhausenden einen Dreikonchenchor ergibt, der zwar nicht einzigartig, aber doch relativ selten im katalanischen Raum dasteht.

Brouilla: Grundriß

Le Boulou

Von Brouilla über die N 9 gelangt man zum Nachbarort *Le Boulou,* der noch heute eine wichtige Straßenkreuzung markiert. Die Route von Narbonne/Perpignan über den Paß von Le Perthus nach Spanien schneidet hier die alte Via Vallespiriana, die sich dann verzweigt nach Elne und Collioure. Diese letzte französische Stadt vor Spanien, die zu wesentlichen Teilen aus Hotels, Restaurants und Cafés besteht, mußte nach der Fertigstellung der neuen Autobahn eine große Einbuße ihrer Haupterwerbsquelle, die durchreisenden Spanienurlauber, hinnehmen. Dennoch lohnt auch hier ein kurzer Halt.

Wie eine wertvolle Brosche an einem ärmlichen Kleid wirkt das berühmte romanische Portal (2. Hälfte 12. Jh.) an der Westseite der Dorfkirche (Abb. 113). Von allen so reichlich vorhandenen romanischen Portalen des Roussillon ragt dieses geradezu klassisch monumental komponierte von Boulou besonders hervor. Seine Isoliertheit vor der wie ein Passepartout wirkenden Fassade betont noch die Monumentalität. Der zweifach gekehlte, flach-rechteckige Türrahmen wird gefaßt von einer Portalarchitektur von bezwingender Logik in Aufbau und Ausgewogenheit aller seiner Teile. Über zwei flachen Stufen erhebt sich ein hoher Sockel, auf dem erst die beiden Gewändesäulen aufsetzen, ähnlich wie bei antiken Portalanlagen.

Die beiden hervorragend skulpierten und tiefgekehlten Tierkapitelle entwickeln auf kleinstem Raum tiefe Räumlichkeit. In gleicher Höhe schließen Kapitelle, Türrahmen und ein durchlaufender Schachbrettfries ab. Die breite, ganz flache und schmucklose Bogenstirn des Tympanons wird gefaßt und als eigenes Element hervorgehoben durch eine relativ breite Bordüre aus einem Flechtband von mathematischer Strenge. Auf sieben mit Köpfen besetzten Konsolen ruht ein weit vorkragendes Gesims, das die Portalanlage als eigene Architektur nach oben hin abschließt.

Die untere Hälfte des Gesimses wird durchzogen von einem Figurenfries. Von rechts nach links erkennen wir: Verkündigung an die Hirten, Geburt Christi, Bad des Neugeborenen, Anbetung der Könige, Flucht nach Ägypten und Ruhe auf der Flucht. Bei genauem Hinsehen können wir wieder die unverkennbare Handschrift jener herausragenden Künstlerpersönlichkeit entdecken, der wir schon vier Kilometer östlich von Perpignan begegnet sind. Wir haben hier noch einmal ein Hauptwerk des Meisters von Cabestany vor Augen. Die einzelnen Szenen gehen zwar ohne jegliche Zäsur ineinander über, zeigen aber in sich, durch ihre bewegte, unkonventionelle und ausdrucksstarke Ausführung, den Meister auf der Höhe seiner kompositorischen Erfindungskraft, für die kein Format, und sei es noch so extrem wie dieser niedrige und lange Fries, ein Hindernis bedeutet. Wegen seiner herausragend klassizistisch-antikischen Konsequenz des Portalaufbaus möchte man diese Anlage viel eher in Italien vermuten, was wiederum ein Indiz mehr für die Herkunft des Meisters von Cabestany wäre.

St-Martin-de-Fenollar

Drei Kilometer südlich von Boulou, etwas abseits von der N 9 gelegen, liegt die kleine Kapelle *St-Martin-de-Fenollar*.

Der unscheinbare Bau besteht aus zwei Teilen, einem rechteckigen, tonnengewölbten Chor (möglicherweise noch von dem Mitte des 9. Jh. mehrfach erwähnten Martins-Oratorium) und einem breiteren, dreijochigen Kirchenschiff. Vor allem der kleine Chor ist es, der heute das Interesse der Kunsthistoriker auf sich zieht. Dort hat man nämlich den bislang einzigen größeren, fast vollständig erhaltenen romanischen Freskenzyklus des Roussillon gefunden (Farbt. 40). In leuchtenden Farben und kräftigen Konturen stehen die erstaunlich gut erhaltenen Wandmalereien dem Besucher vor Augen. Die Decke wird eingenommen von einer großen Maiestas Domini, umgeben von vier Engeln, welche die Symbole der vier Evangelisten tragen. Darunter, noch in der Gewölbekrümmung, schließt sich ein Register mit der Darstellung der 24 Ältesten der Apokalypse an, das wieder getrennt ist, durch zwei Schrift-, bzw. Dekorbänder, von einem weiteren Register mit Szenen aus dem Leben Christi. An der flachen Stirnseite folgt die übliche Darstellung Mariens. Dominante Gelb- und Rottöne zusammen mit kräftigem Grün und Blau (seltener) stimmen ein in einen pulsierenden, lebensfrohen Farbakkord. Sicher gesetzte Konturen und abwechselnde Weißhöhung bewirken eine vehemente Modulierung. Trotzdem zeigt die Zeichnung noch nicht die volle Sicherheit des fortgeschrittenen 12. Jahrhunderts. Eine Datierung innerhalb der ersten beiden Dekaden dieses Jahrhunderts wird heute angenommen.

Im benachbarten *L'Ecluse Haute*, dort wo die Via Domitia sich ihren Weg durch die Pyrenäen bahnte, finden wir in der zentralen Apsis der dortigen Kirche ein anderes Fresko mit Christus in der Mandorla, das nach Farbigkeit und Stil ebenfalls vom selben Meister stammen könnte.

Céret

Fahren wir weiter ins Vallespir, also wieder techaufwärts, so finden wir in Céret einen lebendigen Marktflecken, dessen feste Verwurzelung im wirtschaftlichen und kulturellen Leben Kataloniens nicht nur in seinem reizvollen Stadtbild sichtbar wird. Der heute von Ertrag seiner fruchtbaren Gemüsefelder (Artischocken) und Obstplantagen (die Kirschen von Céret sind die ersten auf dem französischen Markt) lebende Ort ist bereits wie Collioure und St-Tropez in die Kunstgeschichte eingegangen. Der katalanische Bildhauer Manolò, dessen Denkmal für den Komponisten Déodat de Séverac am Anfang der Avenue Clémenceau steht, hat Céret sogar einmal das »Mekka des Kubismus« betitelt. Picasso und

Juan Gris haben hier zeitweise gearbeitet. Aber auch Matisse, Chagall, M. Jacob und Lhote hat der bezaubernde Ort angezogen. So nimmt es nicht wunder, daß das kleine Musée d'Art Moderne hervorragend bestückt ist. Die Place de la Liberté wird bestimmt vom Kriegerdenkmal für die Gefallenen beider Weltkriege; es ist ein Werk Maillols.

Am Ortseingang, wo die D 115 in den Ort mündet, wartet Céret mit einer anderen Überraschung auf. Unbeeindruckt von den beiden modernen Brücken für Straße und Eisenbahn, spannt sich in eleganten wie kühnen Bogen von 45 m Länge der alte ›Pont du Diable‹ (14. Jh.) über den Tech. Von seinem obersten Punkt (22 m über dem Fluß) genießt man eine herrliche Aussicht auf den Canigou und die nahen Albères (Farbt. 32).

Arles-sur-Tech

Amélie-les-Bains (das römische Aquae Calidae und spätere Thermen-von-Arles) zieht noch heute jährlich Tausende von Kranken an, die in den dortigen Thermalquellen Heilung oder Linderung suchen. Das Schwimmbecken der 'Thermes Romaines' ist immer noch das restaurierte römische Becken. In den von den Arabern zerstörten 'Thermen von Arles' richteten sich von Spanien geflüchtete westgotische Mönche ein. Dem ersten Abt Castellan wurde 778 von Karl d. Gr. (gleichzeitig mit Lagrasse in den Corbières), der an der Wiederbesiedlung des Vallespir interessiert war, seine Klostergründung bestätigt. Eine Überschwemmung des Tech und eine kurz darauf folgende Zerstörung durch normannische Plünderer ließen es geraten erscheinen, das Kloster Ste-Marie-de-Vallespir zu verlegen. Ab 934 finden wir dasselbe Kloster vier Kilometer flußaufwärts, wo es heute noch steht als Kirche von *Arles-sur-Tech* (Abb. 110–112). Die Bestätigungsbulle Papst Johannes' XIII. von 968 spricht vom Gründer des nunmehrigen Klosters als einem Bruder des Großvaters von Graf Oliba Cabreta. Unter dem Schutz der Grafenfamilie von Cerdagne wuchs und gedieh Ste-Marie-de-Vallespir zum zweitgrößten Kloster im Roussillon, nach Cuxa. Wegen der im 10. Jahrhundert beginnenden und im 11. Jahrhundert zunehmenden Übergriffe der Feudalherren auf Klosterbesitz unterstellte sich die Abtei 968 direkt dem Hl. Stuhl in Rom. Diese auf Anraten des Grafen erfolgte Aktion richtete sich vor allem gegen die Annexionsversuche durch den Bischof von Elne. Die Besitzungen von Arles waren damals beträchtlich angewachsen. Sicher war schon, parallel zu Cuxa, ein Kirchenbau erfolgt. Doch Anfang des 11. Jahrhunderts entschloß man sich zu einem totalen Neubau, der den Kirchen in Cuxa und Elne nur wenig an Größe nachstand. Dieser erste romanische Bau wurde 1046 von Guifred von Cerdagne (Erzbischof von Narbonne) in Gegenwart der wichtigsten weltlichen und geistlichen Würdenträger des katalanischen Raums feierlich eingeweiht. Eine zweite Einweihung erfolgte 1157. Dabei wurden weitere fünf Altäre genannt. Der sicher nicht fertige Bau erlebte eine Serie von Änderungen und Umbauten.

Um das Kloster Ste-Marie-de-Vallespir war inzwischen eine ansehnliche Siedlung entstanden, die völlig von der Gerichtsbarkeit des Klosters abhängig war. So kam es 1235 zu

115 ST-André-de-Sorrède Innenraum
◁ 114 ST-André-de-Sorrède Die Fassade
117 ST-André-de-Sorrèdes Türsturz

116 Coustouges Eisenbeschlagene Tür, 12. Jh.

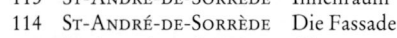

118 Coustouges Das Kirchenportal

119   BROUILLA Portaldetail

120   PORT-VENDRES Place de l'Obélisque
mit Kriegerdenkmal von Aristide Maillol

121   BANYULS-SUR-MER Kriegerdenkmal von Aristide Maillol

122 PRADES
Der Hochaltar

123 COLLIOURE Bei M. Pous im ›Hôtel des Templiers‹

125 MONTFRIN Das Schloß

◁ 124 LATTES Reste des romanischen Figurenschmucks an der Nordflanke

126 LA MOGÈRE Gartenfront

128 MAGUELONE Kathedrale: Tympanon

127 MAGUELONE Kathedrale: Paulus vom linken Portalgewände

129 ASSAS Südportal der Kirche

130 VIC-LA-GARDIOLE Die Wehrkirche

131 AGDE Die Wehrkirche
133 ST-MARTIN-DE-LONDRES Blick in die
Vierungskuppel

132 ST-MARTIN-DE-LONDRES
Reste des frühromanischen Altars, 11. Jh.
134 BRISSAC Pfarrkirche St-Nazaire-et-St-Celse

135 Schloß Castries

136 St-Thibery Steinbrücke über den Thongue

137 Schloß Lavagnac mit Gärten

139 Sérignan   Kirche Notre-Dame: Elfenbeinkruzifixus ⊳

138 Sète   Im Hafen

141   VALMAGNE   Kapitelsaal
140   VALMAGNE   Brunnenhaus des Kreuzgangs
142   CLERMONT-L'HÉRAULT   St-Paul: Blick ins
       Langhaus

143   QUARANTE   Ste-Marie: Blick ins Wölbsystem

144 ST-PIERRE-DE-RHÈDES   Ansicht von Süden

145 QUARANTE   Ste-Marie: Tischaltar, 11. Jh.

einem Aufstand, der für Arles erzwang, was für alle anderen Orte im Roussillon schon lange selbstverständlich war, nämlich die Gewährung und Anerkennung einer Charta der Bürgerrechte- und Freiheiten. Unabhängig davon wuchs der Besitz des Klosters, so daß 1423 dieses 62 Güter und 17 Pfarrgemeinden besaß. Doch damit war der Höhepunkt überschritten, und der kontinuierliche Niedergang hatte eingesetzt. 1723 wurde die Abtei dem Bischof von Elne/Perpignan angegliedert.

Nähert man sich der Ostseite der ehemaligen Abteikirche, kann man bereits von außen die wichtigste Anomalie des Baues erkennen: kein Chor, keine Apsis, sondern hier die Eingangsfassade, d. h. die Kirche ist gewestet. Im Grundriß erkennt man, daß die drei großen Apsiden im Westen liegen. Warum dies so ist, weiß man nicht. Die Ostwand besitzt aber ebenfalls, in die Mauerdicke eingelassen, kleinere Apsiden links und rechts vom Eingangsportal. Über dem Eingang findet sich eine dritte, größere Ostapsis. Zusammen mit den beiden flankierenden Ostapsiden handelt es sich hier um die 1147 ausdrücklich erwähnten fünf anderen Altäre, die damals eingeweiht worden waren. In der erhöhten Mittelapsis im Osten befand sich das hervorgehobene Michaels-Oratorium, wo jüngst, versteckt hinter dem Orgelprospekt, Fresken aus dem späten 12. Jahrhundert entdeckt worden sind. Überhaupt scheint vieles an der Bauform, vor allem der oberen Teile, nicht ganz geklärt.

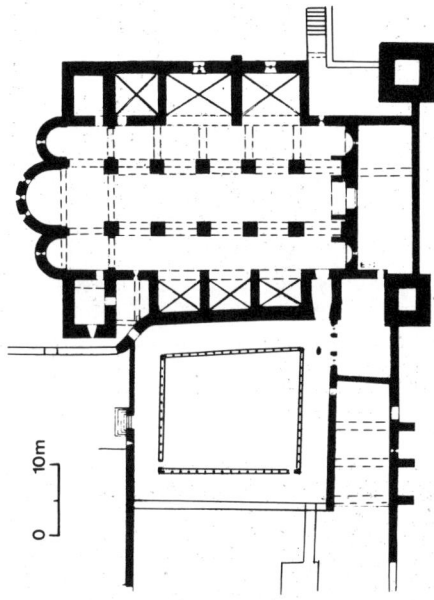

Arles-sur-Tech: Grundriß

Im Innern überrascht die Höhe des mit einer angespitzten Steintonne gewölbten Hauptschiffes. Zur Einwölbung mußte die für einen offenen Holzdachstuhl vorgesehene Hochwand verstärkt werden. Auch hier entschloß man sich, die Stützen nach innen zu verlegen, bzw. man verstärkte die Mauer innen um die Dicke der rahmenhaft und hoch über die ursprünglich niedrigen Seitenarkaden gelegten Blendarkaden. Da man die originale Mauerhöhe nicht gemindert

hatte, schneiden die alten Obergadenfenster jetzt in die Krümmung des Gewölbes ein.

Der interessanteste Teil der Kirche ist aber ihre Eingangsfassade im Osten, nicht nur ihrer Lage wegen, sondern vor allem, weil sie die einzige in einem Arbeitsgang durchgezogene Fassade dieser Art im Kirchenbau des Roussillon im frühen 11. Jahrhundert darstellt. Sie scheint auf jeden Fall in der Zeit vor der Weihe von 1046 fertig gewesen zu sein. Das schmucklose Granitportal wird von einem monolithen Türsturz

Arles-sur-Tech: Aufriß von Kirche und Kreuzgang

mit leichter Giebelform oben abgeschlossen. In den Türsturz sind Alpha und Omega eingemeißelt. Im Tympanon finden wir die figürliche Darstellung der Maiestas Domini in Kreuzform. Christus, thronend in der Mandorla, nimmt das Zentrum des Kreuzes ein, dessen Arme besetzt sind mit den Medaillons der vier Evangelisten. Mandorla und Medaillonrahmen sind jeweils mit einer Rosette verbunden.

In Stil und Entwicklung steht diese Skulptur in direkter Fortsetzung von St-Genis und St-André. Mächtige, dunkle Keilsteine bilden den Entlastungsbogen, der von einem dekorierten Gesimsband, dessen horizontale Fortsetzungen links und rechts vom Bogenauslauf dämonische Fabelwesen tragen, gerahmt wird. Auch Dekor und Fabelwesen stehen im stilistischen Zusammenhang mit den beiden genannten Kirchen.

Arles-sur-Tech: Ostfassade

Etwa in Scheitelhöhe des Portals gliedert sich die Wand durch eine Reihe von gruppenweise zusammengefaßten Blendarkaden, zwischen denen in der Mittelachse der Fassade ein Rundbogenfenster die Mauer durchbricht (für die dahinterliegende Michaelskapelle?). Der Fensterrahmen folgt

274

Arles-sur-Tech: Tympanon

dem Typ von St-André. Hoch darüber, nach einer schmucklosen Mittelzone, eine Folge von sieben Blendarkaden, die von schlanken Säulen mit frühen Kapitellen getragen werden. Die mittlere und die äußere sind mit einer einfachen rundbogigen Öffnung durchbrochen. Darüber, die Giebelzone markierend, nochmals paarweise mit Rundbogenfries abgesetzte Blendarkaden, von denen lediglich die äußersten linken noch die originale Form zeigen.

Thomas W. Lyman konnte aufzeigen, daß es sich bei dieser Form der Fassadengestaltung (vgl. auch St-André) um eine Bauvorstellung handelt, die schlüssig seit der Antike über Ravenna tradierte Formen der Palastfassade (würdig für das Haus Gottes) wieder aufgreift.

Links vom Eingang die in der Wand eingelassene Grabskulptur des Guillaume Gaucelme, Ritter von Taillet, der sich um 1210 in Ste-Marie hatte begraben lassen (Abb. 110). Die Skulptur gehört zu den großen Schöpfungen des Raimund von Bianya. Darunter der als wundertätig verehrte Sarkophag, der nach dem Glauben der Vallespirianer sich auf rätselvolle Weise ständig mit Wasser füllt und deshalb Scharen von Pilgern anzog.

Verläßt man durch das Südportal die dunkle, schwerfällige Kirche, tritt man in die lichtdurchflutete Zauberwelt des gotischen Kreuzgangs (um 1300; Abb. 111), der als Vertreter des mediterranen Typs trotz angespitzter Bögen an der Wirkung der Kolonnade festhält. Die zerbrechlich dünnen, paarweise gesetzten Säulenschäfte und die hohen Arkadenöffnungen lassen Sonne und üppige Vegetation des Klostergartens voll in die Galerien hineinatmen, und die beschwingte Leichtigkeit dieser Hofarchitektur wirkt befreiend auf den Besucher nach der vorher erlebten kalten Höhle der ehemaligen Abteikirche.

Wer Zeit hat und sich weiter in die Bergwelt der Pyrenäen hineinwagen will, dem bieten sich zwei weitere sehenswerte Ziele.

Prats-de-Mollo und Coustouges

Prats-de-Mollo. Bereits 982 weihte Ilderind, Bischof von Elne, in der Ansiedlung Villa Pratis eine erste Kirche zu Ehren der andalusischen Heiligen Justus und Rufinus. Im 13. Jahrhundert wurde eine neue dreischiffige Kirche geweiht. Aus dieser Zeit stammt der noch ganz in romanischer Tradition gehaltene Glockenturm, dessen oberstes Geschoß allerdings erst im 14. Jahrhundert aufgestockt wurde, als die Kirche in das Verteidigungssystem der Stadt einbezogen wurde. 1649 wurde der erste Stein für die heutige Kirche in gotischen Formen gelegt. Lediglich die Außenmauern des Baues vom 13. Jahrhundert wurden beibehalten. Wie eine Krone umzieht der Kranz von Flachgiebeln der einzeln eingedachten hohen gotischen Gewölbe den Außenbau. Bedenkt man die Bauzeit ab 1649 – der Architekt Jacques Marial hatte auch den seit dem 13. Jahrhundert unfertigen Chor der Kathedrale von Perpignan vollendet –, so ist man überrascht von dem lichten Einheitsraum im Stile des 15. Jahrhunderts. Ans 17. und 18. Jahrhundert erinnern aber dann doch die Altäre, allen voran der Hochaltar und der Altar der Kapelle der Hl. Rosaria (1673, südl. Kapelle), beides Hauptbeispiele katalanischer Barockaltäre. Beim Betreten bzw. Verlassen der Kirche sollte man nicht vergessen, die schwer mit Schmiedeeisen beschlagene Tür zu bewundern.

Coustouges. Dort finden wir eine Tür gleicher Art, mit Sicherheit aus dem 12. Jahrhundert (Abb. 116). Die seit 998 bis zur Revolution zum Kloster Ste-Marie in Arles gehörige Pfarre ließ 1142 vom Bischof Udalgar von Elne eine der Hl. Jungfrau gewidmete Kirche weihen, die in ihren unteren Teilen mit der heutigen Kirche identisch ist. In einer zweiten Phase wurde der Bau in der zweiten Hälfte des 12. Jahrhunderts fertiggestellt. Im Innern fallen zwei Besonderheiten auf: a) Die kleine einschiffige Kirche besitzt eine Vorhalle in Breite und Höhe des Hauptbaues. Erst von der Vorhalle aus tritt man durch das verschwenderisch reiche Portal ins eigentliche Kircheninnere; b) Der Kirchenraum besteht wiederum aus zwei Teilen: einem dreijochigen Langhaus, dessen durchgehende angespitzte Tonne auf schweren Gurtbögen ruht, und einem Chor von wesentlich geringerer Höhe und Breite als das Hauptschiff. In der Ecke zwischen Chor- und Außenwand sind links und rechts zwei Kapellen von ganz singulärer Form eingestellt: sie sind überwölbt von einem echten Kreuzrippengewölbe mit stabrunden Rippen, die zwar jenen von Serrabonne ähneln, aber im Gegensatz zu diesen echte tektonische Funktion besitzen. Diese Minigewölbe ruhen kirchenseits auf freistehenden romanischen Säulen mit stark stilisierten Blattkapitellen.

Der Schatz von Coustouges ist aber das Portal (Abb. 118). Auf einer Sockelmauer, die durchaus noch vom ersten Bauabschnitt stammt, stehen die Gewändesäulen des zweifach zurückgestuften Portals. Über die Breite der Portalöffnung hinweggehend schließen fünf kräftige durchgebildete Archivolten prunkhaft den Kircheneingang ab. Jede Archivolte besitzt ihren eigenen Charakter. Die äußere zeigt u. a. Pinienzapfen und Weintrauben zwischen dekorativem Blattwerk. Die abwechslungsreichste folgt mit Tieren, Menschenköpfen, Rankenwerk aus Blumen und Blättern. Aus Äpfeln komponiert ist die mittlere etc. Auch das Tympanonfeld ist einbezogen, ein Schwelgen im skulpturalen Dekor.

La Côte Vermeille

> Ich glaube nicht, daß es an der französischen Mittelmeer-
> küste irgendeinen Ort gibt, der malerischer wäre als
> Collioure.
>
> (S. Stym-Popper)

Wo die Corbières sich schmiegsam dem Meere nähern und nur noch eine schmale Passage freilassen, hatte bei Salses der katalanische Garten des Roussillon den Besucher umfangen. Hat dieser die ständig im Westen von den Bergen des Canigou, den Conflent und des Vallespir gerahmte Ebene in Richtung Süden durchmessen, verstellen ihm wieder Berge den Weg, diesmal keinen bequemen Durchgang zwischen Wasser und Stein offenlassend. Unvermittelt, ja stürmisch erfolgt die Vereinigung der Elemente. Die Zerrissenheit der steilen Küste singt davon ihr Lied. Buchten, Kaps und Halbinseln in zahlloser Folge lösen sich unvermittelt ab und zeichnen das Bild vom nie endenden Kampf des Hephaistos mit dem unversönlichen Poseidon. Der Anblick dieser Küste wühlt den alten Streit von Neptunisten und Vulkanisten auf, ihn aber gleich wieder verwandelnd in sophistische Rabulistik.

Collioure

Ab Argelès beginnt sich die vorher wie mit einem Lineal gezogene N 114 zu winden und zu drehen, als weigerte sie sich vorwärts zu kommen, um schließlich doch nach *Collioure* (Farbt. 36) zu führen. Das von St-Hilaire im 17. Jahrhundert erweiterte *Fort du Mirador* links liegen lassend, bietet die Straße vom Col de la Croix de la Force hinunterführend das einzigartige Panorama über die Bucht von Collioure. Aber wohl mehr der geographischen Gegebenheit, die dort einen Hafen par excellence schuf, als dem unbestritten malerischen Reiz verdankt Collioure seine Existenz seit Menschengedenken. Schon Phöniker, Kreter, Phokäer und Etrusker waren bei ihren frühesten Kontakten mit der uriberischen Bevölkerung in der Bucht von Collioure an Land gegangen. Während Ruscino und Illiberis (Elne) Landstädte waren, lag von Anfang an das raison d'être von *Caucoliberis* (= Collioure) in seiner Bestimmung als Hafen. Bis heute hat sich daran nichts geändert. Collioure ist durch die Jahrhunderte der Hafen des Roussillon schlechthin geblieben, und so verwundert es auch nicht, daß es nach Ruscino-Perpignan und Elne die drittwichtigste Stadt des Landes ist. Mit Elne und dem benachbarten Port-Vendres streitet sich Collioure darum, die Nachfolgerin der legendären Stadt Pyrène zu sein. Die bislang bekannten Quellen antiker Autoren sind zu ungenau, als daß man den Zwist mit Sicherheit entscheiden könnte.

Collioure: Hafen. Lithographie 1835

Den ersten historischen Fakt besitzen wir für das Jahr 217 v. Chr., als die Abgesandten des römischen Senats hier an Land gingen, um die iberische Bevölkerung zum Widerstand gegen Hannibal zu überreden. Unter Kaiser Diokletian, vielmehr seinem Präfekten Dacius, erlitten in Collioure der Hl. Vinzenz und die Heiligen Eulodia, Justa und Julia ihr Martyrium (303). Noch für die Westgoten hatte Collioure wichtige strategische Bedeutung. Nach den arabischen und normannischen Verwüstungen ließ König Lothar im Jahre 981 Caucoliberis wieder aufbauen.

Auch die neuen Könige von Aragon (seit 1171) bekundeten durch Bauarbeiten ihr vitales Interesse an der Hafenstadt. Peter der Katholische und seine Frau Marie von Montpellier hielten sich öfters im Château Royal auf. Die Stadt erhielt von allen ihren jeweiligen Landesherren besondere Freizügigkeiten und Rechte zugewiesen. Die von Jakob I. eingeführten Regelungen zur Unterstützung von Weinbau, Seehandel und Fischerei trafen alle drei insbesondere Collioure. Der Bedeutung der Stadt entsprechend ließen sich hier die Templer (1207), die Johanniter (1208), die Zisterzienser (1242) und die Dominikaner (1280) nieder. In allen folgenden Kämpfen zwischen Frankreich und Spanien spielte Collioure eine Schlüsselrolle. Nachdem die Aragonesen die königliche Burg, in deren unmittelbarer Nähe auch die Templer ihre Niederlassung hatten, im 13. Jahrhundert verstärkt und ausgebaut hatten, genügte auch diese Anlage bald nicht mehr zum Schutz des Doppelhafens (südl. Hafen: Port d'Avall, nördl. Hafen: Port d'Amont). Da Collioure sich beim zweiten französischen Okkupationsversuch mächtig gegen Ludwig XI. gewehrt hatte, ließ dieser die Stadt zur Strafe in Port-St-Michel umbenennen. Kaiser Karl V. besuchte 1538 das Roussillon und ließ danach den schon seit westgotischer Zeit bestehenden Ring von Beobachtungs- und Leuchttürmen auf den Nachbarhügeln zu wahren Befestigungen ausbauen (1554 Fort St-Elme und Fort du Mirador). Als 1659 ganz Roussillon an Frankreich gefallen war, ließen Vauban und St-Hilaire Fort du Mirador erweitern, die Vorfestungen Fort Carrée und Fort Rond errichten und – der folgenschwerste Eingriff – die Altstadt um die königliche Burg niederreißen und durch die heutigen Schanzwälle ersetzen.

Da dabei auch die alte Stadtkirche der Spitzhacke zum Opfer gefallen war, erhielt Collioure beim alten Leuchtturm an der Hafeneinfahrt eine neue, die heutige *Pfarrkirche* (1684–1691). Der Grundriß dieser Barockkirche leitet sich noch direkt ab von der Form der languedozischen Sondergotik. Aber die überaus reiche Innenausstattung zeigt ihr barockes Gesicht. Der Hochaltar ist gleichzeitig ein Hauptwerk seiner Spezies im katalanischen Raum. Der Künstler Joseph Sunyer (vgl. S. 238) verdingte sich in seinem Vertrag vom 6. Oktober 1698, das Werk in vier Jahren für den Preis von 600 Gold-Double (= 3300 Pfund Silber nach perpigneser Währung) fertigzustellen. Pünktlich im Dezember 1701 werden die letzten Statuen geliefert. Im Gegensatz zu zahlreichen anderen Beispielen solcher Altäre weiß Sunyer dem Altarungetüm den Stempel einer ausgewogenen Komposition aufzuzwingen. Die dreiachsige Altararchitektur imitiert mit ihren drei Etagen ein räumlich differenziertes Nachbild spätmittelalterlicher Altarretabel. Da Tafelbilder, Skulpturen, Schnitzdekor und Rahmenarchitektur sich glücklich die Waage halten, bleibt das andernorts vom Schmuck überwucherte orthogonale Ordnungssystem bestimmend. Im Zentrum des gewaltigen Retabels eine hinreißende 'Assunta', und darüber spendet der ebenfalls überlebensgroße Petrus, der Heilige der Fischer, hier angetan mit prunkendem päpstlichen Ornat, seinen Segen. An den Pfeilern assistieren die zwölf Apostel die Mittelfiguren. Im unteren Register sind Jacobus d. Ä., Paulus, Andreas und Johannes (der Evangelist) an ihren Attributen erkennbar. Über dem dritten Register erscheint zwischen Caritas und Justitia Gottvater. Im untersten Register zeigen die polychromen Reliefs zwischen den Aposteln die Anbetung der Könige und die Geburt Christi, sowie in den ovalen Medaillons darunter Heimsuchung und Verkündigung.

Der *Altar des Hl. Sakraments*, links vom Hauptaltar, ist gleichermaßen ein Meisterwerk spätbarocker Holzschnitzkunst und stammt ebenfalls von Sunyer.

Der *Altar des Ortsheiligen St-Vinzenz* (1714) wird dem Bildschnitzer Louis Baixas aus Perpignan zugeschrieben. Die daraufbefindlichen Reliquiarbüsten des Hl. Vinzenz, sowie der Heiligen Maxima und Reparata stammen allerdings von Sunyer (1702).

Die Altäre von St-Eloi und Ste-Lucie sind wieder Werke von Baixas.

Darüber hinaus ist die Kirche im Besitz zweier *Altargemälde* aus dem 15. Jahrhundert: ›Das Zusammentreffen von Franziskus und Dominikus‹ vom sog. Meister des Roussillon und eine ›Gottesmutter der Verlassenen‹ von einem ebenfalls unbekannten Meister.

Sehenswert vom Kirchenschatz (Tresor) sind zwei *Kreuze:* ein Vortragekreuz von 1592 zeigt gotische Tradition mit Dekorformen der Renaissance; das andere, das 'Wahre Kreuz', ebenfalls 16. Jahrhundert, ist ein kostbar gefaßtes Kreuzreliquiar mit Partikeln des von Helena aufgefundenen Kreuzes.

Südlich des Port d'Avall, am Rande der Vorstadt (Faubourg), lag das Dominikanerkloster. Von dem einst beträchtlichen Konvent steht vor allem noch die Kirche, die heute allerdings zweckentfremdet der örtlichen Cave Cooperativ dient. Erst 1938 wurde der noch stehende Kreuzgang mit seinen leichten, spitzbogigen Arkaden an private Hand verkauft.

Wenn auch Collioure heute trotz seiner bedeutenden Rolle in der Geschichte des Landes, sich nur wenig nennenswerte Monuments Historiques bewahren konnte, so hat es sich aber gerade in unserem Jahrhundert unfreiwillig einen wichtigen Platz in der Geschichte der Kunst erobert. 1905 hatte *Matisse,* zunächst allein, die Küste von Collioure, ihr Licht, und ihr einzigartiges landschaftliches Ambiente, entdeckt. Im nächsten Jahr kam er wieder, diesmal mit Familie. Seine Freunde Derain, Dufy etc. folgten nach. »Es gibt in Frankreich keinen blaueren Himmel als den von Collioure. Ich brauche nur die Fensterläden zu öffnen, und schon habe ich alle Farben des Mittelmeeres bei mir.« Dieser Ausspruch von Matisse zeichnet die Situation treffender als alle historischen Erläuterungen. Noch besser allerdings tun dies seine hier entstandenen Werke wie ›Luxe, Calme, Volupte‹, ›La Danse‹ (heute Eremitage, Leningrad) und ›Joie de Vivre‹ (heute Stockholm). Als das Bild ›Joie de Vivre‹ 1906 zusammen mit den ebenfalls neuen Bildern seiner Malerfreunde im Salon des Independants der Pariser Kunstwelt vorgeführt wurde, soll ein Journalist den entsetzten Ausruf getan haben: »Je me sens au milieu des fauves.« Mit Matisse war der Fauvismus geboren: in Collioure.

Aber nicht nur die Fauves waren, wie wir schon hörten, vom Licht des südlichen Roussillon angezogen. Im nahen *Céret* fanden sich Chagall, Gris, Picasso und viele andere ein, und man traf sich im damals einzigen Hotel in Collioure, in der Hostellerie des Templiers bei Monsieur Pous (Abb. 123), der von weniger betuchten Künstlern gern ein Bild oder eine Zeichnung für Kost und Logis in Zahlung nahm. Über dreitausend Bilder haben sich so im Laufe der Zeit bei M. Pous angesammelt, darunter Picassos ›Harleqin‹, Landschaften von Dufy, Matisse (dem Pous noch als kleiner Bub die Staffelei tragen durfte), Utrillo, Mucha, etc. W. Mucha lebt noch heute in Collioure im Stadtteil Moré (von Moro), gleich oberhalb der Kirche, d. h. wenn er nicht gerade in Paris weilt. Auch M. Pous ist alt geworden. Sein Gedächtnis läßt ihn arg im Stich. Auf die Frage, ob denn heute noch jemand bei ihm mit einem Bild zahlen könne, zuckt er nur die Schultern und meint: »Da müssen Sie meinen Sohn fragen«. Daß er 1965 auf Fürsprache von Willy Mucha und dem seit nach dem

Krieg in Collioure ansässigen irischen Dichter und Schriftsteller Patrick O'Brian für den inzwischen in Deutschland bekannt gewordenen Maler H. Vakily eine Ausstellung in seinen Räumen veranstaltet hatte, war ihm ebenfalls nicht mehr bekannt. Überhaupt, es gibt heute natürlich bessere Restaurants und Hotels in Collioure. Aber einen kurzen Besuch, sei es für einen Pastis oder Kaffee, lohnt die Hostellerie des Templiers allemal.

Port-Vendres

Nur knappe, allerdings kurvenreiche vier Kilometer sind es bis nach *Port-Vendres* (Farbt. 35). Obwohl sich diese Bucht noch vorteilhafter für einen Hafen anbietet, stand Port-Vendres immer im Schatten von Collioure, es sei denn, es erwiese sich als zutreffend, daß die legendäre Stadt Pyrène tatsächlich hier gelegen war. Immerhin seit Römerzeiten ist der Hafen belegt und war sogar wert befunden für das große Venus-Heiligtum der Pyrenäen. Vom lateinischen Portus Veneris leitet sich denn auch der heutige Name ab. Die 'Peutinger-sche Tafel' (eine mittelalterliche Kopie einer römischen Straßenkarte des 3. Jh. n. Chr. in der Nationalbibliothek Wien) zeigt das fanum Veneris direkt gegenüber der Wegstation ad centenarium an der Via Domitia, was deren Verlauf an die Küste verlegen würde. In westgotischer Zeit erfolgte der Niedergang von Portus Veneris, das bis 1659 im Regelfalle entweder als Nebenhafen oder überhaupt nur im Zusammenhang mit Collioure erwähnt wurde. Nach seiner Inspektionsreise durch das Roussillon befand Vauban das näher an der neuen spanischen Grenze gelegene Port-Vendres als den wichtigsten französischen Stütz-punkt der gesamten Küste und erinnerte wenige Jahre später (1679) daran, »daß Port-Vendres eines Tages den Verlust des Roussillon oder die Eroberung Kataloniens bedeuten könnte«. Der Bau eines Kriegshafens, ähnlich wie in Toulon, wurde ins Auge gefaßt. Aber nur wenig davon wurde realisiert. Spanischer Erbfolgekrieg, Österreichischer Erbfolgekrieg und Krieg mit England um die überseeischen Kolonien hatten das Staatssäckel auf andere Projekte festgelegt. Erst ca. hundert Jahre nach Vaubans Besuch war es der Maréchal de Mailly, militärischer Oberbefehlshaber der Streitkräfte des Roussillon, der Vaubans Anre-gungen aufgriff und in großen Zügen den Ausbau von Port-Vendres in Angriff nahm. Folgt man den nur teilweise ausgeführten Plänen Maillys, erkennt man darin leicht ein Musterbei-spiel spätbarocker Städteplanung und Kriegstechnik. 1772 setzten die ersten Bauarbeiten ein. Die westliche und nördliche Aushebung des Hafenbecken erfolgte dreißig Fuß tief, was das Anlegen für die größten Schiffe damaliger Zeit ermöglichte. Mit dem Schutt der Aushebungsarbeiten wurde ein erhöhter Platz mit monumentaler Brüstung geschaffen: die Place de l'Obélisque. Der Obelisk zu Ehren Ludwigs XVI. endet in einer Erdkugel, auf der eine Bourbonenlilie triumphiert, und steht auf einem hohen, dreifach gestuften Sockel, an dessen vier Seiten Bronzereliefs von Nee die Abschaffung der Sklaverei in Frankreich, die Wiederherstellung der französischen Marine, die Unabhängigkeit Amerikas und die Seehan-delsfreiheit unter französischem Schutz zeigen. Der Ausbruch der Französischen Revolu-tion verhinderte einen Großteil der geplanten Bauvorhaben.

Die unvollendete klassizistische *Place de l'Obélisque* erfuhr aber auf wunderbare Weise in unserer Zeit eine Vollendung. Der klassischste aller Bildhauer unseres Jahrhunderts, der mehr als jeder andere das antike Erbe in sich schloß, Aristide Maillol, bereicherte den kühlen fragmentarischen Platz um ein Kleinod seiner Kunst, das *Kriegerdenkmal* für die Gefallenen des Ersten Weltkrieges von Port-Vendres (1923; Abb. 120). Als bildhauerisches Gegenstück zum Monument für Cézanne ist es ein Schlüsselwerk seiner mittleren Schaffensperiode. Maillol, eng befreundet mit Harry Graf von Kessler, war alles andere als ein racheschwörender Chauvinist; er war wie kein anderer prädestiniert für die Aufgabe, dem Tode ein Mahnmal zu setzen, ohne falsche Ressentiments zu fördern und neues Unheil zu schüren. »Das Monument von Port-Vendres drückt weder Bewegung noch Schwermut aus. Selbst die Vorstellung des Todes ist mit Ruhe und Zurückhaltung behandelt. Gehüllt in ein peplum, das alle Linien ihres Körpers vereint, hält eine vom Daumen eines genialen Bildhauers modellierte Göttin das Symbol des Friedens zwischen ihren Fingern, ähnlich wie eine Schußwaffe. Ein Eirund auf einem Zylinder ist ihr Kopf. Ihre Züge sind regelmäßig. Ihre Arme sind gebaucht, wie jene jonischen Säulen, von denen Valéry im Euplainos spricht« (Waldemar George).

Banyuls-sur-Mer

Auch die nächsten sechs Kilometer bis Banyuls-sur-Mer enthüllen abwechslungsreiche Anblicke der kühn bewegten Küstenformation. Der ehemalige Fischerhafen ist gleichzeitig das Zentrum der nach ihm benannten Lage der Weine des südlichen Roussillon (ab Argelès; s. Weinkapitel). Daneben ist Banyuls heute natürlich in der Saison beliebter Badeort an der Purpurküste. Der Kunstreisende wird hier vor allem dem genius loci huldigen: Maillol. Der hier 1861 (6 Av. Puig-del-Mas) geborene Künstler war Zeit seines Lebens seiner Heimatstadt verbunden geblieben. Nach einem Besuch bei seinem Malerfreund Raoul Dufy in Vernetles-Bains wurde der greise Meister – der sich selber nichts aus Autos und der zeitgenössischen Geschwindigkeitssucht machte – bei einem Verkehrsunfall so schwer verletzt, daß er kurz darauf, am 27. September 1944 starb.

Auch Banyuls hat 'seinen' Maillol. Auf einem isolierten Felsen am südlichen Auslauf des Hafens, der Ile-de-Grosse, den Stürmen und Winden preisgegeben, steht das Kriegerdenkmal seiner Geburtsstadt (1930; Abb. 121). Der Verzicht auf die Vollfigur, die Einbindung des Reliefs in den altartischähnlichen Sockel weisen jegliches falsche Pathos von sich und erinnern in Würde und Fassung an das größte Menschheitsübel, den Krieg. Es bedurfte der inneren Größe eines Maillol, um aus dem emotionsgeladenen Thema eines Kriegerdenkmals ein Mahnmal des Friedens entstehen zu lassen.

Der Enthusiast Maillol'scher Kunst könnte versucht sein, die gesamte Küste von Narbonne bis Banyuls als Côte de Maillol zu feiern, stehen doch überall die Zeugnisse seiner mediterranverwurzelten Schaffenskraft inmitten ihrer Entstehungslandschaft frei vor den

Augen dessen, der zu sehen weiß: Abtei Fontfroide, Perpignan (s. d.), St-Cyprien-Plage, Elne (Büste seines Malerfreundes E. Terrus auf dem Platz südlich der Kathedrale), Céret, Port-Vendres und Banyuls (die letzten drei Kriegerdenkmäler).

Dennoch, bei aller Omnipräsenz dieses epochalen Bildhauers, soll nicht vergessen werden, daß Banyuls seit 1887 Sitz einer Außenstelle der Sorbonne ist, der Laboratoires Arago, die eine der renommiertesten Einrichtungen für meeresbiologische und ozeanographische Forschung darstellt.

Bibliographie

I. Allgemeine Literatur/zusammenfassende Darstellungen/Bildbände

Merian, Caspar: *Topographia Galliae*, Frankfurt 1655

Amelin, J.-M.: *Guide du voyageur dans le département de l'Hérault*, Paris und Montpellier 1827

Taylor/Nodier: *Voyages pittoresques et romantiques dans l'ancienne France, Languedoc*, 2ᵉ partie, Paris 1835

Merimée, Prosper: *Notes d'un voyage dans le Midi de la France*, Paris 1835

Hartmann, Moritz: *Tagebuch einer Reise durch Languedoc und Provence*, Darmstadt 1853

Dumas, Alexandre: *Impressions de voyage – Midi de la France*, Paris 1865

Taine, Hyppolite: *Carnets de voyage. Notes sur la Province*, Paris 1897

Nelli, René: *Le Languedoc et le Comté de Foix. Le Roussillon*, in: ›Les Provinces Françaises, Collection public sou le patronage du Musée National des Arts et Traditions populaires‹, Bd. 4, Paris 1958

Faucher/Fourcassié/Godechot/Lambert: *Languedoc*, in: ›Horizons de France‹, 1972

Languedoc-Roussillon, Merianheft 2/XXIV, Hamburg

Durliat, Marcel: *Languedoc-Roussillon*, (Artaud) Paris 1977

Tournier, Gilbert: *La Vallée Imperiale – Couloire de l'Europe (Rhône)*, Lyon 1977

Legler, Rolf: Südwestfrankreich, (DuMont) Köln 1978. Hier zitiert unter dem Untertitel ›Vom Zentralmassiv zu den Pyrenäen‹.

II. Geschichte

1) Allgemeine, zusammenfassende Literatur

Catel, Guillaume: *Mémoires de l'histoire du Languedoc*, Toulouse 1633

Dom Devic/Dom Vaissette: *Histoire général du Languedoc*, Toulouse 1879

Thomas/Ségui: *De Maguelone à la Cité – Recits d'histoire languedocienne*, Montpellier 1948

Wolff, Philippe: *Histoire du Languedoc*, 2 Bde, Toulouse 1967

Durliat, Marcel: *Histoire du Roussillon*, PUF, Paris 1969

Dupuy, Alfred: *Historique de l'Occitanie*, Montpellier 1976

Villanove, Jean: *Histoire populaire des Catalans*, 2 Bde, Perpignan 1978

Nelli, René: *Histoire secrète du Languedoc*, Paris 1978

2) Einzelaspekte

Guillot, Robert: *Le Procès de Jacques Coeur (1451–1457)*, Bourges o. J.

Les Lois Palatines, Bibliothèque Royale Albert Iᵉʳ, Brüssel

Catel, Guillaume: *Histoire des comtes de Toulouse de 1202 à 1311*, Toulouse 1624

Calmette, Josephe: *Louis XI., Jean II. et la révolution catalan*, Toulouse 1903

Stack, W.: *Die geschichtliche Bedeutung der westgotischen Reichsgründung*, in: ›Hist. VJS‹, Bd. 30, S. 435 ff.

Levi-Provençal: *Histoire de l'Espagne musulmane*, 2 Bde, Paris 1944

Bénoit, Fernand: *Recherches sur l'héllénisation du Midi de la Gaule*, in: ›Annales de la Faculté des Lettres d'Aix-en-Provence‹, Nr. 43

Durand, Loup: *Pirats et barbaresques en Méditérranée*, Avignon 1975

Le Roy Ladurie, Emmanuel: *Montaillou, village occitan de 1294 à 1324*, Paris 1975 (ders.: *Montaillou, ein Dorf vor dem Inquisitor*, Berlin 1980)

Barral i Altet, Xavier: *La circulation des monnaies suèves et visigotiques*, in: ›Beihefte der Francia‹, hrsg. vom Dt. Hist. Inst. Paris Bd. 4, München/Zürich 1976

Fabre D./Camberoque Ch.: *La Fête en Languedoc*, Toulouse 1977

Lacave, M. u. M.: *Bourgeois et marchands en Provence et Languedoc*, Avignon 1977

Marron, Henri-Irénée: *Décadence romaine ou antiquité tardive, IIe–IIIe siècle*, éd. du Seuil, 1977

Pezet, Maurice: *L'épopée des Camisards*, Paris 1978

Pezet, Maurice: *Le dieu aux pommes d'or ou Herakles en Occident*, Paris 1978

Roque, Francis: *Les rois de Majorque*, Conflent 1979

3) **Religionsgeschichte und Katharer**

Durban, Pierre: *Actualité du catharisme*, Libr. Oberlin, Paris o.J.

Lagger, Chanoine Louis de: *Le catharisme en pays albigeois*, in: ›Etudes sur la spiritualité de l'hérésie‹

Perrin, Jean-Paul: *Histoire des chrétiens albigeois concernant les longues guerres et persécutions qu'ils ont souffert à cause de la doctrine de l'Evangile*, 2 Bde, Genf 1618

Thomas, Louis-J.: *Quelques aspects peu connus de la croisade contre les Albigeois*, in: ›Cahiers d'histoire et d'archéologie‹, Nr. 6, Nîmes 1924

Mâle, Emile: *La fin du paganisme en Gaule*, Paris 1950

Borst, Arno: *Die Katharer*, Stuttgart 1953

Griffe, Émile: *La Gaule Chrétienne à l'époque Romaine*, Paris 1964

Riol, Jean-Laurent: *Dernières connaissances sur des questions cathares*, Albi 1964

Madaule, Jacques, *Le drame albigeois et le destin français*, Paris 1967

Paix de Dieu et guerre sainte en Languedoc au XIIIe siècle, in: ›Cahiers de Fanjeaux‹, Bde. 4, Toulouse 1969

Nelli, René: *Les Cathares du Languedoc au XIIIe siècle*, Paris 1969

Roquebert, Michel: *L'epopée cathare, 1192–1212 – l'invasion*, Toulouse 1970

Duval, Paul-Marie: *Les dieux de la Gaule*, Paris 1976

Roquebert, Michel: *L'epopée cathare (vol. 2), 1213–1216, Muret ou la dépossession*, Toulouse 1977

4) **Montpellier**

Privilèges et statutes de l'université de médicine de Montpellier, Archives de la Faculté de Médicin, Montpellier

Platter, Félix et Thomas, à Montpellier: *Notes de voyage sur la region*, 1582, Neuaufl. bei Coulet, Société de Bibliophiles, 1892

D'Aigrefeuille ou de Grefueille, Histoire de la commune de Montpellier, Montpellier 1736

Fabre, Albert: *Histoire de Montpellier dépuis son origine jusqu'à la fin de la Révolution*, Montpellier 1897

Delmas, Paul: *L'éclosion d'une faculté de province*, Montpellier 1913

Delmas, Paul, *La scolarité médicale de Montpellier au XVI. siécle*, Montpellier 1913

Thomas, Louis-J.: *Montpellier entre la France et l'Aragon pendant la première moitié du XIV. siècle*, Montpellier 1929

Sayons, Combes: *Les commercants et les capitalistes de Montpellier aux XIIIe et XIVe siècles*, Paris 1941

Richard, Kohn: *L'influence des juifs à l'origine de la faculté de médicin*, in: ›Revue H. de la Méd. Hébraique‹, Sept. 1949

Montpellier et Jacques Coeur (Symposion), Montpellier 1955

Baumel, Jean: *Histoire d'une seigneurie du Midi de la France, Naissance* de Montpellier, Montpellier 1969

Baisette, Gaston, *Ce pays de Montpellier*, Montpellier 1970

III. Kunst

1) Nachschlagewerke

Viollet-le-Duc, Eugène E.: *Dictionnaire raisonné de l'Architecture Française*, Paris 1875

Dictionnaire des églises de France, IIc Cevennes, Languedoc, Roussillon, Paris 1966

Frégnac Cl./Fancheux P.: *Le Languedoc des Châteaux*, Paris 1976

2) Zusammenfassende/übergreifende Darstellungen

Hamann, Richard: *Deutsche und französische Kunst im Mittelalter*, Bd. 1 *Südfranzösische Protorenaissance und ihre Ausbreitung in Deutschland auf dem Wege durch Italien und die Schweiz*, Marburg 1923

Hamann-MacLean, Richard: *Antikenstudium in der Kunst des Mittelalters*, Marburg 1949/50

Congrès Archéologique de France, 108. Sitzung, Montpellier 1950, Paris 1951

Congrès Archéologique de France, 112. Sitzung, Roussillon 1954, Paris 1955

Durliat, Marcel: *L'art dans le royaume de Majorque*, Toulouse 1962

Conant, Kenneth J.: *Carolingian and Romanesque Architecture, 800 to 1200*, Harmondsworth 1966 (2. Aufl.)

Les Cahiers de St-Michel-de-Cuxa, Hefte 4–9, 1973–1979, Prades

Dimier M. A./Porcher J.: *L'art cistercien*, bei Zodiaque 1974

La naissance et l'essor du gothique méridional au XIIIᵉ siècle, Cahiers de Fanjeaux, Bd. 9, Toulouse 1974

Durliat, Marcel: *Roussillon Roman*, bei Zodiaque 1975

Languedoc Roman, bei Zodiaque 1975

3) Achitektur

Rocheline, Dominique de: *Guide pratique des anciens hôtels de Montpellier*, Montpellier o. J.

Bonnet E./Joubin A.: *Montpellier aux XVIIᵉ et XVIIIᵉ siècles, Architecture et Décoration*, Paris 1912

Braunfels, Wolfgang: *Abendländische Klosterbaukunst*, Köln 1969

Kubach, Erich: *Architektur der Romanik*, Stuttgart 1974

4) Skulptur

Rewald, John: *Souvenirs de Maillol*, in: Kat. ›Maillol au Palais des Rois de Majorques‹, Perpignan o. J.

Deschamps, Paul: *La sculpture française – époque romane*, Paris 1947

Durliat, Marcel: *La sculpture roman en Roussillon*, Perpignan 1954

Sauerländer, Willibald: *Die Skulptur des Mittelalters*, Frankfurt/Berlin 1963

Messerer, Wilhelm: *Romanische Plastik in Frankreich*, Köln 1964

Durliat, Marcel: *Tables d'autel à lobes de la province écclesiastique de Narbonne, IXᵉ–XIᵉ siècles*, Cahiers archéologiques, 1966

George, Waldemar: *Aristide Maillol*, Paris 1971

Durliat, Marcel: *Le maître de Cabestany*, in: ›Cahiers de St-Michel-de-Cuxa‹, Nr. 4, Prades 1973, S. 116–127

Sauerländer, Willibald: *Das 10. intern. Colloquium der Société Française d'Archéologie: Die Fassade der Abtei in St-Gilles-du-Gard*, in: ›Kunstchronik‹, München, Jg. 31, 1978, Heft 2, S. 45–55

5) Malerei

Claparède, Jean: *Les dessins de Tiepolo et de Fragonard du Musée Atger de la Faculté de médicin*, Journées médicales de Montpellier, ebd. o.J.

Musée Fabre, Katalog der Orangerie (mit Vorwort von P. Valéry), Paris 1939

Rewald, John: *Geschichte des Impressionismus*, Zürich/Stuttgart 1957

Durliat, Marcel: *La peinture perpignanaise du moyen age à la lumière des retable restaurés par le Service des Monuments Historiques*, in: ›Les Monuments Historiques de la France‹, Paris, Jg. 1969, Nr. 2, S. 60–84

Chobaut, H.: *Prix-Fait du ›Couronnement de la Vierge‹ de Enguerrand Quarton 1453*, Nîmes 1977

IV. Literaturgeschichte

Le livre de Maguelone, hrsg, von Jean Baumel, Montpellier 1965

La chanson de la croisade albigeoise, Les Belles Lettres, Paris o.J.

Histoire de Pierre de Provence et de la belle Maguelone, Paris 1845

Wellner, Franz: *Die Troubadours*, Leipzig 1942

Briffart R.: *Les Troubadours et le sentiment romanesque*, Paris 1945

Camproux, Charles: *Le loy d'amour des Troubadours*, Montpellier 1965

Tuffrau, Paul: *La légende de Guillaume d'Orange*, Paris 1965

Nelli, René: *L'érotique des troubadours*, 2 Bde, Union Générale d'Editions 1974

Dronke, Peter: *Die Lyrik des Mittelalters*, München 1977

V. Oc und Weinproblem

Chauvet, Maurice: *Le plaisant voyage occitan, paysages-vins-gastronomie*, Montpellier 1962

Le Bris, Michel (Hrsg.): *Occitanie: Volem viure!*, Paris 1974

Le Bris, Michel (Hrsg.): *La révolte du Midi*, Les Presses d'áujourd'hui 1976

Fontvieille, J. Roger, Paure Miejour: *La révolte des vignerons 1907–1977*, Bourges 1977 (?)

Baldit J. B.: *Occitanie – un païs que vol viure*, éd. Marabout, Verviers 1978

Das Faß ist voll – eine Region wehrt sich, hrsg. vom Verein zur Förderung der deutsch-okzitanischen Freundschaft, Neu-Isenburg 1979

Nouvel/Maffre-Baugé/Vialette: *3000 ans de viticulture en Occitanie*, in: ›Connaissance de l'Occitanie‹, Bd. 4, Montpellier 1980

VI. Monographische Beschreibungen (alphabetisch nach Orten)

Aigues-Mortes: Dupont, A., *A.-M. au XIIIᵉ siècle*, in: ›Bulletin de l'Ecole Antique‹, Nîmes 1938

Philoon Thurman, Everett: *The early economic and commercial development of A.-M.*, New Haven 1950

Albaric, Alain: *A.-M.*, éd. Vent du Large 1973

Bagnol: *Musée de Bagnol-sur-Cèze*, Uzès 1975

Collioure: Costade E.: *C.*, Perpignan 1964

Ensérune: Giry, Abbé J.: *Guide du Musée d'E.*, Paris 1975

Maguelone: Fabre de Morlon/Lacaze: *La cathédrale et l'ile de M.*, Montpellier 1968 (?)

Nîmes: Lasalle, Victor: *La fontaine de N. de l'antiquité à nos jours*, Paris 1967

Perpignan: Stym-Popper, Sylvain: *La chapelle double du Palais des Rois de Majorque à P.*, in: ›Les Monuments Historiques de la France‹, Paris 1969, Bde 2, S. 39–59

BIBLIOGRAPHIE

Pézenas: Alliès, Albert Paul: *Une ville d'Etats: P. aux XVIe et XVIIe siècles*, Montpellier 1963
Alberge C./Christol M./Nougaret J.: *Guide de P.*, Béziers 1972
Saint-Gilles:
Gouron, Marcel: *L'atelier du sculpteur Petrus Brunus de St-G. à St-Guilhem-le-Desert*, in: ›27e et 28^e
    Congrès de la Fédération Historique du Languedoc méditerranéen‹, Perpignan-St-Gilles 1953/54
Hamann, Richard: *Die Abteikirche von St-Gilles und ihre künstlerische Nachfolge*, Berlin 1955
Lasalle, Victor: *L'influence provençale au cloître et à la cathedrale de Tarragone*, in: ›Mélanges offerts à
    René Crozet‹, Poitiers 1966
Stoddart Whitney S.: *The facade of Saint-Gilles-du-Gard its influence on the french sculpture*,
    Middletown 1973
Thirion, Jacques: *Les sculptures romanes de St-Bernard de Romans*, in: ›C. R. de l'Academie des
    Inscriptions et des Belles Lettres‹, 1974, S. 347 ff.
Saint-Jean, Robert: *La sculpture à St-Gilles-du-Gard*, in: ›Languedoc Roman‹, bei Zodiaque 1975
O'Meara, Carra Ferguson: *The iconography of the facade of St-Gilles-du-Gard*, New York/London
    1977 (Diss. Pitsburg 1975)
Sauerländer, Willibald: (s. III. 4)
Blanc-Lébédeff, Marie-Claire: *St-Gilles connaissez-vous?*, Montpellier 1978
Serrabone: Durliat, Marcel: *Le prieuré de S.*, in: ›Les Monuments Historiques de la France‹, Paris
    1969, Bde 2, S. 5–26
Villeneuve-lès-Avignon: Lacombe, Noel: *V.-l.-A.*, Avignon 1976

Praktische Reise-Informationen

Die folgenden Ratschläge wenden sich vor allem an jene, die noch wenig Reiseerfahrungen in unserem Nachbarland besitzen. Daß dieses wunderbare Land neben Paris, Loireschlössern und Côte d'Azur noch eine Unzahl anderer bereisenswerter Landschaften aufzuweisen hat, möchte auch dieser Kunst-Reiseführer dem aufgeschlossenen Reisenden nahebringen.

Anfahrt und Reise empfehlen sich mit dem PKW. Zwar besitzt Frankreich ein gut ausgebautes Bahn- und Busnetz, aber speziell für die teils unwegsamen und touristisch, Gottseidank, noch nicht voll erschlossenen Gebiete in den Cevennen, auf den Garrigues, in den Corbières und dem Hinterland des Roussillon sind sonst zum Erreichen unserer Reiseziele beträchtliche Umwege und Wartezeiten einzukalkulieren. Französischkenntnisse, zumindest eines Reiseteilnehmers, wenn man zu mehreren fährt, sind unumgänglich. Bei der Fahrt mit dem PKW sollte man sich nicht auf die für uns oft schwer durchschaubare Logik der französischen Straßenbeschilderung verlassen, sondern grundsätzlich nach der jeweiligen Generalkarte von Michelin fahren. Dabei erweist sich die Beachtung der Straßennummern oft hilfreicher als die Ortsausschilderung selbst. Die erwähnten Michelin-Karten (1 : 200000; 1 cm pro 2 km) sind an jeder Tankstelle, in jedem größeren Schreibwarenladen oder Kaufhaus erhältlich. Für den Bereich unserer Kunstreise braucht man die folgenden Nummern: 76, 80, 82, 83 und 86.

Man tankt grundsätzlich Super oder eine individuelle Mischung aus Super und Normal. Bei der Finanzplanung sollte man daran denken, daß das Benzin in Frankreich wesentlich teurer ist als bei uns. Die Straßen sind im Regelfalle ausgezeichnet und vor allem relativ leer. Achtung! Die Autobahngebühr in Frankreich ist ebenfalls recht gesalzen.

Spezielle Auskünfte, Hotellisten, Prospekte, Stadtpläne, etc, können angefordert werden bei:

Services Officiels du Tourisme Français
    Westendstr. 47, 6000 Frankfurt 1, ✆ (069) 75 20 29
    Berliner Allee 26, 4000 Düsseldorf, ✆ (02 11) 8 03 75 / 76

---

oder bei den örtlichen Verkehrsbüros im Lande:

Comité Régional du Tourisme, 12, rue Foch, 34000 Montpellier, Ø (67) 60 55 42

Syndicat Mixte pour l'Aménagement Touristique du Languedoc – Roussillon, 1, rue Maguelone, 34000 Montpellier, Ø (67) 92 61 10

Comité Départemental de Tourisme de l'Aude, 39, bd Barbès, 11000 Carcassonne, Ø (68) 71 30 09

Comité Départemental de Tourisme du Gard, 3, place des Arènes, 30011 Nîmes, Ø (66) 21 02 51

Comité Départemental de l'Hérault, Place Marcel Godechot, Rond-point Ecole Normale, 34000 Montpellier, Ø (67) 54 20 66

Office Départemental de Tourisme de la Lozère, 4, place Urbain V., 48002 Mende, Ø (66) 65 34 55

Comité Départemental de Tourisme des Pyrénées-Orientales, Palais Consulaire, 66005 Perpignan, Ø (68) 34 29 95

Hotels und Übernachtungen. Französische Hotels sind im Vergleich zu deutschen enorm preiswert. Der Mittelwert für Zwei-Sterne-Hotels liegt für ein Doppelzimmer mit Toilette und Dusche/Bad bei 160 Frs. Wer noch preisgünstiger reisen will, findet auch weniger komfortable Hotels in der Preisklasse zwischen 80 und 120 Frs. Bei bescheidener Kasse sei ein Geheimtip gegeben: Fast an allen größeren Routen findet man sog. *Routiers;* sie sind kenntlich an einem runden Schild, das durch eine rote und blaue Hälfte diagonal geteilt ist, in waagrechter weißer Schrift steht darauf ›Les Routiers‹. Dort verkehren vor allem Einheimische, Fernfahrer und Berufsreisende mit schmalem Portemonnaie. Eine etwas im Preis höher liegende, aber durchaus noch akzeptable, Gruppe von Hotels sind jene der 'Logis de France', die sich vor allem durch Sauberkeit, stilvolle (nicht moderne) und, ganz wichtig, landestypische Küche auszeichnen. Für alle 'Routiers' und 'Logis de France' gibt es ein Verzeichnis, das bei den drei französischen Fremdenverkehrsbüros in Deutschland zu haben ist. Auskunft über die 'Logis de France' erteilt die *Fédération Nationale des Logis de France,* 25, rue Jean Mermoz, F-75008 Paris.

Wer weniger Rücksicht nehmen muß, ist mit dem roten 'Guide Michelin', der 'Freßbibel' der Franzosen, immer gut beraten. Wer in der Vorsaison reist, kann diesen Hotel- und Restaurantführer des Vorjahres meist sehr billig, zum reduzierten Preis in der Buchabteilung der Supermärkte finden.

Wetter und Kleidung. So unterschiedlich wie die Landschaften kann auch das Wetter sein. Selbst die zu Wassersport und Schwimmen einladende, leider für Massentourismus und Konsumzwang total verbaute, über 200 km lange, flache und sandige Küste bietet ihren Sonnencharme nicht immer und ungeschmälert an: Was für die provençalische Küste die Geißel des Mistral bedeutet, besitzt die Küste von Languedoc-Roussillon in der Tramontana, ein ebenfalls beißend kalter Landwind, der bei heitersten Lichtverhältnissen das Sonnenbaden arg verleiden kann. Daher empfiehlt sich, zu jeder Jahreszeit auch wärmere Kleidung dabei zu haben. Für den Reisenden, der vornehmlich die Kunstschätze der Landschaft besuchen will, sind festes, aber bequemes Schuhwerk, Feldstecher und Taschenlampe ohnehin selbstverständlich.

Landschaft. Aber auch an landschaftlichen Reizen ist unser Gebiet reich ausgestattet: die Ausläufer des Zentralmassivs (Cevennen, Monts d'Epinouse, Montagne-Noire), die Corbières und die Pyrenäen ziehen jährlich Tausende von Naturfreunden in ihre Täler (Ardèche, Cèze, Hérault, Têt, Tech). Informationen über *Naturparks* sind zu beziehen über:

Parc National des Cévennes, 48400 Florac, ∅ (66) 45 01 75
Parc Naturel Régional du Haut-Languedoc, Boîte Postal 9, 34220 St-Pons, ∅ (67) 97 02 10

Sport und Freizeit. Wer sich vom reichlichen Kunstgenuß durch sportliche Betätigung erholen will, findet ein großes Angebot für Freizeitsport von Angeln bis Reiten. Für alle sportlichen Aktivitäten empfiehlt sich das jeweilige Amt:

›Direction Départementale de la Jeunesse et des Sports‹ für:

Aude: 12, av. du Général-Leclerc, 11000 Carcassonne, ∅ (68) 25 41 27
Gard: 6, rue Guinnemette, 30031 Nîmes, ∅ (66) 36 00 68
Hérault: 130, av. du Bèresoulas, 34100 Montpellier, ∅ (67) 52 23 23
Lozère: 1210, bd. Lucien Arnaunc, 48005 Mende, ∅ (66) 49 14 20
Pyrénées-Orientales: 903, place Jean-Moulin, 66000 Perpignan, ∅ (68) 50 31 29

Gastronomie. Wer gern gut ißt, kann auch in der Languedoc méditerranéen und im Roussillon 'wie Gott in Frankreich' leben. Die regionale Küche besitzt zwar nicht die Finesse derjenigen des Lyonnais oder des Viennois, aber sie zeichnet sich aus durch ungeschminkte Würze und kräftige bis deftige Nuancen. Die Grundzüge der hiesigen Küche sind einfach.

Im Hinterland bestimmt das Schaf mit seinen Produkten das Menü: von der zarten Lammkeule in würzigen Kräutern (Gigot d'Agneau aux Herbes) bis zum beißend scharfen Käse. Übrigens, der Besuch der Käsefabriken von Rocquefort sei dem Käsefreund auf jeden Fall empfohlen, wenn er sich ohnehin in der Gegend aufhält. Pilze aus dem Lozère und der Costiers du Gard sowie Vogel- und Wildpasteten runden die gaumenfreundliche Palette ab. Honig, Oliven und Knoblauch sind weitere wichtige Elemente der regionalen Küche.

An der Küste dagegen bestimmen die Fischer mit ihrem überaus reichen Angebot den Speisezettel. Ob Muscheln und Austern vom Bassin de Thau oder Loup, Rouget de Roche oder Baudroie (= Lotte, als Bourride de baudroie à la Sètoise) vom Golf de Lion, alle diese Früchte des Meeres findet man hervorragend, und vor allem frisch zubereitet, auf den täglichen Speisekarten. Ein morgendlicher, höchst appetitanregender Gang durch den an Sonn- wie Werktagen gleichermaßen abgehaltenen Viktualienmarkt eines jeden Dorfes oder Städtchens, verrät dem aufmerksamen Beobachter, was das an Feldfrüchten, Edelgemüsen und Obstsorten so reiche Land gerade frisch anzubieten hat.

OC

Denkt man an unsere okzitanische Zivilisation zu Zeiten unserer Herren von Toulouse, Aquitanien und der Provence, die ihre Ehre darin sahen *larguesa* zu praktizieren, jene Freizügigkeit, die zunächst im Dienen, vor dem Sich-bedienen, liegt, bedauert man es, nicht mehr im 12. Jahrhundert leben zu können, als die Tugend *(la vertut)* und die Großherzigkeit *(la generositat)* das Leben bestimmten.

Heute hören wir mehr von Profit, Rentabilität und Egoismus. Wir sind wieder in einer Epoche der Barbaren angelangt, und diese Barbarei kommt einmal mehr aus dem Norden zu uns.

(Nouvel, Maffre-Baugé, Vialette)

Blockierte Straßen, trockengelegter Canal du Midi, gestörter Zugverkehr, gefällte Telefonmasten, überschwemmte Straßen und ähnliche Meldungen konnte man häufiger ab 1963 über den Midi, das Armenhaus Frankreichs, lesen. Aber nicht Unwetter oder Naturkatastrophen waren es, die für diese chaotischen Zustände sorgten, nein, eine menschliche Katastrophe unbeschreiblichen Ausmaßes bildet den Hintergrund dieser verwirrenden Nachrichten, die meistens gepaart sind mit Überschriften wie: Protestmärsche, Massendemonstrationen (hunderttausend am 18. Februar 1971 in Béziers), Ämterbesetzungen (12. März 1974 in Sète), tausende Liter italienischen Weins in den Rinnstein gekippt, zwei Tote bei Schießereien in Montredon (3. März 1976).

In der Unzahl der Schreckensnachrichten, die uns täglich die Sensationspresse liefert, gingen diese Meldungen tatsächlich unter, stünden sie nicht seit geraumer Zeit immer in Verbindung mit einem ebenso kurzen wie einprägsamen Wort: Oc.

Was bedeutet dieses lapidare Oc? Ist es eine paramilitärische Untergrundorganisation wie die IRA oder gar eine mit terroristischen Mitteln kämpfende Befreiungsfront wie die PLO? Nichts dergleichen. Oc sind die beiden Anfangsbuchstaben von Occitania. Unter Okzitanien versteht man historisch und kulturell die Gesamtheit aller jener (heute) südfranzösischen Länder (13 Millionen Einwohner), deren zivilisatorische Einheit durch die gemeinsame Sprache *langue d'oc* jahrhundertelang gegeben war, bis seit dem 13. Jahrhundert diese Länder sukzessive von der französischen Krone einverleibt worden sind. Mit der Zugehörigkeit zu Frankreich waren meist auch wirtschaftlicher und kultureller Ruin und Provinzschicksal verbunden, Kolonien im eigenen Land: Verbot der eigenen Sprache; keine Mitsprachemöglichkeit in politischen und wirtschaftlichen Belangen, die Region selber betreffend; Ausbeutung. Erst Anfang unseres Jahrhunderts wurde Okzitanisch mit brutalen

Mitteln in der Schule unterbunden und das Französische erzwungen, und dies zeitgleich mit dem ersten Weinkrieg (1907). Die heutige wirtschaftliche Misere hat das Augenmerk der Bevölkerung auch wieder auf seine sozio-ethnische wie kulturelle Unterdrückung aufmerksam gemacht. Okzitanien ist gerade dabei, wieder seine geraubte Identität zu finden. Während der 'Résistance' bildete sich bereits ein moderner und fortschrittlicher Okzitanismus, der 1945 in der Gründung des I.E.O. (Institut des Études Occitanes) seinen nachhaltigen Niederschlag fand. Als Maffre-Baugé zu den Hunderttausend in Béziers redete, sprach er weniger vom Wein, um so mehr aber von der bedrohten Existenz eines ganzen Volkes. Ab 1975 bestimmte eine neue Parole die Aktionen der aufgebrachten Bevölkerung des Midi: Volem viure al Païs (wir wollen in unserem Land leben). Intellektuelle und Arbeiter aller Berufe haben sich in ihrer alten Identität, die Eintracht und Toleranz (*convivencia*) bedeutet, wiedergefunden – und das ist gefährlich. Vorbild ist Katalonien, und Paris kann 1980 oder 1990 nicht mehr wie einst 1209–1229 einfach Truppen zur Niederschlagung der aufmüpfigen Unterdrückten schicken: ein wenig Gesicht hat man immer noch zu verlieren.

Okzitanischer Wein – Passion einer Monokultur

Fährt man rhôneabwärts, beginnt spätestens nach Bollène eine Pflanze die Landschaft zu bestimmen: die Weinrebe (Farbt. 34). Zunächst nur zögernd. In direkter Flußnähe in der feuchten Niederung machen sich noch die Mischkulturen des provençalischen Gartens aus Getreide, Feldfrüchten, Edelgemüse und Obst aller Arten, durchzogen von mistralschützenden Zypressenreihen, den fruchtbaren Boden streitig, um aber schon nach wenigen hundert Metern, dort wo die Erde trockener wird, dem Wein zu weichen. Überschreitet man aber die alte Völkerstraße Rhône, hat der Rebstock mehr oder minder alle anderen Nutzpflanzen verdrängt. Von Avignon bis Collioure, Languedoc und Roussillon, ein einziger Weinberg, der größte der Welt mit 440000 ha von 840000 ha landwirtschaftlicher Nutzfläche, das sind 35 % des gesamten französischen Weinanbaus und 5 % der Weltanbaufläche für Wein. Die mittlere Ernte liegt bei 26–30 Millionen hl. Mit anderen Worten: das (land)wirtschaftliche Rückgrat des Midi bildet der Weinbau. Das ist gleichzeitig eine Monokultur von gigantischen Ausmaßen. Jede Monokultur birgt aber ihre spezifischen Gefahren: man ist abhängig von Ernteertrag, Absatzmöglichkeit und Preisgefüge eines einzigen Produkts.

Dies war nicht immer so im Midi. Noch 1828 betrug die in ganz Frankreich für Wein genutzte Fläche 238000 ha. Die zerrissene und teils unfruchtbare geographische Situation Okzitaniens und die höchstens mittelständisch organisierte, aber vielfältige Industrie (Leder, Seide, Textil, Erze, Minerale) konnte mit dem unter günstigeren Bedingunen in den nördlichen Ländern einsetzenden ökonomischen Prozeß der Großindustrialisierung nicht Schritt halten. Zählbare Investitionen oder gar Subventionen von Paris aus für die momentan benachteiligte Region hat es nie gegeben. Okzitanien kam im Rahmen der mit Siebenmeilenstiefeln voran eilenden Industrialisierung ins Hintertreffen. Zahllose kleine und mittlere

Betriebe waren nicht mehr konkurrenzfähig und mußten ihre Tore schließen. Durch die Eröffnung der Eisenbahnlinie waren lediglich, wegen der nun geringeren Frachtkosten, die Weinbauern fähig, ihre Produktion auszudehnen. Sie eroberten zum zweiten Mal den Pariser Markt. Bereits 1863 hatte man in der Languedoc eine Rebfläche von 450 000 ha erreicht. Aber der eigentliche Kampf mit den Tücken der Monokultur hatte erst angefangen. Doch eilen wir einige Jahrhunderte zurück.

Der Rebstock ist eine der ältesten überlieferten Nutzpflanzen der Menschheitsgeschichte. Der Wein ist letztlich *die* Kulturpflanze aller ans Mittelmeer grenzenden Zivilisationen schlechthin. Von ägyptischen Wandgemälden kennen wir seine Existenz ebenso wie aus der Heiligen Schrift. Die Hebräer scheinen ganz besondere Liebhaber des Rebensaftes gewesen zu sein: an 521 verschiedenen Stellen kommt der Wein in der Bibel vor. Schon Noe war betrunken, was Cham, der den entblößten Vater seinen Brüdern zeigte, zum Verhängnis wurde. Die Phönizier, spätestens aber die phokäischen Gründer von Marseille, brachten die Kenntnis des kostbaren Saftes an die languedozische Küste. Auf einem dolium einheimischer Fabrikation vom Ende des 3. Jahrhunderts v. Chr. sieht man in Ensérune eine Weinleserin schwere Trauben tragen, was die Existenz des Weinbaues in der Niederen Languedoc spätestens für dieses Datum belegt.

Doch erst die Römer lehrten und betrieben systematisch den Weinbau in ihrer ersten Kolonie (118 v. Chr.). Da Fontejus den offensichtlich florierenden Weinhandel zwischen Atlantik und Mittelmeer, sprich zwischen Bordeaux und Narbonne, durch ungerechtfertigt hohe Steuern störte, hätte dies den Proprätor beinahe den Kopf gekostet, doch Cicero hat seinen Mandanten noch einmal davor bewahrt (Pro Fonteio). Aber die Römer hatten, wie später die Franzosen selbst, sich eine gefährliche Konkurrenz gezogen. Die leichten Weine der Provincia Gallia Narbonensis erfreuten sich in Rom großer Beliebtheit, waren sie doch nicht so süß und schwer wie die italienischen. Der Weinhandel zwischen Narbonne und Italien lag offensichtlich in den Händen campanischer Organisatoren, deren Firmenstempel mit Namen identisch sind, die wir von Pompeji kennen (Sestii, Lassii, Pomponii etc). Die Konkurrenz war so bedrohlich für die italischen Winzer geworden, daß sie bei Kaiser Domitian 91 n. Chr. ein protektionistisches Edikt zu ihrem Schutz erwirkten, demzufolge den Winzern der Narbonensis auferlegt wurde, die Hälfte ihrer Weinstöcke zu vernichten. Was aber nichts fruchtete und die Konkurrenz nicht ausschalten konnte und auch anscheinend nicht sehr streng eingehalten wurde. Schließlich hob Kaiser Probus den Erlaß 276 wieder offiziell auf.

Als die Westgoten 413 die Narbonensis betraten, fanden sie die stark befestigte Metropole fast menschenleer, die Bevölkerung befand sich mitten in der Weinlese. Der Ruin des okzitanischen Weinbaus erfolgte unter den weniger zivilisierten Merowingern und Karolingern.

Im frühen Mittelalter waren es vor allem die Klöster, die sich des Weines annahmen, brauchten sie ihn doch zur Zelebrierung der Messe. Die älteste Quelle diesbezüglich besitzen wir in der Schenkungsurkunde Karls d. Gr. (778), für das Kloster Lagrasse in den Corbières, wo ausdrücklich ein Weinberg unter den Besitzungen des Klosters aufgeführt ist.

Im Rahmen der allgemeinen wirtschaftlichen Konsolidierung im Laufe des 10. Jahrhunderts in der Languedoc dürfte sich auch der Weinbau wieder erholt haben. Im 11. Jahrhundert setzte sich im Raum Narbonne das System des 'complant' durch: der Feudalherr, geistlich oder weltlich, überläßt einem bereitwilligen Kolonen ein Stück Land zur selbständigen Bebauung; nach fünfjähriger alleinigen Nutzung wird das nun kultivierte Land hälftig zwischen Feudalherr und (Wein)Bauer geteilt. Die Verwüstungen der Albigenserkriege und die auf Getreide ausgerichtete königliche Kolonialpolitik der *bastides* minderten den noch Anfang des 13. Jahrhunderts blühenden Weinbau. Im Gegensatz dazu ergriff der okzitano-katalanische König Jakob der Eroberer Maßnahmen zur Förderung des Weinbaus, des Seehandels und der Fischzucht. Als im 15. Jahrhundert Jacques Cœur in die Weinhandelsprivilegien der ansässigen Händler eingriff, führte dies zu dem berühmten 'Vorfall von Collioure', bei dem er sich eine böse Schlappe einholte, von der ihn auch nicht seine Beziehungen zum Hof in Barcelona retten konnten.

1350 erließ Johann der Gute ein Edikt, demzufolge Verschnittweine zukünftig verboten sein sollten. Schon damals wurde gepanscht. Man lese nur die Klagen von François Villon über die Wirte. Der Hundertjährige Krieg, die Religionskriege und ein Gesetz Karls IX. zur Bevorzugung des Getreideanbaus setzten dem okzitanischen Wein kräftig zu. Alle folgenden Maßnahmen für und gegen den Weinbau konnten dem Land keine großen Prüfungen oder gar existenziellen Bedrohungen bringen, machte ja nach wie vor der Weinbau nur einen Teil des Landesreichtums aus.

Kritisch wurde die Veränderung erst nach dem Ancien Régime im 19. Jahrhundert, als dem Weinbau plötzlich allein die tragende Rolle im Wirtschaftsgefüge der Languedoc zufiel. Was nun folgte, bis zum heutigen Tage, könnte man zusammenfassen als Ära des Weinfluches. Einmal war es die Natur, dann wieder der Mensch (sprich die Zentral- oder vielmehr Kolonialregierung in Paris und die Lobby der gewinnabschöpfenden nordfranzösischen Großhändler), die die okzitanischen Winzer von einer Krise in die andere hetzten. War eine Gefahr unter Aufbietung aller Kräfte überwunden, tauchte am Horizont schon die nächste auf:

1851–1856 *L'oïdium:* ein Pilz, der die Oberflächen von Blättern und Trauben überzieht; die Haut reißt, die Trauben verlieren ihren Saft vor der Lese; z. B. im Département Hérault sank der Hektoliterertrag von 3 943 400 (1850) auf 1 045 500 (1856)

1860–1863 *Le philoxera* (Reblaus); eingeschleppt aus Amerika; Lösung der Reblauskrise: die empfindlichen languedozischen Reben wurden auf resistente amerikanische Wurzelstöcke gepfropft.

1878–1884 *Le mildiou* (Pilz) aus Amerika mit den Wurzelstöcken eingeschleppt; mit Einspritzen von Kupfersulfatlösung erfolgreich behandelt.

1880 Gründung des algerischen Weinberges

1884 Gesetz zur Anerkennung der Genossenschaften und regionalen Interessenverbände der Winzer

1905 Gesetz zur Verhinderung von Betrug und Panscherei; Artikel 3 definiert den Wein als ausschließliches Produkt von Weintrauben, ohne jegliche Zusätze (Reinheitsgebot).

1907 Gründung des Komitees der 87, zum Schutz von Hersteller und Verbraucher und zur Durchsetzung des Gesetzes von 1905; Weinkrieg; blutige Unterdrückung durch Clemenceau. Ergebnis: Sieg der okzitanischen Winzer; neues Gesetz zur Angabe der Erntemenge und der genauen Anbaufläche zur besseren Kontrolle der Ernte; Zuckersteuer.

1914–1918 Erster Weltkrieg: Schon seit Napoleons *levée en masse* bilden die ausschließlich agrarisch strukturierten okzitanischen Länder wichtiges Rekrutenaushebungsreservoir; »Die Reblaus hat den Weinberg getötet, der Krieg tötet zwangsläufig den Winzer«.

nach 1918 Spanische Gastarbeiter (noch heute bei der Weinlese). Konkurrenz des französischen Kolonialweins aus Algerien. Von 1914–28 war der algerische Weinberg um 50 % angewachsen. Da die Muselmanen selber keinen Wein trinken, mußte alles nach Frankreich exportiert werden.

1929 Aufhebung des Weingesetzes von 1907. Zulassung der Zuckerung.

1935 Sog. 'Weinstatut', welches vorsieht a) Reduktion der Weinanbauflächen, Verbot von Neupflanzungen, Prämien für Destillation von Wein, und b) Garantiepreise für die Winzer.

1945 Zentralisation der regionalen Interessenverbände, Zuspitzung der Konfrontation zwischen Zentrale Paris und okzitanischen Weinbauern. Technische Revolution durch beschleunigte Mechanisierung. Vermehrung der Arbeitslosen. Ständig steigende algerische Weinimporte.

1947 *Le court-noué*, neuer Parasit, Mikrowurm, der die Wurzeln zerstört.

1953 Neuer Weinkrieg. Rückgang des Weinverbrauchs bei weiter steigenden algerischen Importen. 30. September: Weingesetz auf der Basis von Angabe der Ernte und des Stockgutes, verschärfte Suche nach Betrügern.

1957 Verträge von Rom, Einführung der EWG unter Ausschluß des Weines. Verstärkte Bemühungen um Qualitätsweine.

1962 Algerien wird unabhängig, ist damit nicht mehr zur EWG gehörig. Aber die Zentralregierung trifft im Vertrag von Evian Sonderabmachungen (algerische Petroleumlieferungen gegen Zusicherung weiterer Weinabnahme), auf Kosten der eigenen okzitanischen Winzer.

1963 Darauf entstehen überall spontan die Comités d'Action Viticole.

1968 Letzte Chance: Edgar Faure erreicht ein Gesetz, das die algerischen Weine als ausländische betrachtet.

1969 General de Gaulle erkennt die obsolete Struktur des französischen Zentralismus und scheitert persönlich bei dem Versuch, Gesetzesänderungen durchzusetzen, die auf lange Sicht eine Dezentralisation ermöglicht hätten.

1970 1. Juni: Öffnung der EG-Grenzen auch für Wein. Ein neuer Genickschlag, initiiert von Pompidou, für die okzitanischen Winzer. Die strengen innerfranzösischen Weingesetze gegenüber der lascheren Handha-

bung vor allem in Italien, wo Zuk-
kern, Unterbrechen und Verschnei-
den erlaubt sind (zuzüglich der billi-
geren Arbeitskräfte und der regelmä-
ßigen exportfreundlichen Lira-Ab-
wertung), bringen die okzitanischen
Weinbauern von vornerein in eine
ungleiche Konkurrenzsituation.
Wieder einmal sind sie von Paris, das
zukünftig im Midi »la cour de récréa-
tion d'Europe« sehen will und ent-

sprechend die Region verändert, ver-
schoben worden. Sie fürchten keine
ehrliche Konkurrenz, aber dafür
muß im europäischen Rahmen erst
die entsprechende Gesetzesgrundla-
ge geschaffen werden: gleich strenge
Bestimmungen für alle am Markt Be-
teiligten. Der Gegensatz Okzitanien
– Paris hat sich seither ständig ver-
schärft.

Die Winzer als wirtschaftlich tragende Kraft sind heute auch die tragende Schicht der
okzitanischen Freiheitsbewegung. Ein Volk sehnt sich innerhalb eines Staates, der égalité,
liberté und fraternité zu seiner Parole erklärt hat, diese aber keineswegs allen Staatsbürgern
zu gewähren gewillt ist, nach Selbstbestimmung und eigenverantwortlicher Gestaltung
seiner persönlichen Zukunft. Die Qualität des Weines würde darunter bestimmt nicht
leiden, höchstens jene, die mit schlechtem Rebengepansch den dicken Reibach machen.

Anbaugebiete und Weine

Das von uns bereiste Gebiet Languedoc-Roussillon stellt nicht nur der Welt größten
Weinberg, sondern bietet neben dem Tischwein, der allein 50 % des in Paris zum Essen
getrunkenen Weines liefert, eine für den Fremden schier unübersehbare Fülle von qualität-
vollen Rebindividuen mit ausgeprägtem Charakter. Neben jungen Züchtungen, z. B. dem
Vin Vert vom Gut Cicero bei Ribaute, stehen von alters her renommierte Gaumenschmeich-
ler.
  Nur die wichtigsten können hier aufgezählt werden. Empfehlungen können grundsätzlich nicht gemacht werden. Hier gilt wie bei allen Geschmacksfragen: selber probieren! Zur
Beruhigung kann ich allerdings versichern, daß ich noch keinen Liebhaber des dionysischen
Saftes erlebt habe, der nicht widerstrebend dieses herrliche Land verlassen hätte, allerdings
nicht ohne sich zu schwören: »Zu paradiesisch sind Land, Leute und Weine; dies war nicht
mein letzter Aufenthalt an Sols Küste!«

Côtes du Rhône. Wer auch immer behauptet, Nîmes oder Uzès seien noch provençalisch
und erst westlich dieser Städte beginne die Languedoc, unterliegt einem schwerwiegenden
geographischen, ethnischen und historischen Irrtum. Nicht die Zugehörigkeit zur Provence
als der dominierenden Landschaft, sondern der beiderseitige Anteil von Teilen der Provence

und Languedoc am größeren gemeinsamen Unterlauf der Rhône bilden das verbindende Element. Also nicht das Übergewicht einer der beiden Nachbarlandschaften, sondern die sie geographisch trennende Rhône verschmilzt sie zur größeren Kulturlandschaft. So nimmt es also nicht Wunder, daß die rechtsrhônischen, zwischen Viviers und Villeneuve-lès-Avignon gelegenen Weinberge der Lagebezeichnung Côte du Rhône zugerechnet werden. Die Weine von Tavel und Lirac stehen an Reputation ihren Konkurrenten der anderen Rhôneseite wie L'Hermitage, Rasteau, Gigondas oder Château-Neuf-du-Pape nichts nach. Vor allem ihre Rosés, die auf dem mineraligen Boden der Garrigues erdige Würze einsaugen, ohne ihre Spritzigkeit zu verlieren, gehören neben dem Gigondas zu Frankreichs renommiertesten Vertretern ihrer Art. Neben dem seit dem 14. Jahrhundert gefeierten Tavel (A.O.C) können sich aber durchaus auch die Roten von Rochemaure, Rochefort, Chusclan, Orsan, St-Etienne-du-Sorts, St-Victor-la-Côte, St-Laurent-des-Arbres und der staubtrockene Weiße von Laudun sehen bzw. trinken lassen.

Obwohl geographisch ebenfalls zum Rhônedelta gehörig, bilden die Weine um Nîmes eine eigene 'appellation', benannt nach dem Fluß Gard: *Costières du Gard.*

Costières (oder *coustiero* in langue d'oc) nennt man die der Sonne zugekehrten Hänge flacher Gebirgszüge. Gemeint ist hier die Hügellandschaft südlich des Gard(on) zwischen Meynes, Beaucaire, St-Gilles und Vauvert, die eine Sonnenterrasse zwischen dem nahen Meer und den Ausläufern der Cevennen bildet. Schon die Klöster Franquevaux und Psalmodi, sowie die Templer- und Johanniterkommanderien hatten hier ihre Domänen. Der Wald der Costières war den von St-Gilles kommenden Santiago-Pilgern nicht geheuer und soll von *unicornes* (Einhörnern) und *oliphantes* (Elefanten) gewimmelt haben. Eine Besonderheit dieser auch botanisch eigenständigen Region der Costières ist ihr Pilzreichtum (über vierzig Sorten!) Der eigentliche Reichtum der Costières aber sind ihre Weine, die durchwegs den Standard von V.D.Q.S. haben und ihre Krönung im A.O.C.-Wein, dem Clairette von Bellegarde, finden. Letzterer ist ein Weißer, besonders *fruité*, was soviel bedeutet wie: nicht ganz zu Ende gegoren, so daß sich der Wein noch etwas Resttraubenzucker behalten hat, was ihm einen stark traubigen Geschmack bewahrt. Die Weine von Jonquieres, Manduel, Redessen, Lédenon und Besouces besitzen ebenfalls Anspruch auf ihre Appellation.

Auf der westlichen Seite der Costières sind es vor allem die drei Orte Vauvert, Beauvoisin und Générac (und nicht zu vergessen der Rosé von Gallician), die den Ruf der Region rechtfertigen. Allen voran die fruchtigen, strahlenden und bouquetreichen Vauverts vereinen in sich alle Qualitäten der Costières.

Zwischen Fontaine (Nîmes) und Château d'eau (Montpellier) an der alten Straßenlandschaft – Straße des Herakles, Via Domitia, cami salinié (= Salzstraße), cami roumiou (= Pilgerstraße) – gruppieren sich um Lunel mit gleichnamiger Lagebezeichnung eine eigene Gruppe von Languedoc-Weinen. Die Weine von Lunel, deren Muscat fruité, genießen schon jahrhundertelange Verehrung, z. B. wurde er schon von Friedrich II. gepriesen. Auch die Lage der Dörfer Verargues, St-Drezéry und St-Christol gehen auf alte Domänen der Johanniter und Augustiner zurück. Über seine Weine hinaus genoß das Gut Tour de Farges durch seinen Besitzer François Sabatier besondere kulturelle Bedeutung. Er, der verheiratet war mit der berühmten Sängerin Caroline Ungher, machte durch seine zahlreichen Beziehungen die Weine um Lunel zum begehrten Dinerbegleiter in Salzburg, Marienbad und Dresden. Auf seinem Gut empfing er erlauchte Geister seiner Zeit, wie J. Michelet oder Karl Marx. Auch war es Sabatier, der als erster die Aufpfropfung languedozischer Qualitätsweine auf amerikanischen Rebstöcke vornehmen ließ und damit die Wende in der Reblauskrise bewirkte.

Eine Spezialität der Region ist der sogenannte 'vin du café' von Vaunage. Dieser Wein wird bereits nach 24–48 Stunden der ersten Gärung unterbrochen, was ihm seine lebhafte Kirschfarbe und seinen appetitanregenden Geschmack, der seinen Ruhm ausmacht, verleiht. Die nahe an Nîmes gelegene Gruppe: Congéniès, Calvisson, St-Dionisy, St-Côme, Clarensac und Caveirac produziert diesen Wein 'gourmandis', der erstaunlicherweise auch nach herzhaftem Genuß am nächsten Tag kein Kopfweh zurückläßt. Daneben bietet Langlade auch Qualitätsweine, die ihrem Ruf nach gleich nach den Burgundern stehen und sehr gehaltvoll altern können.

Die Gegend um *Montpellier,* die einige in den idealen und arkadischen Landschaften Poussins wiedererkennen wollen, war schon seit alters her Weinland, allerdings weniger zur Küste hin als im höher gelegenen Hinterland. So gedeiht im sandigen Schwemmland des Lez bei Prades-lès-Lez ein bewundernswerter Weißer. Der Rote von den Hängen bei Montferrand wurde bereits 1775 von Genssane in seiner ›Histoire naturelle de la province du Languedoc‹ unter die besten dieser Provinz eingereiht. Unter den Weinen der Gegend von Montpellier stechen aber zwei besonders hervor. Der eine versammelt die Weinberge westlich der Stadt, der St-Georges (V.D.Q.S.). Zur Lage gehören auch noch die Nachbarorte Pignan, Lavérune, Juvignac und Muriel. Der mitreißend fruchtige (*fruité* = halbtrokken), kräftige Rote von St-Georges galt schon seit dem 17. Jahrhundert als begehrter Exportwein. Der andere Spitzenwein von Montpellier findet sich im Südosten der Stadt, in der Nähe des Schlosses La Mogère und nennt sich La Mejanelle. Von der mineralogischen Situation der Costières du Gard verwandt, gilt vor allem er als *der* Wein von Montpellier. Der gelehrte deutsche Santiago-Pilger Abraham Gölnitz steigerte sich 1626 gar zu der Eloge: »Proveniunt hic generosiosa totius Galliae vina«, und die Weinhändler von Bordeaux, sicher nicht gerade arm an eigenen guten Weinen, deckten sich seit langer Zeit hier mit Exportwein ein. Weniger fruchtig und von geringerem Alkoholgehalt besitzen sie eine Eleganz und Eigenheit, die vollkommen harmonieren mit dem zugehörigen Lokalkolorit ihrer aristokratischen Domänen: Isnard, Rastouble, Valdeau, Grammont, Beauregard, La Mogère.

Im ehemals morastigen Küstensaum gedeihen seit wenigen Jahrzehnten die sogenannten 'vin de sable' (Sandweine), deren herbe Rosés sich immer größerer Beliebtheit erfreuen. Die Anbaugebiete des vin de sable erstrecken sich von der Camargue bis Agde.

Am Bassin de Thau, genauer gesagt nördlich von Marseillan, angeblich einer Tochterniederlassung von Massalia, gründen die Dörfer Pomérols und Pinet ihren Ruhm auf den Picpoul, einen charaktervollen Weißen, aus dem der französische Wermut hergestellt wird.

Zur Zeit der Krinolinen und der Musik Offenbachs erfreute sich der Picpoul in der Pariser High Society allergrößter Beliebtheit.

Der gehaltvolle Muskat von Frontignan erfreute sich schon seit Jahrhunderten ganz besonderer Hochschätzung. Aus der Zahl seiner Verehrer seien nur drei herausgegriffen: Rabelais, Voltaire und der roi soleil.

Wenn Languedoc und Roussillon zusammen den größten Weinberg der Welt bilden, dann ist innerhalb dessen noch einmal das Gebiet des Département Hérault der ausgedehnteste Weinberg im Weinberg Languedoc (fast ausschließlich V.D.Q.S.-Weine). Auf dem rechten Ufer des Hérault, zwischen Clermont-l'Hérault, Aniane und Pézenas wächst der berühmte Clairette (A.O.C.), der zu recht seine Auszeichnung als AC-Wein besitzt. Dieser international geschätzte Clairette du Languedoc ist ein spritziger Weißer, der zu Tausenden Litern in England, Holland, Belgien und Skandinavien konsumiert wird, der aber angeblich schon von Benedikt von Aniane und Markgraf Wilhelm, den Gründern der gleichnamigen Abteien zu Beginn des 9. Jahrhunderts geschätzt wurde. Auch Ludwig XI., Franz I. und Rabelais gehörten zu seinen Anhängern. Das Besondere dieses Weines liegt in seiner Anpassungsfähigkeit an fast alle Speisen, so daß seine Wahl keine Probleme mit der Speisenfolge aufwirft.

Das hoch über den Ufern des Orb gelegene *Béziers* ist die Hauptstadt des languedozischen Weinhandels. Das Hinterland bildet aus fünfzehn Orten die bekannte Lage des St-Chinian (V.D.Q.S.). Der tief granatrote St-Chinian ist erdig, feurig und voll im Geschmack.

Westlich davon schließt sich das Anbaugebiet des alten 'Ketzerlandes' Minervois an. Die atemberaubend gelegene historische Kapitale Minerve und das wirtschaftliche Zentrum Olonzac bestimmen das heutige Minervois (pagus menerbensis). Der südliche Teil des Minervois produziert fast auschließlich V.D.Q.S.-Weine. Die Rebmischung aus ⅔ Carignan- und ⅓ Aramon-Trauben ergibt einen vorzüglichen Roten mit reichem Bouquet, der nach zwei Jahren Flaschenlagerung sein volles Aroma erreicht, das seine Individualität dem mangan- und eisenhaltigen Boden verdankt. Dazu treten in immer größerem Umfang Weißweine, deren nobelster auf der Grenache-Rebe basiert. Maccabeu, Malvoisier und Muskat bereichern noch zusätzlich die breite Skala der Qualitätsweine, um die man sich im Minervois besonders bemüht. Da der Hektarertrag dabei aber geringer ist als bei normalem Tafelwein, reagieren die Winzer des Minervois besonders allergisch auf Marktveränderungen oder Mißernten. So ist es nicht verwunderlich, daß der Weinkrieg von 1907 von hier aus seinen Anfang nahm.

Der Unterlauf des *Aude* begrenzt das südlich davon gelegene Gebiet der nördlichen Corbières mit seiner Kapitale Lézignan. Die Montagne d'Alaric, hommage an den Westgotenkönig, der im Berg ruhen soll, und der Orbieu bieten fast ausschließlich V.D.Q.S.-Weine, von denen hier die in Bordeauxflaschen abgefüllten Rotweine Château Pêchlatte und Château de Ribaute, sowie der grundehrliche und saubere Weiße Montagne d'Alaric erwähnt sein sollen, weil diese über eine Aktionsgruppe zur Förderung der deutsch-okzitanischen Freundschaft und der dortigen Winzer speziell in einigen westdeutschen Großstädten zum verwegen billigen Preis zwischen DM 5,00 und DM 7,00 (durch Direktlieferung der Weinbauern möglich) zu haben sind.

Das Narbonnais besitzt die mit Sicherheit ältesten Weinberge der Languedoc. Die Weine der Narbonensis waren es, die schon bald den campanischen so heftig Konkurrenz machten, und die Plinius d. Ä. so rühmte. Bis ins Mittelalter wurden sie zusammen mit denen der Corbières als Weine von Narbonne gehandelt. Heute sind sie wieder getrennt nach ihren genauen Lagen benannt: Weine von Quatourze und Weine von La Clape (weiß, rosé und rot). Die etwas im Geschmack den Sandweinen verwandten Rebprodukte von Narbonne, besonders der Weiße, vermählen sich auf der Zunge ganz speziell glücklich mit den würzig zubereiteten Früchten des Meeres.

Die eigentlichen so benannten Corbières-Weine finden sich am Ostrand des Gebirges, geschart um die Hauptorte Durban, Tuchan und Fitou (letzterer A.O.C.). Es sind dies fast ausschließlich Weine hoher Qualitätsbezeichnungen. Was die Mailänder Scala für den Belcanto ist, der Wein von Châteu Nouvelles für die Corbières-Weine, wo der Malvoisier, der Grenache, der Muskat und der Maccabeu die ungekrönten Könige unter den Rebsorten sind. Die Roten der Corbières superieurs besitzen ein kräftiges Aroma, eine intensive Farbigkeit und ein wahrhaft exzeptionelles Bouquet. Nach dreijähriger Flaschenlagerung erreichen sie ihre volle Persönlichkeit.

Wenig südlich der Enge von Salses beginnt das Reich der 'vins doux naturels' (= unverstärkter süßer Dessertwein mit mindestens 14% Alkohol): Côtes d'Agly, Rivesaltes und Maury. Diese drei Lagen bilden zusammen was man 'le grand Roussillon' bezeichnet, und sie erfüllen durchaus den Standart der 'appellation controllé'.

Südlich und östlich von Perpignan schließen sich die Weine von St-Félix-d'Avall, Thuir und Villemolaque (Monastir del Camp) zur Lage 'Côte du Haut-Roussillon' zusammen, Weine von »teuflischer Zärtlichkeit und der Geschmeidigkeit einer Zigeunerballerina«.

An der Côte Vermeille, wo das Licht bereits einen anderen Kontinent ankündigt, wachsen Frankreichs südlichste Weine, Weine von sarazenischer Feurigkeit. Nach dem Hauptort werden sie schlicht Banyuls genannt. Im Gegensatz zu fast allen anderen Languedoc- und Roussillon-Weinen wird der Banyuls fast ausschließlich an steilen Hangterrassen angebaut. Während üblicherweise der Rosé als junger Wein getrunken wird, erreicht der Banyuls erst nach zwei Jahren seine volle Reife, und der Rote gar erst nach vier Jahren. Im vierten Jahr ist er dann der unbestrittene König unter den vins doux naturels. Karl der Große, die Könige von Aragon und von Mallorca, die Päpste von Avignon und Ludwig XIV. erfreuten sich seiner heilenden Wirkung.

Sehenswerte Orte außerhalb der Zentren

Anreise in die Languedoc

Die schnellste und problemloseste Anfahrt wird der alten Völkerstraße Rhein-Saône-Rhône nach Süden folgen. Das Verkehrsnetz bis zum Rhônedelta ist bestens ausgebaut. Zur Anreise stehen alle verkehrstechnischen Möglichkeiten offen: Flughäfen (Narbonne, Marseille, Nizza), Eisenbahn, Auto (gut ausgebaute Landstraße oder Autobahn, sehr teuer!!), Kombination Zug-Auto mit Autoreisezug nach Marseille bzw. Narbonne (nur in der Hauptsaison, Sonderprospekt bei der Bundesbahn). Lediglich wer im südostbayerischen Raum zu Hause ist, wird den Weg über Italien: Brenner, Piacenza, Genua, Nizza wählen.

Wer mit dem PKW rhôneabwärts sich der Languedoc méditerranéen nähert, sollte, vorausgesetzt, daß er genügend Zeit und Interesse hat, ab Chanas (nächste Ausfahrt nach Vienne) auf der rechten, vom Tourismus relativ unberührten Flußseite – abgesehen vom Tal des Ardèche im Juli und August – fahren, wo manche Leckerbissen landschaftlicher wie kunsthistorischer Natur auf den Reisenden warten.

Rechte Rhôneseite

Andance. Daß das Gebiet um Lyon und Vienne im Mittelalter eine Kunstlandschaft durchaus eigener Prägung war, die vermittelnd zwischen Zentralmassiv, Burgund und der Provence stand, zeigt einmal mehr die kleine ehemalige *Prioratskirche* von Andance, deren romanischer Bau (12. Jh.) im engsten stilistischen Zusammenhang mit den Kirchen St-Paul in Lyon, St-André-le-Bas in Vienne und der Kathedrale von Die steht. Durch die nach den Religionskriegen notwendig gewordene Neueinwölbung ist das romanische System und ein Teil des Kapitellschmuckes an der Kämpferzone der ehemaligen Tonne verdeckt. Dennoch zeigt der erhaltene Rest des Baudekors (Pilaster, korinthische Kapitele, Rosettenfries, etc.) penetrante antikische Anleihen, die möglicherweise von hier aus weiter südwärts (St-Gilles, s. d.) gelangten.

Champagne. Die ursprünglich noch mit einem mächtigen Wehrturm und einer niedrigen Vorhalle versehene dreischiffige *Kirche* zeigt sich äußerlich recht schmucklos, was sich aus ihrem vermutlich von den Grafen von Vienne konzipierten Wehrcharakter erklärt. Das solchermaßen funktionale schlichte Äußere verbirgt auch die dahinterliegende Dreischiffigkeit. Im Osten ver-

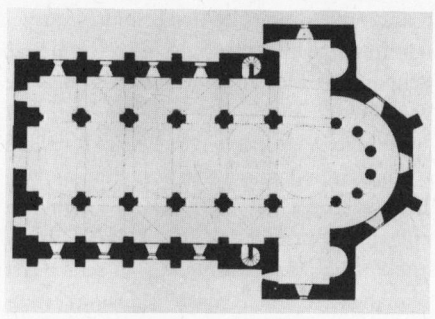

Champagne: Grundriß

steckt die dreiseitige Apsis einen halbrunden Chor mit Umgang.

Reichhaltig ist lediglich der bildhauerische Schmuck der Gesimskonsolen (vegetabile, zoo- und anthropomorphe Formen). Die möglicherweise um die Mitte des 12. Jahrhunderts entstandenen Tympanon-Skulpturen der drei Westportale lassen trotz ihrem schlechten Erhaltungszustand noch ihre Inhalte erkennen: auf dem nach auvergnatischen Vorbildern in Form eines Flachgiebels abgeschlossenen Türsturz (Mittelportal) figuriert das Letzte Abendmahl, das im Tympanon darüber kombiniert ist (zum

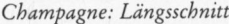

Champagne: Längsschnitt

ersten Mal hier in Champagne?) mit der in der Portalskulptur damals unüblichen Darstellung der Kreuzigung (vgl. Condrieu, St-Pons und St-Gilles). An den Außenseiten künden zusätzliche Reliefs von der Passion Christi (vgl. auch hier Condrieu, St-Gilles).

Obwohl am unteren Rahmen der Bildhauer mit Girbertus signiert hat, trägt dies nicht zur genaueren Datierung bei. Das Lamm Gottes im Rundmedaillon, das stereotyp von zwei symmetrisch angeordneten Engeln gehalten wird, zeigt im Südportal das von der antiken Sarkophagkunst her vertraute Clipeus-Motiv, wie überhaupt die Antiken-Interpretation des Viennois sich deutlich abhebt von ähnlichen Zitaten der burgundischen oder provençalischen Romanik. Im nördlichen Seitenportal segnet der sitzende Christus (?) zwei kniende Personen (Stifter, Patrone?). Im übrigen sind noch zahlreiche Skulpturreste als Spolien der Außenwand inkorporiert. Betritt man das Innere, ist man höchst überrascht über das dort angewandte Wölbsystem: in Reihe gestellte Kuppeln aus achtseitigen Klostergewölben. Diese Art zu wölben kommt nur noch in Poitiers (St-Hilaire) und Le Puy (Kathedrale Notre-Dame) vor, welch letztere wahrscheinlich das Vorbild lieferte.

Vom pittoresk auf seinem Burgfelsen gelegenen **Château Crussol,** dem Stammsitz der angesehenen Familie der Crussol-Uzès, auf Befehl Ludwigs XIII. zerstört, genießt man einen herrlichen Rundblick über das mittlere Rhônetal.

Cruas. Auch wenn heute der Ort in den weißgrauen Staubschleier des örtlichen Kalkwerks getaucht ist, lohnt ein kurzer Halt. 804 hatte Benedikt von Aniane eine Reihe junger Mönche ins Rhônetal ausgesandt, wo sie im selben Jahr ein reformiertes Benediktinerkloster gründeten. Der heutige Bau (11.–12. Jh.) wird von außen bestimmt durch die Vertikalelemente seiner beiden symmetrisch und in Reihe gestellten *Türme,* des quadratischen Turms der westlichen Eingangsfront und des zylindrischen zweistöckigen Vierungsturms, der in seiner Art einmalig im Rhônetal dasteht. Das architekturhistorisch interessante *Innere,* vor allem die *Krypta* (11. Jh.), mit seinen ersten zaghaften und handwerklich noch ungeschickten Versuchen einer Kapitellskulptur, bleibt vorläufig über Jahre hinaus wegen umfangreicher Restaurierungsarbeiten geschlossen und ist also nicht zu besichtigen.

Das gleiche gilt für die noch nicht abgeschlossenen großangelegten Ausgrabungen der alten Helvetierhauptstadt *Alba* (Alba Augusta Helvetiorum). Die gallo-römische Provinzstadt mit Theater, Amphitheater, Forum, Thermen und Circus aus augusteischer Zeit wurde im 4. Jahrhundert im Zuge der Germaneninvasion zerstört. Der damalige Bischof von Alba, Ausonius, flüchtete sich nach Viviers.

Ein ebenfalls im Mittelalter einflußreiches Feudalgeschlecht stammte aus *Le Teil* (Adhémar de Monteil). In **Mélas,** dem südlichen Nachbarstädtchen, steht an der Stelle einer frühchristlichen Nekropole das archäologisch interessante dreischiffige *Kirchlein,* mit erhöhtem Mittelschiff aus dem 12. Jahrhundert und einem nördlichen Seitenschiff aus dem 11. Jahrhundert. Zwei der Kapitelle des Hauptschiffes (nördliche Seite) zeigen das Opfer Abrahams und die Seelenwägung. Der Stolz von Mélas ist aber das ins 10. Jahrhundert zurückreichende kreisrunde

Baptisterium, das man durch eine Pforte des linken Seitenschiffes erreicht.

Als sich im 4. Jh. nach der Zerstörung der Stadt Alba, Ausonius ihr Bischof, im rhônenahen Vivarium, zu Füßen eines römischen Castrums, niederließ, wuchs dort ab dem 5. Jahrhundert die neue Bischofstadt **Viviers**, dessen Bistum das flächenmäßig größte im Rhônetal zwischen Lyon und Meer wurde. In der sonst sehr verwahrlosten Altstadt findet sich als sehenswert die *Maison des Chevaliers* (Haus der Ritter) mit ihrer glanzvollen Renaissancefassade: besonders üppig der Dekor der Fensterrahmung im piano nobile. Von der romanischen *Kathedrale St-Vincent* stehen nur noch die ehemalige Vorhalle und der Glockenturm. Wenn auch die einstige Hauptattraktion von St-Vincent, nämlich kostbare Tapisserien aus dem 18. Jahrhundert, 1974 entwendet worden ist, so bildet die einschiffige Kathedrale doch ein ansprechendes Beispiel spätgotischer Architektur im Süden Frankreichs.

Bourg-St-Andéol (Abb. 1). Von der römischen Niederlassung, welche die ursprünglich helvetische Siedlung abgelöst hatte, ist lediglich im Süden der Stadt, zwischen zwei Quellen gelegen, das eindrucksvolle, in den Felsen gehauene Relief (2 × 2 m) des Gottes Mithras erhalten. Die Mithras-Verehrung wurde im 3. Jahrhundert abgelöst durch die lokale Wallfahrt zum Grab eines der ältesten Märtyrers Frankreichs, des Hl. Andéol († Anfang 3. Jh.) Die Gebeine des Heiligen waren im spätrömischen *Sarkophag* eines gewissen J. Valerianus aufbewahrt. Die Rückseite wurde in karolingischer Zeit (8. oder 9. Jh.?) nach antikischen Vorbildern neu skulptiert. Außerdem erinnert eine

Grabtafel aus merowingischer Zeit an den Ortsheiligen. Beide, Sarkophag und Grabtafel, sind vorläufig in der südöstlichen Chorkapelle aufbewahrt.

Die heutige *Kirche* selber dürfte Anfang des 12. Jahrhunderts unter der Regie der Abtei St-Ruf (Avignon) neu begonnen wor-

Bourg-St-Andéol: Kirche von Süden und Längsschnitt

den sein. Der Hauptbau zeigt noch die Handschrift der frühen Romanik, lombardische Arkaturen bestimmen am Äußeren die Wandgliederung. Wegen seines fast vollständigen Verzichtes auf Skulptur spricht der Innenraum nur durch die Konsequenz der Architekturteile: ein erhabener Raum von nobler Schlichtheit, der seine Steigerung in den reichen Ostteilen erfährt: hohe Trompenkuppel über der Vierung, Chorjoch über die gesamte Breite des ausladenden Querhauses und in gleicher Höhe wie das Langhaus, heruntergestaffelte Nebenchöre, große Hauptapsis flankiert von bescheideneren Seitenapsiden.

Während sich der Dekor insgesamt nur sehr sparsam auf die Kämpferleisten beschränkt, trägt die Hauptapsis Ornat. Hohe Blendarkaden werden getragen von mannigfaltig geformten schlanken Halbsäulen. Seinen ganzen Formenreichtum entfaltet der Bau von Südosten aus gesehen, wo sich in kristalliner Klarheit die Zylinder und Kuben der einzelnen Bauteile zu einer eindrucksvollen Sinfonie vereinen, um im dreistöckigen, durchbrochenen Vierungsturm ins Unendliche des Himmels auszuschwingen. Dieser Vierungsturm zeigt die fortentwickelten Formen der provençalischen Hochromanik und dürfte vom selben Baumeister wie die Kirche von La Garde Adhémar auf der anderen Rhôneseite stammen.

Der etwas heruntergekommene Ort zeigt in der Nähe der Kirche noch Reste anspruchsvoller Profanarchitektur, z. B. die *Tour Nicolay* (Treppenturm des 16. Jh.).

Die einzige noch erhaltene der ursprünglich vier Steinbrücken über die Rhône aus dem Mittelalter (Lyon, Vienne, Avignon) gab der einstigen Ansiedlung St-Saturnin-du-Port ihren heutigen Namen **Pont-St-Esprit.** Die von 1265 bis 1309 von der Brückenbauerbrüderschaft 'Zum Hl. Geist' errichtete Steinbrücke (Abb. 6) führt auf fast 1000 m in 25 Bögen mit leichter Krümmung flußaufwärts über die Rhône. Neunzehn Bögen sind noch alt. Allerdings sind die befestigten Brückenköpfe und die zwei Türme in der Brückenmitte verschwunden. Ebenso wurden die beiden ersten der Stadt zugewandten Bögen im 19. Jahrhundert durch einen einzigen flach gespannten Bogen ersetzt, um die Brücke für größere Schiffe passierbar zu machen. Von der Terrasse St-Pierre aus hat man den prächtigsten Anblick der Brücke.

Die Place St-Pierre wird gesäumt von drei Kirchen: *St-Saturnin*, 12. und 15. Jahrhundert; *St-Pierre-de-Prieuré*, 17.–18. Jahrhundert; *Kapelle des Hl. Geistes*, frühes 18. Jahrhundert. Sie wurden von den drei Büßerbrüderschaften des Ortes gegründet; allesamt bestätigen sie den vergammelten Gesamteindruck, der der rechten (= Königlichen) Flußseite eignet, erneut.

Nur 10 km westlich von Pont-St-Esprit lohnt ein Besuch der **Kartause von Valbonne** (Abb. 4, 5). Von der Anfang des 13. Jahrhunderts gegründeten Kartause ist lediglich noch der kleine Kreuzgang erhalten. Die Neubauten des 17. und 18. Jahrhunderts bestimmen heute das Gesamtbild der Anlage. Ein königliches Portal in gebänderter Rustika gewährt Zugang zum kleinen Cour d'honneur, an dessen gegenüberliegender Seite die barocke Kirche mit aufwendiger Stuckinnendekoration liegt.

Ein Tagesausflug voller Landschafts- und Kunsterlebnisse empfiehlt sich von *Le Teil* oder *Viviers* aus in die wildromantische

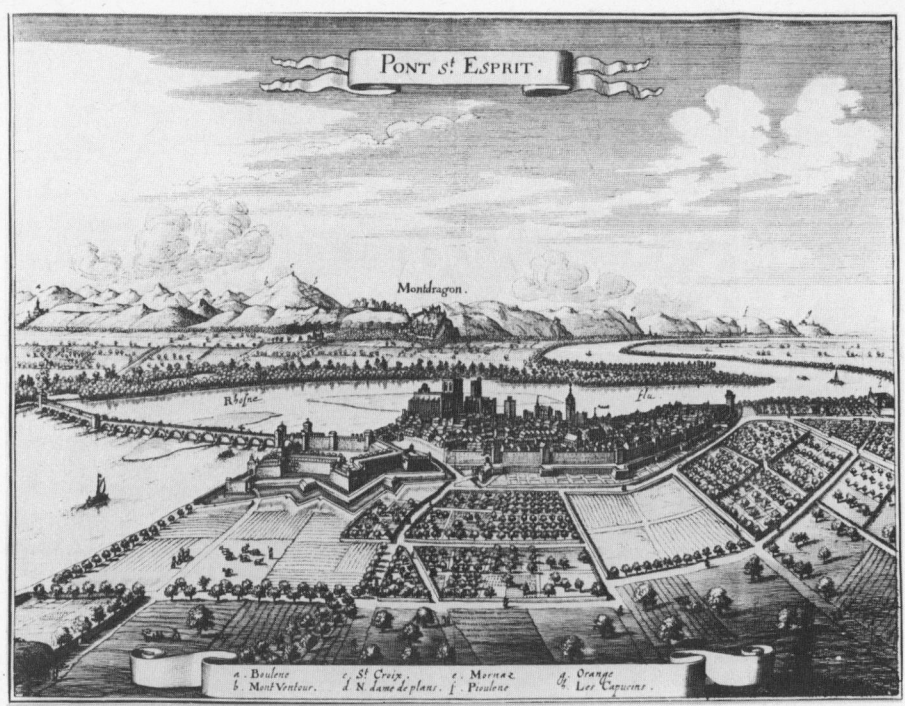

Pont St-Esprit. Nach Merian

Bergwelt des Zentralmassivs. Das hoch über dem Tal des Ardèche liegende **Aubenas** war jahrhundertelang Sitz einflußreicher Adelsgeschlechter (Montlaur, Ornano, Voguë), deren Schloß, heute Rathaus, in seinen ältesten Teilen ins 12. Jahrhundert zurückreicht. Die von zwei runden, mit Machicouli besetzten Wehrtürmen flankierte Fassade wird überragt vom großen Donjon. Im Inneren überrascht der schlichte Renaissance-Hof, von dem aus man über eine herrscherliche Barocktreppe zu den Prunkräumen des 18. Jahrhunderts gelangt. Das kleine Portal links von der Hauptfassade, das zum äußeren Hof Zugang gewährt, besticht durch

seine klaren harmonischen Formen; schon das präzis geschnittene Diamantquaderwerk schafft plastische Tiefe (Abb. 2).

Wenige Kilometer südlich liegt über den Wassern des Ardèche der Stammsitz der Familie von Voguë, der späteren Herren von Aubenas. Der Freund exklusiver Genüsse romanischer Kunst wird den windungsreichen Weg zum Kirchlein von **Thinés** gern auf sich nehmen, um dieses echte Kleinod zu erleben, ungeachtet der Eindrücke des Basaltgewirrs, durch das er sich mühsam schlängeln mußte. Die einschiffige *Kirche* erreicht mit der extensiven Verwen-

Thinés:
Südportal

dung verschiedenfarbiger Natursteine malerische Akzente wie keine andere Kirche
ihrer Zeit und überrascht mit romanischer
Monumentalskulptur im Portalgewände
von erlesener Qualität (Abb. 3), die, möglicherweise direkt beeinflußt vom Viennois,
noch vor St-Gilles liegt.

Die Rückfahrt zur Rhône wird unter allen
Umständen (freilich nicht im Juli und August!!) über das Tal des Ardèche führen,
eines der ganz großen Naturerlebnisse
Frankreichs (neben der Tarn- und der Ver-
don-Schlucht) mit beängstigenden Engpäs-
sen, gigantischen Steinarchitekturen (Pont
d'Arc) und berauschenden Panorama-
blicken.

Umgebung von Villeneuve-lès-Avignon

Bagnols-sur-Cèze. Durch Zufall gelangte
das kleine Städtchen in den Besitz eines
wahrhaften Schatzes. 1918 entschloß sich
der Maler Albert André, auf Zureden von
Renoir, den Posten des städtischen Mu-
seumsleiters zu übernehmen. Renoir und
alle anderen mit André befreundeten Maler
der impressionistischen, neoimpressionisti-
schen und fauvistischen Schule stifteten
reichlich eigene Werke, so daß Bagnols ohne
einen Pfennig Geld zu investieren in den
Besitz einer der größten Sammlungen der
Malerei dieser Zeit gelangte. Erst 1977 mußte die schlecht gesicherte Sammlung einen

schweren Verlust verzeichnen. Sechzehn der berühmtesten Gemälde wurden gestohlen und sind bislang nicht mehr aufgetaucht. Darunter waren einige Hauptwerke von Bonnard, Boudin, Dufy, Matisse, Monet, Pissarro, Renoir, Vallotton und Vuillard. Trotz diesem schmerzlichen Verlust, der schließlich alle Freunde der Kunst trifft, besitzt das *Musée municipal* immer noch ausreichend Stücke von beachtlicher Qualität: Cézanne, v. Dongen, Dufy, Marquet, Renoir, Vuillard etc., so daß ein kleiner Abstecher dorthin für Freunde der Malerei besagter Epoche immer noch lohnt.

Als weitere lohnende Sehenswürdigkeit bietet sich die nahegelegene **Kartause von Valbonne** an (s. S. 306).

Wer mittelalterliche Burg- und Wehranlagen sucht, dem empfiehlt sich, den Weg über **Montfaucon** zu wählen. Herrisch erhebt sich über der Rhône-Ebene das feudale *Schloß*. Die ältesten Teile reichen ins 13. Jahrhundert zurück. Die im Grundriß dreieckige Anlage wurde im 14. Jahrhundert gründlich verändert und mußte nach der Zerstörung auf Befehl Richelieus wieder total neu aufgebaut werden. (Privatbesitz, Besuch nicht möglich!).

Ebenfalls eine Wehranlage ist der Kirchenbezirk von **St-Laurent-des-Arbres**, dessen Vierungskuppel aus der zweiten Hälfte des 12. Jahrhunderts vor allem die Aufmerksamkeit des sachverständigen Betrachters auf sich zieht. Es handelt sich dabei um eine achtseitige Trompenkuppel über queroblongen Joch. Die Trompen sind mit den Symbolen der vier Evangelisten geschmückt. Das Kuppelauflagequadrat wird

erreicht mittels zweier zusätzlicher, treppenartig übereinanderkragender Bögen, wie ebenfalls häufig in der benachbarten Provence. Die Kalotte besitzt im Scheitelpunkt einen Kreisokulus, der gestützt wird von vier halbkreisförmigen 'Rippen' in der ungewohnten Form von Säulen mit Kapitellen.

Der Weinkenner, vor allem der Liebhaber eines sauberen und trockenen Roséweines, wird an einer Kostprobe in den Caves von Lirac und vor allem in **Tavel** nicht vorbeikommen (s. a. S. 298).

Verläßt man Villeneuve-lès-Avignon rhôneabwärts über die D 2, passiert man zunächst den malerischen Flecken **Aramon** mit seinem hoch über dem Ort thronenden *Schloß*, das lange Zeit dem Hause Orléans gehörte.

Ein bedeutenderes *Schloß* findet sich wenige Kilometer weiter südlich im benachbarten **Montfrin** (Abb. 125). Die herbe Eingangsfront in streng klassizistischer Sprache besitzt durchaus Monumentalität. Hier beweinte der bereits vom Tod gezeichnete Ludwig XIII. den Verrat seines Favoriten Cinq-Mars. Auch sonst besitzt der Ort Geschichte. Antoninus Pius ließ, wahrscheinlich zum Schutz seiner römischen Legionäre, den hinter dem Schloß noch sichtbaren *Wehrturm* errichten, und Karl Martell errang hier einen Sieg über die Sarazenen. Der skulptierte Türsturz der kleinen *Kirche,* Köpfe leider wie so oft abgeschlagen, wird mit einer Werkstätte, die in St-Gilles gearbeitet hat, in Verbindung gebracht.

Etwas abseits von der D 986 auf dem Wege nach Beaucaire liegt versteckt auf einem bewaldeten Hügel das ehemalige Felsenkloster **St-Roman,** das nach jüngeren Ausgrabungen wieder zu besichtigen, aber schwer zu finden ist. Dieses Troglodytenkloster, mit seinen aus dem nackten Felsen herausgehöhlten zwei Kirchen, besonders dem in den Stein hineingegrabenen Abtstuhl, besitzt für das Rhônetal durchaus Seltenheitswert. Allerdings, wer hier große Kunst, z. B. Fresken oder ähnliches vermutet, wird enttäuscht den bemerkenswerten Ort verlassen.

Umgebung von Nîmes

Sommières. Bereits in Römerzeit Castrum. Die 190 m lange Brücke über den Vidourle stammt in ihrer Grundsubstanz noch aus der Zeit des Tiberius, wurde aber im 18. Jahrhundert gründlich renoviert. Die Unterstadt zeigt die typische Form der mittelalterlichen Bastides mit rechtwinkligem Straßennetz und von Arkaden umstandenem Hauptplatz. Marché-bas und Marché-Haut dürften noch unter Ludwig IX. entstanden sein. Der Heilige Ludwig besaß nämlich seit den Albigenserkriegen das über Sommières gelegene Schloß **Villevieille,** von wo aus er die Gründung von Aigues-Mortes betrieb. Villevieille übergab er einem treuen Vasallen, dessen Familie bis 1528 im Besitz des Schlosses blieb. Die Bastide Sommières war zu Zeiten der Religionskriege Bastion der Protestanten. Von Villevieille aus wurde Sommières mehrfach belagert. Marschall Dameville und später Ludwig XIII. bezogen in dem loyalen Schloß Wohnung.

St-Julien de Montredon bei *Salinelles* (wenn zugesperrt, Schlüssel in Salinelles ho-

len). Die heutige Friedhofskapelle besteht aus zwei autonomen, parallel geführten *Kapellen* verschiedener Größe und Bauzeit. Die größere nördliche war Oratorium der seit 813 zu Psalmodi gehörenden Priorei. Sie zeigt die Formensprache des 11. Jahrhunderts, des sog. 'premier art roman'. Im Inneren weist sie interessante frühe, noch sehr archaische Ansätze der languedozischen Skulptur auf – mit Resten originaler Bemalung! Die kleinere südliche scheint die Hofkapelle der Barone von Montredon gewesen zu sein, die, als deren Stiftung, wohl im 12. Jahrhundert entstanden sein dürfte. Die Tonnenwölbung wurde nach dem Vorbild des sog. Diana-Tempels in Nîmes ausgeführt.

Die seit 1090 im Kartularium von Maguelone aufgeführte Kirche *St-Etienne von Saussines* gehörte ebenfalls zur Abtei von Psalmodi. Wenn der untere Teil der Westfassade noch wie teilweise vermutet, aus dem 11. Jahrhundert stammt, läge hier ähnlich wie in Brissac einer der ältesten romanischen Versuche einer angedeuteten Dreiportalanlage vor.

Bernis, ehemals zur Abtei von St-Gilles gehörig, besitzt aus romanischer Zeit noch die *Fassade* und die beiden westlichen Joche. Bei dem vermutlich erst im 12. Jahrhundert entstandenen *Portal* wurden in der Kapitell- und Kämpferzone offensichtlich Skulpturenfragmente einer karolingischen Anlage verwendet. Im *Innern* wird eine der Säulen der nördlichen Wand von einem wiederverwendeten römischen Meilenstein der Via Domitia aus der Zeit des Kaisers Claudius gebildet. Ebenfalls um einen römischen Meilenstein scheint es sich bei der Säule auf dem Platz vor der Kirche zu handeln.

Westlich von Gallargues finden sich die Reste einer Römerbrücke.

Umgebung von Montpellier

Ähnlich wie Aix-en-Provence spiegelt die Stadt selbst, in ihrer Funktion als Verwaltungshauptstadt der Languedoc, nicht nur diese Funktion durch repräsentative Stadtpaläste der aristokratischen Vertreter des Ancien Régime wider, vielmehr stellt gerade ihre nähere Umgebung ein lebendiges Pendant zum noblen Stadtbild dar: Montpellier ist umringt von einem dichten Kranz herrschaftlicher Landsitze und Schlösser, darunter einige Perlen aristokratischer Wohnkultur des späten 18. Jahrhunderts.

La Mosson. Während noch zu Anfang des 18. Jahrhunderts der Adel und die reiche Bourgeoisie ihre Stadtpaläste bauten, entschloß sich Joseph Bonnier, Sproß einer alten und ebenso angesehenen wie wohlhabenden Kaufmanns- und Fabrikantenfamilie, eine neue Residenz auf seinem Grundstück am Mosson, an das der Titel einer Baronie gebunden war, zu errichten. »Er träumte davon, daraus eines der prächtigsten und verschwenderischsten Schlösser des Königreiches zu erbauen.« Der erste Stein wurde 1723 gelegt. Bereits 1726 konnten große Feste gegeben werden. Als Architekten hatte er sich G. Giral (s. Le Peyrou) zu sichern gewußt. Bald folgten die anderen Noblen der Stadt seinem Beispiel. La Mosson, 1729 fertiggestellt, wurde bereits von der Witwe J. Bonniers verkauft. Der neue Besitzer schlachtete sein neues 'Gut' aus, er verkaufte Skulpturen, schmiedeeiserne Gitter, Tapeten etc. In den ihrer Ausstattung

beraubten restlichen Gebäuden wurden gar 1786 eine Seifenfabrik und eine Stofffärberei eingerichtet, so daß von dem seinerzeit berühmtesten aller Schlösser von Montpellier schon am Ende des Ancien Régime nur noch eine malerische Ruine übriggeblieben war.

Von den anderen erwähnenswerten Nachfolgebauten La Mogère, La Piscine und L'Enguerrand sind die beiden letzteren nur durchs Gartentor zu besichtigen. Was von La Mosson verkauft worden war, fand teilweise seine Wiederverwendung in diesen Schlössern, so z. B. die Skulpturen in den Gärten von L'Engarran und Château d'O (von d'eau) und die Gitter in Engarran. Während Architektur und Gärten von **La Mogère,** dem einzigen zu besichtigenden Schloß eher bescheiden sind (Abb. 126), besitzt dieses Schloß die schönste und besterhaltene Brunnenanlage nach dem Vorbild von La Mosson (Farbt. 8).

Assas. Ca. 12 km nördlich von Montpellier, erbaut 1759–60 mit eleganter Rokokofassade auf den Fundamenten einer spätmittelalterlichen Anlage. Südöstlich an das *Schloß* schmiegt sich das alte romanische *Kirchlein* (12. Jh.), dessen Portal stilisierte Kompositkapitelle im Gewände und im Tympanon ein feingliedriges Flechtwerkmuster (selten im Tympanon!) zeigt (Abb. 129).

Castries, größtes aller Schlösser der Languedoc, seit 1495 im Besitz der Familie de La Croix de Castries (Abb. 135). An der Stelle eines römischen Castrums (daher der Name) und eines späteren gotischen Schlosses wurde zwischen 1570 und 1579 der heutige Bau errichtet, der 1622 teilweise Opfer der Flammen (auf Befehl des Herzogs von Rohan) wurde. Einer tiefgreifenden Renovierung von 1656 bis 1676 verdanken wir das heutige Aussehen. Die große Hofseite (Süden) stellt in seinen wahrhaft herrscherlichen Dimensionen und der noblen Zurückhaltung im Architekturdekor das reinste Beispiel des frühen französischen Klassizismus in der Languedoc dar. Mit der Gestaltung der Gärten wurde kein geringerer als Le Nôtre beauftragt, und das größte Ingenieurgenie des Landes, P. Riquet, der Erbauer des Canal du Midi, entwarf den in weiten Bögen durch die Landschaft schwingenden, sieben Kilometer langen Aquädukt.

Das Innere beherbergt neben schönen Wohnambientes des 18. Jahrhunderts eine der größten Privatbibliotheken Frankreichs. Der heutige Schloßherr ist ein bekannter Historiker und Biograph. Im Hof findet man die großartige Büste Ludwigs-XIV. von Puget. Erwähnenswert auch noch Bilder aus der Schule von Boucher und ein Porträt des Kardinals von Fleury von H. Rigaud.

Der sicher unvergeßlich bleibende Ausflug nach St-Guilhem-le-Desért läßt sich noch bequem ausdehnen weiter den Hérault aufwärts, über das malerisch jenseits der mittelalterlichen Brücke gelegene romanische Kirchlein *St-Etienne-d'Issensac* (12. Jh.) nach **Brissac,** wo von hoch oben das *Schloß* der Herren von Brissac heruntergrüßt. Interessanter aber ist die *Pfarrkirche St-Nazaire-et-St-Celse* (Abb. 134). Ende des 11. oder Anfang des 12. Jahrhunderts entstanden, gehört sie zur Familie der Kirchen des lombardischen Typs, wie St-Guilhem oder St-Martin-de-Londres. Auch hier bemerkenswerte Ansätze zu einer Dreiportalanlage (vgl. Saussines).

Grotte des Démoiselles

Südlich von Ganges, schon ganz in den Cevennen versteckt, liegt die **Grotte des Démoiselles.** Auch wenn sie keine Höhlenmalereien aufzuweisen hat, dürfte sie doch wegen ihrer so unvergeßlichen wie unerschöpflichen Formen die schönste aller südfranzösischen Grotten sein. Es handelt sich bei ihr, ähnlich wie beim Gouffre de Padirac, um einen alten Aven (unterirdischer Fluß), dessen gigantische Öffnung auf dem Plateau von Thaurac liegt. Das dunkle, unergründliche Loch war für die frühere einheimische Bevölkerung ein verwunschener Ort, wo Elfen oder andere weibliche Märchengestalten (= Demoiselles) ihr Wesen trieben. In den letzten beiden Jahrzehnten des vorigen Jahrhunderts wurde die Grotte systematisch erforscht. Ihr Höhepunkt liegt genau in der Mitte, wo sie sich plötzlich zu einem riesigen Saal von 120 m Länge, 80 m Breite und 50 m Höhe ausweitet. Die Stalaktiten und Stalagmiten erreichen einen beträchtlichen Umfang und wirken wie kolossale Säulen einer absolut unwirklichen und vorgeschichtlichen Kathedrale.

St-Martin-de-Londres (Abb. 133). Begonnen Ende des 11. Jahrhunderts mit einer für die Region damals einmaligen Grundrißlösung: sehr kurzes Langhaus (nur zwei Joche), große Vierung mit primitiver Kuppel, von ihr ausgehend kleeblattförmig drei Konchen, die östliche mit eingeschobenem Chorjoch. Die Eingangshalle ist von der Mitte des nächsten Jahrhunderts. An der Westwand (innen) ein bemerkenswertes Beispiel eines offensichtlich vorromanischen Altartisches mit torsierten Säulen (Abb. 132).

St-Martin-de-Londres: Ostteil, Aufriß und Querschnitt (rechte Spalte)

Umgebung von Pézenas

La Couvertoirade. Nachdem der Vizegraf von Millau im 12. Jahrhundert den Flecken Ste-Eulalie den Templern zum Geschenk gemacht hatte, gründeten die Einwohner auf dem Plateau von Larzac zur Unterbringung ihrer Alten und Kranken die Fliehburg La Couvertoirade, die später, im 14. Jahrhundert die Johanniter zu einer Kommandantur ausbauten und mit einer neuen Mauer umgaben. Gut erhaltenes Beispiel einer Ordensritter-Niederlassung.

Lodève. Alte Bischofstadt, im 17. Jahrhundert auf Befehl Richelieus weitgehend zerstört. Gotische Kathedrale des 13. und 14. Jahrhunderts (näheres s. R. Legler, ›Vom Zentralmassiv zu den Pyrenäen‹).

Cirque de Navacelles. Die Mäander des Vis haben sich tief zu einem eindrucksvollen Canyon in den Felsen gefressen. Nach einem Wechsel des Flußbettes blieb der heute Cirque de Navacelles genannte Trichter zurück.

Clermont-l'Hérault. Als man 1275 die drei Pfarren der gleichnamigen Grafschaft zu einer einzigen zusammenlegte, beschloß man, an der Stelle der vorigen romanischen Kirche St-Paul eine neue größere mit gleichem Patrozinium zu errichten. Der 1276 in nordfranzösischer Gotik begonnene Bau sah zunächst eine dreijochtiefe und dreischiffige Kirche mit Querhaus und drei Apsiden vor. In dem 1313 fertig gewordenen Bau stammte lediglich das *Südportal* mit Tympanonrelief (Kreuzigung, vgl. St-Gilles, St-Pons, Condrieu) noch vom Vorgängerbau. Im Laufe des 14. Jahrhunderts wurde die Kirche um drei zusätzliche Joche nach Westen erweitert. 1368, also bereits im Hundertjährigen Krieg, wurde die Kirche befestigt, was ihr heute die so penetrant militärische Allüre verlieh. Im *Innern* (Abb. 142) überrascht der helle Raum durch seine wohlproportionierten Raumverhältnisse und die so maßvolle Übernahme der nordfranzösischen Architekturvorlagen: einfacher kantonierter Pfeiler, Zweigeschossigkeit, sehr hoch und spitz gewölbte Seitenschiffe zu einem breitgelagerten, flach gewölbten Mittelschiff ergeben zusammen einen der gelungensten gotischen Kirchenräume des Midi.

Lavagnac (Abb. 137). An der Stelle einer gallorömischen Villa und eines mittelalterlichen befestigten Herrensitzes ließ François de Mirman-Lavagnac, der wieder zu Ehren gelangte Sohn des an der Seite von Henri II. von Montmorency gescheiterten Jean de Mirman, dieses ländliche Gut erbauen, das

1660 fertiggestellt war. Der zeitgenössische Geograph Davity reihte Lavagnac »unter die schönsten Schlösser der Region«. Originell sind an der sonst nüchternen klassizistischen Fassade die flankierenden runden Erkertürmchen des oberen Geschosses, Reminiszenzen an die vorher landesübliche Umstellung herrschaftlicher Vierflügelbauten mit zylindrischen Wehrtürmen an den Ecken (vgl. Lézignan la Cèbe, Schloß Vogüé etc.). Einer lokalen Überlieferung zufolge, die allerdings jeglicher Quellen entbehrt, soll der 1656 von der Baronin Isabella de Mirman, die zum engeren Hofkreis des Fürsten Conti zählte, geborene Sohn Molière zum Vater gehabt haben.

Valmagne (Abb. 141). 1138 gründete Raymond Trencavel, Vizegraf von Béziers, ein *Kloster,* das sich bereits sieben Jahre später dem Zisterzienserorden unterstellte. Großherzige Stiftungen, z. B. durch den Bischof von Agde und Guillaume von Montpellier, ermöglichten nicht nur den raschen Aufbau des Klosters, sondern dessen für zisterziensische Vorstellungen geradezu verschwenderisch anmutende Vergrößerung schon um 1249. Die größte Sensation bietet die nach dem Vorbild französischer Kathedralen ab 1252 begonnene *Klosterkirche:* dreischiffiges Langhaus, mit zusätzlichen Seitenkapellen, Querhaus, Umgangschor mit sieben Radialkapellen. Auch die Ausmaße wären durchaus einer Kathedrale würdig: 82 m Länge, 22,30 m Breite, Querhaus von Süd- bis Nordfassade 30 m, Scheitelhöhe der Gewölbe 24,30 m. Die Kirche dürfte Anfang 14. Jahrhunderts bereits fertig gewesen sein. Hier wird wie nirgendwo anders die Bedeutung der Zisterzienser als Kolporteure der Gotik manifest: zwanzig Jahre vor dem

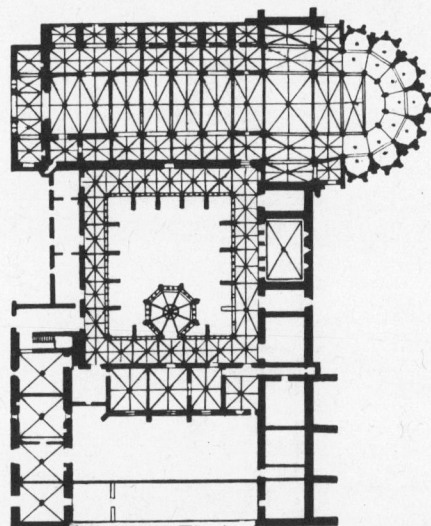

Valmagne: Grundriß

architektonischen Attraktionen des Midi werden, so rein und unverfälscht spiegelt sie nordfranzösische Vorstellungen des 13. Jahrhunderts wider.

Auch die restlichen Konventsgebäude (13.–15. Jh.) bedürften einer gründlichen Restaurierung. Der *Kreuzgang* des 14. Jahrhunderts zeigt gewisse Ähnlichkeiten mit dem von Fontfroide. Besonderen Charme verströmt das fast vollständig erhaltene *Brunnenhaus* (Abb. 140), dessen stehengebliebenen, vom Wein umrankten Gewölberippen eine transparente Architektur vorstellen, die ursprünglich gewiß nicht so gemeint war.

ominösen Datum 1271 entstand hier im Süden Frankreichs eine Kirche im reinsten Stile der zur Zeit Ludwigs des Heiligen voll entwickelten Hochgotik der Île-de-France.

Die leider heute sehr heruntergekommene Kirche könnte, wäre sie erst einmal mustergültig restauriert, zu einer der größten

St-Thibery. An der Stelle des antiken Cesseras, wo heute noch die elegant geschwungene *Steinbrücke* den Thongue überquert (Abb. 136), wuchs eine Anfang des 9. Jahrhunderts sehr bedeutsame *Benediktinerabtei*, die sogar im Pilgerführer nach Santiago aufgeführt war. Die heute noch stehende *Kirche*, begonnen 1457, ist nie fertig geworden.

Valmagne: Querschnitt

Umgebung von Béziers

Ein Kilometer westlich vor der Ortschaft
Puissalicon erhebt sich einsam in der Landschaft der quadratische Turm (11. Jh.) der
ehemaligen Kirche St-Etienne de Pézan. Er
zählt zu den herausragenden Beispielen des
'premier art roman'.

St-Pierre-de-Rhèdes (im Friedhof von La-
malou-les-Bains). Ehemalige Prioratskirche
der Abtei von Villemagne, 990 erstmals mit
Sicherheit erwähnt. Die heutige vom Anfang des 12. Jahrhunderts stammende *Kirche* (Abb. 144) ist ein bescheidener Bau aus
einem fünfjochigen, mit spitzer Tonne eingewölbten Schiff, einem Chorjoch und einer
außen halbkreisförmigen Apsis. Der Chor
scheint der ältere Teil der Kirche zu sein:
am halbkreisförmigen Außenbau dominiert
noch das Lisenen- und Blendarkadensystem
des 'premier art roman', und im Inneren
sind kleeblattförmig drei Konchen in die
Tiefe der Mauer eingelassen, so daß der
außen runde Chor innen zu einem Dreikonchenchor (vgl. St-Martin-de-Londres)
wird. Möglicherweise aus dem Zentralmassiv, namentlich Le Puy, wurde das Motiv
der Inkrustation in verschiedenfarbigen Na-
turstein entlehnt: am Tympanon und Fen-
sterbogen (vgl. auch Quarante).

Interessant ist auch das Schmuckmotiv
des Türsturzes vom *Südportal*, ein in islami-
scher Manier stilisierter griechischer Pal-
mettenfries, in dem einige ganz Kluge sogar
arabische Schriftzeichen sehen wollten. Die
jochweise doppelten Halbsäulenvorlagen
zur Aufnahme der Jochbögen sind ein gerade zwischen dem Zentralmassiv und dem
Mittelmeer bekanntes Motiv. Das im Chor
aufbewahrte *romanische Relief* (Ende 12.

St-Pierre-de-Rhèdes: Südportal

◁ *Puissalicon: Aufriß des Turmes*

Jh.?) des Heiligen Petrus ist ikonographisch von höchstem Interesse, zeigt es doch den Heiligen nicht als Apostel und auch nicht als Papst, sondern in seiner Rolle als Episcopus (Bischof). Diese Reliefplatte zeigt Ähnlichkeit mit der Skulptur von St-Pons und könnte von dort, aber auch vom Mutterkloster St-Majan in Villemagne stammen.

Das wenige Kilometer nordöstlich gelegene **Villemagne** hat sich als Ansiedlung noch viel von seinem mittelalterlichen Aussehen erhalten. Größten Seltenheitswert besitzt der notdürftig und kümmerlich restaurierte romanische Profanbau, der als Münze ausgegeben wird (vgl. Figeac). Zwei km nördlich an der N 622 liegt rechter Hand der **Pont du Diable** (Abb. 52), eine Brücke aus dem 12. oder 13. Jahrhundert. Der Enthusiast für Zisterzienserklöster des 12. Jahrhunderts sollte den Weg über das Bilderbuchdorf **St-Gervais** nach **Silvanès** nicht scheuen: Klosterkirche, Kreuzgang, Kapitelsaal und Refektorium sind den Weg wert.

Ensérune (s. S. 16 ff. und S. 328; Farbt. 13).

Der kleine Ort **Nissan-les-Ensérune,** zu Füßen des Oppidums, bewahrt mit *St-Saturnin* aus dem 14. Jahrhundert eine Kirche in typischer languedozischer Sondergotik, die an der linken Wand der Eingangsvorhalle eine Steintafel mit okzitanischer Inschrift aus dem 13. Jahrhundert besitzt. Von der reichhaltigen Ausstattung der Kirche seien erwähnt: eine polychrome Schmerzensmutter aus Stein (14. Jh.), ein Altartisch aus dem 10. Jahrhundert, die Taufkapelle mit Marmorsäulen und Taufbecken (antike Spolien) sowie mit und einem katalanischen Kruzifixus (15. Jh.).

Durchfährt man die Eisenbahnunterführung auf der D 37, folgt man auf der D 37^e einige hundert Meter dem Verlauf der alten Via Domitia, um nach ca. 5 km von weitem schon den gewaltigen gotischen Bau (Ende 13./14. Jh) von **Capestang** zu bemerken. Der Erzbischof von Narbonne war auch Feudalherr von Capestang und gewaltig, ja maßlos wie seine Fragment gebliebene Kathedrale sollte auch die *Prioratskirche* dieses Dorfes werden. Gleichklänge bis ins Detail lassen als Architekten für die Kirche von Capestang den Baumeister von Narbonne bzw. dessen Umkreis, Jean Deschamps, vermuten. Auch hier war nur der Chor fertig geworden.

Die ehemalige *Abteikirche Ste-Marie* von **Quarante** bildet zusammen mit den Kirchen von St-Guilhem und St-Martin-de-Londres die Trias der bedeutendsten Kirchenbauten des 'premier art roman' in der Languedoc méditerranéen. Gleichzeitig ist sie die älteste der drei genannten. Obwohl bereits in den Akten des Konzils von Narbonne im Jahre 902 erwähnt, dürfte der erste Bau einer größeren Kirche mit der Einführung regulierter Kanoniker Ende des 10. Jahrhunderts entstanden sein. Beträchtliche Stiftungen durch Raymond I. von Rouergue und den Erzbischof von Narbonne führten 982 zu einer ersten Weihe des Baues, von dem allein noch die Außenmauern des Langhauses erhalten sind. Daß Quarante als erste der languedozischen Trias im neuen von Abbé Oliba in Katalonien eingeführten sog. lombardischen Stil errichtet worden war, ist weiter nicht verwunderlich, gehörte doch die Abtei engstens zu den Besitzungen des Erzbischofs von Narbonne, der seit 1019 kein anderer war als der Bruder von

Oliba Cabreta, dem Vater Abbé Olibas. Am 14. November 1052 fand die feierliche Einweihung von gleich fünf Altären (von denen noch zwei am Ort erhalten sind) statt. Der geschlossene und durchdachte Grundriß folgt einem damals in der Languedoc noch nicht selbstverständlichen Schema: dreijochiges sowie dreischiffiges Langhaus (16 m Breite!), ausladendes Querhaus mit jeweils zwei Jochen (24 m NS-Erstreckung), Chorjoch mit drei Apsiden. Der von außen festungsartig gedrungene Bau besitzt seinen architektonisch interessantesten Teil im Osten, wo trotz der Enge des Raumes und der störenden Veränderungen durch spätere Jahrhunderte die alte Konzeption erkennbar ist. Ein Novum bildet der Kranz von tiefen Blendfenstern unter der Dachtraufe der breiteren Mittelapsis, die damit den berühmten Ostanblick von St-Guilhem vorbereitet hat.

Das *Innere* (Abb. 143) überrascht durch seine großzügige Weite, die bedingt war durch die Übernahme der Außenmauern der holzgedeckten Basilika von 982. Trotz der Verstärkung dieser älteren Außenmauern durch innere und äußere Strebepfeiler, mußte aus statischen Gründen die durchgehende Tonne des Mittelschiffes sehr tief, d. h. bereits in Höhe der kreuzgratgewölbten Seitenschiffgewölbe ansetzen, wodurch im Konstruktionsprinzip eine Hallenkirche entstand, (vgl. St-Martin-du-Canigou), worüber auch die schon in der Tonne eingelassenen Fensteröffnungen der Südseite nicht hinwegtäuschen können. Die Mauer über dem weit herabgezogenen Vierungsbogen ist mit einer Serie von sieben Blendarkaden, entsprechend den Gliederungsvorstellungen des 'premier art roman', gestaltet. Wie sehr man noch mit dem neuen Problem

der Steinwölbung rang, zeigt allein das Querhaus, wo alle am Gesamtbau angewandten Wölbarten gleichzeitig vorkommen: Halbkreistonne über dem nördlichen Joch, Trompenkuppel über Vierung und südlichstem Querhausjoch und Kreuzgratgewölbe über erstem südlichen Querhausjoch. Bei den zwei Trompenkuppeln dürfte es sich um die ältesten Beispiele ihrer Art in der Languedoc handeln.

Von den fünf bei der Einweihung erwähnten *Tischaltären* stehen heute wieder zwei in situ, von denen besonders der Hauptaltar (2,10 m × 1,22 m) ein Meisterwerk jener Spezies der narbonensischen Marmoraltäre des 9. bis 12. Jahrhunderts darstellt (Abb. 145). Die enge Verwandtschaft des Altars von Nissan-les-Ensérune mit denen von Quarante läßt daran denken, in ihm einen weiteren der ursprünglich fünf Altäre von Quarante zu sehen.

Der *Kirchenschatz* besteht ebenfalls aus einer Reihe beachtlicher Stücke. Das Prunkstück darunter ein frühchristlicher Sarkophag vom Ende des 3. Jahrhundert aus weißem, grau gestromten Marmor (drittes Joch des nördlichen Seitenschiffes). Der Rest des Kirchenschatzes findet sich in der darüberliegenden Etage: neben zwei Reliquienkästchen aus dem 17. Jahrhundert ist besonders hervorzuheben das Hauptreliquiar Johannes des Täufers, ein Meisterwerk montpellienser Goldschmiedekunst von 1441. Der Künstler war kein geringerer als der Goldschmied und Bildhauer Jacques Morel, der in Lyon, Avignon und Toulouse gearbeitet hat und von dessen Hand das Grabmal Karls I. von Bourbon in Souvigny (1448) und das Grab Renés von Anjou (1452) in Angers stammen. Das Johannes-Reliquiar von Quarante ist das einzige mit

Sicherheit von Morel bekannte Goldschmiedewerk dieses Künstlers von europäischem Rang.

Ebenfalls von Narbonne aus ist ein Ausflug ins Minervois empfehlenswert, dessen Hauptorte **Rieux** (romanischer Zentralbau), **Olonzac** (Park) und **Minerve** (Farbt. 12) (Tischaltar 5. Jh.) und **Caunes** (karolingische Klostergründung, Kirche St-Pierre und St-Paul 11. und 12. Jh.) neben Geschichte, Wein und abwechslungsreicher Landschaft durchaus sehenswerte Kunstschätze aufzuweisen haben. (Minervois, das 'Ketzerland' siehe R. Legler, Vom Zentralmassiv zu den Pyrenäen).

Der Küstenstreifen (Le Littoral)

Was beim ersten Blick auf die Landkarte wie eine sandige Nehrung erscheint, erweist sich beim Betreten als festgefügtes vulkanisches Gestein, das schon seit der frühesten Menschheitsgeschichte Zuflucht und Heimat bot. Wie eine Insel zwischen Etang de Melgueil und Meer gelegen war **Maguelone** bis ins 11. Jahrhundert nur mit dem Boot zu erreichen. Wer heute von Palavas auf die schmale Landzunge hinausfährt und sich der von Pinien und Eukalyptusbäumen umstandenen, sonst aber verlassenen *Kathedrale* von Maguelone nähert, kann sich nur schwer vorstellen, daß hier einmal eine der einflußreichsten Diözesen Frankreichs zu Hause gewesen sein soll. Obwohl schon im Itinerar von Antoninus als Stadt erwähnt, wurde Maguelone erst spät, gegen Ende des 6. Jahrhunderts zum Sitz eines Bischofs. Der von Sarazenen-Überfällen leidgeprüften Stadt versetzte der rachelüsterne Karl Martell 737 den Todesstoß. Der Bischof verlegte seinen Sitz für ca. 300 Jahre landeinwärts nach Substantion (Castelnau-le-Lez). Erst Bischof Arnaud (1030–1060) bezog wieder die ursprüngliche Kathedrale in Maguelone. Nicht nur eine neue holzgedeckte Kirche ließ er errichten, er war es auch, der als erster durch eine Brücke nach Villeneuve eine feste Landverbindung herstellen ließ. Vom Werk des Arnaud steht nur noch der Turm mit Kapelle St-Augustin, im Eck zwischen Langhaus und südlichem Querhaus. Bereits unter dem Einfluß der Gregorianischen Reform überließ Peter von Melgueil seine Grafschaft und alle Feudalrechte auf Maguelone dem Pontifex in Rom, der dadurch zum Grafen von Melgueil und Eigentümer von Maguelone geworden war.

Die erste Tochter des antiken, noch republikanischen Rom war Narbonne gewesen; die erste Tochter des mittelalterlichen, päpstlichen Rom war, wiederum auf languedozischem Boden, Maguelone. Seine große Propagandareise durch Frankreich begann Papst Urban II. im Juni 1095 in Maguelone, der er den Titel 'erste Kirche nach Rom' verlieh. Der Bischofsitz als direktes päpstliches Eigentum wurde im 12. und 13. Jahrhundert zum Hort der römischen Orthodoxie im renegaten Land und zur Zuflucht vieler bedrängter Nachfolger Urbans. So fanden hier Sicherheit und Ruhe vor ihren Verfolgern: Gelasius II. (1118), Pons de Melgueil (Abt von Cluny), Suger (Abt von St-Denis), Calixtus II. (1119), Innozenz II. (1130) und Alexander III. (1162). Pierre de Castelnau, der zelotische päpstliche Legat, dessen Ermordung den Vorwand für die unglückseligen Albigenserkreuzzüge lieferte, war Kanoniker und Erzdiakon der Kathedrale von Maguelone. Mit dem Grafenti-

Maguelone: Kathedrale als Wehrkirche

tel von Melgueil war das Münzprägerecht verbunden; eine der begehrtesten und härtesten Währungen des westlichen Mittelmeerraumes, der Dinar von Melgueil, war somit seit 1085 päpstliches Geld.

Unter Bischof Jean de Montlaur erlebte Maguelone seinen Höhepunkt. Er vollendete den Bau der Kathedrale als Wehrkirche, bestätigte die unabhängig vom Bischof in Montpellier entstandene Medizinhochschule (1189), veranlaßte die Niederschrift der Chronik von Maguelone (chronicon magalonense vetus), und unter seinem Episkopat erfolgte wohl die erste Niederschrift des frommen Romans vom ›Peter von der Provence und der schönen Maguelone‹.

Durch die eben erwähnte Chronik besitzen wir gleichzeitig eine unschätzbare und präzise Quelle über die einzelnen Baudaten der romanischen *Kathedrale* von Maguelone. Abgesehen von der Tour St-Augustin entstand die Kirche in zwei hauptsächlichen Bauabschnitten:

a) von 1104 bis 1158 die Ostteile (Chor und Querhaus) unter den Bischöfen Galtier und Raymond. Auch der Hauptaltar, 1163 von Alexander III. geweiht, wurde noch von Raymond in Auftrag gegeben. Der Grundriß folgte dem in der Languedoc üblichen Schema mit großer Hauptapsis (außen fünfeckig und innen rund, mit Anklängen noch an den 'premier art roman': hochgezogene Blendarkaden rahmen die drei Chorfenster) und zwei kleineren in die Dicke der Mauer eingelassenen Seitenapsiden. Die Steinmetztechnik ist von erlesener Qualität. Alle Teile vermitteln eine zwingende Geschlossenheit und Einheitlichkeit, alles ist aus einem Guß. Das Besondere liegt nun darin, daß die Kathedrale durch ihre exponierte Lage an der Küste den Angriffen der Sarazenen ausgeliefert und daher als Wehrkirche konzipiert war, die einen Teil der einst eindrucksvollen Verteidigungsanlagen von Maguelone darstellte. Hoch angesetzte Fenster, über Schwibbögen zwischen den mächtigen Strebemauern errichtete Laufgänge, Machicoulis und Zinnen, 2,50 m dicke Mauern, verschiedenes Steinmaterial (innen weicher Sandstein, außen harter Kalkstein) und fünf Türme spiegeln deutlich die Aufgabe des Baues wider.

b) Als Jean de Montlaur bei seinem Amtsantritt 1158 das Langhaus von Arnaud abreißen und dafür ein neues errichten ließ (1158–1178), unterwarf er sich ganz den Vorstellungen seiner Vorgänger und fügte dem wehrhaften Ostteil ein landesübliches

Maguelone: Portal der Kathedrale

Maguelone: Türsturz

einschiffiges Langhaus an, das am Außenbau die militärische Attitüde fortsetzte. Das heute freiliegende *Westportal* lag im Mittelalter am Ende eines überdachten, 12 m langen und 4 m breiten Korridors und dürfte gegen Ende des 12. Jahrhunderts entstanden sein. Es erweist sich beim genaueren Hinsehen als höchst heterogene Anordnung, die zusammengeflickt wurde aus Teilstücken verschiedener Epochen. So stammen die Konsolsteine mit Köpfen unter dem Türsturz und die beiden Segmentplatten im linken und rechten Türgewände mit Darstellungen der beiden Kirchenpatrone Peter und Paul (Abb. 127) von einem größeren und älteren Portal, das wohl spätestens Anfang des 12. Jahrhunderts gearbeitet worden sein dürfte. Der *Türsturz* zeigt innerhalb eines Schriftrahmens ein Rankenmotiv, das seine Akanthusblattgarben zu Medaillons zusammenfaßt, eine bildhauerische Arbeit von höchster Feinheit. Durch die Inschrift ist der Sturz genau datierbar: 1178, was zeitlich mit der Fertigstellung des Langhauses zusammenfällt. Weil das Tympanonrelief, Christus in der Mandorla umgeben vom Tetramorph (Abb. 128), gewisse stilistische

E hAS INTRANDOFORES: VESTROS COPONITEMORES hINCINTRANS
ORA: TV A SEP CRI OI!
+ NA P.LORA: SVICSDPEECATVR·LACRIMA2FONTELAVATVR ·+·

Merkmale der französischen gotischen Skulptur aufklingen läßt, will die französische Forschung nur eine Datierung für nach 1200 zugestehen, was allerdings keineswegs stringent erscheint.

Das nur am frühen Vor- und späten Nachmittag halbwegs ausgeleuchtete, sonst aber sehr dunkle *Innere* überrascht durch seine Größe und Weite, durch seine bestechende Steintechnik und die Einheitlichkeit von hohem Chor und Langhaus. Ein Unikum stellt die über die zwei westlichen Joche sich erstreckende *Tribüne* für die Domkapitularen dar, die von unten erreichbar ist über eine lange, in die Dicke der Mauer eingelassene Treppe und oben direkt mit dem oberen Kreuzgang im Norden der Kathedrale verbunden war. Die Tribüne mit solchen Ausmaßen geriet zur selbständigen Oberkirche mit eigenem Michaels-Altar.

Mit Maguelone haben wir ein eigenes Kapitel languedozischen Kirchenbaus, das speziell Bezug nimmt auf die bedrohte Küstensituation, aufgeschlagen: die *Wehrkirche*.

Eigentlich hätten wir schon einige Kilometer östlich damit beginnen können, aber die Wallfahrtskirche von *Les-Stes-Maries-de-la-Mer* gehört doch schon zu sehr zur Provence, als daß wir sie für unser Gebiet vereinnahmen könnten. Gegenüber von Maguelone auf dem Festland liegt das Städtchen **Villeneuve-lès-Maguelone.** Der Ort wurde von Bischof Godefroy (1080–1102) Anfang des 12. Jahrhunderts seinem Kapitel geschenkt, das sofort mit dem Bau einer *befestigten Kirche* begann. Apsis, Querhaus und die beiden östlichen Joche entstanden in einem Zug. Das dritte, westliche, Joch wurde im Laufe des 12. Jahrhunderts hinzugefügt. Das Südportal stammt erst aus späterer Zeit. Insgesamt erscheint das Kirchlein von Villeneuve wie eine erste Skizze zu der wenige Jahre später in gewaltigeren Dimensionen entstandenen Kathedrale von Maguelone.

Die Kette der languedozischen Wehrkirchen fortsetzend, finden wir bald am Etang de Vic in **Vic-la-Gardiole** die konsequenteste aller dieser Kirchen (Abb. 130). Vic gehörte ebenso wie Villeneuve zum Kapitel von Maguelone und wurde in der zweiten Hälfte des 12. Jahrhunderts, also parallel zum dortigen Langhaus, als reiner Wehrbau unter rigorosem Verzicht auf irgendwie profilierte oder abgehobene Ostteile als regelmäßiges Rechteck erstellt. Die sechs äußeren Mauerstreben mit ihren Laufgängen entsprechen in keiner Weise dem vierjochigen Inneren.

Eine künstliche Schöpfung, die letzte der französischen Könige am Mittelmeer, ist **Sète** (früher Cette geschrieben). Anlaß zur Erbauung dieser neuen Hafenstadt (in Konkurrenz zu Narbonne, Agde und Lattes; Aigues-Mortes und St-Gilles waren schon vorher eingegangen) war der Bau des Canal du Midi, damals noch ‘Canal entre deux Mers’ genannt, zwischen Atlantik und Mittelmeer. Platzwahl und erste Pläne gehen auf den genialen Konstrukteur des Kanals, auf P. Riquet, zurück. Seit ihrer glücklichen Gründung im Jahre 1666 feiert die Stadt am Fuße des 175 m hohen Mont-St-Clair nautische Spiele jeweils an den Sonntagen, die dem 29. Juni (Peter und Paul) und dem 25. August (Fest des Hl. Ludwig) am nächsten gelegen sind. Der größte Sohn dieser jungen Stadt, Paul Valéry schrieb die schönste hommage, die vielleicht ein Dichter seiner Heimatstadt jemals geschrieben hat: »Ich bin geboren an einem jener Orte, an dem ich auch hätte geboren sein wollen«. Oben auf dem Mont-St-Clair, wo die Stadt ihrem verehrten Sohn das *Musée Paul Valéry* errichtet hat, auf dem Seemannsfriedhof, hat er wunschgemäß seine letzte Ruhestätte gefunden: zu seinen Füßen die geliebte Stadt und das unendliche Meer. Sein in Montpellier entstandener ›Monsieur Teste‹ ist längst ein Stück Weltliteratur geworden.

Sète ist nach Marseille (und neuerdings Fos) Frankreichs bedeutendster Fischerei-

Paul Valéry. Zeichnung von Mme Wrède

und Industriehafen am Mittelmeer. Der alte Hafen mit den Fischerbooten (Abb. 138), den zum Trocknen ausgelegten Netzen, seinem geschäftigen Treiben und vor allem seinen verlockenden Fischlokalen lädt durchaus, auch ohne große Kunst, zu einem Besuch ein.

Auf der neuen Küstenstraße, entlang dem Bassin de Thau mit seinen Austernbänken, gelangt man sehr schnell nach **Agde,** dem alten Agathé Tyché, einer der ersten Gründungen der phokäischen Massalioten (noch 6. Jh. v. Chr.). Es ist auch gleichzeitig die einzige mit Sicherheit an der languedozischen Küste auszumachende Kolonie Marseilles. Seit Anfang des 6. Jahrhunderts ist für Agde ein Bischofsitz belegt. Die Geschichte von Agde im Mittelalter ist eine einzige Querele zwischen Vizegraf und Bischof und zwischen Kapitel und Bischof.

1173 erwirkte Bischof Guillaume von König Ludwig VII. (erster kapetingischer Hoheitsakt in der Languedoc!) das Recht, eine befestigte Kirche zu bauen, die dann im letzten Viertel des Jahrhunderts in einem Zug errichtet wurde. Abgesehen von der kleinen Kirche in Vic ist die *Kathedrale St-Etienne* von Agde die kompromißloseste aller großen Wehrkirchen und die am besten erhaltene (Abb. 131). Sie hilft uns eine Vorstellung zu gewinnen vom ursprünglich martialischen Anblick der ähnlich konzipierten Kathedrale von Maguelone. Im Grundriß ergibt sich ein T mit allerdings etwas schräg geführtem Querbalken, bedingt durch die Lage an der Straße. Hoch steigen die mächtigen Streben, um sich über kräftigen Bögen zu einem drohenden Zinnenkranz zu vereinen. Schnörkellos aus einem Guß geformt, spricht der Zweck dieser Architektur: Schutz. Dieser Eindruck verliert auch nichts von seinem Gewicht im *Inneren:* gerade abgeschlossener Chor, nicht einmal in die Mauer eingelassene Nischen deuten ein Sanktuarium herkömmlicher Art an. Selbst die Verwüstungen während der Religionskriege konnten diesem

Agde: Grundriß

Block aus anthrazitfarbenem Basalt nur oberflächliche Schürfwunden zufügen.

Dunkel dräuend gibt sich auch die ebenfalls aus dunklem Vulkangestein im 14. und 15. Jahrhundert erbaute Kirche *St-Jean-Baptiste* im benachbarten **Vias.** Immerhin versöhnlicher wirkt schon die herrliche Westrose, des ansonsten ebenfalls recht nüchternen Baues.

Sérignan. An der Stelle eines gallorömischen Heiligtums war im Laufe des 10. und 11. Jahrhunderts ein christliches Gotteshaus entstanden, wo die Gnadenmutter von Sérignan Ziel einer frequentierten regionalen Wallfahrt wurde. Als 1229, nach dem Vertrag von Paris, die Wallfahrt von Sérignan in die Liste der einundzwanzig minderen Pilgerorte, zur Buße für die reumütigen bzw. zwangsweise rekatholisierten Katharer, aufgenommen wurde, wuchs der Zustrom der Pilger dergestalt, daß mit dem neugewonnenen Reichtum ein Neubau notwendig und möglich geworden war. Der untere Teil (bis zur Höhe der Arkadenbögen der nördlichen Seite) des dreischiffigen Langhauses wurde dabei noch in traditionellen, d. h. romanischen Vorstellungen begonnen. Der so angefangene Teil war dann statisch nur für die Aufnahme einer Holzdecke über mächtigen Schwibbögen geeignet. So besitzt Sérignan die einzige bekannte Kassettendecke aus Holz der gotischen Kirchen in der Languedoc. Die heutige ist eine versuchsweise getreue Nachbildung. An das weite und in seiner Art originelle Langhaus schließt sich ohne Querhaus und Vierung der tiefe, hochgotische *Chor,* dessen herrlich durchlichtetes Rund von schwindelerregend schlanken Lanzettfenstern umgürtet wird, ein gotischer Chor von so reinen und edlen Proportionen, daß mehr als in den Monsterchören von Toulouse oder Narbonne hier die angestrebte Entmaterialisierung, Vergeistigung, Lichtmetaphysik erreicht wird: ein Kleinod mittelalterlicher Sakralarchitektur. In einer Nische der nördlichen Chorwand wartet seit 1968 Notre-Dame-de-Sérignan mit einem anderen Schatz auf: ein elfenbeinerner *Kruzifixus* (Abb. 139), der einer nicht näher belegten Tradition zufolge von der Hand Benvenuto Cellinis stammen soll, nach allerneuester Ansicht aber wahrscheinlicher das Werk des Rubens-Freundes Georg Petel ist, was ein Vergleich mit den beiden Elfenbeinkreuzen in der Münchner Residenz durchaus nahelegt.

Festspiel- und Veranstaltungskalender

Zwei Landschaften mit einer so wechselhaften und ruhmreichen Vergangenheit weisen natürlich – dies um so mehr, als ihre historische Identität seit Jahrhunderten vergeblich unterdrückt wird – eine reiche Palette von (Gedenk-)Festen auf. Hinzu kommen Veranstaltungen aus aktuellen wie saisonbedingten Anlässen, z. B. Weinlese, Sommerfestspiele etc. Auch hier empfiehlt es sich, den jeweils aktuellen Fest- und Veranstaltungskalender der Region am Syndicat d'Initiative der größeren Städte wie Nîmes, Montpellier, Béziers, Narbonne und Perpignan zu erfragen. Nur die wichtigsten bzw. landestypischen seien hier aufgeführt.

Faschingsdienstag 'Mardi gras' in **Pézenas,** Umzüge und Folkloretänze

Ende März bis Oktober In den Küstenstädten der Departements **Gard** und **Hérault** Corridas und provençalische Stierkämpfe

Osterwoche Im **Roussillon** Prozessionen der schwarzen Büßer; in **Perpignan** am *Karfreitag* 'Procession de la Sanch' (Farbt. 24)

28. April **Béziers:** Fest des Hl. Aphrodisius mit 'Procession du Camel' und 'Danses des Treilles'

Ende April–September Konzerte und Orgelmusik in **St-Guilhem-le-Désert**

Mai–August **Montpellier** und **Pézenas:** Tambourinfeste

Mai **Narbonne** (Salle des Synodes) und **Fontfroide:** Konzerte

19. Mai **Gignac:** 'Danse de l'Ane', Umzüge und Spiele zur Erinnerung an den Kampf gegen die Sarazenen

Pfingsten Große Feria (Stierkampf) in **Nîmes**

Juni **Roussillon:** überall Johannisfeuer am Johannistag, Tanz ums Feuer

Juni–Sept. **Céret:** Corridas und Volksfeste mit Tanz der Sardana; **Perpignan:** Volkstänze auf den Plätzen de la Loge und Arago

Anfang Juli **Aigues-Mortes:** Konzerte in der Notre-Dame-des-Sablons; **Carcassonne:** Theaterfestival und 'son et lumière' der Cité; **Prades:** Tagungen zur romanischen Kunst in Cuxa

Juli/August Allenthalben Festivals. Folkloristische Veranstaltungen in **Beaucaire;** in den Küstenstädten (**Agde, Frontignan, Meze, Palavas, Sète**) Kampfspiele zu Schiff; **Gignac:** Tambourinfest; in **Pézenas:** 'Mirondella des arts'; (Kunstausstellungen, Beleuchtung der wichtigsten Monumente, Theater-, Musik- und Folkloreveranstaltungen); Filmfestspiele in **Prades**; und Memorialfestival 'Pablo Casals' in **St-Michel-de-Cuxa**; in **Villeneuve-lès-Avignon** (Kartause) das Festival des Kreativen Theaters; **Arles-sur-Tech:** 'Bärenfest'; Festival Folklorique International in **Amélie-les-Bains**

August **Aigues-Mortes:** historisches Fest 'Guy Vassal'; **Bédarieux:** Grand Festival Occitan; **Frontignan:** Weinfest (Fête du Muscat)

11. August **Estagel** (Roussillon): Weinfest

15. August **Béziers:** Große Feria

17. August **Nasbinal** (Lozère): großer Viehmarkt

27./29. August **Genolhac** (Gard): Mittelalterliche Feste mit historischen Umzügen

Ende August **Sète:** Fest des Hl. Ludwig mit Bootskämpfen

Ende August **Prades:** 'Katalanische Universität'

1. Sonntag im September **Anduze:** 'Assemblée du Désert' (große Versammlung der Protestanten im Mas Soubeyran)

9. September **Nasbinals** (Lozère): Viehmarkt

Letzter Sonntag im September Corrida zur Zeit der Weinlese in **Nîmes**

Erstes Wochende im Oktober **Florac** (Lozère): Pferdemarkt

Mitte Oktober 'Fête du vin nouveau' (Heuriger) in **Béziers**

24. Dezember **Roussillon:** Christmessen mit traditionellen Gesängen; **Rocquemaure-St-Gilles:** provençalische Christmette mit Hirten; **Grotte-des-Démoiselles:** Christmette.

Museen und Öffnungszeiten

Aigues-Mortes

Tour de Constance mit Führungen und Zugang zur Mauer, 1. April bis 30. September von 9–12 und 14–18 h; 1. Oktober bis 31. März von 10–12 und 14–17 h; 1. Mai und Weihnachten geschlossen.

Aubenas (Schloß)

Juli und August von 10–12 und 15–18 h; sonntags nachmittags geschlossen; von Ostern bis 30. Juni sowie im September und Oktober samstags 15–18 h, sonntags 10–12 h.

Bagnol-sur-Cèze

Gemälde und Zeichnungen von A. André, P. Bonnard, F. Desnoer, J. B. Jongkind, A. Maillol, A. Marquet, H. Matisse, C. Monet, B. Morisot, P. Picasso, A. Renoir, A. Rodin, P. Signac, S. Valadon, K. van Dongen etc. 15. Juni bis 15. November von 10–12 und 15–19 h; sonst 10–12 und 14–18 h; Dienstag, 1. Januar, 1. Mai, 14. Juli, 1. November, 25. Dezember und im Februar geschlossen.

Beaucaire

Burg: 1. April bis 30. September von 10–12 und 14.15–18.30 h; 1. Oktober bis 31. März von 10.15–12 und von 14–17.30 h; dienstags geschlossen.

Musée la Vignasse neben der Burg: Historische Dokumente, Kostüme, Möbel, Münzen, Statuen, archäologische Funde. 1985 eröffnet.

Béziers

Musée des Beaux-Arts im Hôtel Fabregat: Werke von R. Parkes Bonington, Daubigny, Daumier, Delacroix, Chirico, Corot, Géricault, Holbein, Isabey, Ricard, Rousseau, Rubens, Schule v. Fontainebleau etc. Geöffnet von 9–12 und 14–18 h; geschlossen: montags, Sonntagvormittag, Oster- und Pfingstsonntag, 14. Juli, 1., 2. und 11. November, Weihnachten, 1. und 2. Januar.

Musée du Vieux Biterois et du Vin: von 9–12 und 14–18 h (im Winter nur bis 17 h); montags und an allen Feiertagen geschlossen.

Castries (Schloß)

1. April bis 15. Dezember von 10–12 und 14.30–17.30 h; 16. Januar bis 31. März nur samstags und sonntags von 14–17 h; geschlossen montags (außer an Feiertagen) und 15. Dezember bis 15. Januar; Januar und Februar samstags und sonntags nach Vereinbarung, Tel.: (67) 70 11 83.

Céret

Musée d'Art Moderne: Werke von Matisse, Gris, Chagall, Picasso, Jacob, Lhote, Manolo, Maillol. In der Saison von Mai bis September von 10–12 und 15–18 h; außer der Saison nur Mittwoch, Samstag und Sonntag von 10–12 und 14–16 h. Geschlossen im Dezember.

Elne (Kathedralkreuzgang)

10–11.45 und 14–18.45 h (April, Mai nur bis 17.45 h; Oktober bis März nur bis 16.45 h); sonntags geschl.

Ensérune (Oppidum)

Anlage: Im Sommer von 9–19 h geöffnet, im Winter von 10–16 h.
Museum: 10–12 und 14–19 h (1. Oktober bis Ostern nur bis 16 h); Dienstag, 1. Januar, 1. Mai, 1. und 11. November sowie 25. Dezember geschlossen.

Fontfroide (Abtei)

Halbstündige Führungen von 9.30–12 und 14.30–18 h (14–17 h, 1. Okt. bis 31. März, in dieser Zeit auch Dienstag geschlossen)

Grotte des Démoiselles

1. April bis 30. September 9–19 h offen; 1. Oktober bis 31. März 9.30–17 h.

La Mogère (bei Montpellier)

Ostern bis 14. Oktober nachmittags von 14.30–18.30 h; sonst nur Samstag, Sonntag und alle Feiertage.

Montpellier

Jardin des Plantes: 15. April bis 30. September 9–12 und 14–18 h; sonst 8.30–12 und 14–17.30; an Wochenenden und Feiertagen geschlossen. Führung auf Verlangen. Bitte vorher bei der Direktion anmelden: 163, rue Auguste-Broussonet.

Musée Atger: 10–12 und 14–19 h; geschlossen Samstag, Sonntag, feiertags und im August.

Musée Fabre: Unter allen Sammlungen und Museen nimmt gewiß dieses in der Niederen Languedoc eine Ausnahmeposition ein. Das in rudimentären Ansätzen seit 1802 bestehende Provinzmuseum rückte durch eine Reihe von Schenkungen kunstliebender montpellienser Bürger in die vorderste Reihe aller französischen Museen.

Der gebürtige Montpellienser G. H. Fabre, Schüler Davids und Villa-Medici-Stipendiat, blieb nach Ausbruch der Französischen Revolution in Italien, wo er in Florenz Zeichenunterricht gab. Zusammen mit dem Dichter Alfieri war er der Günstling der Louise von Stolberg. Nachdem diese bereits 1803 Erbin der Sammlungen Alfieris geworden war, hinterließ sie 1824 ihren gesamten Besitz, einschließlich des Alfieri-Erbes, mit wertvollen Handschriften und Incunabeln, dem aus dem Dreiecksverhältnis übriggebliebenen Fabre, der seinerseits nur ein Jahr später seine Schätze seiner Heimatstadt Montpellier überließ. Die Stadt kaufte für die nun beträchtlich angewachsene Sammlung den an der Esplanade gelegenen Stadtpalast des Patriziers von Massilian. Das neue Musée Fabre (seit 1828) erfüllte drei Funktionen: Museum, Bibliothek und Hochschule für Bildende Künste. Fabre blieb bis zu seinem Tod Konservator, Bibliothekar und Akademiedirektor in einer Person. Noch zu seinen Lebzeiten wurde die Stiftung (zeitgenössische französische Malerei, französische Malerei des 17. und 18. Jh., Italiener des 15.–19. Jh., deutsche Maler des 19. Jh.) um eine weitere Privatsammlung an; 1836 vermachte der Montpellienser Valédan seine Flamen und Niederländer des 16. und 17. Jahrhunderts der Stadt, die auf diese Weise nun auch eine bemerkenswerte Sammlung nördlicher Malerei besaß (Sammet-Brueghel, Ostade, Rubens, Ruysdael, Steen, Teniers, van Goyen, Wouverman etc.). Auf Grund einer dritten Stiftung schließlich besitzt das Musée Fabre eine der umfangreichsten Kollektionen französischer Malerei des 19. Jahrhunderts nach dem Louvre. Der Montpellienser Bankierssohn A. Bruyas hatte sein Leben und sein ganzes Vermögen der zeitgenössischen Malerei als Mäzen gewidmet. Dank seiner Sammlung kann das ebenso aufregende wie faszinierende Kapitel der französischen Malerei des 19. Jahrhunderts, von David, Gros, Greuze und Houdon (Bildhauer) ausgehend, über Klassizismus (Ingres), Romantik (Delacroix, Géricault), Realismus (Courbet), lyrische wie naturalistische Landschaftsmalerei (Corot, Rousseau) verfolgt werden bis zu den Anfängen des Impressionismus, für den überzeugend und bestimmend der vielversprechende, hochbegabte F. Bazille, ebenfalls gebürtiger Montpellienser, steht (Farbt. 10). Der mit Monet, Renoir und Sisley aufs engste befreundete Bazille war 1870 als neunundzwanzigjähriger in der Schlacht von Beaune-la-Rolande gefallen. Seine Bilder stehen in ihrer Auffassung näher derjenigen des ebenfalls südfranzösischen Cézanne und dessen logischem Bildgefüge als der die Tektonik auflösenden Tendenz eines Monet oder Renoir. Die Bilder von Bazille sind ebenfalls Teil einer Stiftung der Familie des Künstlers. Im Gegensatz also zu der vorausgehenden Malerei ist die unseres Jahrhunderts recht kläglich vertreten. Rechnet man Degas, Morisot und Utrillo noch zum vergangenen Säkulum, bleiben für das zwanzigste Dufy, Marquet, Matisse und van Dongen und die Leihgaben von Beaubourg (Soulages, Estève und Poliakoff). Die Sammlung Bruyas war übrigens bereits zu ihrer Zeit so berühmt, daß Gauguin und van Gogh sie zusammen von Arles aus besucht und bewundert haben. Geöffnet von 9–12 und 14–17.30 h (an Sonn- und Feiertagen bis 17 h); Montag, 1. Januar, 1. Mai, 14. Juli, 15. August, 1. und 11. November sowie 25. Dezember geschlossen.

Narbonne

Kathedrale: 8–12 und 14–18 h; Kunstschätze: In der Saison von 9–12 und 14–18 h (an Sonn- und Feiertagen nur bis 15 h); sonst an den Küster wenden.

Musée d'Art et d'Histoire (im ehem. erzbischöflichen Palais, heute Hôtel de Ville): Über eine prächtige, unter Erzbischof Louis de Vervins 1628 erbaute Monumentaltreppe erreicht man die Ausstellungsräume. In der sog. Salle des Synodes hängen vier Prachtstücke von Gobelins aus Aubusson. Darüber im 2. Stock ist im Boden des Königszimmers ein großartiges römisches Mosaik eingelassen. Die Wände zieren repräsentative Porträts der königlichen Hofmaler des 17. Jahrhunderts wie Mignard oder Rigaud. Im Saal Viollet-le-Duc, der im letzten Jahrhundert mit großem, wenn auch nicht immer glücklich angewandtem Aufwand das erzbischöfliche Palais restauriert hatte, vereinen sich pharmazeutische Keramik, limousiner Emailarbeiten mit Porträts von Palma Vecchio und Sebastiano del Piombo und Vertretern flämisch-niederländischer Malerei (Hochzeitstanz des Höllen-Brueghel) zu einer ansehnlichen Sammlung.

Geöffnet: 15. Mai bis 30. September 10–11.30 und 14–18 h (sonst nur bis 17.15 h); vom ersten Samstag im Juli bis zum letzten im August auch Mittwoch und

Samstag von 21–23 h. Diese Öffnungszeiten gelten auch für das:

Musée archéologique: Neben den örtlichen Funden der Vor- und Frühgeschichte sind es vor allem die (wenigen) Reste der einstigen Metropole der Gallia Narbonensis, die frühchristlichen Zeugnisse (Sarkophage) und die Werke des Mittelalters, die hier die Aufmerksamkeit des Besuchers auf sich lenken. Hervorgehoben seien die Fresken der erzbischöflichen Palastkapelle Ste-Madeleine (13. Jh.), Reste eines schönen Steinfußbodens (13. Jh.), dann im nächsten Raum: Trunkener Silen (Marmor 1. Jh., römische Replik eines griechischen Originals; Abb. 63), Herkules-Statue (Italien, 1. Jh.), der berühmte Marmorsarkophag der weinlesenden Amoretten (Italien, Anfang 3. Jh.), der schon erwähnte Meilenstein der Via Domitia mit ältester lateinischer Inschrift in Gallien (Abb. 62) und ein klassischer Ephebenkopf (römische Kopie nach griechischem Original des 4. oder 3. Jh.). Im Untergeschoß finden sich eine Reihe bemerkenswerter Sarkophage des sog. Arleser Typs.

Der größte, wenn auch weniger bedeutsame Teil römischer Funde findet sich lieblos aufgetürmt im

Musée Lapidair in der Kirche Notre-Dame-de-Lamourguier: 15. Mai bis 30. September 10–11.30 und 14–18 h (sonst nur bis 17.15 h).

Nîmes

Musée d'Archéologie: mit Zeugnissen der Frühgeschichte, gallorömischen Skulpturen, römischen Mosaiken und Vasen und der erstrangigen Münzsammlung 'Cabinet des Médailles'. Geöffnet von 9–12 und 14–18 h;

Sonntagvormittag, 1. und 2. Januar, 1. Mai, 1. und 11. November, 24., 25. und 31. Dezember sowie im Winter dienstags geschlossen.

Naturkundliches Museum: gleiche Öffnungszeiten

Musée Maison Carrée: 9–12 und 14–19 h (im Winter nur bis 17 h).

Musée du Vieux-Nîmes: gleiche Öffnungszeiten wie Musée d'Archéologie

Musée des Beaux-Arts: Bilder von Bassano, Giordano, Brueghel, Rubens, Mignard, Boucher, Natoire etc.; Skulpturen von Pradier, Rodin und Bourdelle; das berühmte römische Bodenmosaik 'Hochzeit des Admetes'.
Gleiche Öffnungszeiten.

Perpignan
Casa Pairal (im Castillet): 9–12 und 14–18 h (15. September bis 15. Juli sonntags geschlossen).

Musée Rigaud (in der rue de l'Ange): 9–12 (Winter erst ab 9.30 h) und 14–19 h; geschlossen Dienstag und alle Feiertage.

Palais des rois de Majorque: an Osterfeiertagen und 1. Juli bis 30. September von 9.30–12 und 14.30–18 h; 1. Oktober bis 30. Juni von 9–12 und 14–17 h; geschlossen Dienstag.

Pézenas
Musée Vulliod-St-Germain: 10–12 und 14–17 h (14–19 h von Juni bis September); geschlossen Montag (außer in der Saison), Dienstag, 1. Mai sowie im Dezember, Januar, Februar und April während der Schulferien.

St-Martin-du-Canigou
1. Juli bis 15. Oktober 9–12 und 14–19 h, sonst 10–12 und 14–17 h, außer zu Zeiten des Gottesdienstes. Wer den langen Fußmarsch von ca. 1½ Stunden vermeiden will oder muß, wende sich (am besten telefonisch mindestens einen Tag vorher) in Vernet-les-Bains an die Garage Villacèque, wo man mit Jeeps hinaufgebracht werden kann; ∅ 05 51 14.

St-Michel-de-Cuxa
Juni bis Oktober von 9.30–11 und 14.30–17 h.

Salses (Châteaufort)
Führungen von ca. 45 Minuten; geöffnet von 9–11 und 14–17 h; Oktober bis März nur von 10–11 und 14–16 h; geschlossen Dienstag, 1. Januar, 1. Mai, 1. und 11. November und 25. Dezember.

Serrabone
9–12 und 14–19 h; 16. September bis 14. Juni von 10–12 und 14–17 h.

Sète
Musée Paul Valéry: 1. April bis 30. September von 10–12 und 14–19 h (18 h Rest des Jahres); geschlossen Dienstag und an Feiertagen.

Sommières, Schloß Villevieille
1. Juli bis 15. September 15–19.30 h (sonntags 14.30–18.30 h); sonst Termin vereinbaren, ∅ (66) 80 01 62.

Tautavel
Musée de Préhistoire: 10–12 und 14–18 h außer Dienstag und an Feiertagen.

Uzès

Duché (Herzogspalast) mit Führung: 1. Mai bis 30. September 9.30–12 und 14.30 bis 18.30 h; sonst 10–12 und 14–17 h.

Valbonne (Kartause)

8–12 und 14–18 h; an Sonn- und Feiertagen nur nachmittags; 16. November bis 14. März geschlossen.

Valmagne (Abtei)

15. Juni–15. September 14.30–18 h (außer Dienstag); sonst nur an Sonn- und Feiertagen von 14–18 h; 16. September bis 15. Oktober (während der Weinlese) geschlossen; zusätzliche Öffnungszeiten bzw. Besichtigungen, Tel.: (67) 78 06 09.

Villeneuve-lès-Avignon

Chartreuse de Val-de-Bénédiction: 1. 4. bis 30. 9. von 9–12 und 14–18.30 h (im Juli durchgehend); sonst 10–12 und 14–17 h; 1. Januar, 1. Mai, 1. und 11. November und 25. Dezember geschlossen.

Fort St-André: 1. April bis 30. September 9–12 und 14–18.30 h; sonst 10–12 und 14–15 h; geschlossen 1. Januar, 1. Mai, 1. und 11. November sowie 25. Dezember.

Musée municipal: 1.4. bis 30.9. und 10–12.30 und 15–19.30 h; sonst 10–12 und 14–17 h; Dienstag, 1. Mai, 14. Juli, 11. November, 25. Dezember, 1. Januar sowie Februar geschlossen.

Voguë (Schloß)

Ostern bis 30. Juni und September nur sonntags von 15–18 h; Juli und August täglich von 15–18 h; 14. Juli und 15. August geschlossen.

Adressen, Telefonnummern, Öffnungszeiten und sonstige Angaben können sich aus den verschiedensten Gründen manchmal rasch ändern. Wir bitten dafür um Ihr Verständnis. Verlag und Autor sind daher für jeden ergänzenden Hinweis dankbar (DuMont Buchverlag, Mittelstraße 12–14, 5000 Köln 1).

Bildnachweis

Auguste Allemand, Orsay: Abb. 17, 18, 21, 22
Bildarchiv Foto Marburg, Marburg: Abb. 20, 53, 54
Wolfgang Fritz, Köln: Farbt. 5; Abb. 127
Edition Gaud, Moisenay-le-Petit (Alain Perceval): Farbt. 4, 7
Photographie Giraudon, Paris: Farbt. 10
Guillet-Lescuyer, Lyon: Farbt. 33
Joachim Kinkelin, Worms (R. Dols): Farbt. 36
Werner Neumeister, München: Abb. 19
Léo Pélissier, L'Hay-Les-Roses: Innenklappe vorn, Farbt. 12, 16, 18, 24, 32, 35, 45
Werner Stuhler, Hergensweiler: Abb. 138
Ullstein-Bilderdienst, Berlin: Fig. S. 124
Zodiaque, St. Léger Vauban: Abb. 65, 66, 89, 91

Alle übrigen Farb- und Schwarzweiß-Abbildungen stammen vom Autor

Ingenieurbüro für Landkartentechnik Arnulf Milch, Lüdenscheid: Karte in der vorderen Umschlaginnenklappe

Raum für Reisenotizen

Anschriften neuer Freunde, Foto- u. Filmvermerke, neuentdeckte gute Restaurants, etc.

Raum für Reisenotizen

Anschriften neuer Freunde, Foto- u. Filmvermerke, neuentdeckte gute Restaurants, etc.

Raum für Reisenotizen

Anschriften neuer Freunde, Foto- u. Filmvermerke, neuentdeckte gute Restaurants, etc.

Register

PERSONENREGISTER

DuMont Kunst-Reiseführer

Frankreichs gotische Kathedralen
Eine Reise zu den Höhepunkten mittelalterlicher Architektur in Frankreich. Von Werner Schäfke

Korsika
Natur und Kultur auf der ›Insel der Schönheit‹. Menhirstatuen, pisanische Kirchen und genuesische Zitadellen. Von Almut und Frank Rother

Languedoc – Roussillon
Von der Rhône zu den Pyrenäen. Von Rolf Legler

Das Tal der Loire
Schlösser, Kirchen und Städte im ›Garten Frankreichs‹. Von Wilfried Hansmann

Lothringen
Kunst, Geschichte, Landschaft. Von Uwe Anhäuser

Die Normandie
Vom Seine-Tal zum Mont St. Michel. Von Werner Schäfke

Paris und die Ile de France
Die Metropole und das Herzland Frankreichs. Von der antiken Lutetia bis zur Millionenstadt. Von Klaus Bußmann

Périgord und Atlantikküste
Kunst und Natur im Lande der Dordogne und an der Côte d'Argent von Bordeaux bis Biarritz. Von Thorsten Droste

Das Poitou
Westfrankreich zwischen Poitiers, La Rochelle und Angoulême – die Atlantikküste von der Loiremündung bis zur Gironde. Von Thorsten Droste

Die Provence
Ein Begleiter zu den Kunststätten und Naturschönheiten im Sonnenland Frankreichs. Von Thorsten Droste

Drei Jahrtausende Provence
Vorzeit und Antike, Mittelalter und Neuzeit. Von Ingeborg Tetzlaff

Savoyen
Vom Genfer See zum Montblanc – Natur und Kunst in den französischen Alpen. Von Ruth und Jean-Yves Mariotte

Südwest-Frankreich
Vom Zentralmassiv zu den Pyrenäen – Kunst, Kultur und Geschichte. Von Rolf Legler

---

Griechenland
Athen
Geschichte, Kunst und Leben der ältesten europäischen Großstadt von der Antike bis zur Gegenwart. Von Evi Melas

Die griechischen Inseln
Ein Reisebegleiter zu den Inseln des Lichts. Kultur und Geschichte. Hrsg. von Evi Melas

Kreta – Kunst aus fünf Jahrtausenden
Von den Anfängen Europas bis zur kreto-venezianischen Kunst. Von Klaus Gallas

Rhodos
Eine der sonnenreichsten Inseln im Mittelmeer – ihre Geschichte, Kultur und Landschaft. Von Klaus Gallas

Alte Kirchen und Klöster Griechenlands
Ein Begleiter zu den byzantinischen Stätten. Hrsg. von Evi Melas

Tempel und Stätten der Götter Griechenlands
Ein Reisebegleiter zu den antiken Kultzentren der Griechen. Hrsg. von Evi Melas

---

Großbritannien
Englische Kathedralen
Eine Reise zu den Höhepunkten englischer Architektur von 1066 bis heute. Von Werner Schäfke

Die Kanalinseln und die Insel Wight
Kunst, Geschichte und Landschaft. Die britischen Inseln zwischen Normandie und Süd-England. Von Bernd Rink

London
Biographie einer Weltstadt. Von Ingrid Nowel (Sommer '86)

Schottland
Geschichte und Literatur. Architektur und Landschaft. Von Peter Sager

Süd-England
Von Kent bis Cornwall. Architektur und Landschaft, Literatur und Geschichte. Von Peter Sager

Wales
Literatur und Politik – Industrie und Landschaft. Von Peter Sager

Guatemala
Honduras – Belize. Die versunkene Welt der Maya. Von Hans Helfritz

---

Das Heilige Land
Historische und religiöse Stätten von Judentum, Christentum und Islam in dem zehntausend Jahre alten Kulturland zwischen Mittelmeer, Rotem Meer und Jordan. Von Erhard Gorys

---

Holland
Kunst, Kultur und Landschaft. Ein Reisebegleiter durch Städte und Provinzen der Niederlande. Von Jutka Rona

---

Indien
Indien
Von den Klöstern im Himalaya zu den Tempelstätten Südindiens. Von Niels Gutschow und Jan Pieper

Ladakh und Zanskar
Lamaistische Klosterkultur im Land zwischen Indien und Tibet. Von Anneliese und Peter Keilhauer

---

Indonesien
Indonesien
Ein Reisebegleiter nach Java, Sumatra, Bali und Sulawesi (Celebes). Von Hans Helfritz

Bali
Tempel, Mythen und Volkskunst auf der tropischen Insel zwischen Indischem und Pazifischem Ozean. Von Günter Spitzing

---

Irland – Kunst, Kultur und Landschaft
Entdeckungsfahrten zu den Kunststätten der ›Grünen Insel‹. Von Wolfgang Ziegler

---

Italien
Elba
Ferieninsel im Tyrrhenischen Meer. Macchienwildnis, Kulturstätten, Dörfer, Mineralienfundorte. Von Almut und Frank Rother (DuMont Landschaftsführer)

Das etruskische Italien
Entdeckungsfahrten zu den Kunststätten und Nekropolen der Etrusker. Von Robert Hess und Elfriede Paschinger

Florenz
Ein europäisches Zentrum der Kunst. Geschichte, Denkmäler, Sammlungen. Von Klaus Zimmermanns

Gardasee, Verona, Trentino
Der See und seine Stadt – Landschaft und Geschichte, Literatur und Kunst. Von Walter Pippke und Ida Pallhuber (Sommer '86)

Ober-Italien
Kunst, Kultur und Landschaft zwischen den Oberitalienischen Seen und der Adria. Von Fritz Baumgart

Die italienische Riviera
Ligurien – die Region und ihre Künste von San Remo über Genua bis La Spezia. Von Rolf Legler

Von Pavia nach Rom
Ein Reisebegleiter entlang der mittelalterlichen Kaiserstraße Italiens. Von Werner Goez

Rom
Kunst und Kultur der ›Ewigen Stadt‹ in mehr als 1000 Bildern. Von Leonard von Matt und Franco Barelli

Das antike Rom
Die Stadt der sieben Hügel: Plätze, Monumente und Kunstwerke. Geschichte und Leben im alten Rom. Von Herbert Alexander Stützer

Sardinien
Geschichte, Kultur und Landschaft – Entdeckungsreisen auf einer der schönsten Inseln im Mittelmeer. Von Rainer Pauli

Sizilien
Insel zwischen Morgenland und Abendland. Sikaner/Sikuler, Karthager/Phönizier, Griechen, Römer, Araber, Normannen und Staufer. Von Klaus Gallas

Südtirol
Begegnungen nördlicher und südlicher Kulturtradition in der Landschaft zwischen Brenner und Salurner Klause. Von Ida Pallhuber und Walter Pippke

Toscana
Das Hügelland und die historischen Stadtzentren. Pisa · Lucca · Pistoia · Prato · Arezzo · Siena · San Gimignano · Volterra. Von Klaus Zimmermanns

Venedig
Die Stadt in der Lagune – Kirchen und Paläste, Gondeln und Karneval. Von Thorsten Droste

Japan – Tempel, Gärten und Paläste
Einführung in Geschichte und Kultur und Begleiter zu den Kunststätten Japans. Von Thomas Immoos und Erwin Halpern

Der Jemen
Nord- und Südjemen. Antikes und islamisches Südarabien – Geschichte, Kultur und Kunst zwischen Rotem Meer und Arabischer Wüste. Von Peter Wald

Jordanien
Völker und Kulturen zwischen Jordan und Rotem Meer. Von Frank Rainer Scheck

Jugoslawien
Kunst, Geschichte und Landschaft zwischen Adria und Donau. Von Frank Rother

Karibische Inseln
Westindien. Von Cuba bis Aruba. Von Gerhard Beese

Kenya
Kunst, Kultur und Geschichte am Eingangstor zu Innerafrika. Von Helmtraut Sheikh-Dilthey

Luxemburg
Entdeckungsfahrten zu den Burgen, Schlössern, Kirchen und Städten des Großherzogtums. Von Udo Moll

Malaysia und Singapur
Dschungelvölker, Moscheen, Hindutempel, chinesische Heiligtümer und moderne Stadtkulturen im Herzen Südostasiens. Von Antia Rolf (Sommer '86)

Malta und Gozo
Die goldenen Felseninseln – Urzeittempel und Malteserburgen. Von Ingeborg Tetzlaff

Marokko – Berberburgen und Königsstädte des Islam
Ein Reisebegleiter zur Kunst Marokkos. Von Hans Helfritz

Mexiko
Mexiko
Ein Reisebegleiter zu den Götterburgen und Kolonialbauten Mexikos. Von Hans Helfritz

Unbekanntes Mexiko
Entdeckungsreisen zu verborgenen Tempelstätten und Kunstschätzen aus präkolumbischer Zeit. Von Werner Rockstroh

Nepal – Königreich im Himalaya
Geschichte, Kunst und Kultur im Kathmandu-Tal. Von Ulrich Wiesner

Österreich
Kärnten und Steiermark
Vom Großglockner zum steirischen Weinland. Geschichte, Kultur und Landschaft ›Innerösterreichs‹. Von Heinz Held

Salzburg, Salzkammergut, Oberösterreich
Kunst und Kultur auf einer Alpenreise vom Dachstein bis zum Böhmerwald. Von Werner Dettelbacher

Tirol
Nordtirol und Osttirol. Kunstlandschaft und Urlaubsland an Inn und Isel. Von Bernd Fischer

Wien und Umgebung
Kunst, Kultur und Geschichte der Donaumetropole. Von Felix Czeike und Walther Brauneis

Pakistan
Drei Hochkulturen am Indus. Harappa – Gandhara – Die Moguln. Von Tonny Rosiny

Papua-Neuguinea
Niugini. Steinzeit-Kulturen auf dem Weg ins 20. Jahrhundert. Von Heiner Wesemann

Portugal
Vom Algarve zum Minho. Von Hans Strelocke

Rumänien
Schwarzmeerküste – Donaudelta – Moldau – Walachei – Siebenbürgen: Kultur und Geschichte. Von Evi Melas

Die Sahara
Mensch und Natur in der größten Wüste der Erde. Von Gerhard Göttler

Sahel Senegal, Mauretanien, Mali, Niger
Islamische und traditionelle schwarzafrikanische Kultur zwischen Atlantik und Tschadsee. Von Thomas Krings

Schweiz
Die Schweiz
Zwischen Basel und Bodensee · Französische Schweiz · Das Tessin · Graubünden · Vierwaldstätter See · Berner Land · Die großen Städte. Von Gerhard Eckert

Tessin
Kunst und Landschaft zwischen Gotthard und Campagna Adorna. Von Gisela Loose und Rainer Vogt

Das Wallis
Der Südwesten der Schweiz: Kunst und Kultur im Schatten der Viertausender. Von Willi und Ursula Dolder

Skandinavien – Dänemark, Norwegen, Schweden, Finnland
Kultur, Geschichte, Landschaft. Von Reinhold Dey

Sowjetunion
Kunst in Rußland
Ein Reisebegleiter zu russischen Kunststätten. Von Ewald Behrens

Sowjetischer Orient
Kunst und Kultur, Geschichte und Gegenwart der Völker Mittelasiens. Von Klaus Pander

Spanien
Die Kanarischen Inseln
Inseln des ewigen Frühlings: Teneriffa, Gomera, Hierro, La Palma, Gran Canaria, Fuerteventura, Lanzarote. Von Almut und Frank Rother (DuMont Landschaftsführer)

Katalonien und Andorra
Von den Pyrenäen zum Ebro. Costa Brava – Barcelona – Tarragona – Die Königsklöster. Von Fritz René Allemann und Xenia v. Bahder

Mallorca – Menorca
Ein Begleiter zu den kulturellen Stätten und landschaftlichen Schönheiten der großen Balearen-Inseln. Von Hans Strelocke

Südspanien für Pferdefreunde
Kulturgeschichte des Pferdes von den Höhlenmalereien bis zur Gegenwart. Geschichte der Stierfechterkunst. Von Gerhard Kapitzke

Zentral-Spanien
Kunst und Kultur in Madrid, El Escorial, Toledo und Aranjuez, Avila, Segovia, Alcalá de Henares. Von Anton Dieterich

Sudan
Steinerne Gräber und lebendige Kulturen am Nil. Von Bernhard Streck

Südamerika: präkolumbische Hochkulturen
Kunst der Kolonialzeit. Ein Reisebegleiter zu den Kunststätten in Kolumbien, Ekuador, Peru und Bolivien. Von Hans Helfritz

Südkorea
Kunst und Kultur im Land der Hohen Schönheit. Von Anneliese und Peter Keilhauer (Sommer '86)

Syrien
Hochkulturen zwischen Mittelmeer und Arabischer Wüste – 5000 Jahre Geschichte im Spannungsfeld von Orient und Okzident. Von Johannes Odenthal

Thailand und Burma
Tempelanlagen und Königsstädte zwischen Mekong und Indischem Ozean. Von Johanna Dittmar

Tunesien
Karthager, Römer, Araber – Kunst, Kultur und Geschichte am Rande der Wüste. Von Hans Strelocke

USA – Der Südwesten
Indianerkulturen und Naturwunder zwischen Colorado und Rio Grande. Von Werner Rockstroh

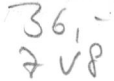

36,-
7 V8

»Richtig reisen«